Raymond Arroyo

Mutter Angelica
Eine Nonne schreibt Fernsehgeschichte

Raymond Arroyo

Mutter Angelica

Eine Nonne schreibt Fernsehgeschichte

Media Maria Verlag

Titel der amerikanischen Orginalausgabe:
Mother Angelica
The Remarkable Story of a Nun, Her Nerve, and a Network of Miracles
2005 veröffentlicht von The Doubleday Broadway
Publishing Group/Random House, Inc., New York,
www.doubleday.com

Bibliografische Information: Deutsche Nationalbibliothek
Die Deutsche Nationalbibliothek verzeichnet diese Publikation
in der Deutschen Nationalbibliografie; detaillierte bibliografische
Daten sind im Internet über http://dnb.d-nb.de abrufbar

Umschlaggestaltung: Atelier Lehmacher
Satz: Grafik + Druck GmbH, München
Druck und Bindung: GGP Media GmbH, Pößneck
Printed in Germany
ISBN 978-3-9811452-7-4

Für die Mutter meiner Kinder, Rebecca,
meine Mutter Lynda
und alle Mütter auf der ganzen Welt.

Sondern das Törichte in der Welt hat Gott erwählt,
um die Weisen zuschanden zu machen,
und das Schwache in der Welt hat Gott erwählt,
um das Starke zuschanden zu machen.
1 Kor 1, 27

Inhalt

Einleitung

Die Leute rund um Hanceville in Alabama nannten es „dieses Nonnengeschäft", „den Palast" oder auch „den Wallfahrtsort", je nachdem, mit wem man darüber sprach. Dieser Ort sollte an den meisten kommenden Samstagvormittagen mein Ziel sein. Nachdem ich die Autobahn I 65 verlassen hatte, ging es weiter an den Rinderherden vorbei, die hier in der Hitze Alabamas vor sich hindösten. Bei Pitts Lebensmittelgeschäft bog ich rechts ab, fuhr schnell an einer Reihe neu erbauter Häuser vorbei, aus deren gepflegten Vorgärten mich Heiligenstatuen aus Gips anstarrten. Im Gegensatz zu den Menschen, die mit Wohnmobilen und klimatisierten Reisebussen hierher gekommen waren, interessierte mich weniger das Kloster *Unsere Liebe Frau von den Engeln*, sondern vielmehr die Frau, die es gebaut hatte.

Während ich auf mein Ziel zufuhr, auf ein riesiges Gebäude, dessen Fassade mit Sandsteinen verkleidet war, das Mutter Angelica ihr Zuhause nannte, überdachte ich noch einmal im Stillen die Fragen, die ich ihr stellen wollte. Dies war die letzte Chance, mich auf das fünfstündige Treffen mit ihr vorzubereiten: ein Gespräch unter vier Augen mit der freimütigsten kontemplativen Ordensfrau der Welt. Da Ordensschwestern, die in Klausur leben, ein direkter Kontakt mit der Außenwelt nicht erlaubt ist, waren unsere Treffen auf das Sprechzimmer der Gemeinschaft beschränkt, einen schlichten Raum, in dem ein Eisengitter die Nonne vom Besucher trennt.

Eigentlich erschien es mir ungünstig, ganz vertrauliche Details eines Lebens durch Gitterstäbe hindurch zu besprechen. Doch in unserem Fall verlieh diese Ausgestaltung dem Ablauf unseres Zwiegesprächs eine beichtähnliche Atmosphäre. Es war, als ob gerade das schwarze Eisengeflecht zwischen uns die neunundsiebzigjährige Äbtissin befreit hätte. Sie konnte dadurch ihre Vergangenheit mit einer Aufrichtigkeit und Offenheit lebendig werden lassen, die sie sich sonst hätte nicht erlauben können.

Sie kam, bereit zum Gespräch.

„Hey, Landsmann!“, krächzte Mutter Angelica, als sie das Sprechzimmer auf der anderen Seite des Gitters betrat. Sie blieb an der Türschwelle mit ausgebreiteten Armen stehen, geradeso, als würde sie eine Bühne betreten. Sofort durchflutete Herzlichkeit und Wärme das spärlich rosa gekachelte Zimmer.

In ihrem schokoladenbraunen franziskanischen Ordensgewand schien sie heute mit ihren knappen 165 cm noch erstaunlich jung und geschmeidig zu sein. Ihre runden Wangen quollen an beiden Seiten über den Schleier heraus wie ein in eine Schuhschachtel gezwängtes rosarotes Kissen. Durch ihr Lächeln, geschätzt und geliebt von Millionen Menschen, wurden ihre Augen zu durchdringenden grauen Schlitzen zusammengepresst.

Obwohl sie über vierzig Minuten zu spät gekommen war, gab es keine entschuldigende Erklärung. Mutter Angelica lebte einfach im gegenwärtigen Augenblick.

„Na gut, dann fangen wir an“, verkündete sie, als ob ich der verspätete Gesprächsteilnehmer gewesen wäre. Als sie sich den Gitterstäben näherte und ihre Hände durch das Gitter streckte, tänzelte ein Schimmer von Zuneigung und Schalk hinter ihrer Brille. Sobald sie meine Hand ergriff, kam sie auf etwas Wichtiges zu sprechen: „Wie wäre es mit einem Mittagessen? Was haben wir da, Schwester?“, fragte Mutter Angelica über ihre Schulter hinweg. Die stets dienstbereite Schwester Antoinette eilte in die Küche, um sich nach dem klösterlichen Speiseplan zu erkundigen.

Später, bei halbgegessenen Keksen und Tee mit Milch sowie einer unter ihrem Kinn eingesteckten Serviette, legte Mutter Angelica ihre sorgfältig zusammengestellten persönlichen Anekdoten beiseite, die sie im Laufe ihrer zwanzigjährigen Fernsehlaufbahn ganz ohne Manuskripte perfektioniert hatte, und fing an, Dinge aus ihrer Vergangenheit zu erzählen, die zuvor noch niemand, auch nicht ihre Mitschwestern aus dem Kloster, gehört hatte. Ob es nun Fügung oder einfach gerade die richtige Zeit war, jedenfalls traf ich Mutter Angelica zu einem Zeitpunkt, an dem sie bereit war, Rückschau auf ihr Leben zu halten. Soeben hatte sie ein lang ersehntes Ziel erreicht, die Fertigstellung eines mehrere Millionen Dollar teuren neuen Klosters. Sie schien wirklich zufrieden zu sein und war schließlich auch bereit, auf all das zurückzublicken, was sie überstanden und erreicht hatte. Da saß sie nun in einem dick gepolsterten Ledersessel, rang mit ihrem Gedächtnis und der Zeit, um die Wahrheit ans Licht zu fördern.

„Spüren Sie einen Zwiespalt in Ihrem Innern – in Ihrer Persönlichkeit?", fragte ich sie heute. Immer wenn sie einen langen, fast schon gequälten Seufzer ausstieß und ihren Körper im Sessel in eine andere Position verlagerte – wie sie es auch jetzt tat – wusste ich, dass uns ein aufschlussreicher Moment bevorstand. Sie schob ihren Finger unter den steifen weißen Schleier, der ihr Gesicht umgab und rieb an ihrer Schläfe, als ob sie leibhaftig versuchte, die Vergangenheit aus ihrem Gedächtnis herauszuschürfen. Wie oft sollte ich noch hier sitzen und warten, an den Metallblümchen, mit denen das Gitter übersät war, vorbeistarren und gleichzeitig daran denken, wie sehr sie doch Mutter Angelica selbst ähnelten: Sie waren eisern und doch feminin, zurückhaltend und doch offenherzig, im Feuer gehärtet und unverwüstlich. Doch die Antworten sollten schon noch kommen.

„Habe ich Ihnen schon davon erzählt, wie ich einmal ein Messer nach meinem Onkel geworfen habe? Ich möchte, dass Sie mein wahres Ich kennenlernen, denn weder in dem, was ich mache, noch in dem, was ich habe, findet sich mein wirkliches Ich. Es ist eine Frau von der Straße, die erkrankte und der vieles geschenkt wurde." Bedächtig präzisierte sie: „Mein wahres Ich ist nicht das, was Sie hier sehen."

So habe ich fast drei Jahre lang in dem vergitterten Sprechzimmer ihres Klosters verbracht, um die „wirkliche" Mutter Angelica aufzuspüren. Von 1999 bis Ende 2001 traf sich der „Superstar des religiösen Fernsehens", wie Mutter Angelica vom TIME-Magazin genannt wurde, die sicher auch zu den mächtigsten und einflussreichsten Menschen in der römisch-katholischen Kirche zählt, einmal wöchentlich zum verabredeten Termin mit mir. Bei diesen Gesprächen sollte die Vergangenheit wieder lebendig und ein prüfender Blick auf ihr Leben geworfen werden.

Für Mutter Angelica waren diese Besuche Tapferkeitsübungen. Es ist schon eine große Sache, einem Neuling die Erlaubnis zu geben, die eigene Lebensgeschichte zu durchstöbern. Er ist von Anfang an im Nachteil und weiß nur, was das geschriebene Wort ihm vermittelt. Als ich die Gesprächsserie begann, kannte ich Mutter Angelica jedoch bereits persönlich, da ich schon seit fünf Jahren bei ihr angestellt war. Ich war ihr nahe gewesen in guten und in schlechten Zeiten, in der Öffentlichkeit, aber auch im privaten Umfeld. Seit zwei Jahren begleitete ich ab und zu ihre beliebte Fernsehsendung *Mother Angelica Live* und fungierte als Direktor der Nachrichtenabteilung des von ihr gegründeten Senders. In gewisser Weise war sie wie eine Großmutter für mich – eine Großmutter, bei der ich mich ungewöhnlich wohl und mit ihr verwandt fühlte. Unsere gemeinsame italienische Herkunft hat sicher dazu beigetragen. Wir konnten über alles reden und gingen auch gelegentlichen Reibereien nicht aus dem Weg.

„Wir hatten einmal Streit miteinander", vertraute Mutter Angelica einem Freund in meiner Gegenwart an, „Raymond hat aber keinen Gebrauch davon gemacht". Trotz mancher Unstimmigkeiten und Meinungsverschiedenheiten standen wir uns doch nahe. Aus meiner besonderen Stellung heraus konnte ich Mutter Angelica sehen, wie sie wirklich war: eine einfache Frau mit tiefer Spiritualität, die sich bemühte, Gottes Willen zu erfüllen und ihre persönlichen Schwächen zu überwinden.

Allmählich erkannte ich jetzt die andere Mutter Angelica, die sich jenseits des Eisengitters hinter dem engelsgleichen Gesicht verbarg. Rita Rizzo, das kränkliche Mädchen, das lediglich einen Abschluss an der High School geschafft, sich ihren Weg aus der Armut herausgekämpft und EWTN (*Eternal Word Television Network*), den weltweit größten religiösen Fernsehsender, im Alleingang aufgebaut hatte – ihr war es geglückt, während die gesamten Bischöfe der Vereinigten Staaten (und auch etliche Millionäre) daran gescheitert waren. Dies hier war eine moderne Teresa von Avila, ein brennendes Feuer, die freimütig redete, einen tiefgreifenden Glauben und eine absolute Entschlossenheit besaß, um Hindernisse zu überwinden, die die meisten Menschen lahmgelegt hätten. Sie hatte die Diskriminierung als Frau, Bankrott und

Übernahmeversuche von Unternehmen und von kirchlicher Seite abgewehrt, um „den Menschen“ eine moralische Wegweisung zu geben. In körperlicher Hinsicht hatte diese leidgeplagte Dienerin einen mystischen Tanz von Schmerzen und göttlicher Vorsehung durchgestanden. Es war ein ungeheuer hoher Preis, der verblüffende und erstaunliche Belohnungen einbrachte. Diese Frau, die Papst Johannes Paul II. einmal als „schwach im Körper, aber stark im Geist“ bezeichnete, hat um des wahren Glaubens willen Kardinäle und Bischöfe öffentlich herausgefordert und in der nachkonziliaren Phase ein traditionelles und allgemein verständliches Bild der Kirche über den Sender verbreitet. So wurde sie zu einem ökumenischen geistigen Leuchtturm für Millionen.

Und doch bleibt sie selbst für ihre unzähligen Bewunderer ein Rätsel. Wie konnte dieses vernachlässigte, zurückgezogene Kind geschiedener Eltern zu einer der meistverehrten und meistgefürchteten Frauen in der katholischen Welt aufsteigen? Wie konnte eine in Klausur lebende Nonne den Äther erobern, obwohl sie keine Erfahrung auf diesem Gebiet hatte? Wie konnten denn Magenbeschwerden, beschädigte Rückenwirbel, ein vergrößertes Herz, chronisches Asthma, Lähmungen und verbogene Gliedmaßen ihre Mission voranbringen? Woher nahm sie die Kraft für ihre wohlbekannten öffentlichen Kämpfe mit der kirchlichen Hierarchie über Glaubenspraxis und Frömmigkeit? Wie konnten ihr Fernsehsender und ihr Orden so wachsen, während andere zusammenbrachen? Und, am wichtigsten, wie wird ihre Botschaft heute in der katholischen Kirche aufgenommen und welche Auswirkungen wird sie auf die Zukunft haben?

Solche bohrenden Fragen sowie meine Kenntnis von Teilen ihrer noch im Verborgenen liegenden Geschichte brachten mich zu der Überzeugung, dass eine vollständige Biografie über Mutter Angelica notwendig und die Zeit dafür reif war. Voll ängstlicher Erwartung näherte ich mich dieser Frau selbst, weil mir vollkommen klar war, dass ihre Beteiligung an diesem Projekt angesichts der ständigen Anforderungen ihres Senders sowie ihrer Verpflichtungen als Leiterin einer religiösen Gemeinschaft vermutlich nur minimal sein würde. Angelicas Reaktion war typisch für sie und kam unverzüglich: „Warum fangen wir nicht einfach an und sehen, was passiert?“ Da sie schon immer in ihrem Leben jede bedeutende Initiative mit Vertrauen auf die göttliche Vorsehung begonnen hatte, ließ sie sich auch auf dieses Vorhaben, das in ihr Innerstes eindringen sollte, mit totalem Einsatz ein.

Wir beschlossen, dass dies keine autorisierte Biografie werden sollte, und dass ich allein für die redaktionelle Bearbeitung und Interpretation verantwortlich sei. Erwartungsgemäß gewährte mir Mutter Angelica komplette journalistische Freiheit. Sie wollte mir mehrere Stunden lang an den Wochenenden oder nach der Direktübertragung ihrer eigenen Sendung für ausführliche Gespräche zur Verfügung stehen, wenn es ihre Zeit erlaubte. Es sollte keine Frage tabu und kein Thema zu heikel sein. Sie unterstützte mich uneingeschränkt bei meinen Nachforschungen, gewährte mir einen ungehinderten Zugang zum Archiv ihrer Gemeinschaft, zu ihrem persönlichen Briefwechsel, zu ihren Freunden, Ärzten und den Schwestern des Klosters *Unsere Liebe Frau von den Engeln*. Die Chronistin der Klostergemeinschaft, Schwester Mary Antoinette, wurde meine stärkste Verbündete. Sie beantwortete geduldig meine Fragen, gab mir entscheidende Informationen und erduldete meine Anrufe zu jeder Tages- und Nachtzeit.

Und dann, nur wenige Wochen nach dem letzten Gesprächstermin für diese Biografie und nach der letzten Direktübertragung ihrer Sendung, erlitt Mutter Angelica einen schweren Schlaganfall. Er beraubte sie ihrer Sprache und versiegelte ihr Gedächtnis, weshalb es unwahrscheinlich ist, dass sie jemals wieder ein Interview geben können wird. Keinesfalls werden Gespräche mit einer solchen Tiefgründigkeit und Intimität möglich sein, wie wir sie in der Vergangenheit geführt hatten. Ohne es zu wissen, hatte ich Mutter Angelicas letztes Testament aufgenommen, das letzte Wort über ihr ungewöhnliches Leben.

Eines Abends, kurz vor der Direktübertragung ihrer Sendung, gab sie mir nur eine einzige Instruktion mit auf den Weg, die mir bis auf den heutigen Tag nachgeht: „Achten Sie darauf, dass Sie mich so darstellen, wie ich wirklich bin. Es gibt nichts Schlimmeres als ein Buch, das die Wahrheit über eine Person mit einem Zuckerguss überzieht und den wirklichen Menschen verdeckt. Wenn Sie das machen, wünsche ich Ihnen vierzig Jahre im Fegefeuer!“

In der Hoffnung, von diesem schändlichen Ende verschont zu bleiben, habe ich ein Buch geschrieben, das Strittiges oder auch die scheinbaren Widersprüche nicht vermeidet, die zu Mutter Angelicas Charakter dazugehören: die kontemplative, in Klausur lebende Nonne, die zur Welt spricht; die eigenständige Frau, die Regeln bricht und die als „sture Konservative“ verspottet wird; die treffsichere Komikerin, die fast ständig unter Schmerzen leidet; die Klarissin, die ein Multi-Millionen-Unternehmen betreibt.

Dies sind die Erinnerungen von Freund und Feind gleichermaßen, von allen, die ich ausfindig machen konnte und die jemals ihren Weg gekreuzt hatten. Kritische Bemerkungen über Mutter Angelica werden hier ebenso ohne Zögern dargestellt wie ihre erstaunlichen Fernsehproduktionen und deren Weiterentwicklung.

Um einem solchen Leben wie dem von Mutter Angelica gerecht zu werden, ist es notwendig, Rückblicke einzublenden. Nur so kann man die Verflechtungen von Schicksal und Gnade erkennen, die dieses höchst ungewöhnliche Leben formten. Wie bei uns allen geschah auch im Leben von Mutter Angelica nichts in einem Moment. Ihre Geschichte zeigt die äußerst schmerzhaften, verworrenen und für den Außenstehenden verrückten Schritte, die schließlich zu einem glücklichen Ende führten. Der innere Antrieb zu ihrer Lebensgeschichte liegt jedoch im Kämpfen – ein Kämpfen, das zum größten Teil verborgen blieb oder im Laufe der Zeit untergegangen ist.

Während der vergangenen fünf Jahre bin ich ihrem geistlichen und weltlichen Leben von Canton in Ohio bis nach Hanceville in Alabama nachgegangen. Dabei habe ich Menschen und Geschichten zutage gefördert, die Mutter Angelica schon längst vergessen hatte. Ich wog ihre Stärken und ihre Schwächen ab und entdeckte einen Glauben, der heutzutage selten geworden ist. Ich glaube, dass dieses Mosaik das vollständigste Bild von Mutter Angelica abzeichnet – sowohl von innen als auch von außen.

Im April 2001 begann Mutter Angelica, sich nach einem besonders strapaziösen Gesprächstermin sanft in die Ruhe ihres Klosters zurückzuziehen. Damals drehte sie sich auf der Türschwelle wie ein kokettes junges Mädchen noch herum und schlug mit einer Hand auf den runden Türrahmen. „Sie wissen jetzt genauso viel über mich wie der liebe Gott", sagte sie mit einem spitzbübischen Lächeln. „Aber es gibt noch einige Dinge, die sogar Sie nie erfahren werden."

„Sie haben aber nichts dagegen, wenn ich weiterhin versuche, sie herauszufinden?", fragte ich.

Sie kicherte fröhlich und verschwand im Flur.

Hier folgen nun ihre freimütigen Erinnerungen, das Ergebnis meiner Nachforschungen und noch einige Dinge, von denen weder Mutter Angelica noch ich annahmen, sie jemals ans Tageslicht zu bringen.

Raymond Arroyo
New Orleans, 2005

Prolog

Im Jahre 2001 ließ sich die zusammengekrümmte Äbtissin am Morgen des Heiligen Abends in dem bereitstehenden Rollstuhl nieder und versuchte, ihre Töchter zu beruhigen. Schon seit Wochen hatten die Schwestern jede einzelne ihrer Bewegungen gespannt verfolgt und immer gehofft, ihre Wachsamkeit könnte die nächste Erkrankung oder einen Rückschlag irgendwie abwehren oder aufschieben. Angefangen von den Blicken der Verzweiflung, die sich die Nonnen gegenseitig zuwarfen, bis hin zu der Fürsorge, die sie ihr zuwandten, wenn sie stolperte oder auch nur zögerte: In all dem konnte sie die Sorge der Schwestern spüren. „Heute kommt Jesus", verkündete sie an diesem Morgen mit ruhiger und entschiedener Stimme. Sie deutete auf den Gang und wies die Schwester an, sie aus der Zelle zu schieben. „Ich werde in die Kirche gehen, um dort auf Ihn zu warten."

Lange musste sie dort nicht warten.

Als sie an den verschlossenen Türen des langen Klosterganges vorbeifuhr, in dem man nur das Rascheln der Ordenstrachten der Schwestern vernahm, sah die alte Nonne aus, als ob sie gerade von einem Fronteinsatz aus einer ausgedehnten Schlacht heimgekehrt wäre. Und vielleicht war es ja auch so. Öffentlich ausgetragene Kämpfe mit einem Kardinal und ihrem Ortsbischof, eine Überprüfung vonseiten des Vatikans, der Tod einer neunundvierzigjährigen Freundin aus dem Kloster sowie anhaltende gesundheitliche Probleme hatten Ende 2001 ihren Tribut von Mutter Mary Angelica gefordert. Selbst die Millionen Menschen, die sie jede Woche mit dem Fernsehen in ihre Wohnungen einluden, hätten sie nicht mehr erkannt. Eine Schlinge hielt Mutter Angelicas zerschmetterten rechten Arm. Sie war einige Tage zuvor gestürzt. Eine Augenklappe bedeckte ihr herunterhängendes linkes Auge, das sie seit einem Schlaganfall im vergangenen September nicht mehr schließen konnte. Und ihr Mund, der einmal selbst Bischöfe erbeben ließ und der den Verirrten auf den sieben Kontinenten das Heil brachte, hing traurig herab und entstellte das einst so vergnügte Antlitz. Angelica war nunmehr zu einer lebendig gewordenen Ikone des „heilbringenden Leidens“ geworden, von dem sie ihren Schwestern so oft gepredigt hatte.

Eine der jungen Schwestern, die schon ihre Gelübde abgelegt hatte, schob Mutters Rollstuhl in der Klosterkirche vorsichtig über den polierten Fußboden aus grünem Marmor und Jaspis. Der vertraute Duft von honigsüßem Weihrauch umfing sie jetzt. Von den bunt verglasten Kirchenfenstern der Kirche schauten die dort abgebildeten Engel auf sie herab und entboten ihren Gruß, als die Sonne von der Ostseite hereinstrahlte. Die Äbtissin war in die sich ständig verändernden Farben dieser Engel getaucht, und so rollte sie ihrem Bräutigam entgegen. An diesem Morgen war sie zu schwach gewesen, um ihre Ordenstracht anzulegen. Deshalb erschien sie pflichtbewusst in einem cremefarbenen Gewand und einer passenden Skimütze, um Ihm zu huldigen. Sie trug die Zeichen, die Er zugelassen hatte.

Trotz ihrer körperlichen Verfassung war keine Bitterkeit bei ihr zu erkennen, als sie sich der fast zweieinhalb Meter hohen Monstranz näherte, in der die konsekrierte Hostie ausgestellt war. Dort war ihr Herr und Erlöser, der hoch über dem Zentrum der Kirche thronte, die sie für mehrere Millionen Dollar für Ihn hatte erbauen lassen. Für ihren Herrn war nichts zu viel. Die jetzigen Wunden waren lediglich neue Opfergaben, die sie Ihm darbrachte. Lange hatten sie miteinander unter Schmerzen kommuniziert, sie und ihr Bräutigam. Sie spürte, wie Er sie berührte, und ließ es zu. Sie hatte ja gelernt, dass sich im Schmerz – durch den Schmerz – Wunder ereigneten, wenn sie es nur fertigbrachte, Ihm vollkommen zu vertrauen und sich den Fügungen Seiner Vorsehung zu unterwerfen.

Nach der Messe und dem Rosenkranzgebet verließen die Schwestern nach und nach die Kirche. Einsam bewegte sie schwach ihren Kopf nach oben, richtete ihr gesundes Auge auf Christus im Allerheiligsten Altarsakrament, wie sie es schon siebenundfünfzig Jahre lang in ihrem Ordensleben getan hatte. Dann kam Er ganz zu ihr.

Ihr Kopf kippte plötzlich zur Seite, als wäre er aus Beton gegossen. Erschöpft und verwirrt wanderten Angelicas Augen zur Decke.

„Mutter Angelica, ist alles in Ordnung?“, fragte Schwester Faustina. „Mutter Angelica?“

Mutter Angelica antwortete nicht. Schwester Faustina fragte sich, warum sie einen solch verstörten Gesichtsausdruck hatte. War ihr Blutzucker abgefallen? Spielte ihr Diabetes verrückt? Warum konnte sie nicht mehr klar schauen? Die Schwestern standen um sie herum, riefen ihren Namen und versuchten, irgendeine Reaktion zu erhalten. Ein großes Glas Orangensaft wurde herbeigebracht, um ihren Blutzucker zu stabilisieren. Sie trank es ganz aus. Aber es half nicht. Die Nonnen brachten Mutter Angelica eilig in ihre Zelle zurück, um ihre lebenswichtigen Funktionen zu überprüfen.

Auf dem Gang trafen sie, noch im Nachtgewand, Schwester Margaret Mary. Sie war zeitweise Mutter Angelicas Krankenpflegerin, da sie für die Ausgabe der Medikamente verantwortlich war und der Neunundsiebzigjährigen mit allgemeinen gesundheitlichen Ratschlägen beistand. Als sie die verwirrte Äbtissin erblickte, brachte sie ihre schlimmsten Befürchtungen zum Ausdruck: „Sie hatte einen Schlaganfall“, sagte Margaret Mary wie benommen.

Zurück in ihrer Zelle, hatte Mutter zwar einen ganz normalen Blutdruck, sie schafften es jedoch nicht, sie durch eine Sauerstoffmaske wiederzubeleben. Schwester Mary Catherine, Mutters Stellvertreterin und damit die Zweite in der Rangfolge hinter Mutter Angelica, entschied, sie in das nahe Cullman-Bezirkskrankenhaus bringen zu lassen. Die einstündige Fahrt nach Birmingham wäre zu lang gewesen. Man lud die Äbtissin in einen Krankenwagen und fuhr schnell zum Krankenhaus.

Außer dem andauernden Nach-Luft-Schnappen und dem unkontrollierten Augenrollen war sie völlig teilnahmslos.

Im Krankenhaus wurden eine ganze Reihe von Tests vorgenommen, während die Schwestern beteten. Endlich betrat Dr. L. James Hoover mit verlegenem Ausdruck den Warteraum. Er trug einen festlich aussehenden roten Pullover, der bei diesem

Anlass fast lächerlich wirkte. Mit den Händen in seinen Hosentaschen wirkte er irgendwie hoffnungslos.

„Wir können nichts für sie tun", sagte Hoover gedehnt, als wollte er sich entschuldigen. „Sie hatte einen Schlaganfall und eine Gehirnblutung."

„Und was wird jetzt geschehen?", fragte Schwester Margaret Mary.

Der Arzt wich dem Blick der Nonne aus. „Sie wird einfach hinüberdämmern. Einer von hundert Patienten sind Kandidaten für eine Operation, doch in ihrem Alter und Zustand..."

Die Nonnen begriffen sofort, welche schreckliche Entscheidung sie treffen mussten, entweder nichts zu tun und mit anschauen zu müssen, wie ihre Oberin ihnen entglitt, oder die Fahrt nach Birmingham zu riskieren, um dort eine gefährliche Hirnoperation durchführen zu lassen, die sie womöglich nicht überleben würde. Während die schwerwiegende Entscheidung getroffen wurde, lag die Frau, die das weltweit größte religiöse Medienimperium aufgebaut hatte, im Koma in der Notaufnahme des Krankenhauses. In der Vergangenheit war sie schon so oft durch viele Wunder gerettet worden. Jetzt stand sie selbst an der Schwelle zur Ewigkeit, zu der sie anderen seit Langem den Weg gewiesen hatte.

Irgendwo in den Tiefen ihres angeschlagenen Bewusstseins fasste Mutter Angelica wohl unbewusst den Entschluss, den Kampf aufzunehmen. Wie schon immer wollte sie sich jetzt in der Verzweiflung in die Hände Gottes fallen lassen. Für Mutter Angelica gab es keinen anderen Weg.

1. Kapitel

Ein unglückliches Leben

Mutter Angelica kam unbeachtet und sogar unerwünscht zur Welt, zumindest was ihren Vater betraf. Geboren wurde sie am 20. April 1923 als Rita Antoinette Rizzo in der bescheidenen Stadt Canton in Ohio.

Wenn man davon absieht, dass Präsident William McKinley in Canton gewohnt hatte und auch dort begraben wurde, handelte es sich um eine unbekannte Industrieansiedlung, etwa eine Stunde von Cleveland entfernt. Am Horizont sah man überall dicke braune Rauchschwaden aus den Fabrikschornsteinen hervorquellen, ein Zeichen für die von dieser kleinen Stadt ausgehende Produktivität. Die Stärke Cantons war der Stahl, der Werkstoff des neuen Jahrhunderts, der als Magnet Tausende Einwanderer anzog. Aus Cantons Fabriken und seinen Förderbändern stammten Kugellager, Straßenbahnwagen, Ziegelsteine, Telefone und Rohre, mit denen sich das Land weiterentwickelte und seine großartigste Epoche erreichen sollte.

Doch neben der Industrieansiedlung sticht Canton auch heute noch durch seine grüne Weidelandschaft mit leicht gewellten Hügeln in der Mitte Amerikas hervor. Hier konnte man Kinder aufwachsen lassen ohne das Chaos und die Enge des Stadtlebens. Das traf allerdings nur zu, wenn man nicht gerade im südöstlichen Teil der Stadt wohnte, dort, wo Rita Rizzo geboren wurde.

Im Jahre 1923 war der Südosten von Canton als Rotlichtbezirk bekannt oder auch als „Slumgebiet“, wie manche diesen Teil nannten. Für die Schwarzen und die zahlreichen italienischen Einwanderer, die in den Fabriken arbeiteten, war der Südosten die Heimat. Die Italiener waren an das Viertel durch eine Kombination von Analphabetentum und regelmäßigen Schutzgeldzahlungen gebunden, die von ihren unberechenbaren Landsleuten eingefordert wurden. Es war ein Ghetto, das von der „Schwarzen Hand" beherrscht wurde, einer kriminellen Organisation, deren Ursprünge in Sizilien lagen. Und obwohl die Bandenmitglieder Revolver mit schwarzen Griffen trugen, während sie im Viertel ihren Geschäften nachgingen, stammte die Bezeichnung „Schwarze Hand" doch noch aus ihrer alten Heimat. In dieser Zeit nahm die Bandenkriminalität ungeheuer zu. Es gab eine durchgehende Kette organisierter Korruption von Cleveland über Canton und weiter nach Steubenville. In Canton war die Cherry Street das Zentrum, wo kriminelle Banden und Prostituierte sich um die gleichen Seelen bemühten wie die katholische Pfarrei St. Antonius.

Bandenmorde kamen im Südosten von Canton häufig vor. Leute, die früher einmal in der Gegend gewohnt haben, berichten heute noch von Menschen aus ihrer Nachbarschaft, die auf ihrer Veranda in die Luft gesprengt, an Straßenecken erschossen oder in das Flusswasser geworfen wurden. Auch heute noch reden einige der Dorfbewohner, die ja nun mittlerweile weit über achtzig sind, mit gesenkter Stimme über die „Schwarze Hand", und sie lehnen aus Angst vor Repressalien jede Veröffentlichung ihrer Namen ab.

Dieses ethnische Ghetto – in dem Dirnen an die Fensterscheiben ihrer Bordelle klopften, um ihre Freier anzulocken; in dem Ladenbesitzer in der gleichen Straße zusammen mit Auftragskillern lebten; in dem die Priester der Pfarrei versuchten, kleine Gauner zu einem besseren Leben anzuleiten; in dem sich das Profane mit dem Sakralen vermischte, und jeder sich anstrengte, irgendwie über die Runden zu kommen – dies nun war die Umgebung, die auf Rita Rizzo bei ihrer Ankunft im Jahre 1923 wartete.

Sie kam im Haus von Mary und Anthony Gianfrancesco, ihren Großeltern mütterlicherseits, auf die Welt. Diese wohnten einen Häuserblock entfernt von der berüchtigten Cherry Street. Das Haus in der Liberty Street mit der Hausnummer 1029 grenzte auf der einen Seite an ein offenes Feld mit gepflegten Weinreben. Auf der anderen Seite des Hauses, an der Kreuzung der Liberty Street und der Eleventh Street, befand sich das Lokal von Großvater Gianfrancesco, ein beliebter Treffpunkt für die neu ankommenden Einwanderer und ihre amerikanische Verwandtschaft, die sich dort trafen und etwas tranken oder zu Mittag aßen.

Für ihre Mutter Mae war die Geburt der kleinen Rita eine schmerzvolle Angelegenheit. Es waren mehrere Stunden sowie anschließend fünfzehn Stiche vonnöten, um das fast zwölf Pfund schwere Kind zur Welt zu bringen. Mae Gianfrancesco Rizzo wurde nicht müde, dies ihrer einzigen Tochter immer wieder zu erzählen.

„Meine Großmutter sagte, ich hätte rosige Wangen, einen vollen Haarschopf und die Größe eines sechs Monate alten Kindes gehabt. Es hätte ausgesehen, als ob ich zum Gehen bereit gewesen wäre“, erinnerte sich Mutter Angelica Jahrzehnte später kichernd.

John Rizzo, Ritas Vater, wollte nie ein Kind. Als ihm seine Frau nach zwei Jahren Ehe mitteilte, dass sie schwanger sei, „tobte er so vor Wut, dass er sie mit Gewalt packte und an den Haaren zerrte“. Mae Rizzo war überzeugt, dass sie aufgrund dieses Zwischenfalls und der nachfolgenden Angstzustände das Kind nicht stillen konnte.

Als Mae John zum ersten Mal begegnete, schien er der ideale Mann für sie zu sein. Er war groß und schlank, anständig und ruhig im Verhalten, tadellos gekleidet und trug Gamaschen und einen Spazierstock. In einem Ghetto, in dem es von einfachen Arbeitern und Ganoven nur so wimmelte, war John Rizzo die Verwirklichung eines Wunschtraumes. Von Beruf war er Schneider. Er hörte Mae singen, als er einmal die Eleventh Street hinunterschlenderte, und kam so zum ersten Mal an die Küchentür der Gianfrancescos.

Mae sang oft beim Geschirrspülen die italienischen Opernarien mit, die vom Grammofon ihres Vaters aus dem Wohnzimmer erklangen. Seit ihrer Geburt war sie stets von Musik umgeben gewesen. Musik gehörte zu ihrem Leben genauso wie Papas Lokal oder der gusseiserne Herd in der Küche. Mae wollte gerne Sängerin werden und hatte sicher auch das Aussehen dafür. Sie war eine aparte Frau mit dunklen Augen, markanten Gesichtszügen und mit einem ernsten Ausdruck, der die Blicke der Männer in der Nachbarschaft auf sich zog. Familienfotos zeigen eine junge Frau, die sich ihres guten Aussehens bewusst war und die auch wusste, welche Mode zu ihr passte. Übergroße Hüte, bauschige Kleider, Handschuhe und Sonnenschirme schmückten Maes hübsche Figur. Ihre Schönheit nahm John gefangen.

Doch trotz all ihrer Reize war Mae sogar schon als junge Frau davon überzeugt, dass sie vom Leben betrogen worden war. Sie führte ihre Schwierigkeiten auf die fünfte Klasse zurück, als ein männlicher Klassenkamerad sie während einer Brandschutzübung an der Hand nahm. Ob Mae dies als eine Aufdringlichkeit empfand oder einfach nur schlecht gelaunt war, ist nicht bekannt. Jedenfalls riss sie eine Latte aus einem nahe gelegenen Zaun und schlug damit dem Jungen auf den Kopf. Vermutlich haben sich die Lehrer bei der Mutter darüber beschwert. Ihre Mutter, die Konflikten immer aus dem Weg gegangen war, entschied nun, dass Maes Schulbildung jetzt ausreichte. Sie wurde von der Schule genommen und kehrte nie mehr dorthin zurück. Dieses Gefühl, nicht genug gelernt zu haben oder nicht intelligent genug zu sein, hatte tiefe Narben bei Mae Gianfrancesco hinterlassen – Narben, die sich auch später noch bemerkbar machten und letztlich auch ihre Tochter belasteten.

Als John Rizzo an der Küchentür vorbeischlenderte und Komplimente über Maes Stimme machte, muss sie wohl gedacht haben, dass ihr Gebet erhört worden war. Jetzt war nun endlich die Gelegenheit in greifbare Nähe gerückt, diesem beengten und stürmischen Haushalt mit lauter Brüdern zu entkommen, eine Möglichkeit, ganz von vorne zu beginnen und vielleicht sogar eine Ausbildung zu machen. Mit zweiundzwanzig Jahren ergriff Mae ihre Chance zum Glücklichwerden und heiratete John Rizzo am 8. September 1919 gegen die Einwände ihrer Eltern, „die ihn noch nie gemocht hatten“.

Vier Jahre später, am 12. September 1923, trugen die Eheleute ihre fünf Monate alte Tochter zum Taufbecken der St. Antonius-Kirche in der Liberty Street. Es war damals Brauch, Säuglinge innerhalb weniger Tage nach der Geburt taufen zu lassen, doch ein paar säumige Taufpaten hatten diese Verzögerung verursacht. Als die Rizzos dann schließlich mit dem kräftigen Kind an das Taufbecken herantraten, das schon so viel älter als fünf Monate zu sein schien, wandte sich der erstaunte Priester an Mae und fragte:

„Weshalb haben Sie nicht gewartet, bis sie von selbst hierher laufen konnte?“

Rita wurde von ihrer Mutter sofort nach der Taufe zu einem Seitenaltar getragen, der der Schmerzensreichen Mutter gewidmet war. Sicher fühlte sie sich von dieser Darstellung Mariens ganz besonders angezogen. Auf diesen Altar der Madonna, deren Herz von Schwertern des Leidens durchbohrt war, legte Mae ihr eigenes Kind. „Sie erzählte mir, sie habe zu Maria gesagt: ‚Ich gebe dir meine Tochter‘“, erinnerte sich Mutter Angelica später etwas wehmütig. „Ich bin mir sicher, sie dachte, sie würde noch weitere Kinder bekommen, aber sie bekam keine mehr.“

Das war auch kein Wunder. Die Ehe der Rizzos war bereits am Zerbrechen. Johns Unfähigkeit, die Familie finanziell zu unterhalten, trug maßgeblich dazu bei.

„Mein Vater hatte nie genügend verdient“, meinte Mutter Angelica. „Meine Mutter bestand darauf, endlich ein Haus zu mieten… Eines Nachts lag ich in meinem Gitterbett und fing an zu weinen, zu schreien und zu brüllen. Mae stand schließlich auf, um nach mir zu sehen. Und dann waren dort überall Kakerlaken, in meinem Bett, auf mir selbst und auch an den Wänden. Die Tapete bewegte sich, auch sie war voll von Kakerlaken.“ Nach einigen bissigen Kommentaren John gegenüber, in denen sie zweifellos ihre Wut über sein Versagen als Ernährer der Familie ausließ, packte Mae ihre kleine Tochter und verbrachte mit ihr die Nacht im Haus ihrer Eltern. Dies sollte in ihrer Ehe zum Normalfall werden.

Zudem wurde die Beziehung auch durch die Mutter von John Rizzo untergraben. Catherine war eine herrische Schwiegermutter. Um das Jahr 1926 konnte Catherine Rizzo keine Wohnung finden. Dabei hatte sie elf Kinder, eines davon war John. Daher wurde beschlossen, dass sie auf Maes Drängen hin bei der jungen Familie Rizzo in Canton einzog.

„Sie besaß einfach nicht genügend Weitsicht, um sich vorstellen zu können, dass etwas nicht stimmen konnte, wenn elf Kinder nichts mit ihrer Mutter zu tun haben wollten“, bemerkte Mutter Angelica mit einem bitteren Lächeln. „So nahm meine Mutter sie also auf, und damit fing der Ärger an.“

Tatsächlich gingen die Schwierigkeiten vermutlich schon sehr viel früher los. John hatte, Gerichtsunterlagen zufolge, Mae seit Jahren mit Wort und Tat misshandelt. Deshalb hatte wahrscheinlich nicht Catherine Rizzo die Ehe zerstört, jedoch war sie sicherlich der Auslöser für viele Ehestreitigkeiten.

Die beherzte Mae traf in der Großmutter Rizzo auf eine Persönlichkeit, die ihr ebenbürtig war. Sie war eine stattliche Frau mit einem entsprechenden Mundwerk. Sie duldete keine Dummköpfe, vor allem nicht in der Küche. Die gastronomischen Ansprüche von Großmutter Rizzo waren hoch. Maes Kochkünste und auch alles andere, was die junge Frau tat, entsprachen jedoch nicht den Erwartungen von Großmutter Rizzo. Sie waren auch nicht gut genug für Catherines Sohn. Die regelmäßigen Nörgeleien wurden für eine ohnehin schon verunsicherte Person wie Mae einfach zu viel.

Eines Nachmittags hatte Mae gerade ein Hähnchen mitsamt den Knochen in den Ofen geschoben, was Großmutter Rizzo nun ganz besonders auf die Palme brachte, denn sie selbst war stolz darauf, Geflügel innerhalb von Minuten entbeinen zu können. Noch ehe die Klappe zum Backofen geschlossen war, fiel die alte Dame über Mae her und beschimpfte sie wegen ihrer Unfähigkeit in der Küche. Die dreijährige Rita klammerte sich an ihre Mutter. Nachdem das Kind mehrere Minuten lang angespannt zugehört hatte, trat es zwischen seine Mutter und Großmutter Rizzo.

„Ich sagte zu meiner Großmutter: ‚Oh, sei still! Immer nur reden, reden, reden!‘ Da hob mich meine Mutter hoch und gab mir hundert Küsse, weil ich sie verteidigt hatte“, erinnerte sich Mutter Angelica. „Mein Vater hätte sie ja nie verteidigt!“

Dies sollte das erste, jedoch nicht das letzte Mal sein, dass Rita ihre Stimme erhob, um fast instinktiv ihre Mutter zu verteidigen. Auch die ersten Anzeichen der in den späteren Jahren für sie charakteristischen Fähigkeit, energisch aufzutreten, machten sich hier bemerkbar. Ihr Eingreifen trug jedoch nur wenig zur Abmilderung der Schärfe im Verhältnis zwischen Mae und ihrer Schwiegermutter bei.

Nach den Worten von Mutter Angelica rannte Mae irgendwann zwischen 1927 und 1928 wie besessen die Treppen ihres

Hauses hinauf, um ein Gewehr zu suchen, mit dem sie die alte Frau erschießen wollte. „Wenn die Mutter meines Vaters daheim gewesen wäre, hätte sie es auch getan. Zum Glück war sie aber schon nach Reading in Pennsylvania abgereist, um dort bei ihrer Tochter zu wohnen…“

Ab November 1928 lebte auch John Rizzo anderswo. Er zog nach Kalifornien und ließ zwei Jahre lang nichts von sich hören. Er gab weder einen Grund für seine Abreise an, noch hinterließ er irgendeine Adresse. Ohne Geld und ohne eine Arbeit musste Mae den Rest der Familie versorgen. Wie Flüchtlinge kehrten sie und die fünfjährige Rita in das Haus ihrer Eltern zurück. Dort hieß man sie nicht gerade willkommen. Das Haus der Gianfrancescos war bereits voll belegt. Maes vier Brüder (Tony, Pete, Frank und Nick) und die alten Gianfrancescos bewohnten die beiden Schlafzimmer. Deshalb waren Rita und Mae gezwungen, in einer renovierten Dachkammer zu schlafen. In den letzten Jahren erzählte Mutter Angelica oftmals über den ersten Winter in diesem Haus. Als sie und ihre Mutter in der Dachkammer schliefen, riss ein Sturm die Fenster auf und bedeckte sie mit Schnee. Doch angesichts der damaligen finanziellen Möglichkeiten und des Großmutes der Gianfrancescos erscheint es doch seltsam, dass sie ihre eigene Tochter und Enkelin solch widrigen Umständen ausgesetzt hatten…

Anthony Gianfrancesco war trotz der Armut, die ihn umgab, alles andere als arm. Er besaß drei Häuser in der Nachbarschaft, die er äußerst günstig an Familien sowie an frisch ankommende italienische Einwanderer vermietete. Anthony stammte aus Neapel, wanderte von dort aus und ließ sich zunächst in Colorado nieder, wo er in einer Goldmine arbeitete, bevor er nach Akron in Ohio umzog. Dort begegnete er Mary Votolato und heiratete sie. Konflikte mit seiner Schwiegermutter trieben ihn dazu, nach Canton umzusiedeln. Dort eröffnete er ein Geschäft.

Das Lokal, das Anthony Gianfrancescos Namen trug, wurde zu einem sicheren Hafen für ausländische Familien, die mit dem Schiff in einem fremden neuen Land ankamen. Im Südosten Cantons wurde Gianfrancescos Lokal zum Mittelpunkt des gesellschaftlichen Lebens der Italiener: Dort konnte man die Muttersprache sprechen, untereinander in Kontakt kommen, sich unter seinesgleichen aufhalten und sich gegenseitig von den Demütigungen erzählen, die man bisweilen durch die Amerikaner erdulden musste. Mutter Angelica erinnerte sich daran, wie ihr Großvater die italienischen Neuankömmlinge mit Kleidung versorgte und ihnen bei der Arbeitssuche behilflich war. Großmutter Gianfrancesco gab den Einwandererfamilien oft in einem Zimmer oberhalb des Lokals etwas zu essen. Dort trafen sich auch manchmal die italienischen Clubs. Es war ein Familienlokal, in dem es verboten war, sich zu betrinken. Wenn die Rechnung zu hoch wurde oder die Stunde vorgerückt war, schickten die Gianfrancescos ihre Gäste nach Hause.

Wahrscheinlich wurde im Lokal der Gianfrancescos auch noch Schnaps oder Bier serviert, als dies durch das staatliche Alkoholverbot nicht mehr erlaubt war, das in Canton ab dem 16. Januar 1920 Gültigkeit hatte und erst im Februar 1933 wieder aufgehoben wurde. Noch lebhaft erinnerte sich Mutter Angelica an ein Ereignis, das sich entweder 1929 oder 1930 abspielte.

„Ich konnte nicht älter als vier oder fünf Jahre alt gewesen sein, und mein Großvater wollte mich nicht im Lokal haben. Er gab mir einen kleinen Krug mit Bier. Er gab mir außerdem vier oder fünf Brezeln und sagte zu mir: ‚Geh hinaus und setz dich auf den Bordstein und lass es dir schmecken!‘ Ich ging also hinaus, setzte mich auf den Bordstein, trank dieses Bier und aß dazu die Brezeln, als plötzlich die Musikkapelle der Heilsarmee auftauchte. Sie stellten sich also vor mich hin und fingen an, alle möglichen Psalmen aufzusagen und für mein Seelenheil zu beten. Sie müssen total schockiert gewesen sein, als sie sahen, wie dieses kleine Kind Bier trank. Ich erinnere mich noch daran, wie ich meinen Großvater anbrüllte: ‚Da draußen ist eine Musikkapelle!‘“

Das kleine Mädchen mit der Pagenkopf-Frisur hatte jedenfalls die beste Gelegenheit, das Leben in seiner ungeschminkten Form aus nächster Nähe kennenzulernen. An der Kreuzung zwischen der Liberty Street und Eleventh Street beobachtete sie die Menschen und den Lauf der Welt, wobei wohl nicht alle so harmlos waren wie die vorbeimarschierende Heilsarmee. Bei ihren Bordsteinausflügen unterhielt sie sich mit Prostituierten, Bandenmitgliedern, mit Männern, die aus den Fabriken heimkehrten, mit Mamooch – einer Italienerin, die betend auf den Straßen umherstreunte – und mit den Schwarzen, die auch in ihrem Viertel wohnten. Dieses sich ständig drehende Karussell vieler verschiedener Menschen flößte dem Kind ein Mitgefühl für Fremde ein und brachte ihm bei, wie man leicht Kontakt zu Menschen verschiedenster Herkunft knüpft. In diesem Laboratorium des Lebens nahm die kleine Rita das Elend der Welt und den verborgenen Humor auf, wie es nur wenigen möglich ist.

Etwa zu dieser Zeit eröffnete Mae Rizzo eine chemische Reinigung neben dem Lokal ihres Vaters, nachdem sie zuvor eine kurze Ausbildung bei einem Schneider und in einer Reinigung gemacht hatte. Es sollte die erste von vielen Bemühungen sein, mit einem Geschäft ohne Unterstützung ihrer Familie für Ritas Unterhalt zu sorgen. Wenn sie schon unter dem Dach ihrer Eltern leben musste, dann war sie auch entschlossen, ihnen zu zeigen, dass sie ihre Tochter auch ernähren konnte, und zwar allein.

Auch in Glaubensdingen bewies Mae denselben Hang zur Eigenständigkeit. Obwohl die Gianfrancescos keine Kirchgänger waren, fing Mae an, die St. Antonius-Kirche regelmäßig zu besuchen. Die Kirche und ihr Seelsorger, Pfarrer Joseph Riccardi, vermittelten der verlassenen Frau ein Gefühl des Trostes und des Friedens. Ehrenamtlich organisierte sie italienische Festlichkeiten für die Pfarrei. Eine dieser Veranstaltungen sollte den Rahmen für Rita Rizzos ersten öffentlichen Auftritt bilden. Einige Jahre, nachdem Al Jolsons Film „Der Jazzsänger" das Land 1927 im Sturm nahm, imitierte Rita ihn auf der Bühne. Die Sechsjährige trug einen Knabenanzug und spazierte in den überfüllten Gemeindesaal, um „Danny Boy" zu singen.

„Die Bühne machte auf mich einen gigantischen Eindruck... Meine Mutter war wie zu Stein erstarrt, aber sie sagte: ‚Schau, ich werde dort im Publikum sitzen, sodass du deine Augen direkt auf mich richten kannst, und dann wird schon alles gut gehen! Du singst einfach dein Lied, in Ordnung?' Ich sagte: ‚In Ordnung.' Und ganz plötzlich schob mich mein Onkel hinaus, die großen Vorhänge hoben sich, und ich stand da. Ich begann also, mein Lied zu singen. Und genau an der Stelle, an der Al Jolson in dem

Lied weinte, weil Danny Boy starb, konnte ich meine Mutter nicht finden. Jemand musste sich vor sie hingestellt haben. So fing ich an, erbärmlich zu weinen. Ich sang weiter, aber ich weinte dabei wie ein Baby und wurde selbst zu ‚Oh Danny Boy!' Bald weinte das ganze Publikum. Dann sah ich plötzlich meine Mutter, und ich war wieder ganz glücklich und sang weiter. Es war einfach perfekt! Mein Onkel Nick wurde fast verrückt. Er hob mich hoch und warf mich in die Luft, während die Leute johlten und klatschten.

So hatte Rita schon in ihrem zarten Alter nicht unbedingt für ihre Darbietungskünste Beifall bekommen, sondern vielmehr für ihre Fähigkeit, in der Öffentlichkeit aufrichtige Gefühle zum Ausdruck zu bringen. Die Zuschauer fühlten sich tief verbunden mit den Gefühlskundgebungen dieses Kindes und reagierten darauf mit Zuneigung. Doch diese momentane Freude sollte nicht lange andauern.

In den späten Zwanzigerjahren löste die Bande der „Black Hand" erneut eine Welle des Schreckens und der Gewalt in Canton aus. Ihr böses Treiben blieb von der Stadtpolizei weitgehend unbeachtet, da diese selbst an den Verbrechen beteiligt war. Bei einem der berühmtesten Mordfälle in dieser Zeit wurde Don Mellett in seiner Garage niedergeschossen. Er war der mutige Herausgeber der Tageszeitung *Canton Daily News*, in der er eine Artikelserie veröffentlicht hatte, in der Schwarzbrennerei und Prostitutionsringe in der Stadt angeprangert wurden. Der Polizeichef von Canton, Saranus Lengel, ein Kriminalbeamter und noch andere Personen wurden später wegen dieses Mordes verurteilt.

Da Rita, Mae und viele ihrer Nachbarn kein Vertrauen zu den Gesetzeshütern hatten, wandten sie sich lieber an die einzige stabile Institution, die ihnen zur Verfügung stand, die katholische Kirche. Sie war relativ stark in Canton und eine wirksame Kraftquelle im Leben der Gemeindemitglieder.

Bei einer von Mutter Angelica, ihrer Mutter und einigen Einheimischen berichteten Begebenheit entdeckte Pfarrer Joseph Riccardi, dass die Gangster schwarzgebrannten Schnaps an einem über jeden Verdacht erhabenen Ort vergraben hatten: auf dem Pausenhof der St. Antonius-Schule. Dieser Platz sollte einen doppelten Zweck erfüllen: Zum einen diente er den Gangstern als hervorragende Tarnung für ihren schwarzgebrannten Schnaps, zum anderen ergab sich hier eine Möglichkeit, den geradlinigen Priester zu beschämen. Doch Pfarrer Riccardi verteidigte sein Gelände, ließ auf dem Schulhof trotz Morddrohungen Scheinwerfer anbringen und benachrichtigte die städtischen Behörden. Es wäre wohl besser gewesen, wenn jemand dem zweiunddreißigjährigen Priester mitgeteilt hätte, dass die Behörden auf der Gehaltsliste der Mafia standen.

Schließlich war es jedoch die Ankündigung von Pfarrer Riccardi, dass die St. Antonius-Kirche aus dem Zentrum des Mafia-Gebietes in die relativ ruhigere Eleventh Street im Südosten der Stadt verlagert würde, die nun tatsächlich den Zorn der „Schwarzen Hand" hervorrief. Die Umgebung der Kirche hatte immerhin als Wohngebiet und als „Geschäftsbereich" der Gangster gedient und diesen einen gewissen Anschein von Ehrbarkeit verliehen. Außerdem war sie sicher auch ein durchaus brauchbarer Treffpunkt, um Geschäfte einigermaßen unbelästigt abzuwickeln. Was immer auch ihr Motiv gewesen sein mag, die Mafia war fest entschlossen, die Umsiedlung zu verhindern. Die neue Kirche sollte lieber in der Liberty Street gebaut werden, und zwar an der Stelle, an der das alte Gotteshaus stand. Unter Druck reichten Pfarrangehörige einen Antrag auf eine einstweilige Verfügung bei Gericht ein, durch die ein Baustopp erreicht wurde, der die Bauarbeiten an der Eleventh Street für eine gewisse Zeit aufhielt.

Schließlich setzte sich Riccardi durch, und die neue St. Antonius-Kirche erhob sich in einem besseren Viertel im Südosten von Canton. Bischof Schrembs, der Ordinarius von Cleveland, lobte den jungen Priester in den höchsten Tönen: „Pfarrer Riccardi kämpfte für den Aufbau einer anständigen und sauberen italienischen Siedlung, die frei vom Einfluss von Spielhöllen, Schwarzbrennereien und von anrüchigen Etablissements sein sollte, von denen das Viertel des ehemaligen Kirchengeländes geradezu verseucht war."

Am Sonntag, dem 10. März 1929, kam die Reaktion der „Schwarzen Hand". Nach der 9-Uhr-Messe ging Pfarrer Riccardi in den hinteren Teil der Kirche, um dort ein Kind zu taufen. Im

Vorhof traf er Maime Guerrieri, eine siebenundzwanzig Jahre alte Frau mit fettigen Haaren, die von ihrer fünfjährigen Tochter begleitet wurde. „Ich freue mich, dass Sie Ihre Kleine wieder in die Schule schicken", sagte der Priester, als er versuchte, mit der Frau ins Gespräch zu kommen. Bevor er noch etwas anderes sagen konnte, zog Guerrieri einen Revolver und feuerte aus kürzester Entfernung fünf Schüsse auf ihn ab. Der Priester wurde von zwei Kugeln getroffen, er verstarb noch am selben Tag.

Bei der Gerichtsverhandlung wurde die Angeklagte Guerrieri „allein wegen Unzurechnungsfähigkeit… des Mordes nicht für schuldig" befunden und freigesprochen. Die Gläubigen der Pfarrei waren erschüttert, und die sechsjährige Rita war ihrem ersten Märtyrer begegnet.

„Man hat noch nie eine Gemeinde gesehen, die so viel geweint hat. Es war einfach ein schwerwiegender, furchtbarer Verstoß gegen die Gerechtigkeit – niemand wurde jemals bestraft!", sagte Mutter Angelica, als sie sich an diesen Vorfall erinnerte. Sie zog ihre Augenbrauen hoch und schüttelte verärgert den Kopf. „Ich glaube, dass dies ein großer Verlust in unserem Leben war, denn Pfarrer Riccardi war jemand, der uns verstand."

Für Rita und Mae war nun also auch noch die letzte Säule, an die sie sich in ihrem Leben anlehnen konnten, zusammengebrochen. Dann verschlang im Oktober 1929 die Weltwirtschaftskrise die kümmerlichen Ersparnisse der kleinen Leute in Canton und anderswo. Für den Rest ihres Lebens lehnte es Mae Rizzo ab, ihr Bargeld auf einer Bank einzuzahlen. Sie hortete ab jetzt ihr Geld in einer Handtasche, damit sie es jederzeit zur Verfügung hatte und auf einen zweiten Crash vorbereitet war. Der Tod ihres Pfarrers und die damalige finanzielle Unsicherheit setzten eine nach unten führende Spirale von Nackenschlägen in Gang, die Mutter und Tochter schwer trafen.

1930 kehrte John Rizzo nach Canton zurück und besuchte seine Familie im Haus der Gianfrancescos. Obwohl Mae noch immer eine gewisse Zuneigung zu John verspürte, war ihr Vertrauen zu ihm schon längst geschwunden. Die peinliche Begegnung führte zu nichts, und Mae bat ihn unvermittelt, das Haus zu verlassen. Am 24. September 1930 reichte sie beim Bezirksgericht in Canton den Antrag auf Scheidung ein. Im Dokument wurde Johns „extreme Grausamkeit“ erwähnt – Schläge, verbale Angriffe und das Unvermögen, für seine Familie zu sorgen und sie zu ernähren. In dem Gesuch wurde das Gericht gebeten, für Mae Unterhaltszahlungen und das Sorgerecht für Rita zu bewilligen.

Das siebenjährige Kind versuchte, all das irgendwie zu verstehen: die herabwürdigende eheliche Beziehung, die lange Abwesenheit ihres Vaters und den emotionalen Zerfall des einzigen Elternteils, den sie wirklich kannte. Eigentlich wäre es für eine Mutter selbstverständlich gewesen, ihrem Kind in dieser Lage Trost zu spenden, jedoch wusste Rita schon mit sieben Jahren, dass dies unmöglich war. Mae war mit der Endgültigkeit der Scheidung innerlich überfordert. Sie wurde zunehmend hysterischer und neigte zu heftigen Weinkrämpfen. Rita war völlig auf sich selbst gestellt.

„Manchmal fragte ich mich, ob es wirklich einen Gott gibt, und wenn ja, dann konnte ich nicht verstehen, weshalb Er mir dann nicht eine Familie wie den anderen Kindern gegeben hatte“, bemerkte Mutter Angelica mit einem in die Ferne gerichteten Blick.

„Sie war schon immer erwachsen“, sagte Angelicas Cousine Joanne Simia. „Sie hatte keine Kindheit.“

In ihrem späteren Leben brachte Rita durch ihren Fernsehsender Licht in die dunklen Orte dieser Welt – Orte, wo die in Vergessenheit Geratenen zusammenkommen: in Bars, Altersheimen, Krankenhäusern und heruntergekommenen Motels. Wenn sie redete, spürten diese Menschen, dass Rita ihren Schmerz, ihre ruinierte Ehe, ihre Alkoholsucht und ihre zerrütteten Familienverhältnisse nachempfinden konnte. Sie schien eine von ihnen zu sein. Sie spürten, dass hinter dem Schleier, den funkelnden Augen und dem verschmitzten Lächeln eine Person steckte, die auch verwundet war. Und das war sie auch tatsächlich.

Der Anfang der Hölle

Am 10. März 1931 wurde ihrer Mutter Mae vom Gericht das Sorgerecht für Rita sowie fünf Dollar wöchentliche Unterhaltszahlungen zugesprochen. „Und damit fing die Hölle an“, stellte Mutter Angelica fest. Das Stigma der Scheidung und die Herausforderung, mitten in der Weltwirtschaftskrise ihren Lebensunterhalt bestreiten zu müssen, erschütterte das Leben von Mae und Rita schwer. Die seltenen Unterhaltszahlungen von John Rizzo waren keine Hilfe. Manchmal ging Rita zum Gericht, ohne dort das vereinbarte Geld vorzufinden. Nach einem derartigen Vorfall suchte die beherzte Neunjährige eines Tages ihren Vater in dem Herrenbekleidungsgeschäft auf, in dem er arbeitete.

„Ich bat ihn um den Unterhalt, da gab er mir fünfzig Cent. In der nächsten Woche ging ich dann wieder zum Gericht. Der Schalter dort sah aus, als wäre er sechs Meter hoch. Ich sagte zu der Frau, dass ich die Unterhaltszahlung abholen wollte. Sie antwortete: ‚Aber Schätzchen, dein Papa hat dir doch letzte Woche fünf Dollar gegeben.‘ Ich widersprach: ‚Nein, das stimmt nicht, es waren nur fünfzig Cent.‘ Dann zeigte sie mir die Quittung, die ich ihm die Woche zuvor unterschrieben hatte. Er hatte einen Punkt und eine zusätzliche Null eingefügt, damit die Summe wie fünf Dollar aussah. Ich bin dann nie wieder dorthin gegangen, um meinen Unterhalt abzuholen.“

Um über die Runden zu kommen, eröffnete Mae wieder eine chemische Reinigung. Nach Auseinandersetzungen mit ihren Brüdern zog Mae aus dem Haus ihrer Eltern aus. Zwischen 1933 und 1937 wohnten Mae und Rita in einer Reihe von verwahrlosten, gelegentlich von Ratten heimgesuchten Ein-Zimmer-Wohnungen, die zur maximalen Nutzung normalerweise jeweils in verschiedene Bereiche aufgeteilt wurden. Der vordere Teil diente als Geschäft, der hintere zum Schlafen. Wenn Rita und ihre Mutter gerade nicht so gut miteinander auskamen, blieb das Mädchen bei einer befreundeten Familie. So wohnte sie zeitweilig bei Victoria Addams, einer Frau, die mit John Rizzo zusammen war. Dieser ständige Wechsel übte auf Rita einen negativen Einfluss aus.

In der St. Antonius-Schule rutschten ihre Noten ab. Manches davon kann sicher der herzlosen Behandlung durch die Nonnen zugeschrieben werden, die Rita als Kind geschiedener Eltern über sich ergehen lassen musste. In den frühen Dreißigerjahren war eine Scheidung für die meisten Katholiken, insbesondere für die italienischen, ein schändlicher Vorgang und galt als schwere Sünde. In der St. Antonius-Schule war Rita Rizzo das einzige Kind aus einer zerbrochenen Ehe.

1933 bat Ritas Klassenlehrerin, eine Ordensschwester, jede Schülerin, ein Abonnement für eine katholische Zeitschrift zu verkaufen. Rita meldete sich und sagte, dass sie zwei übernehmen wollte, weil ihre Tante Rose bestimmt eines davon abnahm. Die Nonne fuhr sie an: „Ach, du nimmst nur eins. Du willst immer so großartig sein und am Ende führt das doch zu gar nichts." Über Ritas Wangen kullerten Tränen. „Ich habe diese Nonnen gehasst, ich hasste sie", sagte sie später einmal. Als Rita nach Hause kam, wusste Mae, dass irgendetwas nicht in Ordnung war, doch Rita wollte nicht darüber reden. Mae rief die Mutter einer Klassenkameradin an und war ganz außer sich, als sie erfuhr, wie man ihre Tochter behandelt hatte. Als Vergeltungsmaßnahme nahm sie Rita aus der St. Antonius-Schule und schickte sie in die öffentliche Schule.

Später überredete ein Priester Mae, Rita wieder in der St. Antonius-Schule anzumelden. Doch im folgenden Jahr kam es zu einem neuen unerfreulichen Ausscheiden. Am Ende einer Weihnachtsfeier verteilten die Nonnen an Rita und ihre Mitschülerinnen Spielzeug. Die Kinder packten die Geschenke aus und fertigten aus dem Einwickelpapier kleine Papierspielzeuge. Zur Freude der Mitschüler wedelten sie damit herum. Als Ritas Name aufgerufen wurde, trat sie vor, um ihr Geschenk abzuholen.

„Ich bekam nun dieses Jo-Jo. Es war alt und zerkratzt und hatte Knoten in der Schnur – man konnte dieses Ding gar nicht benutzen. Dann ging ich nach Hause. Meine Mutter fragte mich, wo ich das Jo-Jo herhatte. Als ich ihr erzählte, dass die Schwester es mir gegeben hatte, war dies der Tropfen, der das Fass zum Überlaufen brachte."

Mae und Rita eilten zum Pfarramt der St. Antonius-Kirchengemeinde, wo Mae dem Pfarrer gründlich die Meinung sagte. Sie betrachtete das gebrauchte Geschenk als eine Demütigung – und ihr Kind ließ sie von niemandem demütigen. Bevor sie das Pfarramt verließ, meldete sie Rita zum letzten Mal von der St. Antonius-Schule ab.

Das Stigma der Scheidung sollte Mae aber bald auch von der Kirche trennen, die doch so lange ihre Stütze gewesen war. Da sie seit ihrer Scheidung nicht mehr gebeichtet hatte, wurde sie von ihren Freunden ermuntert, bei einem Missionar, der in der Pfarrei auf Besuch war, das Bußsakrament zu empfangen. Als Mae die Sünde der Scheidung beichtete, „ging der Priester an die Decke". „Was haben Sie getan?", tobte er. „Sind Sie sich bewusst, dass Sie sich mit der Scheidung selbst exkommuniziert haben?"

„Anstatt ihr gütig und liebevoll zu begegnen, ging er hart mit ihr ins Gericht!", sagte Mutter Angelica. „Er gab ihr nicht einmal die Chance, darauf hinzuweisen, dass sie nicht wieder geheiratet hatte und die Gebote der Kirche hielt."

Mae stürmte aus dem Beichtstuhl und ging zehn Jahre lang nicht mehr zur Kirche.

Ungefähr zur selben Zeit scheiterte ihr Geschäft. Kunden, die ihre Kleidung abholten, versprachen, in der nächsten Woche zu bezahlen, doch das Geld blieb meistens aus. Mae war zu stolz, zu ihrer Familie zurückzukehren. Mae und Rita kamen nur mit Mühe über die Runden. Manchmal gab es zum Abendessen für beide nur ein Stück Brot mit Wurst, das sie sich teilten. Fest entschlossen, ihr Ideal der Selbständigkeit hochzuhalten, lehnte Mae es ab, die Gianfrancescos um ein Almosen zu bitten, ganz gleich, wie widrig die Umstände auch sein mochten.

Für die Außenwelt schien Mae Rizzo der Inbegriff an Zuversicht zu sein. Noch immer trug sie ihre eleganten Hüte und hielt die etwas herrische Fassade aufrecht, die jeden Fremden auf Distanz hielt. Alle, die sie kannten, erinnern sich an sie als eine hinreißende Geschichtenerzählerin. Sie konnte die Aufmerksamkeit des Publikums fesseln, wobei es egal war, welche Geschichte sie gerade erzählte. Ihre Tochter hatte dieses Talent geerbt. Doch im Gemüt wurde Mae Rizzo krank. Um das Jahr 1934 brachten sie Armut und eine chronische Depression beinahe um den Verstand. Vor ihrer fassungslosen elfjährigen Tochter brach Mae dann zu Hause in Tränen aus, jammerte über das Leben, das sie ihrem Kind zumutete, den Mangel an Bildung, der Ritas Berufsmöglichkeiten beschränken würde und über den Ehemann, der ihr Unrecht angetan hatte. Drei Jahre nach der Scheidung war Mae noch immer außerstande, John Rizzo aus ihrem Herzen zu entreißen. Wenn sie ihn nur mit einer anderen Frau sah, wurde sie schon wütend.

John Rizzos neue Partnersuche machte Maes Depressionen nur noch schlimmer und rief düstere, verheerende Gedanken bei ihr hervor. „Ständig drohte sie mit Selbstmord", verriet Mutter Angelica, „und wenn ich von der Schule nach Hause kam, wusste ich nie, ob ich sie lebend oder tot antreffen würde. Ich konnte nicht mehr lernen oder mich konzentrieren".

Für Rita hatten die ständige Sorge um Maes Gemütsverfassung und der endlose Kampf ums Überleben jede Beziehung zur Außenwelt unmöglich gemacht. Das tief in ihr sitzende Gefühl, dass sie selbst irgendwie zur Situation ihrer Mutter beigetragen hätte, verstärkte nur noch ihre Anhänglichkeit an Mae, auf die sich ihr ganzes Augenmerk richtete. „Einen Großteil der Zeit passte ich nur auf sie auf", erzählte mir Mutter Angelica. „Deshalb hatte ich auch nie Freunde und spielte auch nie mit Puppen. Für mich war das Leben bitterernst."

Die Rollen wurden vertauscht. Rita wurde für Mae zur Mutter und zur emotionalen Pflegerin. Mit elf Jahren, kaum fähig über das Armaturenbrett zu schauen, fuhr Rita bereits mit Maes Auto, um den Kunden ihrer Mutter die gestärkte Kleidung auszuliefern und an den Samstagen die Zahlungen einzukassieren. Manchmal brachte sie sogar einen Gewinn mit nach Hause. Dies wurde dann in der Stadtbibliothek gefeiert, wo Mae Bücher wälzte und Rita in Comics schwelgte und die mitgebrachten Karamellbonbons genoss. Doch in den meisten Fällen kehrte das Mädchen mit leeren Händen von ihren Auslieferungsfahrten zurück, und dann flossen bei Mae die Tränen. Rita stand der Traurigkeit ihrer Mutter völlig hilflos gegenüber.

„Wenn mich der Herr nicht herausgezogen hätte, dann wäre es nur ein unglückliches Leben gewesen", bemerkte Mutter Angelica nachdenklich. „Nie sah ich, dass sich etwas änderte. Es kam mir vor, als sei ich so geboren worden und als würde ich auch so sterben. Ich war nicht verbittert, ich hatte nur resigniert."

Und dann drang das Übernatürliche zum ersten Mal in Rita Rizzos Leben ein. Das schmächtige Mädchen wollte nach einem

Besuch beim Zahnarzt in der Innenstadt wieder mit dem Bus nach Hause fahren. Sie musste eine breite Straße überqueren, um ihren Bus zu erreichen. Sie schaute nach rechts und nach links, über ihre Knöchel hingen ausgeleierte Socken. Rita lief geradewegs auf den Mittelstreifen der Straße zu, als eine Frau aufschrie. Sie blickte flüchtig über ihre rechte Schulter zurück und bemerkte zwei Autoscheinwerfer, die direkt auf sie zukamen. Wie erstarrt blieb sie stehen. Das Motorengeräusch wurde immer lauter. Nur noch Sekunden bis zum Aufprall, Rita schloss ihre Augen, gelähmt vor Angst.

„Ganz plötzlich hatte ich das Gefühl, als hätten zwei Hände unter meine Arme gegriffen, mich emporgehoben – ich kann es jetzt, wenn ich darüber spreche, fast immer noch spüren – und mich auf die Verkehrsinsel gestellt, wo die Autos parkten", erzählte mir Mutter Angelica mit einem fast ehrfürchtigen Flüstern. Sie bemerkte, dass die Passanten sich über das Unglaubliche wunderten, das sie gesehen hatten und sie anstarrten.

Als Mae am nächsten Tag mit dem Bus fuhr, berichtete ihr der Fahrer, dass er gestern „ein Wunder" miterlebt und noch nie „zuvor jemanden so hoch emporspringen" gesehen habe. Mutter und Tochter schrieben dieses „Hochheben" einer Gnade zu, die sie in einem sonst so trostlosen Zeitpunkt ihres Lebens berührt hatte.

Als die vierzehnjährige Rita um das Jahr 1937 die High School besuchte, konnten sie und ihre Mutter es nicht mehr alleine schaffen. Der finanzielle Druck zwang sie, in den Haushalt der Gianfrancescos zurückzukehren, wo noch immer Großmutter, Großvater, Onkel Pete und Onkel Frank wohnten. Doch das Heim war nun nicht mehr dasselbe. Anthony Gianfrancesco hatte einen Schlaganfall erlitten. Zuvor hatte er einen Streit mit einem Gast, geriet in Wut und verlor die Beherrschung. Halbseitig gelähmt humpelte er mit einem Stock im Haus herum. Sein Zustand wurde durch sein ohnehin heißes italienisches Temperament noch verschlimmert. Dadurch wurden die Ängste der im Haushalt lebenden Personen erst recht geschürt. Aber trotz dieser Probleme und Maes Stolz, der durch die unvermeidliche Rückkehr verletzt worden war, konnten sie und Rita doch wenigstens mit regelmäßigen Mahlzeiten und einem Dach über dem Kopf rechnen.

Um ihrer Mutter jeden zusätzlichen Kummer zu ersparen, bemühte sich Rita, ihre Noten an der McKinley High School zu verbessern, was ihr allerdings nur mit mäßigem Erfolg gelang. In ihrem zehnten Schuljahr entdeckte Frau Thompson, ihre Lehrerin für Wirtschaftslehre, etwas in dieser hageren, verschlossenen und schlechten Schülerin. Vor der Klasse verkündete die Lehrerin, dass es jemanden in diesem Raum gebe, der lauter Einsen und Zweien schreiben und auch die beliebteste Schülerin der ganzen Schule sein könnte, wenn sie sich nur anstrengen wollte. Nach dem Unterricht rief Frau Thompson Rita zu sich.

„Du weißt, dass ich über dich gesprochen habe", sagte die Lehrerin.

„Ja", entgegnete Rita.

„Und nun, was gedenkst du zu tun?"

„Nichts", sagte Rita trotzig. „Ich mag die Menschen nicht, und ich mag auch Sie nicht."

Auf ihrem Heimweg bereute Rita ihre garstige Bemerkung, aber es fiel ihr schwer, ihr cholerisches Temperament zu bändigen. Sie konnte ohnehin keine Freunde haben. Mae hätte dies als unangenehm empfunden. Außerdem wäre jeder, der Ritas Aufmerksamkeit beansprucht hätte, von ihrer Mutter als Bedrohung wahrgenommen worden. Mae zuliebe war aus Rita eine überzeugte Einzelgängerin geworden.

Ein paar Tage nach ihrem Gespräch mit der Wirtschaftslehrerin sprach der Bandleader der zur Schule gehörenden Musikgruppe Rita an und fragte sie, ob sie gerne Tambourmajorette werden wollte. Als Wiedergutmachung für ihre freche Antwort, die sie Frau Thompson gegeben hatte, und ohne sich irgendwie mit Musik auszukennen, nahm sie die Herausforderung an. Im Rückblick glaubt Mutter Angelica, dass Frau Thompson und die anderen Lehrer sich vielleicht zusammengetan hatten, um ihr zu helfen. Im Sommer des Jahres 1939 übernahm sie den Taktstock.

„Sie konnte sehr gut wirbeln", erinnerte sich Blodwyn Nist, die mit ihr zusammen Tambourmajorette war. „Sie hatte diese großen Hände und machte es richtig gut." Blodwyn und Rita waren die ersten weiblichen Majoretten in der Geschichte der Schule. Sie traten zusammen bei Sportveranstaltungen, Paraden und anderen Gemeindefesten auf. Nist zufolge war Rita sehr leutselig und hatte ein feines Gespür für das, was richtig und falsch war.

Es scheint jedoch, dass in dieser Zeit ein gewisser Zwiespalt bestand zwischen Angelicas Erinnerung an ihr eigenes Selbstbild und der öffentlichen Wahrnehmung ihrer Person. Entweder hatte sich Rita von ihrer Mutter inspirieren lassen und in der Öffentlichkeit eine fröhliche Maske aufgesetzt, um die Ängste und Sorgen zu verbergen, die ihren Alltag verdüsterten, oder aber die neue Aufgabe, die ihr als Majorette zugefallen war, brachte die leichtere, die beschwingtere Seite ihres Charakters zum Vorschein. Was auch immer nun der Fall gewesen sein mag, keine ihrer Mitschülerinnen stand ihr nahe genug, um die Wahrheit zu erkennen. Die Gespräche mit Klassenkameradinnen ergaben, dass Rita in der Schule keine engen Freundschaften pflegte und, abgesehen von ihren Pflichten als Majorette, für sich alleine blieb. Wie ihre Mutter konnte Rita beharrlich eigenständig und argwöhnisch gegenüber Außenstehenden sein.

Bei Tanzveranstaltungen in der Schule machte sie nie mit, und niemand konnte sich daran erinnern, dass sie jemals mit einem Jungen ausgegangen war. „Ich hatte nie eine Verabredung und wollte auch keine“, vertraute Mutter Angelica mir an. „Ich hatte einfach überhaupt kein Verlangen danach. Vermutlich hatte dies alles keinen Reiz für mich, weil ich die schlechteste Seite einer Ehe miterlebt hatte.“

Im Jahr 1939 ging das Getöse um die Fußballspiele Rita sehr auf die Nerven. Die lärmenden Massen und sogar schon das Geschwätz in der Schule störten die Sechzehnjährige. Es kam ihr vor, als stürze die ganze Welt auf sie ein. Um dem ganzen Krach zu entkommen, ergriff sie an den Nachmittagen im wahrsten Sinne des Wortes die Flucht aus der McKinley High School. Als sie ihren nervösen Zustand schließlich satthatte, suchte sie einen Arzt auf. Der Doktor diagnostizierte einen Calcium-Mangel, der zu ihrer reizbaren Verfassung beitrug. Er verschrieb Calcium-Spritzen und Medikamente für ihre Nerven. Doch die Ursache ihrer Probleme lag vermutlich nicht im Mangel an Mineralstoffen.

Mae hingegen erlebte daheim ihre eigene Nervenkrise: Ihre Weinkrämpfe nahmen zu, ebenso auch ihre Selbstmorddrohungen.

Die Taktiken, die Rita normalerweise anwandte, um Mae aus ihrer tiefen Depression herauszureißen, erwiesen sich als unwirksam. Besorgt darüber, dass ihre Mutter nicht mehr „sie selbst" war und an „totaler Erschöpfung" litt, beschloss Rita, dass Mae eine gewisse Zeit außerhalb von Canton verbringen sollte. Mit dem Segen ihrer Großeltern schickte Rita ihre Mutter, die nun ihren ersten regelrechten Nervenzusammenbruch erlitt, nach Philadelphia, damit sie dort eine Zeitlang bei ihrer Schwester Rose verbringen konnte.

Zurückgelassen mit Angst- und Schuldgefühlen, versuchte Rita ihren normalen Alltag aufrechtzuerhalten. Sie ging in den Unterricht, verdiente Geld damit, dass sie anderen zeigte, wie man den Tambourstock schwingt, und lebte bei den Gianfrancescos. Doch bald schon stellte sich eine gewisse Niedergeschlagenheit ein, ein schreckliches Gefühl, dass sich ihr Schicksal nie mehr zum Guten wenden und ihre Mutter sich vielleicht nicht mehr erholen würde. Aus diesem Hexenkessel der Apathie und des Elends ging großer Kummer hervor, der Rita Rizzo verändern und sie zu einem Leben hinziehen sollte, wie sie es sich zu jener Zeit noch nicht vorstellen konnte.

2. Kapitel

Der Schmerz als Geschenk

In jener Nacht des Jahres 1939 lag viel Schnee auf den Eingangstreppen der Häuser in der Eleventh Street. Dicke Flocken fielen vom Himmel und bedeckten den unteren Teil des verwitterten Lattenzaunes, der vor dem Haus der Gianfrancescos stand. In der geräumigen und schön tapezierten Küche ihrer Großmutter – der Duft von Oregano und Knoblauch schwebte wie Weihrauch in der Luft – stocherte Rita Rizzo in den hart gewordenen Nudeln herum. Sie war jetzt an einem Punkt in ihrem Leben angelangt, an dem sich ein Teil ihres Charakters entwickelte, der den Rest ihres Lebens überschatten sollte.

Obwohl ihre müden braunen Augen nichts davon verrieten, stiegen doch widerstreitende Gefühle in ihr auf, einerseits der Erleichterung und andererseits der Sehnsucht, als sie an ihre abwesende Mutter dachte, mit der zusammen sie so oft an diesem schon so abgenutzten Tisch gesessen war. Ihr gegenüber saß Onkel Pete über seinen Teller gebeugt, der als Einziger der Gianfrancescos unverheiratet war. Er ahmte die Komiker nach, die er im Radio hörte. Großmutter Gianfrancesco winkte mit ihrer langen, dünnen, nach oben gewandten Hand, die so gar nicht zu ihrem rundlichen Körper passen wollte, und zeigte mit ihr auf den Teller des Mädchens, um sie zum Essen zu ermuntern. Rita schob das Essen auf dem Teller hin und her, aß jedoch nur sehr wenig. Ob es nun an den Medikamenten für ihre Nerven oder an der Anspannung lag – jedenfalls hatte sie ein komisches Gefühl im Magen. Hin und wieder stellte sich eine flaue Übelkeit bei ihr ein, die dann so manche Mahlzeit vorzeitig beendete. Doch Rita kümmerte sich nicht darum.

Die Siebzehnjährige war viel zu beschäftigt, um an sich selbst zu denken. Ihre Freizeit nutzte sie zum Geldverdienen. Sie gab weiterhin Unterricht im Tambourstockschwingen und arbeitete außerdem in einer Fabrik, die Kerzenständer für den liturgischen Gebrauch herstellte. Jede Woche sandte Rita ihrer Mutter, die sich bereits seit einem Monat in Philadelphia aufhielt, pflichtbewusst einen Dollar ihres Einkommens.

Ritas Onkel konnte es sich nicht verkneifen, darüber einen Kommentar abzugeben. „Wann kommt denn deine Mutter nach Hause?“, fragte Onkel Pete mit halbvollem Mund. Rita zuckte am anderen Ende des Tisches nur mit den Schultern. „Warum kommt denn diese faule Frau nicht nach Hause?“, schob Pete nach, während er kichernd die Gabel in die rote Masse auf seinem Teller stieß. „Das ist eine tolle Sache – du arbeitest und schickst ihr Geld, während sie in Philadelphia Urlaub macht.“

Rita blickte kein einziges Mal von ihren Nudeln auf. Doch ihr gesenkter Blick war jetzt voll von Zorn, Kränkungsschmerz und einer instinktiven Abscheu vor dieser ungerechten Beurteilung. Nur sie allein wusste, was ihre Mutter durchlitten hatte. Sie hatte mitbekommen, wie Mae wegen ihrer Scheidung verhöhnt wurde, hatte zugesehen, wie sie anderer Leute Wäsche bis spät in die Nacht gebügelt hatte, hatte beobachtet, wie die ansehnliche Frau zuversichtlich zu Vorstellungsgesprächen marschiert war, nur um dann niedergeschlagen und in Tränen aufgelöst wieder nach Hause zurückzukehren.

„Was für eine faule Frau! Tja, so ist das Leben“, machte Onkel Pete weiter.

Ohne ein Wort zu sagen, stieß Rita das spitze Ende des Brotmessers auf den Tisch und schleuderte es an den Kopf ihres Onkels. Das Messer blieb in der Tapete stecken, nur wenige Zentimeter von seinem fassungslosen Ziel entfernt. Bleich und erschüttert konnte Onkel Pete zunächst kaum mehr atmen. Großmutter Gianfrancesco legte langsam ihre Gabel nieder, als ob eine schnelle Bewegung noch mehr fliegendes Besteck hervorrufen würde. Da die Kritik an ihrer Mutter verstummt war, rannte Rita wutentbrannt vom Tisch weg und flüchtete in den Schnee hinaus. Hier sah man bereits ein erstes Aufglimmen der Empörung, die später dann immer auftrat, wenn jemand angegriffen wurde, der ihr nahestand.

„An jenem Abend ging ich und ging ich. Und es wurde mir bewusst, dass es da irgendetwas in meinem Inneren gab, das imstande war, Böses zu tun – jemanden umzubringen“, erinnerte sie sich später. „Jetzt war ich entschlossen, dies vollständig in den Griff zu bekommen, was auch immer es sein mochte – vermutlich würde man es als Zorn bezeichnen. Man kann hier Gottes Vorsehung entdecken, weil Er mich erkennen ließ, wozu ich fähig war. Und ich wusste, ich musste mich ändern, aber ich wusste nicht, wie.“

Ritas Schulnoten spiegelten ihre aufgewühlten Gefühle wider. Am Ende der elften Klasse hatte sie die Schule fast zwei Monate lang versäumt und war in drei Fächern durchgefallen. All dies wurde ihrer Mutter vorenthalten, deren Tränen Rita mehr als alles andere fürchtete. So begann sie heimlich, Ferienkurse zu absolvieren und erzählte erfundene Geschichten, um ihre Abwesenheit von zu Hause plausibel zu machen.

Durch die Teilnahme an den Sommerkursen wurde Ritas Laufbahn als Tambourmajorette schließlich beendet. Obwohl sie später erklärte, dass dies die „dümmste Sache“ war, die sie jemals angefangen hatte, erlangte Rita durch die Führung der Musikkapelle vor einem großen Publikum eine derartige Ungezwungenheit und innere Ruhe, die sie auf andere Weise vielleicht gar nicht erreicht hätte. Das einzige bekannte Foto von Rita, das sie in der Uniform der Tambourmajorette zeigt, lässt eine natürlich wirkende Darstellerin erkennen, sehr selbstbewusst und keck, die mit großer Freude eine perfekte Pose einnimmt, den Kopf nach hinten geworfen und ein Bein stilbewusst angewinkelt.

Seit ihrer Rückkehr aus Philadelphia ging es Mae Rizzo besser, ja, sie schien sogar geheilt und hatte ein neues Lebensziel vor Augen. Sie versuchte, eine feste Anstellung zu finden, was ihr jedoch nicht gelang.

Rita machte sich Maes Enttäuschung zu eigen und beschloss, trotz ihrer eigenen schulischen Schwierigkeiten, selbst aktiv zu werden. Mutig marschierte sie ins Rathaus, um den republikanischen Bürgermeister von Canton, James Seccombe, aufzusuchen. Sie ging taktisch geschickt vor und erkundigte sich, welche Möglichkeiten es für eine Anstellung gebe. Ohne das Wissen ihrer Mutter gab sie dann in Maes Namen die Bewerbung für eine Stelle bei der Stadt ab.

„Meine Mutter hat ihr ganzes Leben lang im Wahlbereich für die Republikanische Partei gearbeitet", erklärte Rita Bürgermeister Seccombe. „Momentan kann sie nur keine Arbeit finden. Ich glaube, dass sie sich für ihren Einsatz etwas verdient hat."

„Das meine ich auch", sagte der Bürgermeister, von der Hartnäckigkeit des Mädchens beeindruckt. „Sie muss aber eine Prüfung für den öffentlichen Dienst ablegen."

„Das geht schon in Ordnung."

„Deine Mutter soll einen Brief an den Verwaltungsausschuss schreiben," wies der Bürgermeister Rita an. Sie rannte nach Hause und überbrachte ihrer Mutter die gute Nachricht.

Mae war begeistert, bis sie von der Prüfung erfuhr. Dann setzte Panik bei ihr ein. Geplagt von ihren alten Ängsten, war Mae nahe daran aufzugeben. „Ich kann keine Prüfung mehr bestehen," sagte sie.

„Dann versuche es, versuche es einfach", wurde sie von Rita ermutigt. Und tatsächlich schaffte Mae es und bekam die Stelle.

An der McKinley High School stand Rita vor einem beschwerlichen Abschlussjahr, das mit zusätzlichen Kursen vollgepackt war, in denen sie den versäumten Stoff nachholen musste, den sie im Jahr zuvor nicht geschafft hatte. Aus den Zeugnissen ist zu entnehmen, dass sie Kurse in Wirtschaftslehre, Buchführung, Verkaufsmethodik, Maschinenschreiben und sogar in Technischem Zeichnen belegt hatte. Mit jedem dieser Kurse sollten ihr Fähigkeiten vermittelt werden, die für ihr späteres Leben sehr nützlich waren, doch damals war es einfach nur eine zusammenhangslose Ansammlung von Kursen, die von ihr gewählt wurden, um ein Abschlusszeugnis zu erlangen.

Ohne ihre Aufgabe als Majorette zog sich Rita nun in ihr Schneckenhaus zurück, ganz darauf konzentriert, den Schulabschluss wie die anderen auch zu schaffen.

Das Geschenk

Eines Tages im Dezember 1940 befand sich Rita auf ihrem Heimweg von der Schule, als sie, wie sie es später bezeichnete, „das größte Geschenk, das ich von Gott jemals erhalten habe", bekam.

Ihr Magen schnürte sich zusammen, als sie das Haus der Gianfrancescos erreichte. An der Türschwelle konnte sie kaum noch auf den Beinen stehen. Ihre Knie und Ellbogen wurden wachsweich. Ihre Großmutter gab ihr einige Gläser warmes Wasser, die sie mit Schweißperlen im Gesicht austrank. Dies brachte jedoch keine Besserung. Die Krämpfe hielten eine ganze Stunde lang an.

Danach wurde Rita in den folgenden vierundzwanzig Stunden von Durchfall geplagt. Ihre einst fülligen Wangen hingen nun wie Satteltaschen an den Schläfen ihres Porzellangesichts. Jedes Mal, wenn sie den Versuch unternahm, etwas zu essen, kam es ihr vor, als zerschnitten Glasscherben ihre Eingeweide. In den folgenden Tagen verweigerte ihr Körper die Aufnahme jeglicher Nahrung, und so war sie gezwungen, eine eingeschränkte Diät mit Zwieback, Tee und weichen Nahrungsmitteln, die ihr Organismus aufnehmen konnte, einzuhalten.

Bis Anfang 1941 befielen die Krämpfe die Achtzehnjährige oft dreimal in der Woche. Doch selbst inmitten dieser körperlichen Belastung blieb Ritas Hauptanliegen die Sorge um das Wohlergehen ihrer Mutter.

Selbst Wochen nach der Ablegung ihrer Prüfung für den öffentlichen Dienst hatte Mae noch immer nichts vom Rathaus gehört. Das angespannte Warten auf das Ergebnis hatte wahrscheinlich ihren zweiten Nervenzusammenbruch verursacht – was zu einem erneuten sechswöchigen Aufenthalt in Philadelphia führte.

Jetzt stand Rita am Vorabend ihres Schulabschlusses vor einem ernüchternden Erwachsenendasein und war erneut mutterseelenallein. Obwohl sie Mae deren Abwesenheit nicht übel nahm, erzählte mir Mutter Angelica dennoch, dass diese Erfahrung sie zu der Erkenntnis führte, dass sie von niemandem Unterstützung erwarten konnte – weder von ihrer Mutter noch von ihrem Vater, noch nicht einmal von ihren Großeltern. Die Zukunft würde gänzlich von ihrem eigenen Einfallsreichtum abhängen. Mit dieser Einsicht fing Rita ganz allein mit der Arbeitssuche an.

Mae Rizzo war emotional ausgebrannt, ohne Arbeit und wieder knapp bei Kasse nach Canton zurückgekehrt. Am 22. Mai 1941 reichte sie beim Bezirksgericht einen Antrag auf Auszahlung ausstehender Unterhaltszahlungen in Höhe von 2098,50 Dollar ein, die sie von ihrem früheren Ehemann einklagte. Ob ihr das Gericht das Geld zusprach, ist zwar nicht klar, doch erhielt Mae am 1. Juli 1941 eine Stelle als Buchhalterin im Büro der Wasserwerke von Canton. Die Prüfung für den öffentlichen Dienst hatte sie ja bestanden. Die Arbeit brachte Maes Leben wieder ins Gleichgewicht, und ein Gefühl der Sicherheit erfüllte sie. Um ihren finanziellen Überfluss zu zeigen, putzte sie den Raum, den sie im Haus der Gianfrancescos mit Rita teilte, fein heraus mit Bettdecken aus Satin, die zudem noch rundherum mit Volants abgesteppt waren, mit Vorhängen an den Fenstern und mit neuen Lampen. All dies hätte sie sich zuvor niemals leisten können. Diese neuen Annehmlichkeiten boten Rita indes nur wenig Trost, denn ihr Magenleiden verschlimmerte sich.

Ende Juli baten Ritas besorgte Großeltern ihren Arzt, Dr. James J. Pagano, den Magen ihrer Enkeltochter zu untersuchen. Seit Anthony Gianfrancescos Schlaganfall hatte Pagano regelmäßig Hausbesuche in der Liberty Street gemacht. Anfangs dachte der Arzt, Rita würde an Magengeschwüren oder einer Entzündung der Gallenblase leiden. Daher verschrieb er zunächst entsprechende Medikamente, doch diese halfen nicht im Geringsten, den Schmerz zu mildern oder die Krämpfe zu beenden – ein Beweis dafür, dass die Diagnose falsch war.

Als Dr. Pagano Rita im November 1941 zur Röntgenuntersuchung ins *Mercy Hospital* schickte, hatte sie bereits zwanzig Pfund an Gewicht verloren. Schließlich ergaben die Untersuchungen eindeutig, dass Rita an einer Gastroptose litt, was üblicherweise auch als „Magensenkung“ bezeichnet wird. Durch diesen Zustand wird der Mageneingang abgeschnürt. Dies führt zu einer Blockierung der Nahrungsaufnahme. Ein für sie individuell angepasster Gürtel sollte nun Ritas Magen stützen und heilen. Durch diesen Gürtel wurde Ritas Leben erträglich, sogar dann, als die Welt auseinanderfiel.

Im Dezember 1941 griffen die Japaner Pearl Harbor an und zogen damit die Vereinigten Staaten in den weltweiten Konflikt mit hinein. Für eine Stahlstadt wie Canton brachte der Krieg Arbeit und entsprechend auch Arbeitsplätze. Rita schloss sich den Reihen der mehr als fünfzehntausend Frauen von Canton an, die auf der Gehaltsliste der Rüstungsindustrie standen. Ihre zuversichtliche Einstellung und ihre im Abschlussjahr gewählten Kurse ermöglichten es ihr, Anfang 1942 eine Stelle in der Werbeabteilung der Firma *Timken Roller Bearing* zu bekommen. Zu dieser Zeit war *Timken* ein regelrechtes Machtzentrum, das innerhalb von zwei Jahren 100.000 nahtlose Kanonenrohre für 37-, 40- und 75-mm-Geschosse herstellte.

Als Sekretärin des Abteilungsleiters der Werbeabteilung, Peter Poss, hatte Rita viele verschiedene Aufgaben. Sie schrieb und korrigierte Texte und gestaltete Entwürfe für Werbekampagnen und lernte sogar, manche Maschinen zu bedienen. „Herr Poss meinte, sie sei spitze", erinnerte sich Elsie Machuga, die mit Rita bei *Timken* arbeitete. „Sie war so eine Art Allroundsekretärin."

Im April 1942 ruhte sich Rita eines Tages im Aufenthaltsraum der Frauen bei *Timken* aus. Sie lag auf dem Sofa, legte ihre Füße hoch und versuchte dadurch, die Magenkrämpfe, deren Kommen sie bereits spürte, aufzuhalten. Kurz darauf fuhr ein stechender Schmerz durch ihren Unterleib. Selbst der für sie angefertigte Gürtel konnte ihren sich aufbäumenden Magen nicht mehr länger unter Kontrolle halten.

Am 13. Mai untersuchte Dr. Wiley Scott Rita zum ersten Mal. Er entschied, dass der Gürtel zu einer Art Korsett erweitert werden sollte, und empfahl ihr gleichzeitig, beim Schlafen die Füße ungefähr zwanzig Zentimeter hochzulagern, um den Magen zu stützen. Das Korsett durfte sie erst dann ausziehen, wenn sie im Bett die Füße hochgelagert hatte. Sie befolgte die ärztlichen Anweisungen, und ihre Magenschmerzen ließen nach. Rita kehrte zur Arbeit zurück.

Am 10. Juli 1942 wechselte Mae Rizzo gerade die Bettwäsche ihres Vaters, als „zwei große Männer ganz in weiß" den Raum betraten. Die Männer riefen nach Anthony Gianfrancesco, während Mae ein Ende des Kissens mit den Zähnen festhielt und nur stumm zuschaute. Als sie sich noch damit abmühte, das Kissen in einen frischen Bezug hineinzustopfen, richtete sich der Vater auf. Anthony blickte die Fremden unverwandt an, murmelte ein „Ja" und fiel zurück in die Arme des Todes. Es wird immer ein Geheimnis bleiben, ob diese weißgekleideten Männer tatsächlich engelhafte Erscheinungen waren. Doch Mae war sich sicher, sie gesehen zu haben. Sie erzählte diese Geschichte in den kommenden Jahren immer wieder.

Wenn jemand zu dieser Zeit Engel gebraucht hätte, dann wohl Rita. Als der November kam, waren ihre „Nerven schlimmer als je zuvor“, und die Krämpfe waren zurückgekehrt. „Ich konnte weder schlafen noch essen. Meine Hände zitterten, und mein linker Arm wurde taub“, schrieb Rita über ihre Krankheit. Ihre einzige Entlastung, das Korsett, fing an, in ihre Hüften einzuschneiden, was Blasen hervorbrachte, die bei fortgesetztem Tragen des Teiles mit der Zeit aufbrachen. Damit die Haut wieder ausheilen konnte, legte sie das Korsett ab und blieb zu Hause im Bett liegen. Während dieser Isolation beschäftigte sich Rita eifrig damit, ihre Lage ernsthaft zu überdenken. Eines Tages beschloss sie, ohne das Korsett aus dem Bett zu steigen. Sie wollte testen, ob sie wieder gesund wäre. Sofort wälzte sich ein widerwärtiger Schmerz durch ihren Magen. Als sie flüchtig nach unten schaute, versetzte ihr das, was sie sah, einen großen Schrecken: Die Haut ihres Unterleibes hatte einen bläulichen Farbton angenommen, als handle es sich um einen verblassenden Bluterguss. Doch noch mehr erschreckte sie, dass an der linken Seite des Unterleibs eine Geschwulst von der Größe einer Zitrone herausragte.

3. Kapitel

Heilung und Berufung

Die Mittel der göttlichen Vorsehung sind oftmals ganz alltäglich und zumeist unspektakulär. Für Rita Rizzo kam der Ruf Gottes nicht von einem Stern im Osten oder einer Feuersäule, sondern aus dem Mund einer Raumpflegerin, die im Außenbezirk von Canton arbeitete.

Mae Rizzo saß am 8. Januar 1943, einem Freitagnachmittag, in einem Bus und war auf ihrem Heimweg in Gedanken ganz mit den qualvollen Magenkrämpfen ihrer Tochter beschäftigt. Mit steifem Rücken, ihr Haar wie eine fein gemeißelte Skulptur zurechtgemacht, starrte sie aus dem Fenster und fragte sich, wohin diese Krankheit noch führen sollte. Rita sah gar nicht gut aus. Wie lange konnte sie noch mit Zwieback, Tee und altbackenem Brot überleben? Rita schrumpfte buchstäblich vor ihren Augen zusammen, und es gab nichts, was sie dagegen hätte tun können. Maes Vater war erst vor Kurzem gestorben. Dieser Tod beschwor bei ihr morbide Gedanken herauf. Sie hätte es nie ertragen können, auch noch Rita zu verlieren. Rita war alles, was Mae noch hatte.

Diese insgeheime Angst kam jetzt offen heraus, als Catherine Barthel den Bus bestieg und sich neben Mae setzte. Die zierliche Barthel war eine Freundin, die für ihren Lebensunterhalt in Häusern putzte, darunter auch in einer maroden Unterkunft im Nordosten von Canton. Mae erzählte der Frau von ihren Ängsten und beschrieb lebhaft Ritas derzeitige Leiden. Der Bus schlingerte hin und her. Gerade fuhren sie am Gerichtsgebäude vorbei, auf dessen Turmspitze zwei Engel goldene Trompeten bliesen.

„Warum gehst du mit Rita nicht einmal zu Frau Wise?“, schlug Barthel vor.

Mae hatte noch nie von Rhoda Wise gehört. Als Stigmatisierte, die angeblich Wunder wirkte, lebte Frau Wise in einem weißen, mit Schindeln bedeckten Holzhaus, gerade einen Häuserblock von der städtischen Mülldeponie entfernt. Dies war eines der Häuser, die Catherine Barthel einmal wöchentlich putzte. Frau Wise glaubte von sich selbst, auf wunderbare Weise geheilt worden zu sein – eine Heilung, die eine Kette von übernatürlichen Vorkommnissen zur Folge hatte.

Die schönen blauen Augen der korpulenten Frau ließen die körperlichen Höllenqualen nicht erkennen, die sie fast ein Jahrzehnt lang durchlitten hatte. In den frühen Dreißigerjahren schwoll der Bauch von Rhoda Wise so stark an, dass sie dachte, sie sei schwanger. Die Ärzte stellten später fest, dass sie eine neununddreißig Pfund schwere Zyste am Eierstock hatte. Der Krankenhausaufenthalt, der notwendig war, um die Geschwulst zu entfernen, sollte nicht ihr letzter gewesen sein. Depressiv und suizidgefährdet wurde Rhoda Wise 1933 in eine staatliche Heilanstalt eingewiesen. Verwachsungen im Unterleib zwangen sie wiederholt in den Operationssaal zurück.

Während einer der seltenen Phasen, in der sie sich guter Gesundheit erfreute, trat Rhoda Wise im Dezember 1936 auf ihrem Heimweg von einer Weihnachtsfeier unglücklicherweise in einen offenen Kanalisationsschacht. Das zerfetzte rechte Bein entzündete sich und begann, sich während der nächsten Monate nach innen zu drehen. Eine Reihe von Gipsverbänden, die das Bein wieder begradigen sollten, hatte keinen Erfolg.

Im Jahre 1938 dann wurde Frau Wise anlässlich einer weiteren Serie von Unterleibsoperationen im *Mercy Hospital* von einer Barmherzigen Schwester des hl. Augustinus besucht. In einer weißen Ordenstracht betete Schwester Clement mit der von Schmerzen geplagten Frau und machte sie mit dem Rosenkranz und anderen katholischen Andachtsgebeten bekannt. Als Protestantin lehnte sie alle diese Vorschläge der Nonne ab, insbesondere den Vorschlag, neun Tage zur hl. Theresia vom Kinde Jesu um ihre Heilung zu beten. Aber ihre Schmerzen überzeugten sie schließlich doch.

Bei einem darauffolgenden Krankenhausaufenthalt betete Rhoda Wise die neuntägige Novene zur hl. Theresia und konvertierte alsbald zum katholischen Glauben. Sie verließ das *Mercy Hospital* mit einem neuen Glauben und einer offenen Wunde, die einen Teil ihres Darmes freilegte. Der aufgebrochene Darm entleerte sich häufig und sonderte eine Flüssigkeit ab, die beim Heraustreten die Haut von Rhoda Wise verätzte.

In der Nacht des 27. Mai 1939, versicherte Wise, betrat Jesus ihr Zimmer und setzte sich auf einen Stuhl, der neben ihrem Bett stand. Der Erlöser erschien in leuchtender Gestalt. Sein Licht erfüllte den ganzen Raum. Bevor er ging, versprach Christus wiederzukommen.

Rhoda Wises Schmerzen waren so groß, dass sie bis zum Abend des 27. Juni 1939, als das Licht in ihr Zimmer zurückkehrte, um ihren Tod betete. Ihrem Tagebuch zufolge stand Jesus in der Tür und die hl. Theresia näherte sich ihrem Bett. Die Heilige legte ihre Hand auf ihre offene Wunde und sagte: „Früher hast du an mir gezweifelt. Du bist im Feuer erprobt und nicht für zu leicht befunden worden. Der Glaube heilt alles." Als sich das mystische Paar zurückgezogen hatte, war Rhoda Wise „überrascht zu sehen, dass die Wunde an meinem Unterleib… vollkommen geschlossen… und auch der durchgebrochene Darm völlig verheilt war".

Frau Wise versicherte auch, dass die hl. Theresia sie später noch einmal besucht und dieses Mal ihren Gips entzweigebrochen hatte, bevor sie ihr rechtes Bein heilte. Nach langwierigen Untersuchungen und Befragungen berichtete der zurückhaltende geistliche Führer von Rhoda Wise, Monsignore George Habig, Freunden und Amtsträgern der Kirche, dass er die Heilungen für echt und übernatürlich halte. Die Nachricht von den wunderbaren Heilungen lockte jede Woche drei- bis fünfhundert Menschen zum Haus von Rhoda Wise. Schaulustige, Skeptiker und Pilger standen Schlange, um in das kleine ärmliche Haus einzutreten und eine Gelegenheit zu bekommen, die Seherin zu berühren. Rhoda Wise wurde zu einer Kultfigur.

Am Karfreitag 1942 quoll aus der Stirn von Rhoda Wise Blut. Im Laufe der nun folgenden Jahre sollte sie immer wieder die Passion Christi erleiden. Es traten dann freitags zwischen zwölf und fünfzehn Uhr starke Blutungen am Kopf, an den Händen und Füßen auf. Ihre Anhänger wussten damals noch nicht, dass Rhoda Wise sich zwei Jahre zuvor selbst als „Opferseele" (wie die hl. Theresia) für gute Priester und Ordensleute Gott angeboten hatte. Sie ging dabei von der in der katholischen Tradition verwurzelten Vorstellung aus, dass man sein Leiden als Wiedergutmachung für die Fehler anderer Gott aufopfern kann.

Von 1940 bis zu ihrem Tode sollte Rhoda Wise ein Werkzeug für zahllose Wunder sein. Es gibt Berichte aus dieser Zeit, die Zeugnisse von Menschen enthalten, die an Krebs, Ohrenentzündungen, psychischen Krankheiten und Kropferkrankungen litten – und geheilt wurden, nachdem sie die beleibte Mystikerin besucht hatten. Während ihrer Busfahrt schilderte Catherine Barthel dies alles Mae Rizzo.

Barthels wunderbare Erzählung erweckte neue Hoffnung in Mae. Denn schließlich kannte Catherine diese Frau und arbeitete für sie. Dann musste es ja stimmen. Auf ihrem Weg nach Hause machte sie der Gedanke richtig froh, dass Rhoda Wise vielleicht Rita von ihrem Magenleiden befreien konnte. Auch wenn die Chancen vielleicht nur gering waren, so war es dennoch einen Versuch wert.

Rita war sich da gar nicht so sicher, und die angeblichen Zeichen und Wunder von Rhoda Wise waren alles andere als überzeugend: „Ich war mit meinem Überleben viel zu sehr beschäftigt, um mich um die Religion zu kümmern... Mein Glaube befand sich auf keinem hohen Niveau, wenn er sich überhaupt auf irgendeiner Stufe befand. Jedoch war ich froh darüber, dass meine Mutter hingehen wollte. Deshalb dachte ich mir: Was kann ich schon verlieren?“

Am selben Abend im Januar trotzten Rita und Mae einem Schneesturm und bestiegen ein Taxi, um Rhoda Wise zu besuchen. Als sie das Haus erreichten, stand die untersetzte, joviale Hausbesitzerin mit rosafarbener Gesichtsfarbe, die an eine Nelkenblüte erinnerte, bereits an der Tür.

Frau Wise bat Rita und ihre Mutter in ihr Schlafzimmer. Ein großer Altar beherrschte den Raum, auf dem Statuen der hl. Theresia, der Muttergottes und eine Herz-Jesu-Statue standen. Vor dem Altar an der rechten Seite stand der Küchenstuhl aus Holz, auf dem Jesus, wie Rhoda Wise berichtet hatte, während seiner Besuche bei ihr saß. Sie schlug Rita vor, sich auf den „Stuhl unseres Herrn“ zu setzen, während sie sich mit Mae unterhielt. Bevor der halbstündige Besuch zu Ende war, gab Frau Wise Rita „Gebete zur *Kleinen Blume*“ mit und sagte ihr, sie solle „irgendeine Art von Opfer bringen und versprechen, nach ihrer Heilung die Verehrung der hl. Theresia zu verbreiten“. Das war alles. Frau Wise hatte Rita weder berührt noch über sie ein Gebet gesprochen. Sie schenkte ihr lediglich ein Gebetskärtchen für die Novene und begleitete dann ihre Gäste hinaus.

Rita ging nach Hause und tat alles, was Frau Wise ihr aufgetragen hatte. Jeden Tag beteten ihre Mutter und Großmutter mit ihr die neuntägige Novene. Ritas Krämpfe hörten nicht auf, auch nicht die Schmerzen.

Bis zu den frühen Morgenstunden des 17. Januar 1943, als der neunte Tag der Novene vorüber war, geschah nichts. In der Dunkelheit jener morgendlichen Stunden spürte Rita die „stechendsten Schmerzen“, die sie je empfunden hatte. „Es war, als zöge etwas meinen Magen aus dem Leib heraus“, sagte sie. Um dem Schmerz zu begegnen, den sie erfahrungsgemäß ja schon erwartete, wollte sie vor dem Aufstehen das Korsett anlegen. Doch dann hörte sie eine Stimme, die ihr befahl, ohne das Korsett aufzustehen und zu gehen.

„Ich wusste nun, dass ich dieses Stützband nicht mehr brauchte, und ich wusste auch, dass ich geheilt war“, sagte Mutter Angelica, auch wenn ihr Magen noch immer wehtat. „Ich hatte zwar tatsächlich immer noch Schmerzen, aber sie waren anders.“

Zaghaft schlenderte sie in die Küche, in der Großmutter Gianfrancesco gerade beim Kochen war. „Oma, ich möchte gerne ein Schweinekotelett“, sagte sie.

Die abgespannte Frau drehte sich schnell um. „*Testacura*! [„Dickkopf!“] Du kannst doch keine Schweinekoteletts essen!“

„Doch, Oma, das kann ich.“ Rita schob das Oberteil ihres Schlafanzuges hoch und zeigte ihren Bauch. Die blaue Färbung war verschwunden, ebenso die Schwellung. „Ich bin geheilt!“

Die alte Dame wandte sich wieder ihrer Bratpfanne zu und fing an, ein Schweinekotelett zu braten. Als Mae in die Küche kam und die Neuigkeit erfuhr, wurde sie hysterisch. Zwischen Begeisterungsstürmen und ängstlichen Befürchtungen hin- und hergerissen, regte sich Mae derart auf, dass Großmutter Gianfrancesco ihr erst einmal eine Ohrfeige geben musste, um sie in ihren Gefühlsausbrüchen zu beruhigen. Mae schleuderte die Küchentür auf und brüllte über die Weinstöcke zum Haus ihres Bruders Nick hinüber: „Rita ist geheilt. Rita ist geheilt. Es ist ein Wunder!"

Rita strahlte, als sie auf dem freien Platz neben dem Haus stand, umringt von den Gianfrancescos. Um die Echtheit des Wunders zu überprüfen, ermunterte sie ihre zehnjährige Cousine Joanne, mehrmals auf ihren Bauch zu schlagen. Das machte das Kind auch. Heute ist Joanne noch immer überzeugt: „Der Bauch war völlig geheilt."

Am 6. Februar 1943 wurde eine Röntgenaufnahme von Ritas Magen gemacht, vermutlich um die Heilung zu bestätigen. In einem Brief an Monsignore Habig vom 19. März 1943 beschrieb der Arzt Dr. Wiley Scott das Mädchen als „eine neurotische Frau mit einer Mentalität, die jederzeit für Suggestionen offen ist". Wie Mutter Angelica selbst zugab, litt sie zu dieser Zeit zwar an einer bestimmten Form der Neurose, doch ihr cholerisches Temperament und ihr starker Wille schienen indes kaum anfällig für solche äußeren Einflüsse zu sein.

Dr. Scott argumentierte, dass seine Änderungen an Ritas Korsett im Mai 1942 eine „mentale Suggestion" hervorgerufen hätte, weshalb sie meinte, ihr Zustand hätte sich verbessert. Das war nicht gerade überzeugend, denn sonst hätte sich Rita wohl weder darüber beklagt, dass ihre Schmerzen acht Monate später noch schlimmer wurden, noch hätte sie die Dienste von Rhoda Wise in Anspruch genommen, um durch ein Wunder geheilt zu werden. Es wäre auch schwer vorstellbar, dass eine bloße „mentale Suggestion" die Kraft hätte, eine verfärbte Unterleibsgeschwulst zu beseitigen.

Gegen Ende seines Briefes verwarf Dr. Scott die Möglichkeit einer Heilung, wobei er eindeutig feststellte, dass „keine anatomische Veränderung im Röntgenbefund vom 6. Februar 1943" vorhanden sei. Doch eine solche Diagnose ist zu bezweifeln. Denn Dr. Scott widersprach sich selbst zuvor im gleichen Brief, als er nämlich schrieb: „Ich hatte mir die Röntgenbilder angesehen, die von ihr zuerst im *Mercy Hospital* gemacht wurden. *Die Aufnah-*

men vom 6. Februar 1943 habe ich nicht gesehen." (Hervorhebung als Kursivschrift durch den Autor). Wenn er also diese nach der vermuteten Heilung aufgenommenen Bilder nicht gesehen hatte, wie konnte der Arzt dann Ritas gegenwärtigen Zustand glaubwürdig einschätzen oder ein ehrliches, auf einer Vergleichsstudie beruhendes, medizinisches Gutachten erstellen? Entweder war das nun ein eklatanter Druckfehler, oder aber es deutet alles darauf hin, dass Dr. Scott die Röntgenaufnahmen nach der Genesung niemals zu Gesicht bekam und somit ein Urteil abgab, das sich weitgehend auf Ritas emotionalen Zustand und frühere Besuche stützte. Doch da Ritas medizinische Akten vernichtet wurden, gibt es keine Möglichkeit mehr, ein unabhängiges Urteil einzuholen.

„Ich weiß nur, dass ich wieder so viel an Gewicht zunahm, wie ich vorher verloren hatte. Der ärztliche Befund interessierte mich überhaupt nicht. Er war mir egal", sagte Mutter Angelica. Für Rita war die Heilung eine umwerfende Erfahrung, ein Meilenstein, der ihrem Leben eine ganz neue Richtung gab.

Die Liebesbeziehung

„Als der Herr zu mir kam und mich auf die Fürsprache der *Kleinen Blume* heilte, hatte ich eine ganze andere Einstellung. Ich wusste, dass es einen Gott gibt. Ich wusste, dass Gott mich kennt und liebt und an mir interessiert ist. Das wusste ich vorher nicht. Nach meiner Heilung wollte ich mich aber nur noch Jesus hingeben und nichts anderes mehr."

Da sich Rita nicht sicher war, wie sie das tun sollte, wandte sie sich an den heiligsten Menschen, den sie kannte, Rhoda Wise, die für sie zu einem Vorbild an Heiligkeit wurde und sie wesentlich in ihrer Spiritualität beeinflussen sollte. Jeden Sonntag schlossen sich die Rizzos den Menschenmengen an, die das Haus von Rhoda Wise bevölkerten. Dort saß Rita zu Füßen von Rhoda Wise und lernte tatsächlich, wie man heilig wird. Sie erinnerte sich daran, wie sie neben der Mystikerin auf einem „kleinen Schemel saß und ihre Füße hochhielt, weil manche Leute auf die Stigmata drücken wollten".

Von Frau Wise lernte sie auch, geduldig mit übereifrigen Menschen umzugehen, die manchmal das Objekt der Gnade Gottes mit Gott selbst verwechselten.

Ihr Versprechen, die Verehrung der *Kleinen Blume* und des Heiligsten Herzens Jesu zu verbreiten, hat Rita eingelöst. Sie verschickte persönliche Briefe, Gebetskärtchen und Herz-Jesu-Medaillen an jeden, der an Frau Wise geschrieben hatte. Einer dieser Briefe vom September 1943 enthüllt die Tiefe der Bekehrung Ritas: „... bevor ich geheilt wurde, war ich eine laue Katholikin. ... jetzt liebe ich [unseren Herrn] so sehr, dass es Zeiten gibt, in denen ich meine, sterben zu wollen. Wenn ich an all das denke, was Er für mich getan hat, und daran, wie wenig ich für Ihn tat, dann könnte ich nur noch weinen."

In ihrem privaten Leben übernahm Rita jetzt eine Reihe von Frömmigkeitsübungen, die in der Rückschau wie eine Generalprobe für das Ordensleben anmuten. Als Dank und zur Erinnerung an ihre Heilung beschränkte sie sich samstags auf Zwieback und Tee. Sie begann mit der Lektüre geistlicher Literatur, wie etwa dem Buch *Die mystische Stadt Gottes* von Maria von Agreda. Auf ihrem Heimweg von der Arbeit blieb Rita häufig noch im Bus und fuhr am Haus ihrer Großmutter vorbei, um zu der St. Antonius-Kirche zu gehen, wo sie den Kreuzweg betete. Durch den Kontakt zu Rhoda Wise und ihren Wundmalen wurde für sie die Passion Christi zur Realität. Sein Leiden war nicht mehr eine Theorie oder eine Erzählung aus vergangenen Zeiten, sondern sie war reale Gegenwart. An jedem Werktag betrachtete sie das Leiden Christi. Dabei konnte sie durch das aufgenommene Licht ihre eigenen Wunden auf eine ganz neue Weise betrachten.

Im Büro bei *Timken* stand an der Ecke ihres Schreibtisches ein Bild von Jesus mit der Dornenkrone. Auf den Vorwurf eines Arbeitskollegen, „Werbung für ihre Religion zu machen", entgegnete sie: „Wenn Sie ein Bild eines Filmstars oder eines von Ihnen geliebten Menschen haben, dann stellen Sie es doch auch auf. Das ist nun eben mein Geliebter, und deshalb bleibt es auch hier stehen."

Alles deutete darauf hin, dass Jesus ihre große Liebe war. Die einzige mögliche Anfechtung war nur noch ein Mann namens

„Adolph“ Gordon Schulte, der in Rhoda Wises Haus wohnte und Rita öfters zum Essen in das Restaurant *Purple House* in Canton einlud. Die gelegentlichen Ausflüge ließen manche Leute, so auch die Tochter von Rhoda Wise – Anna Mae – vermuten, dass die beiden „miteinander gingen“. Schulte bestritt dies jedoch. „Sie war eine reizende und interessante Person, und man konnte sich nett mit ihr unterhalten“, erzählte er mir. „Aber es war nichts Ernstes, sondern wir waren immer ganz zwanglos zusammen.“

Ritas beste Freundin zu dieser Zeit, Elsie Machuga, stimmte dem zu: „Ich glaube, er traf sich gerne mit ihr und brachte ihr auch immer wieder Devotionalien mit. Aber sie war zu jedem freundlich.“

Über ihr Verhältnis zu Schulte befragt, sagte Mutter Angelica ganz offen: „Ich war nie verrückt auf Sex und wollte mich auch nie verabreden. In dieser Hinsicht bin ich ein Eunuch. Es war mir überhaupt nicht wichtig. Das war einfach nichts für mich.“

Nur einmal zeigte Rita in der Öffentlichkeit ihre Zuneigung. Steven Zaleski, der aus Canton stammte und mit Rita seit dieser Zeit bekannt war, erinnerte sich an eine Mission in der Herz-Jesu-Kirche in der Clark Avenue. Als die Gläubigen nach vorne gingen, um den aus Holz geschnitzten gekreuzigten Christus zu verehren und anzubeten, „küsste Rita Ihn auf sein Herz mit großer Inbrunst, sehr persönlich, als ob Er ihr Geliebter wäre“.

In ihrem Schlafzimmer hatte Rita, ganz nach dem Vorbild von Rhoda Wise, einen Altar am Fuß ihres Bettes aufgestellt. Er war mit hellem Stoff bedeckt. Darauf standen zwei große Statuen des Heiligsten Herzens Jesu und der Muttergottes, umgeben von kleinen Bildern des Prager Jesulein, des hl. Antonius von Padua sowie genau in der Mitte der hl. Theresia von Lisieux. Vor dem Altar befand sich eine schlichte Kniebank, auf der Rita in den frühen Morgenstunden betete – eine Gepflogenheit, die ihre Mutter verhindern wollte. Eines Morgens stellte Mae zu ihrem Entsetzen fest, dass unter Ritas Schlafanzug ein Bußgürtel herausschaute.

„Sie bekam damit einen dezenten Hinweis, dass irgendetwas im Gange war, und darüber war sie nicht gerade froh“, erinnerte sich Mutter Angelica lachend mehr als fünfzig Jahre später. Die Liebe zu Christus nahm in Ritas Leben jetzt die vorrangige Stellung ein und nahm langsam allen anderen Beziehungen ihren Stellenwert, selbst der Beziehung zu Mae Rizzo.

Vielleicht fühlte sich Mae bedroht, jedenfalls warnte sie Rita davor, „allzu fromm“ zu werden. Sie brachte dies auch der Großmutter Gianfrancesco gegenüber zum Ausdruck. „Sie gehört uns jetzt nicht mehr“, sagte die runzlige alte Frau, als ob sie eine Vorahnung hätte. Das wollte aber Mae nicht hören. Etwa zur selben Zeit erhielt sie weitere schlechte Nachrichten.

Im Sommer 1943 heiratete John Rizzo zum zweiten Mal. Mit fünfzig Jahren heiratete er eine vierundzwanzigjährige Frau, eine Schulkameradin von Rita. Es gibt zwar keine Aufzeichnung über Maes Reaktion, aber Ritas Heilung, verbunden mit Maes Festanstellung, milderten den Schlag vermutlich ab. Mae hatte zu dieser Zeit den Namen Rizzo bereits abgelegt und nannte sich nunmehr Mae Francis. Sie bestand darauf, dass auch Rita diesen neuen Namen annahm.

An einem Nachmittag im Herbst 1943 hatte die einundzwanzigjährige Rita Francis gerade ihren gewohnten Kreuzweg in der St. Antonius-Kirche beendet. Sie kniete am Seitenaltar vor der Statue der Schmerzensmutter – es war übrigens dieselbe Statue, die am Tag ihrer Taufe auf sie herabgeschaut hatte. Als Rita das Abschlussgebet der Danksagung anstimmte, überkam sie eine „tiefe Erkenntnis“, dass sie „eine Berufung habe“. Ganz plötzlich spürte sie, dass sie „dorthin gehen müsse, wo immer der Herr sie hinsenden sollte“. Sie wurde immer noch von den Gedanken an die harten Nonnen aus der Grundschule geplagt. Deshalb zögerte sie zunächst, bevor sie sich ihrer Eingebung wieder zuwandte. Mutter Angelica erzählte mir: „Ich habe immer gedacht, wenn der Herr mir etwas befiehlt, dann mache ich das auch.“ Und so geschah es.

Sie suchte Monsignore Habig, den Seelenführer von Rhoda Wise, auf, um seinen Rat einzuholen. Er bestätigte ihre religiöse Berufung und war damit einverstanden, sie geheim zu halten, um Mae Francis nicht übermäßig zu beunruhigen. Zur Festigung ihrer Berufung verbrachte Rita nun mehr Zeit im Haus der Rhoda Wise.

Es war in jeder Hinsicht ein seltsames Haus. Besucher beschrieben ein helles Licht, das im vorderen Schlafzimmer immer dann auftauchte, wenn Rhoda mit Jesus sprach. Sie berichteten außerdem auch, gelegentlich ein Geräusch zu hören, das durch das ganze Haus hallte, und das Frau Wise der Erscheinung der hl. Theresia zuschrieb. In den Vierzigerjahren zogen solche unerklärlichen Vorgänge und natürlich auch die Mystikerin selbst einen andauernden Strom von Menschen an. Darunter waren auch Nonnen. Rhoda Wise war mit vielen Ordensfrauen befreundet. So wurde sie für Ritas Berufung eine stärkende Quelle. Da die Mystikerin von Ritas Absicht erfuhr, in einen Orden einzutreten, beschaffte sie der jungen Frau eine Liste mit Ordensgemeinschaften sowie den jeweiligen Oberinnen, die sie anschreiben konnte.

Doch Ritas Schulzeugnisse waren so schlecht, dass sie von keinem Schulorden angenommen wurde. Später begegnete sie im Haus von Rhoda Wise einer Gruppe von Josephitinnen, die in Buffalo mit den Taubstummen arbeiteten. Dies weckte Ritas Interesse und sie beschloss, die Josephitinnen im Staat New York zu besuchen.

Der Schwindel mit Buffalo

Um nach Buffalo zu fahren, ohne dass es bekannt wurde, musste Rita die Stadt heimlich verlassen. Ritas Freundin Elsie Machuga und deren Mutter Anna unterstützten Ritas religiöse Berufung. Sie ermutigten sie, Gottes Anruf zu folgen, auch wenn es bedeutete, Mae zurückzulassen. So wurden die Machugas Ende 1943 zu ihren Komplizinnen.

Für Mae ersann man daher folgende Geschichte: Rita und Elsie sollten am Wochenende nach Cleveland fahren. Mae misstraute dieser Geschichte, da Rita damals kaum jemals eine Nacht außer Haus verbrachte. Doch schließlich war sie mit dem Vorhaben einverstanden. Der Trick mit Cleveland würde Rita die Gelegenheit bieten, die Schwestern in Buffalo zu besuchen und am Sonntagabend wieder zurückzukehren, ohne dass Mae etwas davon bemerkte. Zumindest war das der Plan.

Am Sonntagabend klingelte um 22 Uhr im Haus der Machugas das Telefon. Elsie hob den Hörer ab, weil sie dachte, es sei

Rita, die von ihrem Abenteuer aus Buffalo zurück wäre. Doch stattdessen hörte sie die wütende Stimme von Mae Francis:

„Wo ist Rita? Wie kommt es, dass du bereits zu Hause bist?" herrschte Mae Elsie an.

„Sie wird bald da sein", erwiderte Elsie.

„Du hast das alles angezettelt und bist verantwortlich für alles, was mit ihr geschieht", brüllte Mae. „Ich werde kommen und dich in Stücke schneiden, wenn ihr irgendetwas passiert ist." Plötzlich trat eine Pause ein. Im Hintergrund konnte Elsie Ritas Stimme hören.

„Sie ist da", verkündete Mae schroff, und dann war die Leitung tot.

Am nächsten Tag entschuldigte sich Rita vom Büro aus bei Elsie für das Betragen ihrer Mutter.

Obwohl Mae noch immer nichts von der Berufung ihrer Tochter wusste, musste sie gespürt haben, wie sich ihre Tochter von ihr löste. Maes fast verzweifelte emotionale Bindung erdrückte die junge Frau. „Ich glaube, dass das, was ihr Leben belastete, auch begann, mein Leben zu überschatten", erklärte mir Mutter Angelica später.

Maes andauernde Beschäftigung mit Verletzungen aus ihrer Vergangenheit und ihr krankhafter Argwohn gegenüber jedem Menschen, der im Leben ihrer Tochter auftauchte, hemmte die Persönlichkeitsentwicklung von Rita. Obwohl Mae nach Ritas Heilung sogar selbst ihre eigene Bekehrung erlebte und eine aufrichtige Vertiefung ihres Glaubens erfuhr, konnte sie sich doch nicht zu einer völligen Unabhängigkeit durchringen. Ihre einundzwanzigjährige Stütze wurde immer noch gebraucht, wie man es an einer oft zitierten Geschichte erkennen kann. Mae behauptete, dass Rita als Kind einmal zu ihr sagte: „Irgendwann werde ich ein Schloss bauen und dich mit mir nehmen, damit wir dann beide darin wohnen." Nicht einmal zwanzig Jahre später sollten diese gehegten und gepflegten Worte prophetische Dimensionen annehmen. Zu jener Zeit wiesen sie jedoch auf eine Frau hin, die für ihr Überleben und für ihren Lebensunterhalt fast wie ein Parasit von ihrer Tochter abhängig war.

Unterdessen folgte Rita heimlich ihrer religiösen Berufung, zu der sie sich von Gott berufen fühlte. Ein Brief von den Josephitinnen wurde aufgeregt an Monsignore Habig weitergegeben. Darin stand, dass einige der Schwestern glaubten, dass Rita einen Ruf zum kontemplativen Leben habe, dass sie aber dafür stimmten, Rita trotzdem in den aktiven Orden aufzunehmen. Mit einem dünnlippigen Grinsen legte der alte Monsignore das Schreiben beiseite. „Nein, da kannst du nicht hingehen", sagte er zu Rita. „Aber ich weiß, wohin du gehen solltest." Natürlich passte ein kontemplatives Leben besser zu ihr. Und da er vermutlich eine Einmischung durch Mae Francis befürchtete, gab er Rita die Adresse des Klosters St. Paul in Cleveland. „Da will Gott dich haben", sagte ihr Monsignore Habig. Es war ein Klausurkloster der kontemplativen Franziskanerinnen.

Später sagte Mutter Angelica, „ich hatte nicht die leiseste Ahnung davon, was ein kontemplatives Kloster überhaupt war", doch sie nahm das Wort des Monsignore im Glauben an und traf Vorbereitungen, das Kloster in Cleveland aufzusuchen.

Die Besichtigung

Peter Poss, Ritas Vorgesetzter bei *Timken*, gab ihr einen Tag frei und brachte sie zur Bushaltestelle. Er befürwortete ihre Reise. Er war ebenfalls damit einverstanden, sie um 17 Uhr wieder abzuholen und rechtzeitig zum Abendessen zu Hause abzuliefern, damit Mae keinen Verdacht schöpfen konnte.

Der Besuch der Wallfahrtsstätte St. Paul war einfach überwältigend. Die gotische Kirche im Stil der Gründerjahre stand an der Kreuzung der Euclid Avenue und der East Fortieth Street in Cleveland und war eine Festung des alten Glaubens in der modernen Welt. Die massive Kirche aus Sandstein, die im Jahr 1875 erbaut worden war, sah mit ihrem spitzen Glockenturm und den Türmchen, die Minaretten ähnelten, aus, als würde sie in den Himmel hineinragen. An der Seite der Kirche stand ein fünfstöckiges Backsteinkloster, das 1931 angebaut worden war. Rita betrat das imposante Gebäude mit einigem Zögern.

Schwester Magdalene, eine sympathische Nonne, führte sie in ein Sprechzimmer mit dunklen Vorhängen. Die ausgeprägte Stille und das dicke Metallgitter beunruhigten Rita wahrscheinlich. Als sie versuchte, ein Gespräch zu beginnen, auf das jemand auf der anderen Seite antworten würde, öffnete sich in dem Eisengitter eine Tür. Schweigend, wie Gespenster, standen zwei Nonnen auf der anderen Seite des geöffneten Eisengitters. Sie trugen dunkelbraune Ordenstrachten und einen schwarzen Schleier vor ihrem Gesicht. Rita starrte die schattenhaften Gestalten an. Sie war noch nie zuvor im Innern eines solchen Klosters gewesen, und sie war auch noch nie solchen Nonnen begegnet. Die Schwestern hoben ihre Schleier leicht hoch und stellten sich selbst in gedämpfter Stimme und mit deutschem Akzent vor. Eine der Schwestern war Mutter Mary Agnes, die Äbtissin des Klosters. Die andere, Mutter Mary Clare, war ihre Stellvertreterin. Einige Zeit sprachen die Nonnen über ihre Lebensweise und die Erwartungen, die sie an eine Postulantin stellten.

Rita sah sich das Umfeld und die seltsame Art der Nonnen genau an und kam dann schließlich, vielleicht ohne es selber völlig zu verstehen, zu einer Entscheidung: „Ich dachte mir, nun gut, Herr, hier willst Du mich also haben, hier soll ich eintreten."

Bevor Rita wieder ging, erkundigte sich Mutter Agnes bei ihr, ob sie eine erste oder eine zweite Chorschwester werden wollte. Die ersten Chorschwestern sangen das tägliche Chorgebet und legten die feierlichen Gelübde ab, während die zweiten Chorschwestern Laienschwestern waren und sich tagsüber an der Reinigung des Klosters beteiligten. Da Rita den Unterschied nicht ganz verstanden hatte, antwortete sie: „Ich versuche es mit dem Singen."

„Oh, haben Sie eine Altstimme?", strahlte Mutter Agnes. „Wir bräuchten so dringend eine solche."

Obwohl Mae einmal gesagt hatte, dass Rita „keinen Ton halten" konnte, sagte sie zu, Alt zu singen, und wurde so eine erste Chorschwester.

„Das war eine weitere Fügung der Vorsehung", erzählte mir Mutter Angelica. „Wenn ich nämlich nicht eine erste Chorschwester gewesen wäre, hätte ich niemals Äbtissin werden können. Laienschwestern konnten nicht Oberinnen werden – und wenn man sich einmal für etwas entschieden hatte, war der Wechsel in einen anderen Stand nicht mehr möglich."

Rita versprach, am 15. August 1944 im Alter von einundzwanzig Jahren in das Kloster einzutreten.

Bei ihrer Rückkehr nach Canton beschrieb Rita ihrer Freundin Elsie das wunderbare Kloster in Cleveland und teilte ihr ihre Pläne für die Abreise mit. „Ich dachte einfach, na gut, Mädchen, dann geh!“, erinnerte sich Machuga später.

An einem Freitagnachmittag des Jahres 1944 lag Rhoda Wise im Bett und erlebte eine schmerzhafte Ekstase. Während ihre Wunden bluteten, fing sie an zu sprechen. Es war nach der Erinnerung von Catherine Barthel das einzige Mal, dass Rhoda Wise während einer ihrer übernatürlichen Agonien irgendetwas herausbrachte. „Rita? Meine Rita?“, war alles, was sie sagte. Als Barthel sich nach dieser Aussage zu einem späteren Zeitpunkt noch einmal genauer erkundigen wollte, meinte Frau Wise, sie habe auf etwas geantwortet, was Jesus ihr über Rita Francis erzählt habe. Als Barthel in den Achtzigerjahren gefragt wurde, was dieses „Etwas“ gewesen sein könnte, konnte sie keine Auskunft darüber geben. Besucher im Haus von Rhoda Wise erinnerten sich daran, dass die Mystikerin prophezeit hatte, „Rita würde einmal Großes für die Kirche tun“. Mutter Angelica selbst erfuhr ebenfalls von dieser Prophezeiung. Obwohl sich diese Aussagen heute natürlich nicht mehr überprüfen lassen, sind sie letztlich auch nicht so bedeutsam wie der Einfluss von Rhoda Wise, durch den Rita Rizzo geprägt wurde.

Von Frau Wise selbst lernte Rita, dass Leiden ein Geschenk Gottes sein kann. Diese Lektion sollte ihr religiöses Leben und das zahlreicher anderer Menschen stark formen. Obwohl von den meisten Menschen eine direkte Kommunikation mit dem Göttlichen skeptisch betrachtet und auch abgelehnt wurde, war dies für Rita etwas ganz Natürliches, ja sogar etwas Selbstverständliches, nachdem sie Rhoda geistlich so nahegekommen war. Für die junge Rita durften mystische Erfahrungen mit den Heiligen oder Christus selbst nicht einfach abgetan oder infrage gestellt, sondern mussten beherzigt und befolgt werden.

Im August 1944 besuchte Rita das Haus von Rhoda Wise, wie sie vermutete, zum letzten Mal. Jahrzehnte später sollte sie es erben und dort eine Pilgerstätte errichten. Obwohl diese heute kaum mehr besucht wird, stehen das Haus und die Frau, die es einst besaß, dem Herzen von Rita Rizzo noch immer sehr nahe.

Im Haus der Gianfrancescos genoss Rita ihre letzten Augenblicke und nahm heimlich Bilder von ihrer Familie auf, die ein Leben lang vorhalten mussten. Rita konnte ihren Entschluss, dem Ordensleben beizutreten, zwar Freunden und Fremden mitteilen, brachte es aber nicht fertig, es Mae zu sagen. Sie konnte die Reaktion ihrer Mutter nicht einschätzen. Deshalb sagte sie gar nichts, als sie wie gewöhnlich am 15. August 1944 das Haus verließ, um zur Arbeit zu gehen. Peter Poss fuhr sie zur Bushaltestelle und bezahlte wieder ihre Fahrt nach Cleveland. Er versprach, einen an Mae Francis geschriebenen Brief per Eilboten abzuschicken. Für Rita war dies die einzige Möglichkeit, ihre Entscheidung zu verwirklichen.

Als sich die Bustüren hinter ihrer schwierigen Kindheit, der zerbrochenen Familie und der schweren Belastung durch Mae schlossen, blickte Rita auf eine heitere Zukunft, die sie zusammen mit ihrem Geliebten, mit Jesus, verbringen würde. Im Gebet und in der Stille kämpfte sie in Gedanken mit den Schuldgefühlen, ihre beste Freundin auf Erden verlassen zu haben. Aber sie musste ihren eigenen Weg gehen. Das wollte Gott. Bald schon würde sie ganz von dieser Welt abgeschlossen sein. Rita erwartete, von all ihren Sorgen befreit zu werden. Als sie die sechzig Meilen weite Reise zu ihrer neuen Heimat hinter sich gebracht hatte, verblasste Canton in ihrem Gedächtnis. Sie stellte sich vor, die Stadt niemals wiederzusehen und glaubte, sanft in ein neues Leben der Demut und der Anonymität hinüberzugleiten.

4. Kapitel

Braut Christi

Der Brief mit der Aufschrift „per Eilboten“ erwartete Mae Francis bereits, als sie am 15. August 1944 das Wohnzimmer im Haus der Gianfrancescos betrat. Mit der rechten Hand riss sie den Umschlag auf und holte das Blatt heraus. Mae erstarrte, als sie die vertraute Handschrift erkannte. Ihre Augen überflogen den Brief bis zu den unterstrichenen Sätzen am unteren Ende der Seite. Die Schrift sah aus, als ob der Briefinhalt in angespannter Eile geschrieben worden wäre.

14. August 1944

Meine allerliebste Mutter,
wenn Du diesen Brief bekommst, werde ich in Cleveland sein. Ich bin in das Anbetungskloster an der Kreuzung zwischen Fortieth Street und der Euclid Avenue eingetreten. Du kennst es besser unter dem Namen Kloster St. Paul. Ich weiß, meine liebste Mutter, dass dies ein Schock für Dich sein wird. Doch wenn ich Dich um Erlaubnis gebeten hätte, wärst Du mit diesem Schritt nie einverstanden gewesen. Auf diese Weise eintreten zu müssen, hat mir furchtbar wehgetan. Ich wünschte mir, Du würdest mich Unserem Herrn als Seine Braut übergeben. Es wird für Dich schwierig sein, all das zu verstehen, doch dies ist Sein heiligster Wille. Seit meiner Genesung hast Du viele wundervolle Dinge für Unseren Herrn getan. Er hat jetzt eine Aufgabe für Dich. Es gibt viele Seelen, die Du zur richtigen Herde zurückführen kannst. Deine Aufgabe ist es, draußen Seelen für Ihn zu gewinnen. Befolge seine Bitte und übergib alles großzügig und ohne Vorbehalt Seinem Heiligsten Herzen. Weil ich Seine Braut sein werde, wird Seine Liebe für Dich außerordentlich wachsen. Er liebt Dich so sehr, dass er

dieses Opfer von Dir erbittet. Er möchte in Deinem Herzen an erster Stelle stehen. Bisher hast Du mich vor Ihn gestellt. Unser Herr hat versucht, Dir all dies schon während Deines ganzen Lebens verständlich zu machen. Binde Dich nicht, meine liebste Mutter, an irgendjemanden oder an irgendetwas auf dieser Erde, sondern nur an Gott allein, der geduldig auf Deine ganze Liebe wartet. Ein Kloster, meine Mutter, ist ein Himmel auf Erden. Es ist das größte Privileg, das einem Menschen auf Erden geschenkt werden kann. Dies sagte unsere liebe Muttergottes zur seligen Maria von Agreda. Ich will Ihm dort mit jedem Atemzug sagen, dass ich Ihn liebe. Dort will ich Wiedergutmachung leisten für all die kalten Herzen auf der Welt. Nach meiner Heilung geschah etwas in mir. Was es war, weiß ich nicht. Ich verliebte mich ganz und gar in Unseren Herrn. Es war schwer für mich, in den vergangenen neunzehn Monaten in der Welt zu leben. Ich liebe Dich sehr und habe nicht vergessen, was Du alles für mich getan hast. Meine Liebe für Dich ist seit meiner Heilung noch gewachsen, doch wenn ich noch einen Monat länger in der Welt hätte leben müssen, hätte ich sie ganz verlassen und wäre in unsere ewige Heimat eingegangen. Ich gehöre der Welt nicht. Bitte vertraue Ihm. Du kannst mir immer schreiben und mich alle zwei Monate einmal besuchen. Du kannst mich am geöffneten Gitter sehen. Ich werde Dir einmal monatlich schreiben. Zuerst gehören wir Gott, dann erst unseren Eltern. Wir sind Seine Kinder. Ich bitte um Deinen Segen, dass ich die Höhen erreichen kann, die ich anstrebe. Ich liebe Dich sehr. Ich möchte Großmutter für alles danken, was sie für mich getan hat. Mein Geliebter wird sie reich belohnen. Auch sie kann mich bei geöffnetem Gitter besuchen. Ich hab Dich lieb!
Für immer Deine
Rita xxxxxx

Tränen strömten über Maes Gesicht. Zuerst hatte der Mann, den sie liebte, sie verlassen, und jetzt war ihr Kind, ihr Fels, seinem Beispiel gefolgt. Die Schmerzen gingen in Zorn über. Ein stundenlanges Selbstgespräch mit einer Schimpftirade des Selbstmitleids setzte ein. „Mein einziges Kind ist von mir gegangen“, schrie sie hysterisch. Als sie Großmutter Gianfrancesco und Onkel Pete den Brief zeigte, schlossen sie sich Maes wildem Gebaren an und waren beide außer sich.

„Es war, als wäre ich gestorben“, erläuterte Mutter Angelica. „Man erzählte sich, dass man meine Mutter auf der ganzen Straßenzeile schreien hörte. Sie rannte die Straße hinunter und wollte den Pfarrer aufsuchen, weil sie vermutete, ich hätte von ihm den Taufschein und die Geburtsurkunde bekommen. Der Pfarrer bejahte dies, machte aber meiner Mutter verständlich, dass er es nicht als seine Aufgabe betrachtet hätte, meiner Mutter meinen Entschluss mitzuteilen.“

In den darauffolgenden Monaten kam bei Mae immer ein tiefes Gefühl der Enttäuschung und der Wut auf, wenn sie an Rita dachte. Freunden erzählte sie, dass Rita „undankbar“ gewesen sei und sie „mutterseelenallein“ zurückgelassen habe.

Eine äußerst strenge Lebensweise

Am Abend des 15. August 1944 schritt Rita von der Euclid Avenue in Cleveland in die Dunkelheit des Klosters *St. Paul von der Ewigen Anbetung* hinein. Innen wurde sie angewiesen, sich vor der riesigen Holztüre zur Klausur niederzuknien. Dann öffnete sich das Portal zu ihrem neuen Leben. Dort, auf dem dämmrigen Flur, der durch einige wenige Glühbirnen beleuchtet war, standen sich Mutter Mary Agnes, Mutter Mary Clare und die anderen Ordensschwestern in zwei Reihen gegenüber. Die Schleier verdeckten die einzelnen Nonnen. Als Rita sich wieder erhoben hatte, wandten sich die Schwestern dem Innenbereich des Klosters zu und geleiteten sie singend zur Kapelle. Diese Zeremonie mit ihrer Feierlichkeit erschien Rita überirdisch und erfüllte sie mit Staunen. Sie war begeistert. Schon bald sollte sie zu einer Gefangenen der göttlichen Liebe werden, zu einer *Franziskanerin vom Allerheiligsten Altarsakrament.*

Der französische *Orden der Armen Klarissen* wurde 1854 von Pater Bonaventure Heurlaut und Joséphine Bouilleveaux (der späteren Mutter Marie de St. Claire) gegründet. Pater Bonaventure, ein eifriger Priester, stellte sich einen religiösen Orden vor, der sich der Anbetung Jesu Christi im Allerheiligsten Altarsakrament widmen sollte. (Gemäß der katholischen Glaubenslehre ist die konsekrierte Hostie, das Sakrament der Eucharistie, das auch „Allerheiligstes Altarsakrament" oder einfach „Allerheiligstes" genannt wird, kein Symbol, sondern tatsächlich Leib, Blut, Seele und Gottheit Christi). Pater Bonaventure fehlte jedoch noch eine weibliche Superiorin. Als er die älteste Tochter des Bürgermeisters von Maizières, Joséphine Bouilleveaux, kennenlernte, hatte er seine Gründerin gefunden.

Bouilleveaux war bekannt für ihren starken Willen. Wie auch Pater Bonaventure hörte sie Stimmen und empfing Botschaften von Gott. Gemeinsam gründeten sie am 8. Dezember 1854 in einer Pariser Wohnung den *Orden der Schwestern der Unbefleckten Empfängnis*. Der Orden verdankt seinen Namen dem Dogma der Unbefleckten Empfängnis, das genau am selben Tag von Papst Pius IX. verkündet worden war. Dieses Dogma legt fest, dass die Jungfrau Maria von der Empfängnis an von jedem Makel und von jeder Sünde bewahrt blieb. Zur Ehre der Jungfrau Maria nannte sich Bouilleveaux jetzt Schwester Marie de St. Claire und weihte sich und alle ihre zukünftigen Töchter der Gottesmutter. Sie bestimmte, dass fortan jede Nonne des Ordens den Namen Maria annehmen sollte.

Schließlich zogen die Schwestern nach Troyes in Frankreich um. Unter dem Patronat des Ortsbischofs errichteten sie dort ein festes Kloster und bezeichneten sich nun als *Franziskanerinnen vom Allerheiligsten Altarsakrament*. In der Tradition des hl. Franziskus und der hl. Klara von Assisi pflegte der Orden einen starken Glauben und ein kindliches Vertrauen auf Gott in allen Dingen.

Unter der Oberin Mutter Marie de St. Claire bestand die Mission des Ordens in der immerwährenden Danksagung und Anbetung des Allerheiligsten Altarsakraments, um für die Undankbarkeit der Menschheit Gott gegenüber Wiedergutmachung zu leisten. Ein Schritt, der noch eine besonders große Bedeutung für Mutter Angelica bekommen sollte, war die Erhebung des Ordens zu einem Päpstlichen Institut durch Papst Pius IX. am 15. September 1868. Seit dieser Zeit war dieser religiöse Orden nur noch dem Heiligen Stuhl in Rom unterstellt.

Vom Mutterhaus in Frankreich aus wurde von Mutter Marie vom Kreuz ein neues Kloster in Polen und später in Wien in Österreich aufgebaut. Mutter Marie vom Kreuz starb 1906, kurz nachdem sie an der Feier teilgenommen hatte, bei der eine österreichische Nonne namens Schwester Maria Agnes die ewigen Gelübde abgelegt hatte. 1921 überquerte diese Nonne den Ozean und begründete den ersten amerikanischen Zweig des Ordens in Cleveland in Ohio.

Es war dieselbe Nonne, nunmehr Mutter Mary Agnes genannt, die in der Kapelle in Cleveland, deren Decke aus Mahagonibalken gefertigt war, im Sommer 1944 Ritas Versprechen, den Franziskanerinnen beizutreten, entgegennahm.

Im Anschluss an die Zeremonie führte Schwester Veronica, die Novizenmeisterin, die so leise sprach, als würden Engel ihre Gespräche belauschen, Rita in das im zweiten Stockwerk gelegene Noviziat. Hier sollte Rita, abgeschlossen von der größeren Gemeinschaft, als Postulantin herausfinden, ob das klösterliche Leben für sie das Richtige wäre.

Traditionsgemäß war eine Frau in einem Orden sechs Monate lang Postulantin. Nach dieser Zeit wurde sie Novizin, wurde eingekleidet und bekam einen neuen Namen. Noch später, wenn feststand, dass sie das Leben aushielt, erlaubte man der Schwester, die zeitlichen Gelübde abzulegen. Mit Zustimmung der Nonnen, die ihre ewigen Gelübde bereits feierlich abgelegt hatten, wurden die Gelübde dann drei Jahre lang jedes Jahr durch die Anwärterin erneuert. Dann konnten die Schwestern nach sechs Jahren ihre ewigen Gelübde ablegen. Ein solcher Prozess war anstrengend. Rita hatte damit von Anfang an Probleme.

Der normale Alltag im Kloster St. Paul erlaubte nur wenig Abwechslung. Die Nonnen hielten einen strengen Zeitplan ein, um die täglichen Chorgebete zu verrichten. Diese wurden viermal täglich gesungen, zwei Stunden lang wurde Eucharistische Anbetung gehalten, die gemeinsame hl. Messe wurde gefeiert und auch zusammen der Rosenkranz gebetet. Geistliche Lesung, Freizeit, Haushaltsarbeiten und Mahlzeiten rundeten ihren Tagesablauf ab.

Alle Tätigkeiten waren streng geregelt, auch das pflichtgemäße morgendliche Aufstehen um 4.50 Uhr. Sobald die Holzklapper morgens im Gang ertönte, musste die Nonne, wie es in der Ordensregel vorgeschrieben war, ihr *Ecce adsum* („Siehe, hier bin ich, oh Herr, Deinen heiligen Willen in allen Dingen zu erfüllen!") rufen, sich bekreuzigen und den Boden dreimal zu Ehren der Heiligen Dreifaltigkeit küssen. Beim Waschen musste man sich auf den Boden knien. Diese und andere Regeln wurden strengstens befolgt. Abweichungen waren nicht erlaubt. Wer den hohen Anforderungen nicht gerecht werden konnte, wurde zum Verlassen des Ordens aufgefordert.

Rita trug ein einfaches schwarzes Kleid und eine Mütze und versuchte, sich dem klösterlichen Leben anzupassen. Zu ihren Anfangsaufgaben gehörte es, Fußböden zu reinigen und Hostien zu backen. Schon in den ersten Wochen im Kloster kam sie zu spät zum Gebet und ließ es sich zur Gewohnheit werden, die älteren Schwestern zu stören, indem sie gegen die Klausurtüren rempelte.

Nichts davon entging dem wachsamen Auge von Mutter Agnes. Mit ihrer deutschen Gründlichkeit begann die Äbtissin, Schwester Rita zurechtzustutzen, indem sie der jungen Postulantin eine Reihe von Demütigungen auferlegte, die ihr den Gehorsam beibringen sollten. Bei jeder zufälligen Begegnung mit der Äbtissin musste Rita sofort jede Tätigkeit einstellen, niederknien und das Skapulier der Mutter Oberin küssen. Doch dabei ließ es Mutter Agnes noch nicht bewenden. In Gegenwart der gesamten Gemeinschaft wies die Äbtissin auf Schwester Ritas Vergehen hin, ganz besonders auf die Flatterhaftigkeit, mit der sie jedes Mal zur Türe hereinkam. Zur Buße musste die beherzte Schwester in der Mitte des Refektoriums, wo die Nonnen aßen, niederknien und ein Gebet aufsagen, das mit den Worten begann: „Ich bin nichts, ich kann nichts, ich bin nichts wert. Ich habe nichts außer meinen Sünden."

„Apfelmus", sagte Schwester Rita insgeheim manchmal zu sich, nachdem sie diese Litanei beendet hatte. Diese Buße sollte nun „Montag für Montag für Montag" wiederholt werden, bis die Nonne das Gesagte als Wahrheit anerkannte. Während diese Prüfungen ihre Gefährtinnen zu Tränen rührten, ließ sich Schwester Rita durch sie weder kleinkriegen noch besonders beeindrucken.

„Mein ganzes Leben stand im Zeichen des Überlebens, und ich glaubte, dass dieser Überlebenskampf jetzt einfach nur an einem anderen Ort stattfand", erzählte mir Mutter Angelica. „Im Kloster hatte ich viel Sicherheit, und ich musste mich um nichts kümmern."

Doch nach nur einem Monat Aufenthalt im Kloster erkrankte Rita an einer Lungenentzündung. In den Akten des Klosters steht, dass sie „die Erlaubnis bekam, ins Krankenhaus zu gehen". Einige Zeit später verließ sie nach einer Halsentzündung die Klausur zum zweiten Mal, um sich die Mandeln entfernen zu lassen. Die schwache Gesundheit der Postulantin wurde für ihre Vorgesetzten allmählich ein Grund zur Besorgnis.

Gegen Ende des Monats September 1944 wurde Rita in das Sprechzimmer gerufen. Da es vorgeschrieben war, bei Besuchen von Gästen immer eine Aufsichtsperson bei sich zu haben, kam Rita in Begleitung von Schwester Veronica. Auf der anderen Seite des geöffneten Gitters saß Onkel Nick Gianfrancesco. In seinen tief eingesunkenen Augen war ein Schimmer von Trauer zu bemerken. Er war gekommen, um Rita mitzuteilen, dass Großmutter Gianfrancesco verstorben war und versuchte als Maes Abgesandter, sie zu überreden, nach Hause zurückzukehren. Doch irgendwie fand er nicht die richtigen Worte. Fast eine Stunde lang, während Rita über den neuen gekürzten schwarzen Schleier sprach, den sie gerade erst erhalten hatte, sowie über die Schönheiten des Klosters, weinte Onkel Nick, als wäre er bei einer Beerdigung. Auf Nick Gianfrancesco musste die ungewohnte Umgebung wie ein Gefängnis gewirkt haben.

„Bist du denn hier glücklich?", fragte er schluchzend.

„Oh ja, Onkel Nick!"

Beruhigt tupfte er sich die Tränen ab und fuhr wieder zurück nach Canton.

Dort konnte Mae Francis Ritas Entschluss noch immer nicht begreifen und akzeptieren. Die erfahrene Äbtissin, die die Familiensituation ganz richtig einschätzte, schrieb an Mae und lud sie ein, das Kloster anlässlich der Feier der Einkleidung einer anderen Schwester zu besuchen. Die Äbtissin beabsichtigte, der Mutter das klösterliche Leben vorzustellen, um langsam ihre ablehnende Haltung zu ändern.

Im November 1944 gab Mae schließlich ihre Ablehnung auf und fuhr nach Cleveland. Sie durfte zwar Mutter Agnes, aber nicht Rita, sehen. Um Maes Enttäuschung ein wenig abzumildern, bemühte sich die Äbtissin „außergewöhnlich um sie". Mit Güte und Freundlichkeit versuchte sie, ein Vertrauensverhältnis aufzubauen. Allmählich ließ Maes Widerstand gegenüber Ritas Berufung nach. Bei ihren Aufenthalten im Kloster bewohnte Mae ein Zimmer außerhalb der Klausur. Sie fühlte sich als Teil der Klosterfamilie und fing langsam an, Ritas Entscheidung zu verstehen.

Während ihrer ganzen Postulatszeit vertiefte sich Rita in geistliche Schriften. Sie studierte einfach alles, angefangen von den Lebensbeschreibungen der Heiligen bis hin zu der Regel ihres Ordens. Diese Werke, gepaart mit „einer äußerst strengen Lebensweise", formten Rita in ihrer neuentdeckten franziskanischen Spiritualität. Sie passte sich an das Leben hinter den Klostermauern an und bemühte sich, den starken Charakter zu unterdrücken, mit dem sie sich bei ihren Arbeitskollegen und Freunden in Canton so beliebt gemacht hatte. Doch nun kamen Risse zum Vorschein.

Am 28. Dezember, dem Fest der Unschuldigen Kinder, gingen die älteren Schwestern nach oben in das Noviziat, um mit den Postulantinnen und den Novizinnen zusammenzusein. „Meine Güte, bist du ruhig", sagte eine der Nonnen zu Schwester Rita. „Ja, und ich muss auch nichts bereuen", gab Rita schlagfertig zurück und spielte auf die im Kloster üblichen Selbstbeschuldigungen an.

Es war für sie eine Herausforderung, die barsche Seite ihrer Persönlichkeit im Zaum zu halten. Dazu kam ein gesundheitliches Problem, das ihr seit Anfang Dezember zusetzte. Dies verstärkte nur noch Schwester Ritas Wunderlichkeit. Durch das ständige Knien während der täglichen Gebetszeiten, bei den Bußübungen und bei diversen Arbeiten sammelte sich Flüssigkeit in Ritas Knien, die anschwollen. Später beschrieb Mutter Angelica sie als „zwei aufgeblähte, mit Wasser gefüllte Pampelmusen". Sie konnte zwar einigermaßen gehen, doch das Hinknien wurde unmöglich – und Knien war zu dieser Zeit ein wesentlicher Bestandteil des kontemplativen Lebens.

Eine Konferenz der Professschwestern, bei dem über Schwester Ritas Aufnahme in das Noviziat abgestimmt werden sollte, war für Februar 1945 vorgesehen. Doch ihre schlimmen Knie und andere Gesundheitsprobleme machten eine Verschiebung der Abstimmung nötig.

„Damals bedeutete Gesundheit einfach alles", bemerkte Mutter Angelica. „Wenn man gesund war, war man auch berufen."

Für den Augenblick war Schwester Ritas Berufung ernstlich gefährdet.

Mehr Sterne

Jeden Freitag wurden die Botschaften, die Rhoda Wise bei ihren schmerzhaften Ekstasen empfing, von ihren Anhängern gierig verschlungen. Wie menschliche Telegrafen verbreiteten ihre Verehrer die wöchentlichen Botschaften weit über die Grenzen Cantons hinaus. Für Gläubige waren es Mitteilungen des Allmächtigen. Mutter Agnes, die Äbtissin des Klosters St. Paul, hielt sich selbst auch für eine solche Gläubige.

Eines Nachmittags, als Schwester Rita noch Postulantin war, wurde sie ins Büro der Äbtissin gebeten.

„Beleidigt dich hier jemand?", fragte Mutter Agnes besorgt und schaute dabei prüfend durch ihre mit Draht eingefasste Brille.

„Nein, Mutter Oberin."

„Denk nach", hakte die Äbtissin mit ihrem abgehackten deutschen Akzent nach. „Beleidigt dich hier irgendjemand?"

„Nein", erwiderte Schwester Rita. Es klang, als würde sie eines Verbrechens angeklagt, das sie nicht begangen hatte.

„Bist du ganz sicher?"

„Ja, Mutter Oberin."

„Nun, dann weiß ich auch nicht weiter." Mutter Agnes zeigte einen besorgten Gesichtsausdruck.

„Schwester Agnes hatte Frau Wise besucht, als diese die Todesqualen der Passion Christi erlitt, und der Herr sagte zu ihr: ‚Sag' Rita, jeder kleinste Kummer wird aus ihrem Herzen getilgt werden. Für jede Beleidigung, jeden Herzenskummer gibt es mehr Sterne.'" Weder Schwester Rita noch Mutter Agnes konnten zu dieser Zeit die Botschaft entschlüsseln, doch die Sterne tauchten auf.

Im Frühling 1945, an Ritas zweiundzwanzigstem Geburtstag, besuchte Mae Francis ihre Tochter endlich und konnte mit ihr durch das Fenstergitter im Empfangszimmer sprechen. Sie erzählte von zu Hause, sprach von den Kämpfen, die sie beide überstanden hatten und über das Leben, das Rita gewählt hatte. Mae vermisste ihre Tochter, doch sie erkannte die Sinnlosigkeit, gegen Ritas Berufung anzukämpfen. In einem Tagebucheintrag, den sie noch am selben Abend verfasste, gab sie ihre Tochter frei:

20. April 1945

An den König der Könige im Allerheiligsten Altarsakrament
Eure Majestät,
heute übergebe ich Dir meine geliebte Tochter an ihrem zweiundzwanzigsten Geburtstag. Ich gebe Dir frohgemut, was Du wolltest und was Du in meine Obhut gegeben hast. Ich habe versucht, mein Bestes zu geben, als ich sie großzog, so gut ich es konnte. Vergib mir, lieber Herr, heute all die Beleidigungen, die ich Dir angetan habe. Ich danke Dir auch für die tiefe Wunde, die Du in mein Herz gesenkt hast. Ich bitte Dich, schütte an allen Tagen ihres Lebens viele Gnaden und viel Segen über sie aus und segne auch all jene, die Du als ihre Vorgesetzten ausgewählt hast. Ich segne sie auch, denn ich bitte Dich demütig nur um die Brosamen, denn ich weiß, dass Du mich liebst. Ich bitte Dich heute demütig um die Gnade, Dich immer mehr zu lieben und um die Gnade, viele Seelen für Dich zu gewinnen.
Deine Neue Mutter

Nachdem Rita Maes Segen bekommen hatte, sehnte sie sich nach ihrem Hochzeitstag. Monate vergingen, doch die Erlaubnis kam einfach nicht. Mutter Angelica glaubt, sie wäre zumindest bei zwei Anlässen fast aus dem Kloster hinausgeworfen worden. Jeden Monat stellten die Schwestern ihre Hingabe zum klösterlichen Leben wieder infrage. Und jeden Monat war Rita fest entschlossen, ihre Absicht, im Kloster zu bleiben, durchzusetzen und zu verfechten.

Als der erste Jahrestag ihres Eintritts in den Konvent immer näherrückte und ihre Knie wie Melonen angeschwollen waren, beschloss Mutter Agnes, dass der Ortsbischof über ihr Schicksal entscheiden sollte. Normalerweise hätten die Professschwestern bei einer Kapitelwahl entscheiden müssen, ob Rita für das Noviziat geeignet war. Doch in diesem Fall wusste Mutter Agnes wohl, dass Rita die erforderliche Dreiviertelmehrheit nicht bekommen würde, damit sie Novizin werden konnte. Deshalb schritt sie persönlich ein und verschob die Kapitelwahl, indem sie eine Stimme von außerhalb hinzuzog.

Pfarrer Floyd Begin, Beauftragter des Bischofs und späterer Weihbischof von Cleveland, traf Schwester Rita im Sprechzimmer. Er fragte sie, weshalb sie im Kloster bleiben wollte. Rita betonte, dass sie ihrer Berufung folgen wolle und dass sich ihre angeschwollenen Knie zu gegebener Zeit schon bessern würden. Offensichtlich war Pfarrer Begin von ihrer Ernsthaftigkeit beeindruckt. So erlaubte der Bischof Schwester Rita, weitere sechs Monate im Kloster zu bleiben. Während dieser Zeit sollte sie von den Nonnen genauer geprüft werden.

Um ihre Knie zu schonen, benützte Rita sie so wenig wie möglich und ging ihren Verpflichtungen nach. Aber einige der Professschwestern bemerkten doch, dass sich nichts verbesserte.

In dieser sechsmonatigen Probezeit rief Mutter Luka einmal Rita zu sich ins Krankenzimmer. Sie war eine kleine Frau mit einer bedauernden Miene, die vor ihrem Ordensleben Apothekerin gewesen war und nun die Krankenstation betreute. Sie war gebildeter als die anderen Professschwestern, sprach aber Englisch mit demselben deutsch gefärbten starken Akzent.

Mutter Luka warnte sie: „Schwester Rita, Sie müssen sich hinknien, sonst werden Sie nach Hause geschickt."

„Aber schauen Sie sich doch nur meine Knie an!", flehte Rita.

„Sie sehen furchtbar aus, aber da kann ich wirklich nichts tun." Die alte Nonne hatte Mitleid, blieb aber hart. „Bitte, knien Sie hin!"

Schwester Rita befolgte den Rat. Indem sie ihr Gewicht auf ihre Schienbeine verlagerte, schaffte sie es, während der täglichen Gebetszeiten und auch sonst immer wieder zu knien. Ohne Rücksicht auf die Schmerzen, die sie als Preis ertragen musste, war sie entschlossen, ihren Platz in der Gemeinschaft zu behalten.

Ihre Strategie ging auf. Im Oktober 1945 stimmten mehr als drei Viertel der Professschwestern für Schwester Rita, sodass sie den Schleier nehmen und ins Noviziat eintreten konnte.

Später mutmaßte Mutter Angelica: „In meinem Herzen glaube ich, dass Mutter Agnes so handelte, weil sie Frau Wise vertraute und sie gerne mochte. Sie hatte diese Worte ‚je mehr Beleidigungen, desto mehr Sterne' gehört. Ich glaube, das war der einzige Grund, warum das Kapitel für mich stimmte und ich die Ordenstracht bekommen konnte."

Die Hochzeit begann am 8. November 1945. Mae Francis traf früh ein und brachte eine Torte und Blumen mit. Ihre Schwägerin Rose hatte für diesen Anlass ein Hochzeitskleid genäht. Als besondere Würdigung verzichtete Mutter Agnes auf ihr Recht, Ritas Ordensnamen auszusuchen und gewährte Mae diese Ehre. Mae wählte den Namen Angelica, weil Rita nach ihren Worten eine „engelhafte und gehorsame Tochter" gewesen war.

Bischof Joseph Schrembs war der Zelebrant bei der Einkleidung. Dies verlieh der Feier einen entsprechenden Glanz. Im vorletzten Augenblick erhob sich die Äbtissin mit einer Schere in der Hand, um Ritas letzte Verbindung mit der Welt abzuschneiden. Ihre braunen Locken fielen auf den Boden der Kapelle. Die Nonnen streiften nun Ritas Hochzeitskleid ab und ersetzten es durch eine braune Kutte, ein Skapulier und einen weißen Schleier. Das heilige Gewand hüllte jeden einzelnen Teil von Rita Rizzo ein, ebenso die Liebe, die sie für ihren Bräutigam empfand. Für Rita war dies keine bloße verstandesmäßige Verbindung, sondern der Beginn eines lebenslangen Bundes – einer innigen persönlichen Erfahrung der Vereinigung mit Jesus Christus. Ihre Mutter, ihr Onkel und die Freunde saßen auf der Seite der Kapelle, die für die Öffentlichkeit zugänglich war. Als eine Art Zeichen der Zustimmung schluchzten sie alle. Wie sie nun hinter dem Gitter stand, sah sie bis auf ihr strahlendes Antlitz wie alle anderen aus.

Rita Rizzo gab es nun nicht mehr. An ihrer Stelle stand jetzt Schwester Mary Angelica von der Verkündigung.

Um dies zu feiern, verbrachte Schwester Angelica den Nachmittag mit ihrer Mutter im Sprechzimmer. Dieses Treffen gab den

Anstoß zu dem nachstehenden Brief, der in der darauffolgenden Nacht geschrieben wurde:

An die Mutter der Braut Jesu, meine eigene liebe Mutter, heute wurde Dir und mir die größtmögliche Ehre zuteil. Es wäre schon eine Ehre, mich mit einem irdischen König zu verheiraten, doch mit dem König der Könige vermählt zu werden, ist eine Ehre, die nicht einmal die Engel erfassen können. Wir werden bis zu dem Tag warten müssen, an dem die Ewigkeit für uns beide anbricht, um zu erkennen, was das bedeutet. Er hätte so viele andere Seelen auf der Welt erwählen können, die weitaus besser sind als ich, doch Seine Augen hat Er auf Dich und auf mich gerichtet. Es ist so, als wäre Er durch eine Wiese mit wunderschönen Blumen gegangen und hätte sich im Vorübergehen viele schöne Blumen angesehen und dann plötzlich innegehalten und ein Blümchen gepflückt, das so schwach war und kaum sein Köpfchen hochhalten konnte. Und dann ging Er weiter, denn Er hatte Seine Wahl getroffen. Es muss so sein, denn niemand auf Erden braucht Ihn jeden Augenblick des Tages mehr, als wir Ihn brauchen. Lass uns daher den Rest unseres Lebens damit zubringen, Ihm zu danken, Ihn zu loben und Ihn zu lieben. Kann irgendein Opfer jemals für uns, da Er uns immer in Seinen Armen hält, zu schwer sein?

Sollten wir nicht mit geistlicher Freude erfüllt sein, wenn wir wissen, dass die liebenden Augen Gottes auf uns ruhen?

Möge mein süßer Bräutigam Dich ganz nahe an Seinem Heiligsten Herzen halten. Es gibt keine Einsamkeit für Dich, wenn Du Seiner süßen Gegenwart und der Deines Engels gewahr wirst.

Noch einmal möchte ich Dir Dank sagen, dass Du mich auf die Welt gebracht hast, dass Du so gut für mich gesorgt hast, für Deine vielen Opfer, für all Deine Liebe und Hingabe, danke für alles. Möge ich mich einer solchen Mutter würdig erweisen. An diesem Tage der Tage bitte ich um Deinen Segen, dass ich zu dem werden möge, wozu Jesus mich bestimmt hat.
Dein Dich liebendes Kind und Braut Jesu,
Schwester Mary Angelica

Das auf das Kloster beschränkte Leben brachte die Unzulänglichkeiten der dort Eingeschlossenen zutage. Die einzelnen Temperamente, der familiäre Hintergrund, die Bildung und die Begabungen unterschieden sich von Schwester zu Schwester so sehr, dass es immer wieder zu Auseinandersetzungen kam. Es wurden Gefühle verletzt und Missgunst gesät. In diesem Mikrokosmos des Lebens bemühten sich die Nonnen, ihre persönlichen Schwächen zum Wohl der Gemeinschaft zu bekämpfen. Schwester Angelica bildete da keine Ausnahme. Um ihren Zorn und ihre schnelle Zunge unter Kontrolle zu halten, war sie zu Bußübungen bereit. Es war jedoch eine strengere Disziplin erforderlich, um ihre Ungeduld zu zügeln, vor allem, wenn sie bestimmten Schwestern begegnete.

„Einmal sagte ich zum Herrn: ‚Egal, was heute passiert, ich werde auf Biegen und Brechen meine Geduld nicht verlieren'", erinnerte sich Mutter Angelica. „Und um 9 Uhr kam es dann zum Biegen und Brechen. Ich habe es nicht geschafft. Ich versagte!"

Im Herbst 1945, als bereits Pläne gemacht wurden für ein neues Kloster in New Orleans, rief der Bischof der Diözese Youngstown, James McFadden, Mutter Agnes zu sich. Er hatte einen anderen Vorschlag.

John O'Dea, der im Ruhestand lebende Eigentümer eines Stahlwerks in Canton, wollte sein Haus und seinen Besitz an einen kontemplativen Orden verschenken. John und Ida O'Dea stellten nur eine Bedingung: Im Haus sollte die ewige Anbetung des Allerheiligsten Altarsakramentes gehalten werden. Nach reiflicher Überlegung nahm Mutter Agnes das Angebot an, ließ die Pläne für das Kloster in New Orleans fallen und machte sich daran, sechs Nonnen auszuwählen, die sie mit der Neugründung in Canton betrauten wollte. Mutter Mary Clare, die Vizeoberin in Cleveland, sollte Äbtissin des Klosters in Canton und Mutter Luka ihre Stellvertreterin werden.

Die Äbtissin rief Schwester Angelica „von den geschwollenen Knien" in ihr Büro. Mutter Agnes wandte sich mit ernster Miene an die Nonne und sagte: „Mutter Clare und ich haben eine Entscheidung getroffen." Schwester Angelica stellte sich schon die schrecklichsten Dinge vor, wie zum Beispiel: Sie müssen nach Hause zurückkehren. Sie haben keine Berufung. Ihre Gesundheit ist ein Punkt... Die Äbtissin fuhr fort: „Mutter Clare glaubt, dass die Treppen der fünf Stockwerke hier im Haus Ihre Knieprobleme verursachen, sodass wir entschieden haben, Sie in unsere Neugründung nach Canton zu schicken."

Unter normalen Umständen kamen nur Professschwestern für eine Neugründung infrage, und eine Schwester in ihre Heimatstadt zu versetzen, war streng verboten. Doch dies waren eben keine normalen Umstände. Entweder verbesserte sich Angelicas Zustand, oder sie würde aus dem Ordensleben ausgeschlossen.

Canton sollte demnach ihre letzte Chance sein: die Arena, in der ihre Berufung auf die Probe gestellt und ein abschließendes Urteil gefällt werden würde. Mit Befürchtungen, jedoch im Gehorsam nahm Schwester Angelica die Versetzung an.

5. Kapitel

St. Klara

Schwester Angelica verspürte stechende Schmerzen in ihren Knien, als sie gemeinsam mit den anderen fünf Schwestern am 1. Oktober 1946 in John O'Deas Limousine stieg und das Kloster verließ. Mit Schwester Angelica zusammen fuhren noch Mutter Clare, Mutter Luka, Schwester Veronica, die Novizenmeisterin, Schwester Mary vom Kreuz, eine Schwester, die aus einem anderen Orden übergetreten war, sowie Schwester Joanne, eine Postulantin, nach Canton.

Besonders für Mutter Clare war es ein schwerer Abschied. Die dreiundsiebzigjährige Äbtissin ließ Mutter Agnes, ihre beste Freundin, zurück, die sie 1921 im Kloster in Wien kennengelernt hatte. Während der Fahrt ließ die Äbtissin keinerlei Gefühlsregung erkennen, stattdessen hielt sie schon wegen der anderen Schwestern ihren Kopf wie eine Marmorbüste hoch.

Schwester Angelicas neues Heim hatte keine Ähnlichkeit mit ihrer Kammer im Südosten Cantons. Die Villa mit den vierundzwanzig Zimmern lag auf einem üppig bepflanzten Grundstück von sechs Hektar Land in einem vornehmen Viertel an der Market Avenue North, Hausnummer 4200, in Canton. Das Haus des Ehepaars O'Dea mit seinen vielen offenen Kaminen und den aufwendigen Wandvertäfelungen, erbaut im Tudor Stil, war von einem kleinen Wald umgeben, der immer wieder von gepflegten Rasenflächen unterbrochen wurde. Es schien für die Armen Klarissen doch zu protzig. Da musste manches geändert werden.

Als erste Aufgabe wurde die Errichtung einer provisorischen Kapelle im großen Wohnzimmer in Angriff genommen. Die übrige Villa sollte aufgeteilt werden in ein Refektorium, ein Krankenzimmer sowie Arbeits- und Schlafzimmer. Am ersten Abend wurden mehrere Betten nach Art eines Schlafsaals aufgestellt und

Bettlaken zwischen die Betten gehängt, damit die Privatsphäre gewahrt blieb. Um keine weiteren Probleme und Schmerzen mit ihren geschwollenen Knien zu bekommen, rollte Schwester Angelica Decken zusammen, legte sie unter ihre Beine und suchte eine bequeme Position im Bett.

Als Angelica am Morgen des 2. Oktober aufwachte, warf sie die Bettdecke zurück und konnte kaum glauben, was sie da sah: „Beide Knie waren wieder normal." Die Schwellung war abgeklungen, das Wasser war verschwunden. „Und dies überzeugte die Schwestern nun, dass ich eine Berufung hatte", erzählte mir Mutter Angelica mit Erstaunen. „Das überzeugte auch Mutter Clare. Und so wartete ich nur noch zwei Monate, bis ich meine Profess ablegte." Die rasche Besserung ihrer Knie wurde von Angelica als Zeichen der Gnade Gottes betrachtet, als eine Bestätigung, dass sie in den Orden gehörte und in das Kloster in Canton.

Einstweilen befand sie sich aber noch inmitten ihres kanonischen Jahres. Dieser Zeitabschnitt war besonders dafür bestimmt, sich an die Gepflogenheiten des kontemplativen Lebens zu gewöhnen. In diesem kanonischen Jahr war es der Schwester nicht erlaubt, mit irgendjemand von der Familie oder Freunden und Bekannten Kontakt zu haben.

Da die hausinterne Kapelle immer noch nicht fertiggestellt war, wurden Schwester Angelica und die anderen Nonnen zur St. Peter-Kirche gefahren. Dort besuchten sie die Frühmesse von Monsignore Habig. Gegen Ende des Gottesdienstes erregte ein Angelica vertrautes Hustengeräusch ihre Aufmerksamkeit. „Ich hörte meine Mutter. Und weil ich meine Mutter und ihre Gefühlsausbrüche kannte, wusste ich nicht, was ich tun sollte." Schon wieder drängte Rita Rizzos Sorge über Maes Gefühlszustand alle anderen Gedanken beiseite.

Nach dem Schlusssegen gingen die Nonnen hintereinander aus der Kirche, als letzte folgte Schwester Angelica. Aus den Augenwinkeln konnte sie neben den Beichtstühlen eine verwirrt aussehende Mae wahrnehmen. Es war nicht schwer zu erraten, was Mae tun würde. Obwohl es Angelica das Herz zerriss, blieb sie doch der Ordensregel gehorsam, wich den Augen ihrer Mutter aus und blickte stattdessen geradeaus. Mae machte eine Bewegung mit der offenen Hand. Im Gesicht zeigte sich ein flüchtiger Ausdruck der Trauer. Sie bewegte sich jedoch nicht, als Rita an ihr vorbeiging.

Später an diesem Nachmittag bekannte Mutter Clare, dass sie und die anderen Schwestern von Angelicas Zurückhaltung bei der Messe „erbaut" waren. Dieser Vorfall hatte doch bestätigt, dass die Nonne für die ersten Gelübde bereit war, verschaffte ihr gleichwohl in der Zukunft keine besondere Behandlung.

In den ersten Wochen im Haus der O'Deas ließ Schwester Angelica ihr Badewasser in eine der wuchtigen Wannen mit Füßen einlaufen. Als sie den Hahn zudrehen wollte, zerbrach der Porzellangriff in ihrer Hand und schnitt dabei eine klaffende Wunde zwischen ihren Ring- und Mittelfinger. Mutter Luka legte einen Verband an, um die Blutung zu stillen, doch die rechte Hand schwoll trotzdem an. Da ihre erste Profess gerade erst einige Monate zurücklag, konnte Angelica jetzt an nichts anderes denken als an ihren rechten Ringfinger. Nach der europäischen Tradition wurden die Eheringe im Orden an der rechten Hand getragen.

Am nächsten Tag war Mutter Clare „wütend" bei den *Culpas*. Die *Culpas*, lateinisch für „Schuld, Verfehlung", waren die besondere Zeit vor den Mahlzeiten, jeweils montags, zu der jede Schwester irgendein Vergehen vor der gesamten Gemeinschaft bekennen musste. Die Äbtissin ordnete dafür eine gerechte Buße an.

„Mutter, ich klage mich an, den Porzellangriff an der Badewanne zerbrochen zu haben", erklärte Schwester Angelica, auf dem Boden des Refektoriums kniend.

„Ich weiß! Jetzt sind wir gerade ein paar Wochen hier, und Sie machen hier schon alles kaputt", schimpfte Mutter Clare mit einem starken deutschen Akzent.

Als Schwester Angelica an ihren Tisch zurückkehrte, fing sie ohne Umschweife an zu essen. Eine zu Tränen gerührte, schwer erschütterte Postulantin fragte sie: „Wie können Sie nach all dem überhaupt noch essen?"

Angelica zuckte mit den Achseln und antwortete: „Ich habe Hunger."

Durch ihre schwere Kindheit hatte Schwester Angelica Vorteile gegenüber ihren Altersgenossinnen: eine dicke Haut und die Fähigkeit, auch in schweren Zeiten standhaft zu bleiben.

Bei der Weihezeremonie in der O'Dea-Villa am 4. Oktober setzte Bischof James McFadden das Allerheiligste in einer Monstranz aus – zur Anbetung in der vorläufigen Kapelle. Von jetzt an sollte das Kloster den Namen St. Klara tragen, zum Gedenken an die hl. Klara von Assisi.

Trotz all seines Prunks war das Haus eigentlich recht klein. Nachdem man es in zwei Hälften aufgeteilt hatte – die Externen wohnten auf der einen, die Schwestern in Klausur auf der anderen Seite des Hauses – bot es nur wenig Raum für eine Nonne, die sich zurückziehen wollte, um Schwestern aus dem Weg gehen zu können, die ihr unangenehm waren.

Schwester Mary vom Kreuz machte ihrem Namen alle Ehre: Sie war eine hochgewachsene, grobknochige Nonne mit breiten Wangenknochen und schönen blauen Augen. Als Bibliothekarin der Gemeinschaft war sie derart herrschsüchtig, dass sich Schwester Angelica darüber ärgerte.

Schwester Angelica war schon immer eine Leseratte gewesen. Sie verschlang mehrere Bände von Johannes vom Kreuz, ebenso von Teresa von Avila, von Bruder Lorenz von der Auferstehung, von Paul vom Kreuz und anderen. Im Kloster St. Klara las sie diese Werke sogar mehrmals und speicherte sie in ihrem fast fotografischen Gedächtnis ab. Da die Bücher bis zum Ende der Woche immer wieder in der Bibliothek abgegeben werden mussten, lernte die Nonne auch, ihre Lesegeschwindigkeit zu beschleunigen.

Schwester Mary vom Kreuz nun hielt die Bibliothek hinter Schloss und Riegel verwahrt. Ihr System gestattete den Nonnen nur, Bücher aus einer Titelliste auszuwählen, die jede Woche neu aufgehängt wurde, doch niemand durfte zu den abgeschlossenen Bibliotheksregalen gehen und die Bücher dort ansehen.

„Das hat mich geärgert", erzählte Mutter Angelica, als wäre es gerade letzten Mittwoch geschehen. „Mir war nicht klar, warum man nicht einfach ein Buch herausnehmen konnte! Es gibt doch einen großen Unterschied zwischen einem Titel und dem Buch selbst. Wenn man statt eines geistlichen Buches an ein Kochbuch geriet, musste man eine ganze Woche warten, bis man ein anderes bekam. Deshalb habe ich immer gleich drei bestellt und mir ausgerechnet, dass wenigstens ein gutes Buch dabei wäre. Mein italienisches Temperament war immer noch vorhanden."

Dies sollte nicht das letzte Mal sein, dass Angelica mit Schwester Mary vom Kreuz aneinander geriet.

Es liegt in der Natur des Klosterlebens, dass kleine Mängel übertrieben und unbedeutende Konflikte aufgebauscht werden. Das nahe Beisammensein ausgeprägter und verschiedenartiger Charaktere verwandelte das Kloster St. Klara zu einem Brutkasten von unterdrücktem Ärger und unausgesprochenen Rivalitäten.

Mutter Angelica sagte nachdenklich: „Es war ein Kreuz zu lernen, mit den anderen auszukommen und mit ihnen zusammenzuleben... ein Kreuz zu lernen, die anderen zu lieben. Das Kreuz hieß auch: Wie lebt man mit Menschen zusammen, die das genaue Gegenteil von einem selbst sind und die ganz andere Ansichten haben?" Einem anderen Biografen erzählte sie: „Ich muss zugeben, manchmal war ich an der Grenze meiner Toleranz angekommen."

Bürgerkriege und Bürgerrechte

Exzentrische Verhaltensweisen innerhalb der Gemeinschaft führten an dem Tag, an dem Schwester Angelica ihre erste Profess ablegte, zu einer Explosion an Gefühlsausbrüchen. Ein Schneesturm brachte am 2. Januar 1947 Schnee und Eis. Ganz Canton war betroffen, sodass sich die Gäste verspäteten und die Ankunft von Bischof James McFadden verzögert wurde.

Mae Francis, Rhoda Wise und andere Gäste beobachteten durch das provisorische Holzgitter im Wohnzimmer der O'Dea-Kapelle, wie sich die Nonnen auf der Klausurseite versammelten. Schwester Angelica kniete mit fromm geneigtem Kopf an einem Betpult.

Die Ruhe wurde allerdings schon bald gestört, als sich die Chorleiterin, Schwester Mary vom Kreuz, mit der Schwester Organistin über die Spielweise stritt. Langsam eskalierten die Stimmen und die beiden Nonnen gerieten aneinander. Die Organistin weigerte sich zu spielen, Mary vom Kreuz drohte ihr, sie in den Schnee hinauszuwerfen, falls sie nicht spielen würde.

Mutter Angelica erzählte mir: „Und ich saß nun da und versuchte, mich für meine Gelübde zu sammeln. Die Leute mussten gedacht haben, dass wir alle verrückt seien."

Die Nonnen kehrten wieder auf ihre Plätze zurück, die Organistin spielte wieder ihre trauervolle Melodie, und Mary vom Kreuz kniete sich an ein Betpult an ihrem Platz. Wenige Augenblicke später sauste ein Käfer über den Holzfußboden. Mary vom Kreuz stand auf, hob die Kniebank mit beiden Händen hoch und ließ sie zu Boden fallen in dem Versuch, dem Insekt den Garaus zu machen. Wie eine Verrückte schwang sie den Betstuhl wie einen Presslufthammer mehrmals hin und her und schleuderte ihn auf das Krabbeltier. Die Organistin, die diese Vorführung für eine hinterhältige Kritik an ihrem Orgelspiel hielt, schlug dafür umso stärker in die Tasten. Schwester Angelica konnte es einfach nicht fassen, was sie da sah und später als „Blödsinn" bezeichnete. Dann kam der Bischof herein.

Der Bischof war klatschnass und schimpfte über sein Auto, das mehrere Häuserblocks entfernt im Schnee stecken geblieben war. Er bat um frische Socken. Mutter Clare schickte Schwester Angelica, um für ihn ein neues Paar zu holen. Als sie wieder auf ihren Platz am offenen Gitter zurückkam, legte der Bischof eine genau passende Dornenkrone auf Angelicas Kopf.

Während der Feier der Profess sollte der Bischof Mutter Angelica den Professring anstecken. Es gelang ihm jedoch nicht, den Ring über das geschwollene Fingergelenk zu schieben. Deshalb tat er nur so, als ob es ginge und sprach dabei die Worte: „Ich vermähle Dich mit Jesus Christus, dem Sohn des höchsten Gottes."

„Bei alldem, was hier vor sich ging, dachte ich wirklich, dass mich Jesus nicht lieben würde. Verstehen Sie? ... Ich meine, das war wirklich eine geistliche Erfahrung!", erinnerte sich Mutter Angelica sarkastisch. „Aber so arbeitet Gott nun einmal mit mir zusammen. Wenn ich zurückschaue, dann ist mir immer zuerst etwas zugestoßen, bevor etwas Großes geschah."

Doch trotz dieser grotesken Atmosphäre, die während der Feier in der Kapelle herrschte, nahm Schwester Angelica ihre ersten Gelübde ernst. In einem nach der Ablegung der Gelübde maschinengeschriebenen Brief an ihre Mutter bezeichnete sie sich und Jesus als „Vermählte“ und als „königliches Paar“. Dieses Paar, so schrieb sie, „möchte gerne seine Dankbarkeit gegenüber seiner Freundin und den Angehörigen des königlichen Hofstaates zum Ausdruck bringen“. Weiter unten schrieb sie: „Die Braut hat den Bräutigam gebeten, Dich mit seinem Frieden und seinem Trost zu erfüllen.“ Sie unterzeichnete den Brief mit „Jesus und Angelica.“

Man spürt, wie freimütig und konsequent Angelica über ihre eigenen Gefühle und die des Messias schrieb. In ihrem Brief kam vor allem ihr starker Glaube, nicht mit einem abstrakten Begriff oder einer Idee vermählt zu sein, sondern mit einer Person, zum Ausdruck. Diese tiefe Überzeugung und die Liebe zu ihrem Bräutigam sollten von nun an all ihre Handlungen leiten. Während ihrer Flitterwochen kam sie ihrem „Bräutigam“ noch viel näher, als sie es jemals für möglich gehalten hätte.

Angelica litt unter einer Reihe von unbedeutenden Krankheiten – Kopfschmerzen, eingewachsenen Fußnägeln und Ähnlichem. Obwohl es sich um banale Unpässlichkeiten handelte, reichten sie doch aus, um sie mürrisch werden zu lassen, wenn Mutter Clare sie dann zur Anbetung für drei Uhr morgens einteilte. Angelica kam widerwillig zur festgesetzten Zeit, „war jedoch nicht gerade glücklich, dort zu sein“. Sie teilte ihren Unmut auch Jesus mit: „Ich habe all diese schmerzhaften Dinge und obendrein noch die Anbetung. Glaubst du etwa, ich bin ein Pferd?“

„Nein, du bist meine Braut“, glaubte sie, Seine Antwort in der Stille zu hören.

„Mein Gott, ich habe das nie wieder zu Ihm gesagt, das können Sie mir glauben!“

Obwohl Mae Francis Rita regelmäßig besuchte, fehlte ihr doch die Tochter zu Hause sehr. Dafür hatte Rita Verständnis. Aus einigen undatierten Briefen aus dieser Zeit geht hervor, dass sich Angelica andauernd Sorgen um ihre Mutter machte. In einem dieser Briefe bat sie Mae inständig: „Fühl‘ Dich nicht einsam, mein Liebes. Ich liebe Dich so sehr. Nur Menschen, die niemanden haben, der sie liebt, können einsam sein. Du dagegen hast Jesus, mich und die Schwestern."

In einem anderen Brief nahm Schwester Angelica die Rolle der Lehrerin ein und gab Mae geistlichen Rat:

> Liebste Mutter,
> Es vergeht kein Tag, an dem ich nicht Jesus für eine solch liebende und aufopfernde Mutter Dank sage. Mag auch manchmal Dunkelheit über Dich hereinbrechen, dann geschieht dies doch nur, damit Du nur einmal das ewige Licht umso mehr genießen kannst... Hör nicht auf zu lieben, denn das gefällt Jesus, es ist das einzig Wichtige...
> In Liebe,
> Schwester Angelica

Nach dem Eintreffen der neuen Postulantinnen waren sie nunmehr dreizehn Schwestern in dem überfüllten Kloster. Um die beengte Wohnsituation zu beheben, sollten neue Gebäude und eine schöne Kapelle angebaut werden.

Die Bautätigkeit brachte Rückschläge mit sich. Bei den Ausschachtarbeiten im März 1950 zerstörte die Baukolonne eine Abwasserleitung, durch die die Hausabwässer entsorgt wurden. Außerdem verrechnete man sich bei der Größe der neuen Gebäude. Im Hof wurde dadurch eine Gruppe von Bäumen unnötigerweise gefällt. Wenn sie auf die vorlaute sechsundzwanzigjährige Nonne gehört hätten, als diese gelegentlich die Blaupausen der Pläne überprüfte, hätten sie diese Fehler vermeiden können. Schwester Angelica schaute häufig bei den Arbeitern vorbei und war dafür bekannt, dass sie sich mit ihnen auf fachliche Dispute einließ. Ab Mai gab es dann niemanden mehr, mit dem sie sich hätte auseinandersetzen können. Durch einen von der Gewerkschaft ausgerufenen Streik blieben die Bauleute zu Hause. Der Bau kam zum Stillstand. Aus den Kalendereinträgen der Gemeinschaft ist zwar die Enttäuschung der Nonnen über die Verzögerung ihrer Pläne zu entnehmen, doch da gab es bereits ein anderes Projekt, das ihre Stimmung hob.

Das Kloster St. Klara veranstaltete im August sein erstes Treffen zwischen Schwarzen und Weißen. Bischof McFadden zelebrierte auf dem Rasen vor dem Kloster die Messe. Es waren drei Busladungen schwarzer und weißer Pilger aus Cleveland gekommen. Frau Dr. Norma Marcere, eine schwarze Freundin von Mae Francis, organisierte die Veranstaltung, die wahrscheinlich wenig Anklang bei den meisten Nonnen der Gemeinschaft fand. Dennoch betrachteten die Schwestern dieses Treffen als einen Erfolg.

Dass vom Kloster überhaupt eine solche Veranstaltung zu einer Zeit stattfand, in der die Rassenintegration noch ein Tabu war, verdeutlicht die Geisteshaltung, eine Art „Gegenkultur" des Klosters und seiner Bewohner. Die Schwestern vom Kloster St. Klara verfolgten die Rassenproblematik mit großem Interesse ungeachtet der Tatsache, dass es in der Stadt nur wenige schwarze Katholiken und in der Gemeinschaft keine einzige schwarze Schwester gab. Schwester Angelica war besonders aufmerksam und interessiert, da sie zusammen mit Schwarzen im selben Wohnviertel gelebt und selbst erfahren hatte, wie man auch Italienern gegenüber voreingenommen war.

Zwischen 1950 und 1953 traten eine Reihe junger Aspirantinnen in das Kloster ein in der Hoffnung, der Schwesterngemeinschaft beitreten zu können. Insbesondere drei von ihnen sollten lebenslange Bande mit Schwester Angelica knüpfen.

Elizabeth Olson oder Schwester Mary Joseph, wie sie als Ordensschwester hieß, besaß eine Gelassenheit und ein ungezwungenes Lächeln, das sie bereits im Jahr 1950 beim Überschreiten der Türschwelle bei den Nonnen beliebt machte. Die versierte Schneiderin deutsch-schweizerischer Herkunft widmete sich ganz der Anfertigung der Ordenstrachten, wenn sie nicht gerade beim Gebet war. Ob bei der Arbeit oder in der Freizeit, in der Kapelle oder außerhalb: Schwester Joseph hatte immer einen staunenden Gesichtsausdruck und weit geöffnete Augen, als wären ihr soeben die Engel mit all ihrer Glorie erschienen.

Im Januar 1951 trat Kathleen Myers aus Louisville, Ohio in das Kloster St. Klara ein. Dieses hübsche Mädchen mit dem schmalen Kinn und breiten Lächeln, bei dem man ihre schönen Zähne sah, hatte etwas Nervöses an sich. Vor ihrem Eintritt ins

Kloster hatte Kathleen das College abgeschlossen und in einer Kunsthandlung als Sekretärin gearbeitet. Wäre sie nicht Nonne geworden, hätte sie sich wahrscheinlich weiter mit der Kunst beschäftigt. Nachdem sie den Schleier genommen hatte, wurde sie die Schreiberin, Zeichnerin und Dichterin der Gemeinschaft und sang die erste Sopranstimme. Im Ordensleben wurde sie als Schwester Mary Raphael bekannt.

Raphael hörte Schwester Angelica schon lange, bevor sie sie erstmals zu Gesicht bekam. Sie arbeitete als Externe, das heißt als Schwester, die Botengänge außerhalb des Klosters machte. Sie brachte die Lebensmittel zu einer Art Drehschalter (ähnlich dem Nachtschalter einer Bank), durch den die Waren ohne menschlichen Kontakt in die Klausur gelangen konnten. Raphael hatte gerade einige Lebensmittel in diesen Kasten gelegt, als eine muntere Stimme herausrief: „Ist Gott nicht gut?“ Die Worte hallten wie ein Echo aus dem Gitter und der dahinterliegenden Metalltrommel. „Sie sind die neue Postulantin, nicht wahr? Ist Gott nicht gut?“ Bald sollte sie die Antwort auf diese Frage bekommen mit Hilfe derjenigen, deren Stimme sie gehört hatte.

Evelyn Shinosky, später Schwester Mary Michael genannt, kehrte zum katholischen Glauben zurück, nachdem ihre Eltern aus der katholischen Kirche ausgetreten waren, um sich einer polnischen Splittergruppe anzuschließen. Sie war klein von Gestalt, beherzt, unkompliziert und eine unermüdliche Arbeiterin. Ihr Kochtalent und ihre Hilfsbereitschaft zeichneten sie in der Gemeinschaft aus. Auch heute noch besitzt Schwester Michael mit ihren großen Augenlidern eine unerschütterliche Anmut. Sie beschrieb die Schwester Angelica, die ihr in den frühen Fünfzigerjahren begegnete, als einzigartig und fleißig: „Sie war ungewöhnlich und kümmerte sich um alles.“

Die Feuerprobe

Für Schwester Angelica gab es jetzt im neuen Kloster viel zu tun. Im Oktober 1951 waren der Altar für das Eucharistische Altarsakrament und die weiträumigen Wohnbereiche zwar fertiggestellt, doch die Folgen der schnell ausgeführten Arbeiten wurden nun sichtbar. Bei jedem Regen sah man an den Kellerwänden dunkle feuchte Stellen an den Wänden. Schließlich bildeten sich am Putz Wassertropfen, die auf den Boden fielen. Der Architekt hatte versäumt, zwischen der Außenwand aus Ziegelsteinen und der Innenwand einen kleinen Zwischenraum zu lassen. So konnte die Feuchtigkeit nicht entweichen. Schwester Angelica hatte diesen Konstruktionsfehler schon früh in den Plänen entdeckt, doch ihre Warnungen hatte man ignoriert. Angelica hatte nun greifbare Beweise in der Hand und trug ihre Kritik erneut Mutter Clare vor.

„Mutter, wir müssen dieses Haus hier in Ordnung bringen, es fällt sonst zusammen."

„Wir haben dafür kein Geld, Schwester Angelica", erwiderte Mutter Clare.

Angelica hatte bereits eine Lösung parat: „Ich werde ein paar von den Jungs holen", kündigte sie an.

Die „Jungs" aus ihrer alten Wohngegend aus dem Südosten von Canton wurden überredet, sich den Arbeitern der Nonne anzuschließen. Größtenteils arbeiteten sie ohne Entgelt.

„Ich habe so viele ehrliche Jungs bekommen, wie ich wollte, aber darunter waren auch ein paar andere", sagte Mutter Angelica mit einem verständnisvollen Lächeln. Damit begann das erste von Angelicas vielen Bauprojekten.

Einfache Arbeiter und Hilfsarbeiter schlenderten durch die Flure des Klosters St. Klara, nachdem ihre Tagesarbeit beendet war. Onkel Nick Francis wurde zum Nachtschichtleiter ernannt. Rings um das Kloster nannte man die Männer Angelicas „Tonys".

„Lasst es uns diesmal richtig machen, Jungs", rief die Nonne mit der Brille ihrer Truppe im Untergeschoss zu.

Durch ihren Kurs im Technischen Zeichnen und die regelmäßige Lektüre des Technikmagazins *Popular Mechanics* sowie weiterer Fachzeitschriften für Architekten und Zimmerleute war Schwester Angelica gut vorbereitet und die perfekte Vorarbeiterin in Ordenstracht. Die geschickte Nonne wusste, wie man mit Werkzeugen umgeht. Sie konnte bei Bedarf undichte Wasserhähne reparieren und Schränke aufbauen.

„Sie war eine Art Alleskönnerin", erinnerte sich Schwester Mary Anthony, eine damalige Externe. „Wenn irgendetwas nicht mehr funktionierte, dann rief man einfach nach Schwester Angelica."

Doch ihre Aufgaben beschränkten sich nicht auf den technischen Bereich. Die junge Schwester war im Kloster für eine ungewöhnliche Vielzahl von Arbeitsbereichen zuständig, indem sie gleichzeitig Schatzmeisterin (Buchhalterin), Pförtnerin und Wirtschafterin (Einkäuferin der Vorräte) war.

Zur gleichen Zeit blieb sie oft bis zwei Uhr morgens bei ihren „Tonys", gab ihnen Arbeitsanweisungen und altbackenes Gebäck. Drei Stunden später stand sie schon wieder mit der übrigen Gemeinschaft auf und begann erneut ihren Gebetstag.

Bei all diesen beachtlichen Aktivitäten waren Schwester Mary vom Kreuz und ihre „fast gewalttätigen" Zornesausbrüche nur eine kleine Ablenkung. Es schien mehr zu sein als ein persönlicher Konflikt. Schwester Angelica war in höchstem Maße beunruhigt über den Ungehorsam, den sie bei der frechen Schwester erkannte. Mehrere Nonnen bestätigten, dass Mary vom Kreuz sogar Mutter Clare widersprochen hatte, und dass sie sogar mit Schreien versuchte, ihren Willen durchzusetzen. In einem Kalendereintrag vom 22. Mai 1959 erwähnte Mary vom Kreuz eine Zurechtweisung, höchstwahrscheinlich von Mutter Clare: „Heute kam es öffentlich knüppeldick – ich weiß nicht, wie ich es nennen soll. Ich ‚grabe mir mein eigenes Grab' – werde öffentlich ‚gezüchtigt' werden müssen… und das war es für mich! … Maria, ich klammere mich an Dich mit meiner ganzen Liebe. Rufe mich bald heim, Mutter!"

Dieser Eintrag lässt die Situation im Kloster einigermaßen erkennen und zeigt den Grund für Angelicas Beunruhigung über diese Nonne.

Im Frühling 1952 wurde Schwester Angelica von Mutter Clare in das Sprechzimmer gerufen, in dem Besucher warteten. Angelica hoffte, dort ihre Mutter oder vielleicht ihre Onkel zu treffen. Doch auf der anderen Seite des Doppelgitters saß die hagere Gestalt ihres Vaters, John Rizzo. Man hätte ihn malen können, wie er schuldbeladen und zusammengesunken in dem kleinen Zimmer saß in Begleitung seiner Schwester Mary aus Pennsylvania. Mit seinen sechsundfünfzig Jahren sah er noch immer gut aus und war freundlicher, als Angelica ihn in Erinnerung hatte.

„Deine Tante ist hier", nahm John Rizzo zögernd das Gespräch auf und wies dabei auf die unbekannte Frau neben ihm. „Sie kam zu Besuch. Da dachte ich, dass ich sie zu dir mitbringen kann."

Ein paar Augenblicke später ging seine Stimme in Schluchzen über. Damit Angelica seine Tränen nicht sah, presste er seine Handballen fest auf seine Augenhöhlen. Vielleicht weinte er wegen seiner zerbrochenen Ehe und der zerstörten Familie, oder er war traurig über die Jahre, in denen er in der Ferne gewesen war und nicht bei der verschleierten Fremden, die seine dunklen Augen hatte – einer Fremden, die John nun nie mehr kennenlernen würde. Als er seine Fassung wiederfand, fragte er Angelica, ohne sie anzuschauen: „Bist du hier glücklich?"

„Ja", entgegnete die Nonne.

„Er tat mir leid", gestand Mutter Angelica. „Aus irgendeinem unerfindlichen Grund konnte ich mich nicht daran erinnern, irgendeinen Groll gegen ihn gehegt zu haben. Ich hasste ihn nicht und liebte ihn nicht."

John bemerkte einige Fettflecke auf Angelicas Ordenstracht und fragte, ob er ihr einen Fleckenentferner bringen könnte. Sie nannte ihm die Marke, die sie am liebsten hatte, und John versprach wiederzukommen.

Ein paar Wochen später tauchte er erneut im Sprechzimmer auf, diesmal mit einem Behälter von etwa drei Litern Fleckenentferner.

„Brauchst du noch irgendetwas anderes?", fragte Rizzo.

Angelica versprach, die Genehmigung einzuholen, da sie sich wegen der Besuchsregelung unsicher war. Fast wollte John schon gehen, dann setzte er sich wieder hin. „Ich möchte dir sagen, dass es mir leidtut und ich möchte auch, dass deine Mutter weiß, dass es mir leidtut."

Schwester Angelica war völlig überrascht, als sie diese Worte hörte: „Für mich war das wie ein Gewinn von einer Million Dollar, denn ich kannte ihn nicht gut genug, um bis dahin anzunehmen, dass es ihm wirklich leidtun konnte… und ich wollte ihn tatsächlich gerne wiedersehen.“

Doch die Klosterregel gestattete den Besuch der Eltern nur einmal alle zwei Monate, sodass Angelica gezwungen war, sich zwischen ihrer Mutter und ihrem Vater zu entscheiden. Als Mae erfuhr, dass John Rizzo das Kloster besuchte hatte, stellte sie ein Ultimatum: Falls er ihre gemeinsame Tochter noch einmal besuchen sollte, würde sie selbst nie mehr kommen. Angelica war sich nun nicht sicher, was sie tun sollte und überließ die Entscheidung der Äbtissin.

Mutter Clare erläuterte in einem Brief an John Rizzo die Besuchsbeschränkungen des Klosters und fällte ein Urteil: Da Mae Rita allein aufgezogen hatte, entschied Mutter Clare, dass sie der einzige Elternteil sein sollte, der Angelica besuchen durfte.

Der Brief hatte, den Worten seiner Schwester zufolge, eine niederschmetternde Wirkung auf John Rizzo. Sechs Monate später, am 29. Oktober 1952, starb er an einem Herzinfarkt. Schwester Angelicas einziger Trost war die Tatsache, dass er im Krankenhaus die Sterbesakramente empfangen hatte.

Im Kloster fuhr Schwester Mary vom Kreuz weiter fort, Angelica auf die Nerven zu gehen. „Ich dachte, sie sei das Schlimmste, was es überhaupt geben konnte“, erinnerte sich Mutter Angelica noch Jahre später. „Jeden Tag war ich wütend über irgendetwas Neues, das sie schon wieder angestellt hatte. Zu dieser Zeit war ich überhaupt nicht andächtig, weil sie mir immer im Kopf herumging.“

Während achttägiger Exerzitien im Jahre 1952 beichtete Angelica bei einem Pater Paulinus und bekannte ihre Abscheu gegenüber Mary vom Kreuz. Soweit sie sich erinnern konnte, endete die Beichte so:

„Wie heißen Sie?“, fragte der Priester.

„Schwester Angelica.“

„Angelica, Sie sind ein Esel.“

„Was bin ich?“, fragte die Nonne ungläubig nach.

„Sie haben richtig gehört. Ich sagte, Sie sind ein Esel.“ Dann wechselte der Priester seine Taktik. „Warum sind Sie hierhergekommen?“

„Ich bin hierhergekommen, um heilig zu werden."

„Und warum lieben Sie sie dann nicht?"

„Selbst Gott dem Allmächtigen muss es schwerfallen, sie zu lieben."

„Ich habe aber gefragt, warum Sie sie nicht lieben?", bohrte der Priester weiter. „Wenn Sie heilig werden wollen, müssen Sie damit rechnen, dass es jemanden gibt, mit dem Sie nur schwer zurechtkommen. Sie sollten diese Art des Leidens erwarten – und sich alle Mühe geben, sie zu lieben."

Schwester Angelica fing an einzusehen, dass die Befolgung der Ordensregeln nicht ausreichte, um zur Heiligkeit zu gelangen. Angesichts schmerzlicher Schimpftiraden und eines Verhaltens, das sie als „schizophren" bezeichnete, unternahm Angelica nun einen ernsthaften Versuch, sich mit Schwester Mary vom Kreuz anzufreunden.

„Als ich mir Mühe gab, sie zu mögen, ertappte ich mich plötzlich dabei, dass ich allen anderen gegenüber geduldiger und liebenswürdiger sein konnte", sagte Mutter Angelica. „Wenn man sich nämlich auf alles konzentriert, was einen im Leben stört, dann kann man wirklich niemanden mehr lieben."

Auf ihrem Weg zu den ewigen Gelübden machte sich Angelica die Selbstvergessenheit und die Selbstverleugnung des Ordenslebens zu eigen. Sogar die Demütigungen von Mutter Clare waren nun leichter zu ertragen.

Da sie der Überzeugung war, dass „diejenigen, die Leitungsaufgaben übernehmen werden, gedemütigt werden müssen", musste die neunundsiebzigjährige Äbtissin bei Schwester Angelica wohl schon Führungsqualitäten entdeckt haben. Einmal sagte sie zu ihr: „Schwester, wenn Sie Ihr Betragen nicht ändern, werde ich Ihren Namen ändern."

„Wenn Mutter Clare etwas gegen die Gemeinschaft vorzubringen hatte, musste Angelica ihren Kopf hinhalten", erinnerte sich Joan Frank, eine ehemalige Nonne des Klosters St. Klara. „Wenn alle das Gleiche getan hatten, wurde Angelica als Einzige herausgegriffen."

Doch trotz einer solch strengen Behandlung hatte die Äbtissin eine große Achtung vor der neunundzwanzigjährigen Nonne. Als

Zeichen des Vertrauens in Angelicas Führungsqualitäten beauftragte Mutter Clare sie mit der Organisation der Arbeitseinteilung für die Schwestern. Auf eigene Faust führte Angelica einmal eine Gruppe von Nonnen als Putzkolonne in den Keller. Eine der Schwestern, die von einem anderen Orden übergetreten war, protestierte gegen diese Arbeit und beschwerte sich bei Mutter Clare.

Die Äbtissin entzog Schwester Angelica umgehend ihren Posten. Die Nonne vergoss in ihrer Zelle wütende Tränen wegen dieser Zurückweisung. „Ich meinte, das getan zu haben, was Mutter Clare von mir wollte, und nun war ich arbeitslos", erzählte mir Mutter Angelica.

Die Stellvertreterin von Mutter Clare, Mutter Luka, schob sich leise in Schwester Angelicas Zimmer mit dem üblichen mitfühlenden und zerknirschten Gesichtsausdruck. Die alte Nonne setzte sich auf den Bettrand und tröstete sie: „Angelica, eines Tages werden Sie eine gute Oberin sein, aber eben jetzt noch nicht."

Angelica wäre schon damit zufrieden gewesen, wenn sie endlich den Rang einer Professschwester erreicht hätte. „Es war mir völlig egal, ob ich jemals Oberin werden würde. Das war damals meine Einstellung."

Nach fast neun Jahren im Kloster erreichte Angelica ihr Ziel und legte am Freitag, dem 2. Januar 1953, ihre ewigen Gelübde in der neuen Kapelle ab. Ihr alter Seelenführer, Monsignore George Habig, fungierte als Zelebrant. Angelica versprach „während des (ihres) ganzen Lebens... in Gehorsam, Armut und Keuschheit zu leben". Auf dem Höhepunkt der Feier lag Angelica ausgestreckt auf dem Boden, und die Schwestern breiteten ein schwarzes Tuch über sie aus. Die Symbolik dieses Sterbens für diese Welt und des Eintretens in ein neues Leben hinterließ einen tiefen Eindruck bei der Nonne, die die feierliche Profess abgelegt hatte – auch wenn ihr Magen zu dieser Zeit flatterte.

„Irgendjemand beschloss, einen jener Geldgürtel mit all diesen Gebetsanliegen an meinem Bauch zu befestigen. Meine Mutter hatte welche hineingepackt, meine Tante und mein Onkel, die Schwestern und alle meine ehemaligen Schulkameraden", sagte Angelica. „Ich habe mich gebückt, doch mein Bauch berührte nicht einmal den Boden."

Am 12. August 1953 reiste Schwester Angelicas Freundin, Mutter Veronica, von Canton ab, um in Washington ein neues Kloster zu gründen. Wie Waisenkinder wurde die Gruppe der Novizinnen in den Händen von Mutter Mary Immaculata zurückgelassen. Die Schwestern vermissten die mütterliche Wärme Veronicas. Sie waren jetzt einer Nonne ausgeliefert, die sie als „stur“, „melancholisch“, „sarkastisch“ beziehungsweise als „hartnäckige Perfektionistin“ schilderten.

Als Lehrerin aus Irland trug Mutter Mary Immaculata tatsächlich den treffenden Namen. In ihrer Kleidung und ihrem Benehmen war sie makellos. Von ihren Schützlingen erwartete sie nichts Geringeres als absolute Perfektion. Obwohl sie in Canton eines Tages eine beliebte Äbtissin werden sollte, konnte sie zu dieser Zeit jedenfalls noch ungewöhnlich streng zu den Novizinnen sein.

„Mutter Immaculata ließ mich glauben, dass ich eines Tages in die Hölle käme“, erinnerte sich Mutter Angelica klagend.

Der Sturz

Mutter Veronicas Weggang und ihr Vorhaben, in Washington ein neues Kloster aufzubauen, gaben Schwester Angelica schon 1953 den Anstoß, über ein neues Kloster nachzudenken, das eine besondere Ausrichtung haben sollte. Joan Frank erinnerte sich, wie sie mit Angelica im Garten arbeitete, als die junge Schwester zum ersten Mal die Möglichkeit erwähnte, „ein Kloster für kleine Neger [*sic*!] unten im Süden“ zu gründen. Sie stellte sich vor, dort gezielt schwarze Schwestern für das kontemplative Leben anzuwerben. „Sie war alles andere als rassistisch eingestellt. Über schwarze Menschen sprach sie immer sehr liebevoll“, erinnerte sich Frank.

„Ihre Mutter mochte die Schwarzen gern“, erzählte Schwester Michael. „Ich glaube, dies färbte sich vermutlich auch auf Schwester Angelica ab.“ Die Beobachtung, wie Mae Francis völlig ungezwungen mit den Schwarzen umging und mit ihnen befreundet war, bevor es überhaupt Ansätze zu einer gesellschaftlichen Integration gab, legte sicher das Fundament für Angelicas Idee. Wie die von der Gemeinschaft abgehaltene Veranstaltung zur Rassenintegration zeigte, bestand im Kloster St. Klara ein Interesse an der Rassenfrage. Dies bestärkte Schwester Angelica sicher noch in ihrer Vision. Sie erwähnte gegenüber den ihr freundlich gesinnten Nonnen vorsichtig die Möglichkeit einer Neugründung im Süden, doch vorläufig blieb es beim Gespräch und ging nicht darüber hinaus.

Dann sollte eines Nachmittags im Jahre 1953 die Vorsehung abermals schmerzvoll in das Leben von Schwester Mary Angelica einwirken, und zwar mit nachhaltigen Folgen. Sie war mit der Reinigung des Ganges und der Schlafzimmer in der Novizinnenabteilung im zweiten Stock beauftragt und wählte eine moderne Reinigungsmethode. Um die Arbeit zu beschleunigen, goss sie Seifenwasser auf den Fußboden und steuerte eine elektrische Scheuermaschine darüber. Sie besaß die nötige Körpergröße und war wohl auch kräftig genug, um diese bockige Maschine zu beherrschen. Als sie dieses Gerät in engen Streifen hin und her durch den Schaum schob, verfing sich das Kabel in den Bürsten. Die schwere Maschine bockte und zitterte, und Angelica verlor das Gleichgewicht.

„Die ganze Maschine ging hoch, der Haltegriff traf mich in den Magen und warf mich auf diesen rutschigen Fußboden“, erklärte Angelica und zuckte zusammen, als sie daran dachte, was danach geschah. „Ich fiel also hin und verspürte einen großen Schmerz.“ Die linke Seite ihres Rückens tat weh. Der Schmerz strahlte unten vom Rücken bis auf die Mitte ihres linken Beines aus. Angelica stützte sich an der Wand ab, um wieder auf die Beine zu kommen. Sie schaffte es auch. Dann schleppte sie sich zu der umgekippten Maschine, stellte sie wieder auf und beendete ihre Arbeit. Sie dachte, die Rückenschmerzen würden schon von alleine wieder verschwinden. Drei Jahre später wartete sie noch immer darauf.

Ende 1953 litt Mutter Clare wieder unter ihren alten gesundheitlichen Problemen. Die Äbtissin erlitt zwei Herzinfarkte und kam schwer angeschlagen in die Gemeinschaft zurück. In ihrem geschwächten Zustand wandte sie sich ruhig an Schwester Angelica, ihre so oft gedemütigte Tochter, damit diese bei der Führung einsprang.

Die Befreiung der Gefangenen

Im Herbst 1953 hatten elf Novizinnen St. Klara verlassen, um dem strengen Regiment von Schwester Mary Immaculata, der Novizenmeisterin, zu entkommen. Die Nonnen, die in dieser „extrem strengen“ Umgebung zurückgeblieben waren, litten an Darmerkrankungen, Weinkrämpfen und Gefühlen des Unwürdigseins. Die dauernden Verweise und das unnötige Hervorheben von kleinen Schwächen führte bei einer der Schwestern zu einem Nervenzusammenbruch und ebnete den Weg für einen weiteren. „Es war so eine Art Sklaverei“, wie es Schwester Raphael nannte.

Als Schwester Mary Immaculata zu achttägigen Exerzitien fuhr, bat die Äbtissin Schwester Angelica, ihre Stelle einzunehmen.

Im November 1953 schritt Angelica mit einem frohen Optimismus in das Noviziat, der genau das Gegenteil der gedrückten Stimmung war, die normalerweise auf der zweiten Etage in St. Klara herrschte. Acht Tage lang war Schwester Angelica für die religiöse Unterweisung und Ausbildung sowie für den Tagesablauf der Novizinnen verantwortlich. Sie betonte Gottes Liebe für die Schwestern und ermutigte jede Einzelne, sich Ihm ganz hinzugeben.

Schwester Raphael, die damals Novizin war, „war sehr erbittert“ darüber, dass Angelica die Novizenmeisterin ersetzte. Nachdem sie versucht hatte, sich an die starre Struktur des Ordenslebens anzupassen, wie diese von Mutter Mary Immaculata aufgebaut wurde, hatte man es nun mit der Außenseiterin der Gemeinschaft zu tun, die etwas völlig anderes einführte. Schwester Raphael wollte nichts damit zu tun haben, und sie benahm sich „unmanierlich, um es gelinde auszudrücken“.

In dieser ersten Woche ließ Angelica nichts unversucht, um das Vertrauen der Novizin zu gewinnen, jedoch hatte dieses Bemühen wenig Erfolg. „Lassen Sie mich in Ruhe“, konnte Schwester Raphael sagen. „Ich will Ihre Hilfe nicht.“ Wenn die Anforderungen des Klosterlebens zu anstrengend wurden, zog sich Raphael in ihr Schneckenhaus zurück und verbarg sich in ihrer Zelle. Schwester Angelica hatte das schon vorher einmal gesehen. Um die junge Frau herauszuholen, schob sie eines Tages einen Zettel unter Raphaels Tür. Als sie keine Antwort erhielt, griff sie zur Selbsthilfe und betrat das Zimmer der Novizin. Raphael lag zusammengerollt unter ihrer Zudecke und weinte vor Selbstmitleid. „Sie kommen jetzt hier raus", sagte Angelica, riss ihr die Betttücher weg und zog auch noch die Matratze unter ihr heraus. Raphael, hingestreckt auf dem Fußboden, fing an zu lachen – und damit war der Funke für eine lebenslange Freundschaft entzündet.

Angelica führte Raphael und die anderen Novizinnen in die Welt der geistlichen Klassiker ein, mit denen sie sich in ihrem Ordensleben beschäftigt hatte. Einen besonderen Schwerpunkt legte sie auf den hl. Johannes vom Kreuz und seine „dunkle Nacht der Seele" – eine Zeit der geistlichen Trockenheit auf dem Weg zu einer tieferen mystischen Vereinigung mit Gott. Ganz nach dem Geist von Bruder Lorenz von der Auferstehung wurden die Schwestern angeleitet, die „vollständige Hingabe an Gott" zu praktizieren und „das Glück im Tun Seines Willens zu finden, ganz gleich, ob Er uns führt… durch Leiden oder durch Tröstung." Sie führte Beispiele aus dem Leben der Heiligen als Vorbilder für ein religiöses Leben an. Schwester Angelica lehrte, dass die Heiligen „nicht gegen die Regeln verstießen, sondern einfach über sie hinauswuchsen". Joan Frank dachte darüber nach: „Und anscheinend sah sie sich auch selbst so: Sie ragte über die Norm hinaus."

In den acht kurzen Tagen trat eine Veränderung im Noviziat ein. Ein befreiendes, mitreißendes Licht drang plötzlich in das verkrampfte Leben der jungen Nonnen ein. Mit ihren lebendigen Vorträgen über die Hingabe an die göttliche Vorsehung und über das tägliche und fortwährende Gespräch mit Gott schmiedete Schwester Angelica dauerhafte Freundschaftsbande mit Schwester Joseph, Schwester Raphael und den anderen.

Als die Exerzitien von Mutter Mary Immaculata zu Ende gingen und sie wieder ins Kloster zurückkehrte, gaben einige der Novizinnen an, sich mitten auf dem „Weg der Reinigung" in ihrem Gebet zu befinden, während andere gerade die „dunkle Nacht der Seele" durchlitten. Angelica hatte also ihre Spuren hinterlassen. Doch Mutter Mary Immaculata war nicht gerade begeistert.

Bei der Rückkehr von Mary Immaculata und der Wiedereinführung ihrer harten Methoden erlitt Schwester Raphael „einen kleinen Nervenzusammenbruch“, der im Krankenzimmer endete. Zu dieser Zeit war Angelica gerade für die Kranken zuständig. In dieser Zeit war den Schwestern nach der Ordensregel jeglicher Kontakt mit den Novizinnen untersagt. Doch wer kümmerte sich schon im Krankenzimmer darum? Dort überwachte Angelica auch weiterhin Schwester Raphaels geistliches Leben. Wie die Novizin selbst zugab, half Angelica ihr, den „Fallstricken, in denen sie gefangen war“ zu entkommen.

Da sie um die Probleme im Noviziat wusste, fing Schwester Angelica ruhig an, auch die anderen Novizinnen zu bemuttern. Wenn ihr eine junge Schwester deprimiert vorkam, flüsterte sie ihr beim Vorbeigehen im Gang zu: „Jesus liebt dich.“ Wenn eine Novizin von Mutter Mary Immaculata zurechtgewiesen wurde, bemerkte Schwester Angelica: „Mir passierte das andauernd, als ich Novizin war“, erinnerte sich Joan Frank.

Um das Elend der Novizinnen ein wenig zu lindern, erlaubte Mutter Clare insgeheim, dass Angelica die geistliche Führung einiger der jungen Schwestern übernahm. Da sie wusste, dass die älteren Nonnen eine solche Ausnahme von der Ordensregel infrage stellen würden, bestand sie auf einer diskreten Abwicklung.

Schwester Michael erinnerte sich daran, dass Mutter Clare sie 1953 persönlich gefragt hatte, ob sie eine geistliche Führung von Schwester Angelica wünschte. Die junge Nonne lehnte das Angebot ab und kehrte zu ihrem normalen Tagesablauf zurück.

Es war die freundliche Schneiderin, Schwester Joseph, die Angelicas erste geistliche Tochter werden sollte. Sie trafen sich heimlich hinter einer Gartenlaube, dort, wo der Rasen aufhörte. Auch der Holzschuppen auf dem Grundstück der O'Deas diente als Treffpunkt, denn Schwester Michael zufolge „kam normalerweise kaum eine der Schwestern dorthin“.

Selbst mit ihrem verletzten Rücken, der nun auch ihre Körperhaltung in Mitleidenschaft zog, rannte Schwester Angelica durch das Klostergebäude, um Termine mit ihren geistlichen Schützlingen einzuhalten. Schwester Raphael und Schwester Assumpta kamen von dem im oberen Stockwerk gelegenen Nähzinmer zu Unterweisungen in Angelicas Zelle. Schwester Joseph saß dann im Nähzimmer, ließ ruhig ihre Nadel durch den Stoff gleiten und hielt Ausschau. „Ich sollte der Wachhund sein, während sie geistliche Anleitung gab“, verriet Schwester Joseph.

Trotz aller Vorsichtsmaßnahmen bemerkte Mutter Mary Immaculata aufgrund eines Hinweises bald die geheimen Sitzungen. Sie hielt der Äbtissin vor, dass Angelica im Geheimen die geistliche Führung der Novizinnen übernommen hatte. Dies war ein Verstoß gegen die Ordensregel. Mutter Clare verschwieg die Wahrheit und leugnete, Angelica angewiesen zu haben, die Nonnen zu unterweisen und rief die Beschuldigte in ihr Büro.

Bei einem Gespräch, das jemand mitgehört hatte, erzählte Schwester Angelica Mutter Clare unter Tränen, dass die älteren Schwestern „über sie herfielen“ und sie sehr verletzt hatten. Die Äbtissin tröstete Angelica, forderte sie auf, sich die Tränen abzuwischen. Dabei gestand sie vertraulich, dass „Gott aus irgendeinem Grund die Gemeinschaft nicht segnete“. Wohl um die Situation zu retten und die Novizinnen zu schonen, erlaubte die Äbtissin Angelica, ihre geistliche Führung weiter auszuüben.

In aller Ruhe und trotz der Beschwerden bestimmte Mutter Clare Schwester Angelica für den Weg der Führungsrolle innerhalb der Gemeinschaft. Ihr Vorankommen wurde nur durch die zunehmende Verschlechterung ihres Rückenproblems und durch Rivalitäten innerhalb des Klosters behindert. Doch im Glauben sollten diese offenkundigen Hindernisse sie zu einem Lebenswerk und einem Ziel leiten, das so unergründlich war wie Gott selbst.

Kapitel 6

Leid und Vorsehung

Angelica hinkte durch die Gänge von St. Klara und inspizierte das Werk ihrer Mannschaft wie ein Kriminalbeamter, der einen Mordfall untersucht. Eine dunkel eingefasste Brille verkleinerte ihre Pupillen zu funkelnden schwarzen Punkten, die jede Wand nach Mängeln absuchten. Auf ihr Drängen hin hatten Onkel Nick Francis und die „Tonys" seit Tagen das Innere des Klosters mit einer frischen Schicht gespendeter Farbe versehen. Nach ihren Inspektionsrunden trat sie den Arbeitern gegenüber, die ihren Atem anhielten und auf ihr Urteil warteten. Als sie näher kam, erschien ein schelmisches Lächeln unter der großen Nase, das ihre Zufriedenheit ausdrückte, und ihre Augen wandelten sich zu Halbmonden. Genau deshalb waren sie hierhergekommen – nicht des Geldes oder der Lobhudelei wegen –, sondern um ihre Anerkennung zu gewinnen. Dieser eigenartige Beweggrund sollte Angelicas Beziehung zu den Arbeitern ihr ganzes Leben hindurch kennzeichnen.

Als Nonne besaß sie eine ungewöhnliche Ungezwungenheit im Umgang mit Männern. Zwischen Angelica und ihren „Tonys" herrschte keine Distanz. Sie zollten sich gegenseitig Respekt. Obwohl sie die Jungs in moralischer Hinsicht gelegentlich auch einmal zur Rede stellte, spürten sie bei ihr nicht die anmaßende Herablassung, mit der ihnen sonst Nonnen und Geistliche begegneten. Schwester Angelica gab nicht vor, besser als andere zu sein – und sie bot den Männern etwas an, worum sich sonst niemand kümmerte: einen Hinweis auf die Erlösung, die sie sich mit ihrer eigenen schweren Arbeit verdienten. Angelica genoss die Zusammenarbeit mit der Mannschaft aus der Liberty Street. Sie blieb auf dem Laufenden hinsichtlich der Neuigkeiten aus ihrer Wohngegend, gab Ratschläge und war immer zum Lachen aufgelegt.

Aber hinter dieser äußeren Fröhlichkeit verbarg sich ein Rückenleiden, das ihren einst flotten Gang verlangsamte. Seit ihrem Sturz vor drei Jahren hatte Schwester Angelica meistens einen anhaltenden stechenden Schmerz an der linken Seite ihres Rückens empfunden. Ihre Wirbelsäule hatte sich nun anscheinend verschoben. Jeden Tag wurde es für sie schwieriger, aufrecht zu gehen. Statt im Laufe der Zeit besser zu werden, verschlechterte sich der Zustand. Angelica sah ein, dass es sich um etwas viel Ernsteres handelte als um eine Verstauchung. Eine ärztliche Behandlung war nun notwendig.

Abgesehen von ihrem körperlichen Zustand waren die Aussichten für Angelica im Jahr 1955 im Aufwärtstrend. Mit zweiunddreißig war sie Wirtschafterin der Gemeinschaft und damit zuständig für den Wareneinkauf des Klosters und für die Überwachung sämtlicher Arbeiten auf dem Klostergelände. Die jungen Schwestern hingen an ihr. In der Gemeinschaft wurde sie als zukünftige Oberin gesehen.

Anfang Juni 1955 kehrte ihre Freundin, Mutter Veronica, vom Kloster in Washington nach Canton zurück. Wahrscheinlich kam sie auf Geheiß der Äbtissin, um das in Schwierigkeiten geratene Noviziat zu retten. Die einzige Möglichkeit, die Schreckensherrschaft von Mutter Mary Immaculata zu beenden, bestand darin, sie zu ersetzen. Mutter Veronica nahm wieder ihre alte Stelle als Novizenmeisterin ein, und Schwester Angelica gewann damit eine wichtige Verbündete.

Noch in diesem Sommer holte Angelica ein ärztliches Gutachten wegen ihres Rückenleidens ein. Von Mutter Mary Immaculata stammte ein Eintrag in einem der beiden noch erhaltenen Kalender aus St. Klara:

„13. Juni 1955

Die liebe M. Angelica kam heute aus dem Krankenhaus zurück. Der Arzt verordnete ein Korsett, um die Rückenschmerzen zu lindern, die durch einen Sturz verursacht wurden. Sie muss es ein Jahr lang tragen.

Die Ärzte stellten fest, dass ein Nerv auf einen Knochen drückt, der von Geburt an verschoben war.“

Nach Meinung der Mediziner hatte Angelicas Sturz im Jahre 1953 eine bereits vorhandene Wirbelsäulenfehlstellung verschlimmert. Um ihr zusammengedrücktes Rückgrat zu entlasten, wurde ihr ein Gipskorsett angepasst, und sie wurde angewiesen, übergroße Krücken zu verwenden. Dahinter steckte die Idee, zwischen den Rückenwirbeln einen größeren Zwischenraum zu schaffen und auf diese Art den Schmerz zu lindern. Als dies nichts half, versuchte man, die Beine und das Genick zu strecken. Nach den Worten von Schwester Raphael lag Angelica sechs Wochen lang gestreckt in einem Gestell auf ihrem Krankenbett. Zu allem Elend bekam sie auch noch eine Allergie gegen Schmerzmittel. Ohne Betäubung musste Angelica Punktierungen der Wirbelsäule und andere unangenehme Behandlungen aushalten. Alles in allem verbrachte sie vier Monate im Krankenhaus, jedoch ohne positives Resultat. Niedergeschlagen und durch ein Rückenkorsett bewegungsunfähig zog sich Schwester Angelica wieder ins Kloster zurück.

Um ihren Schmerz zu beseitigen und sie wieder aufzurichten, schlug ihr Arzt eine Wirbelkörperfusion vor. So kehrte sie am 31. Juli 1956 ins *Mercy Hospital* zurück, um sich dem Skalpell auszuliefern. Sie hoffte, dieser Eingriff würde ihre Qualen beenden.

Eine ungeheuerliche Abmachung

Am Abend vor der Operation kam Dr. Charles Houck, ein sechsunddreißigjähriger Orthopädie-Chirurg, einfach in Angelicas Zimmer, um sie zu begrüßen. Die junge Nonne war bereits etwas aufgeregt und fand nur wenig Trost am Besuch des Chirurgen an ihrem Krankenbett.

„Schwester Angelica, die Chancen stehen fünfzig zu fünfzig, dass Sie nie mehr gehen können", sagte der Doktor rundheraus. Er ging an die Sache distanziert heran, und sie hielt ihn für „einen griesgrämigen Kerl". „Wenn Sie morgen früh also Ihre Beine nicht bewegen können, sollten Sie nicht überrascht sein." Nachdem er seine Pflicht getan hatte, wünschte er ihr eine gute Nacht, drehte sich auf dem Absatz um und ging hinaus auf den Korridor.

Im verdunkelten Zimmer überkam Schwester Angelica eine panische Angst. Werde ich den Rest meines Lebens im Rollstuhl sitzen oder mit Krücken gehen müssen oder verkrüppelt sein?, dachte die Nonne bei sich. Sie versuchte, den Rosenkranz zu beten in der Hoffnung, dass die wiederholten Bitten zur Jungfrau Maria sie beruhigen würden. Aber die Gedanken an eine Zukunft im Rollstuhl unterbrachen ihr Gebet. Der Herr hatte ihr Magenleiden geheilt. Warum konnte Er sie nicht auch jetzt heilen? Da sie zwischen Gebet und panischer Angst hin- und hergerissen war, kroch sie unter ihre Bettdecke und schlug Gott eine ungeheuerliche Abmachung vor. „Herr, wenn Du mich wieder gehen lässt, dann werde ich Dir ein Kloster im Süden bauen", versprach sie.

Schon seit mindestens drei Jahren hatte Schwester Angelica ihre Vision von einem Kloster im Süden, das für Schwarze bestimmt sein sollte, ausführlich erörtert. Jetzt, in einem Moment der Krise, wurde die bisher unterdrückte Inspiration zu einem geistlichen Handelsobjekt. Die Angst vor dem Gelähmtsein führte zu ihrem Einsatz für dieses Projekt und machte es zu einer göttlichen Vordringlichkeit.

Kürzlich vorgefallene nationale Ereignisse schienen nach einem solchen Kloster geradezu zu rufen. In dem Jahr, in dem Angelica operiert wurde, bestätigte der Oberste Gerichtshof der Vereinigten Staaten das Verbot der Rassentrennung an öffentlichen Schulen. Tausende von Schwarzen folgten den Aufrufen von Rosa Parks und begannen, in öffentlichen Bussen Sitzplätze einzunehmen, die normalerweise nur für Weiße reserviert waren. Dr. Martin Luther King jr. stand in den Schlagzeilen aller Zeitungen des Landes, weil er Protestmärsche und Boykottmaßnahmen im ganzen Süden organisierte. Schwester Angelica hatte ein angeborenes Gefühl für die Probleme dieser Zeit.

Sie erzählte mir: „Ich erinnere mich noch, dass wir von den Rassenunruhen im Süden gehört hatten, und ich weiß nicht, ob ich das gerade im Sinn oder ob ich einfach nur Mitleid hatte. Ich bin mir nicht ganz sicher darüber, wie es geschah."

Doch in einem Brief, den sie am 25. März 1957 schrieb, wurde das, was geschehen war, mehr als klar:

„Nachdem ich schon vor meinem Eintritt in den heiligen Orden mit Negern [*sic*!] gearbeitet habe, kam ich ins Kloster um für sie zu beten und zu opfern. Vor einem Jahr bezweifelten die Ärzte, ob ich jemals wieder gehen könnte. Da wandte ich mich an unseren Herrn und versprach, alles mir Mögliche zu unternehmen, um eine Klostergemeinschaft unter den Negern [*sic*!] zu gründen, wenn er mir die Gnade gewähren würde, wieder gehen zu können. Sie würde durch Gebet, Andacht, Opfer und Vereinigung mit Gott dem Negerapostolat gewidmet sein. Sie würde unaufhörlich Wiedergutmachung für all die Beleidigungen und Verfolgung leisten, die die das Geschlecht der Neger [*sic*!] erleidet und Gottes Segen und Gnade auf ein Volk herabflehen, das dem Herzen Gottes lieb und teuer ist."

Weit über die kontemplative Aufgabe hinaus, für die Menschheit im Allgemeinen zu beten, setzte Schwester Angelica eine Aktion des Fürbittgebetes in Gang: die Gründung eines Gebetshauses inmitten eines Volkes, das eine einzigartige soziale Unterdrückung zu erleiden hatte.

Als man Schwester Angelica in den Operationssaal schob, hing alles davon ab, wieder laufen zu können. Jetzt praktizierte sie, was sie den Novizinnen beigebracht hatte: Die Dreiunddreißigjährige überließ ihre Gesundheit und das Kloster dem Willen Gottes.

Nach dem ersten Schnitt in Angelicas Rücken schloss Dr. Houck eine Wirbelkörperfusion aus. In dem blutdurchtränkten Wrack entdeckte er einen zusätzlichen Wirbel, eingeengt zwischen den anderen Wirbeln. Diese sich „küssenden Wirbel" waren die Hauptursache für Angelicas Schmerzen. Eine deformierte Wirbelsäule und ein Nerv, der auf der linken Seite ihres Rückens an einem Knochen angewachsen war, waren für den Chirurgen jedoch noch eine weit größere Herausforderung als der Versuch, den zusätzlichen Wirbel zu entfernen.

„Während der Operation ging etwas schief", vertraute mir Schwester Bernadette an und zog dabei ihre dichten Augenbrauen hoch. „Schwester Anita, eine ältere Schwester im Krankenhaus, erzählte Schwester Juliana, einer Externen von St. Klara, dass der Arzt bei der Operation einen falschen Schnitt machte – und er wusste, dass sie nie wieder gehen konnte. Als er diesen Schnitt machte, warf er sein Instrument auf den Boden und lief hinaus.“

Mutter Angelica bestätigte mir diese Geschichte. Wie sie berichtete, war es ein muslimischer Arzt, der die Operation zum Abschluss brachte und die Wunden zunähte. Um den Blutverlust auszugleichen, erhielt sie drei Beutel gespendeten Blutes. Die Namen auf den Transfusionsflaschen lauteten Luntz, Goldberg und Cohen – eine Tatsache, die Angelica veranlasste, jahrzehntelang jüdischen Gruppen die folgende Anekdote zu erzählen: „Seitdem bin ich nicht mehr dieselbe“, sagte sie mit charmanter Unerschrockenheit.

Die Rückenoperation wurde als Fehlschlag betrachtet. Obwohl Angelica beide Beine bewegen konnte, als sie aus der Narkose aufwachte, war das Gehen etwas ganz anderes. Zur Erholung blieb sie noch mindestens zwei Monate lang im Krankenhaus.

Bei ihrer Rückkehr nach St. Klara blieb sie im Krankenzimmer, wo sich eine ganze Prozession von Nonnen um ihr Bett versammelte.

„Sie sah eigentlich nie krank aus“, erinnerte sich Schwester Joseph, eine regelmäßige Besucherin. „Immer schon besaß sie dieses Talent der Menschenführung. Sie war eine unwiderstehliche Persönlichkeit. Wenn man von ihr geistlich beraten wurde, dann spürte man, dass sie einen leiten, und dass sie eine Gemeinschaft führen konnte.“

Das Leiden veränderte Angelicas Unterweisungen und ihre Person. Im Krankenzimmer fing sie an, ihre eigene Erfahrung zu nutzen, um tiefgehende geistliche Begriffe konkret zu erfassen und sie den anderen Schwestern zu erklären. Der Schmerz wurde ein Hilfsmittel, um andere besser zu verstehen, ihr persönliches Mitgefühl zu verstärken und ihre eigene Spiritualität zu vertiefen. Durch ihre Not lernte sie, auf Gott in allen Dingen zu vertrauen, und so fand sie Stärke in ihrer Schwäche.

Ihren Vertrauten teilte Angelica das Versprechen mit, eine Gemeinschaft im Süden gründen zu wollen, was diese zusätzlich anspornte, sich für ihre Gesundheit einzusetzen. Schwester Joseph und Schwester Raphael übertrafen sich geradezu bei dem Versuch, der kranken Nonne beizustehen. Während ihrer ersten Wochen zu Hause konkurrierten sie um die Ehre, Schwester Angelica in einem klapprigen Rollstuhl aus Holz durch das Kloster fahren zu dürfen. Schließlich beendete Angelica selbst diesen Wettstreit indem sie zu Rückenkorsett, Beinstützen und Krücken überging. Mit deren Hilfe machte sie ihre ersten wackligen Schritte in die Unabhängigkeit zur Freude ihrer Anhängerinnen. Gott hatte Seinen Teil der Vereinbarung erfüllt.

Ende 1956 – Schwester Angelica war wieder auf den Beinen und nicht mehr im Krankenzimmer – verlagerte sie ihr Hauptaugenmerk auf die Gründung des neuen Klosters. Gerüstet mit ihrem geistlichen Auftrag, nahm sie die Unterstützung von Mutter Clares Nachfolgerin, der neuen Äbtissin von St. Klara, Mutter Veronica, in Anspruch.

„Nein", lautete Mutter Veronicas erste Antwort, doch unter dem Druck von Angelicas beharrlichem Bitten gab die Äbtissin langsam nach. Als sie aber dann überzeugt war, wurde Mutter Veronica eine stille Befürworterin der Neugründung. Ihre Briefe und privaten Gespräche bezeugen ihr Vertrauen in Schwester Angelica, die sie als „ein Genie" betrachtete.

Mit Unterstützung der Äbtissin verwandelten sich Angelica und ihr kleiner Trupp Nonnen zu einer Gebetsmiliz, die den Himmel für ihr Kloster im Süden bestürmten. Denn es gab noch eine praktische Frage zu lösen: Wo sollte es errichtet werden?

Als sich ein Ehepaar meldete und kostenlos ein Grundstück in Florida anbot, deutete Angelica dessen Wohltätigkeit als ein Zeichen Gottes. Sofort schrieb sie einen Brief an den Bischof in Florida und bat um die Erlaubnis, das Kloster in seiner Diözese zu gründen. Doch der Bischof lehnte das Angebot ab.

Die Familienangehörigen einer der Nonnen wiesen darauf hin, dass der Bischof von Mobile, Alabama, eine solche Gründung möglicherweise begrüßen würde. Schwester Joseph erhielt im Gebet eine deutliche Bestätigung, und Angelica wollte infolgedessen an den Bischof von Mobile schreiben. Als sie den Brief vorbereitete, warf ihr Schwester Mary vom Kreuz, ihre alte Gegnerin, ein Hindernis in den Weg.

Das Verhältnis zwischen Mary vom Kreuz und Angelica hatte sich bis zum Jahr 1957 stark verbessert. Durch Schwester Angelicas unermüdliche Anstrengungen, der herrischen Nonne ihre Liebe zu zeigen, hatte Mary vom Kreuz Gefallen an ihr gefunden. Doch was auch immer an Zuneigung vorhanden war, verflüchtigte sich sofort, als Schwester Mary vom Kreuz ihre Absicht ankündigte, ihr eigenes neues Kloster in St. Cloud in Minnesota zu gründen.

Mutter Veronica befand sich nun in einer Zwickmühle, da sie nicht genügend Schwestern hatte, um zwei Klöster zu gründen. Einerseits forderte eine äußerst lautstarke ältere Schwester ihre eigene Neugründung, andererseits war da eine jüngere Nonne mit Führungsqualitäten, die glaubte, dass Gott sie in den Süden rufe. Da die Äbtissin noch nie auf Konfrontation aus war, entschied sie sich für eine salomonische Lösung, um selber keine Entscheidung treffen zu müssen. Sie würde im Namen jeder einzelnen Schwester ein Empfehlungsschreiben an den Bischof von St. Cloud und an den Erzbischof von Mobile-Birmingham senden. Wer zuerst eine positive Antwort des jeweiligen Bischofs bekäme, könne mit der Klosterneugründung beginnen, die andere müsste ihre Pläne aufgeben.

Am 8. Januar 1957 sandte Mutter Veronica die beiden Briefe gleichzeitig ab. In ihrer Nachricht an Erzbischof Thomas Toolen von Mobile schrieb sie:

> „Es ist unser großer Wunsch, inmitten der Farbigen zu sein, um im Gebet für sie einzutreten. Wir sind überzeugt, dass diese Mission mehr oder weniger geheim bleiben muss, um Rassenkonflikte zu vermeiden. Doch wir möchten gerne für die Farbigen da sein und hoffen, mit der Zeit – im Laufe der Jahre – auch farbige Bewerberinnen für die Gemeinschaft zu bekommen... die hauptsächliche Idee ist, für sie zu beten.“

Die offiziellen Akten des Klosters vom 9. Januar 1957, die St. Klara-Chronik, erwähnen nur die Möglichkeit einer Gründung in St. Cloud. Die Erwähnung der Gründung in Birmingham sollte in dem Protokoll erst Jahre später auftauchen. Dies überrascht nicht, denn Schwester Mary vom Kreuz war die Sekretärin der Gemeinschaft und somit auch verantwortlich für die offiziellen Akten.

Innerhalb der Klostermauern von St. Klara nahmen die Rivalitäten enorm zu.

Konkurrierende Gebete und eine ständige Ausschau nach dem täglich ankommenden Postsack verschärften die Spannungen im Kloster. Schwester Angelica und ihre Anhängerinnen beteten ohne Unterlass für einen erfolgreichen Ausgang. Sie wussten, dass ihr Schicksal von der schnellen Antwort des Erzbischofs abhängig war.

„Meiner schrieb zuerst, ihrer erst nach ein paar Monaten", erzählte Mutter Angelica mit einem zufriedenen Lächeln.

Erzbischof Toolen lud die franziskanischen Nonnen mit einem Brief vom 12. Januar 1957 freundlich in seine Diözese ein und ermutigte sie, die Gemeinschaft in Birmingham zu gründen, in der Heimat einer Viertelmillion Schwarzer. Weder in diesem Brief noch im späteren Briefwechsel schrieb der Erzbischof „Kommt alle her!", wie es in zahlreichen Veröffentlichungen berichtet wurde. Dennoch waren Schwester Angelica und ihre Anhängerinnen hoch erfreut über das, was er schrieb.

Mit der Erlaubnis von Erzbischof Toolen baten die Schwestern nun ihren Ortsbischof um seinen Segen für die Neugründung. Da ließ Bischof Emmet Walsh von Youngstown am 28. Februar 1957 eine Bombe platzen. Er meinte, die Gemeinschaft in Canton wäre nicht stark genug, um den Weggang der sechs Nonnen zu verkraften, die nach dem Kirchenrecht für die Neugründung eines Klosters notwendig waren. Besonders besorgniserregend war für den Bischof der Weggang einer Ratsschwester (Schwester Angelica). Unverblümt befahl er den Nonnen, die Idee eines neuen Klosters fallen zu lassen.

Die Äbtissin war zweifellos von Schwester Angelica ermutigt worden, als sie am 7. März 1957 einen zweiten Brief an Bischof Walsh schrieb. Obwohl sie die Entscheidung des Bischofs akzeptierte, plädierte sie für Angelicas Anliegen und deckte den Grund für dieses Anliegen auf:

> „Für sie ist es eine Mission, deren Ausführung ihr Gott eingegeben hat. Sie hat keine Ruhe und lässt auch mir keine Ruhe in ihrem Bestreben, das zu tun, was Gott ihrer Meinung nach von ihr verlangt…

Sie ist jung – vierunddreißig, doch sie ist seit einigen Jahren unsere Schatzmeisterin und besitzt überdurchschnittliche Fähigkeiten, Geschäfte abzuwickeln. Seit Jahren plant und rechnet sie, und in ihrem Kopf hat sie bereits einen kompletten Plan für beide Gebäude und den Unterhalt des Klosters aufgestellt... Wenn Exzellenz mit dieser Schwester ein Gespräch führen könnten, glaube ich, dass Sie verstehen würden, warum unser Widerstand zusammengebrochen ist."

In einem Folgebrief vom 25. März 1957 legte Schwester Angelica dem Bischof selber ihren Fall dar. Ihr starker Wille und ihre Mission waren offensichtlich, ebenso ihre Entschlossenheit, das Notwendige zu tun, um ihr Ziel zu erreichen:

„Exzellenz,

... Exzellenz mögen mir erlauben, dem Beispiel unseres heiligen Gründervaters Franziskus zu folgen, der seinen Anhängern riet, durch die Hintertür zurückzukehren, falls sie an der Vordertür abgewiesen worden waren. Ich weiß, dass Ihre Entscheidung weise und väterlich war. Deshalb beabsichtigt dieser Brief nicht, die Ansicht Seiner Exzellenz zu ändern."

Dann erläuterte sie ihre Aufgabe, ein „Negerapostolat" aufzubauen, und fügte hinzu:

„Da Unser Herr wohl Seinen Willen zeigte, indem Er mir erlaubte, wieder gehen zu können und mich vollständiger Gesundheit zu erfreuen – entgegen allen Erwartungen der Ärzte –, nahm ich dies als Zeichen, dass Er Seinen Teil erfüllt hat und ich jetzt meinen erfüllen muss... Wie immer wurde Ihre Entscheidung als Gottes Willen angenommen, und die Mutter Oberin hat mir ganz klar gesagt, dass vorläufig nichts unternommen wird. Dennoch bleibt so vieles in der Luft hängen: die von Freunden angebotene Hilfe, sich an den entstehenden Arbeiten zu beteiligen, sowie die Geldzuwendungen und die Angebote finanzieller Unterstützung. Auch gibt es drei junge Damen, die nur darauf warten, sich mir anzuschließen und auf diesem besondern Gebiet zu arbeiten... Würden Exzellenz dieses Projekt genehmigen und Ihre Zustimmung geben, wenn der Beginn einer Neugründung in keiner Weise unsere Gemeinschaft schwächen würde? Eine solche Zusage von Ihrer Seite würde es mir ermöglichen, weiterhin zu hoffen, zu planen und auszugestalten, was schließlich Wirklichkeit werden wird – auch wenn ich jetzt meinen Horizont auf eine größere Entfernung einstellen muss."

Für einen Brief, der „nicht beabsichtigt, die Ansicht" des Bischofs „zu ändern", lieferte Schwester Angelica starke Argumente für eine Meinungsänderung.

Die Antwort von Bischof Walsh war wohlwollend und erlaubte ihr, mit den Vorbereitungen fortzufahren. Doch er ging nicht so weit, ihr eine endgültige Zusage für die Gründung zu geben. Der Brief wurde im Kloster als ein Sieg betrachtet – als eine Verzögerung, aber nicht als Todesstoß für die Gründung im Süden. In den folgenden drei Jahren blieben Mutter Veronica und Schwester Angelica in ständiger Verbindung mit dem Erzbischof von Mobile und hielten damit sein Interesse an der Neugründung wach, während sie zu Hause ihre Pläne weiterverfolgten.

Obwohl Mae Francis und Schwester Angelica durch Klostermauern getrennt waren, blieb die Bindung zwischen ihnen stark. Mae muss zu diesem Zeitpunkt über die Gründung in Birmingham informiert gewesen sein. Ein undatierter Brief an Mae zeigt, dass Angelica in ihrem gegenseitigen Verhältnis jetzt ganz die Mutterrolle übernommen hatte. Neben einer geistlichen Unterweisung enthielt der Brief auch einen Vorgeschmack auf die Zukunft:

„... Deine Seele ist schön und Gott nahe wegen Deiner Leiden... Einsamkeit ist eines der besten Werkzeuge, die Gott verwendet, um uns Ihm näher zu bringen... Warum? Weil sie unser Herz leer macht von allen erschaffenen Dingen und Bildern, und wir keinen Trost finden, weder in den Geschöpfen noch in uns selbst... Dort gibt es niemanden, außer Gott... Du bist mir nah, doch es ist so natürlich, dass man sich hin und wieder vernehmlich machen möchte... bitte tu es... Dein Kreuz ist auch meines... wir sind eins... Du kannst also gar nicht egoistisch sein, deshalb..."

Darunter fügte sie handschriftlich hinzu:

„Eines Tages wirst Du für Ihn tätig sein und Ihn anbeten – Er hat Pläne für uns beide –, mach Dir keine Sorgen…“

Sr. Angelica

Der geheimnisvolle Schluss scheint darauf hinzuweisen, dass Schwester Angelica und Mae sich bereits über eine künftige Vorgehensweise geeinigt hatten. Am Rand steht eine kurze handgeschriebene Notiz von Mutter Veronica, die vermutlich Angelicas Vorhaben mit ihrer Mutter kannte. Sie lautet: „Alles aus Liebe zu Ihm. M. M. Veronica. Ich liebe Sie. Was Schw. sagt, stimmt.“

Die Baumeisterin

Im März 1958 wurde Schwester Angelicas linkes Bein unterhalb des Knies gelegentlich gefühllos, doch dies hielt sie nicht davon ab, ein weiteres Bauprojekt in Angriff zu nehmen.

Einige der Nonnen sehnten sich nach einer Grotte im Garten, die der Jungfrau Maria gewidmet sein sollte. Die Aufgabe, sie zu bauen, fiel Angelica zu. Sie rief „jeden guten und frommen Katholiken“ an, den sie kannte, um Helfer für das Projekt zu finden, doch keiner hatte Zeit.

„Ich habe Schwierigkeiten, dafür Leute zu bekommen“, erzählte sie Mutter Veronica. „Ich kenne aber ein paar Leute, die zwar ein wenig anders sind. Aber die könnte ich anrufen.“

„Das ist mir egal, solange wir das gebaut bekommen“, sagte die Äbtissin.

Schwester Angelica rief in einem Spielsalon im Südosten von Canton an und weckte ihre „Tonys“ auf. Sie erkannte die Stimme am anderen Ende der Leitung und rief laut: „Seit wann bist du aus dem Gefängnis entlassen?“ Nach einem kleinen Geplauder ging sie zum Geschäftlichen über. „Ich brauche ein paar von den Jungs. Hier fällt es mir schwer, welche zu finden.“

Zweiundsechzig Maurer, Steinmetze und Erdarbeiter tauchten vom Wohnviertel auf, um die Grotte zu bauen. Onkel Nick, der Versicherungen verkaufte, nahm sich frei, um die Arbeit zu beaufsichtigen. Obwohl im Rundbrief der Gemeinschaft berichtet wurde, dass die Arbeit gestiftet worden war, verweist die St. Klara-Chronik auf eine „Vertragstätigkeit".

Wie auch immer die finanzielle Vereinbarung ausgesehen haben mag, Schwester Angelica ging wie ein Generalunternehmer auf der Baustelle umher, gab Anweisungen und traf bei Bedarf spontane Entscheidungen.

Im Herbst 1958 war das Projekt fast fertiggestellt, als Onkel Nick bemerkte, dass sich Schwester Angelicas linkes Bein beim Laufen unbeholfen bewegte. Schwester Angelica belastete ihre eine Seite und brachte damit ihre Körperhaltung in eine schiefe Position, um den Rückenschmerz zu vermeiden.

„Das Gehen und das Aufrichten fiel mir immer schwerer", sagte Mutter Angelica. „Ich ging ziemlich gebückt – ich konnte den Schmerz nicht mehr aushalten."

Aber es war immer noch viel zu tun. Nachdem eine Marmornische für die Statue der Jungfrau Maria fertiggestellt war, wandte die Nonne mit dem „grotesken Gang" ihre Aufmerksamkeit der Gartengestaltung zu. Sie stellte sich eine Reihe mit Büschen vor, welche den mit Steinplatten belegten Weg umrahmen sollten, sowie hinter der Grotte eine Kulisse von Hemlocktannen.

„Ich werde sie Ihnen besorgen", versicherte einer der Arbeiter namens Pitzigill Angelica. „Wie viele brauchen wir?"

„Wo willst du sie denn holen?", fragte sie.

„Ach, machen Sie sich da keine Sorgen. Ich und die Jungs gehen einmal bei Nacht los und laden sie auf." Pitzigill senkte seine Stimme. „Es gibt da einen Kerl in Nord-Canton, der hat Hunderte davon."

„Und ihr geht da einfach hin und nehmt sie mit?"

„Ja, was ist da falsch dran?"

„Ihr könnt doch diese Bäume nicht einfach stehlen", sagte Angelica, und sie hörte sich genau wie die Mutter Oberin an.

„Man kann Bäume gar nicht stehlen", protestierte Pitzigill. „Die Bäume gehören Gott. Ihr verwendet sie für Gott, wie kann man sie dann stehlen?"

Schwester Angelica wies sein Angebot und seine Argumentation zurück und machte sich daran, das nötige Geld für die Bäume auf ehrliche Art und Weise zu beschaffen. Sie rief den Chef des örtlichen Syndikats (Organisation der Mafia-Banden) an. Außer dem Geld hatte sie auch noch ein geistliches Ziel im Sinn.

„Ich brauche Hemlocktannen für 600 Dollar", sagte sie dem Mafia-Chef.

„In Ordnung, ich stelle Ihnen einen Scheck aus."

„Nein, das möchte ich gar nicht. Ich möchte, dass Sie sich Schecks von all Ihren Jungs geben und diese mir dann zukommen lassen. Ihre Namen werde ich auf ein Stück Pergament schreiben, es zusammenrollen und in die Muttergottesstatue stecken."

„Sind Sie verrückt? Das kann ich nicht machen", sagte der gutsituierte Mann.

„Niemand wird es sehen. Es wird einbetoniert und dort vergraben sein, wie Sie eines Tages, wenn Sie sich nicht bessern."

Der Mafia-Boss sagte nichts.

„Sehen Sie zu, was Sie machen können", sagte Schwester Angelica und legte den Telefonhörer auf.

Wenige Tage später tauchte vor dem Kloster eine lange Limousine auf. Angelica hakte sich bei dem Bandenchef ein und führte ihn zu der Mariengrotte.

„Sie wollen wirklich, dass Leute wie ich diese Bäume kaufen?", fragte der Gangster.

„Ja, natürlich. Ich brauche Leute wie Sie, um diese Bäume zu kaufen, damit Sie sich eines Tages, wenn Sie sich je einmal in großen Schwierigkeiten befinden werden, an den Herrn und Seine Mutter erinnern", sagte Angelica.

Sie steckte dem Mann eine Herz-Jesu-Medaille zu und begleitete ihn aus dem Kloster hinaus. Innerhalb weniger Tage brachte die Post ein Bündel Schecks, auf denen die Namen bekannter Geschäftsleute aus der Cantoner Gemeinde standen. In Schönschrift übertrug Schwester Raphael ihre Namen auf eine Pergamentrolle und steckte diese in die Marienstatue hinein. Dort befindet sie sich heute noch, umgeben von den Hemlocktannen.

Im Herbst 1958 fegte ein frischer Wind durch die römisch-katholische Kirche. Der beleibte, fröhliche Kardinal Roncalli wurde als Papst Johannes XXIII. Nachfolger von Papst Pius XII. Man nahm an, dass der siebenundsiebzigjährige Italiener ein „Übergangspapst“ sein würde, der an der Tradition festhielt und nicht für Überraschungen sorgte. Doch Roncalli bewies, dass die gängige Meinung falsch war.

In Canton verursachte der scharfe Winterfrost im Jahr 1958 Krämpfe in Schwester Angelicas Rücken und in ihrem linken Bein. Im Bett legte sie ihre Beinschiene ab und versuchte, im Liegen eine Linderung zu finden. Als sie auf der Matratze lag, flossen die Bilder an der Zimmerwand ineinander. Zunächst wies sie die Vision von sich, doch sie verschwand nicht vor ihrem geistigen Auge. Mit schmerzendem Rücken drückte sie ein zusammengeklebtes Millimeterpapier an die Wand. Schwester Angelica versuchte, darauf festzuhalten, was sie sah. Das Ergebnis war ein grober, mit Bleistift gezeichneter Bauplan, eine Werkzeichnung für das neue Kloster

In der Freizeit fertigten Angelica und ihre Gefährtinnen sorgfältig ein maßstabsgetreues Modell nach dem Plan unter Verwendung von Pappestücken und Packpapier. Auch ohne die ordnungsgemäßen Genehmigungen begann das Kloster bereits Gestalt anzunehmen, gerade zu einem Zeitpunkt, als sich Schwester Angelicas körperlicher Zustand wieder verschlechterte. Das Gehen war für die Nonne eine Strapaze geworden. Sie empfand Tätigkeiten, bei denen sie sich nicht bewegen musste, als angenehmer. So arbeitete sie Wirtschafts- und Finanzpläne für das neue Kloster aus, um ihre körperliche Belastung gering zu halten. Doch insgeheim fragte sie sich, wie eine verkrüppelte Nonne wohl eine neue Gemeinschaft leiten sollte.

Angelicas Ärzte waren wegen ihres anhaltenden Taubheitsgefühls und des zuckenden Beines mit ihrem Latein am Ende. Sie schickten sie am 27. April 1959 zur Beobachtung in die Cleveland-Klinik. Dort unterzog sie sich einer intensiven Physiotherapie, bei der sie jeden Tag am Barren trainierte und Übungen zur Stärkung ihrer Wirbelsäule machte. Die tagelangen medizinischen Untersuchungen ergaben wenig. Die Ärzte entdeckten keinerlei Bewegungseinschränkung in Schwester Angelicas Rücken, lediglich eine gewisse Versteifung in ihrer linken Hüfte, im Knie und im Fußgelenk. Für die anhaltenden Schmerzen in den Beinen fanden sie jedoch keine Erklärung.

Mit dem neuen Kloster ging es nur im Schneckentempo voran, als sie wieder in St. Klara zurück war. Obwohl Erzbischof Toolen noch immer unbedingt das Kloster in Birmingham haben wollte, musste der Ordinarius von Youngstown, Bischof Walsh, dennoch seine endgültige Zustimmung geben. Um diesen Stillstand zu beenden, schrieb die geschäftstüchtige Angelica am 7. August 1959 erneut an Bischof Walsh. Sie brachte neue Argumente vor und drängte ihn, eine Stellungnahme abzugeben:

„Vor ungefähr drei Jahren gaben Exzellenz unserer Mutter Oberin die Erlaubnis, dass meine Freunde die neue Gründung in Alabama vorbereiten könnten. Bis heute ist das uns überlassene Grundstück im Wert gestiegen, und es stehen mehrere Maurer und Handwerker bereit, die alle unsere Freunde sind und die ihre Arbeit kostenlos zur Verfügung stellen wollen. Sie würden gerne im Winter anfangen, weil sie in dieser Zeit hier oben nicht arbeiten. Es wäre mit ihnen möglich, das Kloster in den Wintermonaten zu bauen …

Ich lege Ihnen eine von mir angefertigte grobe Skizze und einen Plan bei… Ich weiß, dass die Pläne auf den ersten Blick ein wenig gewagt erscheinen, doch wir haben in Birmingham kein Haus, das sich eignen würde. Falls wir nicht neu bauen würden, müssten wir ein altes Gebäude umbauen, was sehr viel höhere Kosten sowohl für den Kauf als auch für den Umbau verursachen würde… Der Plan und Bau, wie er hier entworfen ist, würde zirka 130.000 Dollar kosten. Doch unter Berücksichtigung der gespendeten Arbeit und einer zweckmäßigen Auswahl der Baumaterialien haben wir die Kosten auf etwa 75.000 Dollar veranschlagt …

Ich habe auch ein Blatt mit den zu erwartenden Einnahmen und Ausgaben für die Gründung beigefügt. Für die Berechnung wurden die Werte von hier zugrunde gelegt. Die Schwestern werden erwartungsgemäß ihr Armutsgelübde in starkem Maße halten, wie es auch sein sollte, und wir hoffen, mit unserer Arbeit unseren Lebensunterhalt zu verdienen… Mit den Rosenkränzen, die wir hauptsächlich im Norden zu verkaufen hoffen, und auch mit unserer Zeitschrift, die wir an die Menschen im Norden verschicken werden. Da wir die Absicht haben, den größten Teil der Druckarbeiten usw. selbst auszuführen, wird dies die Kosten für die Zeitschrift senken …

Neulich war ich in der Cleveland-Klinik. Dort sagten mir die Ärzte, dass es nur einen Weg gebe, mein linkes Bein vor einer vollständigen Bewegungsunfähigkeit zu bewahren: ein warmes Klima. Der Nerv am Rückgrat liegt offen, und die kalten Wintermonate machen mir zu schaffen. Ich bin bereit, alles anzunehmen, was Jesus von mir erwartet, doch dachte ich, wenn Exzellenz der Meinung sind, dass wir nach Alabama gehen können, dann könnten wir bald anfangen, und es würde bedeuten, dass nur noch ein Winter auszuhalten wäre. Auch wenn der Gebrauch meines linken Beins auf dem Spiel steht, bin ich gewillt, dies Unserem Herrn zu überlassen, wenn Exzellenz glauben, dass wir jetzt noch nicht bereit sind."

Die ergreifende Bitte um den Erhalt ihres Beins und Angelicas unbeirrbare Beharrlichkeit berührten den Bischof ganz offensichtlich.

Als der November in jenem Jahr kam, genehmigte Bischof Walsh das allgemeine Konzept und begann zu prüfen, welche Ausnahmegenehmigungen des Kirchenrechts benötigt wurden, um das Kloster Wirklichkeit werden zu lassen. Ein Problem für die Kirche war Schwester Angelicas Alter. Im April 1960 würde sie ja erst siebenunddreißig Jahre alt. Die Ordensregel verlangte dagegen, dass eine Äbtissin mindestens vierzig Jahre alt sein musste. Schwester Raphael hatte ähnliche Probleme, da ihr noch einige Jahre bis fünfunddreißig fehlten. Dieses Alter war für eine Stellvertreterin vorgeschrieben. Und dann gab es da noch den Fall der beiden Laienschwestern, die in der Gemeinschaft in den Rang der Chorschwestern aufsteigen wollten. Diese besonderen Dispense konnte jedoch nur Rom erteilen. Das ganze Jahr 1960 hindurch jagten die Akten von der Kanzlei in Birmingham nach Youngstown, von da nach St. Klara, dann nach Rom und wieder zurück.

Als Ratsmitglied der Gemeinschaft und potentielle Äbtissin wurde Schwester Angelica 1960 offiziell unter dem Namen „Mutter Angelica" bekannt. Doch auf den Titel war sie nicht bedacht. Die positive Antwort von Bischof Walsh gab ihr den Anstoß für die nächste Herausforderung: Kapital für die Gründung in Birmingham zu beschaffen.

Die Anglerin

Ihre erste Idee war, im Keller von St. Klara Regenwürmer zu züchten und die schleimigen lebenden Köder für zwei Cents pro Kopf an Fischer zu verkaufen. „Oh, Gott, nein“, sagte Mutter Veronica als Reaktion auf Angelicas Vorschlag.

Als Schwester Angelica im November 1959 in einem Exemplar der Zeitschrift *Popular Mechanics* blätterte, entdeckte sie eine Anzeige über Fischköder, die in dem Hochglanzmagazin angeboten wurden. Die geborene Marketingspezialistin witterte eine Chance. Sie brauchte ein Produkt, das sowohl in Canton als auch im überwiegend protestantischen Süden Anklang fand. Rosenkränze und Altartücher kamen daher nicht infrage. Aber Fischköder waren von weltlichem Interesse und konnten womöglich Gewinn abwerfen.

Mutter Veronica segnete diese Idee versuchsweise ab und stellte für den Kauf einer Anfangsausstattung fünf Dollar bereit.

Als die Kiste eintraf, trug Angelica sie heimlich hinauf in das Wäschezimmer, in dem Schwester Raphael und Schwester Joseph arbeiteten. Sie brachen die Kiste auf und reihten den scharfkantigen und verwirrenden Inhalt nebeneinander auf und vergossen dabei buchstäblich ihr Blut für die Neugründung. Doch die durchstochenen Finger waren ein kleiner Preis für die glitzernden Gebilde, die verstreut auf der Tischplatte lagen. Jetzt war ein Test fällig.

Die drei Nonnen beugten sich über eine der klösterlichen Wannen und zogen mit Gelächter die Köder durch die Lauge. Da drehten sich winzige Propeller, Metallschwänze wackelten, und Schwester Angelica glaubte, einer guten Sache auf der Spur zu sein.

Ein Elektriker, der gerade auf Besuch war, lieferte die Bestätigung. Als er mit der Reparatur des Kühlschranks im Kloster fertig war, wandte sich das Gespräch dem Wochenendausflug des Elektrikers zu. Er wollte in Miami zum Angeln gehen.

„Warten Sie eine Minute – ich habe etwas für Sie“, sagte Angelica zu ihm.

Mit einer Handvoll Fischköder kam sie in die Küche zurück.

„Wo haben Sie die her?“, fragte der Monteur.

„Ich habe sie gemacht."

„Heute Morgen habe ich für solche Köder anderthalb Dollar pro Stück bezahlt."

Schwester Angelicas Augen leuchteten auf. Bei anderthalb Dollar pro Stück war der zu erwartende Gewinn unglaublich hoch.

Der Angelausflug des Elektrikers stellte sich als Riesenerfolg heraus, und er schwärmte von den Ködern. Mit seiner Unterstützung überzeugte Angelica die Äbtissin, sechshundert Dollar in das Fischködergeschäft zu investieren. Sie war überzeugt, dass sie für diese Dinge einen Absatzmarkt finden konnte.

Dabei erwies sich auch ihre frühere Tätigkeit in der Werbeabteilung der Firma *Timken Roller Bearing* als durchaus nützlich. Da sie wusste, wie wichtig ein Markenname war, nannte sie das Unternehmen „St. Peter-Fischköder" (*St. Peter's Fishing Lures*). „Dies schien der einzige Name zu sein, den Klausurschwestern einem Projekt wie diesem geben konnten", sagte Angelica damals.

Sie benutzte ihre Erfahrung in grafischer Gestaltung und entwarf ein professionell aussehendes Werbeblatt für die Fischköder, das als Postwurfsendung benutzt werden konnte. Schwester Raphaels Zeichentrick-Engel, „der kleine Michael" mit seinem schräg sitzenden Heiligenschein und seiner Angelrute, tauchte nun überall auf. Unter den Abbildungen der Fischköder standen verlockende Namen, wie etwa „St. Raphaels Trockenfliege", „kleiner Jonas", „St. Michaels nasse Fliege" und „doppelte Schwierigkeiten" (*Double Trouble*). Ein jüdischer Freund druckte Farbprospekte mit folgendem Hinweis: „Zweck dieses Unternehmens ist, Geldmittel aufzubringen, um den Großen Fischer bei Seiner Suche nach Seelen zu unterstützen. Jeder Köder ist begleitet von einem Gebet, dass Er deinen Fischfang segne."

Die Werbung und das Produkt waren echte Renner, das wusste Mutter Angelica. Anhand einer Adressenliste von zweitausend Anglern füllten die Nonnen im Januar 1960 wie wild Briefumschläge für eine Marketing-Blitzaktion. Vor dem Versand der Prospekte schleppten Mutter Angelica, Schwester Raphael und Schwester Joseph den Postsack in die Kapelle, um Gottes Segen für ihre Werbemaßnahme herabzuflehen. „Nun, hier sind sie, Herr", betete Angelica. „Wenn Du uns segnest, werden wir das

Geld für den Kauf des Grundstückes bekommen." Mit großer Zuversicht verschickten die Nonnen ihre Werbeprospekte.

„Ich hatte gelernt, dass ich alleine gar nichts erreichen kann; die göttliche Vorsehung muss alles machen", erzählte Angelica. „Sind die Werbesendungen erst verschickt, kann man nur noch abwarten." Sie erwartete eine unmittelbare Flut von Bestellungen.

Zwei Fischer antworteten.

„In dieser Woche sprachen Mutter Angelica und Jesus nicht miteinander", schrieb Schwester Raphael später.

„Herr, ich kann das nicht glauben", schäumte Angelica vor Wut in der Kapelle und vermied, ihren Bräutigam im Allerheiligsten Altarsakrament anzuschauen. „Du weißt doch, dass wir eine Möglichkeit brauchen, um unseren Lebensunterhalt zu bestreiten! Und jetzt haben wir nichts!"

Zusätzlich zu den flächendeckend verschickten Prospekten hatte Angelica, die Marketingspezialistin, natürlich auch einige Ankündigungen gegenüber den Medienleuten fallen lassen. Wenn auch die Fischer nicht reagierten – die Presse tat es schnell. Am 10. April 1960 brachten die Zeitungen *Our Sunday Visitor* und *Canton Repository* gleichzeitig die Geschichte über „das Nonnenkloster mit den doppelten Schwierigkeiten" (*Convent of Double Trouble*). Nun überschwemmten Hunderte von Fischköder-Bestellungen das Kloster von Canton, und die Geschichte wurde zu einer Sensation im ganzen Land.

Mitgerissen durch Mutter Angelicas persönliche Schreiben, die sie zusammen mit Herz-Jesu-Medaillen an ausgewählte Medien sandte, wurde die Geschichte von den großen Zeitungen wie *Miami Herald*, *Denver Register*, *Cleveland Plain Dealer*, *Chicago Sun-Times* und weiteren bedeutenden Zeitungen in den Vereinigten Staaten und in Europa aufgegriffen. Im Jahr 1961 veröffentlichte die Zeitschrift *Sports Illustrated* einen Artikel über das Unternehmen *St. Peter-Fischköder* und überreichte Mutter Angelica (die noch nie in ihrem Leben eine Angelschnur ausgeworfen hatte) eine Ehrenplakette aufgrund ihrer „Verdienste für eine Sportart".

Um den Bedarf an Ködern im Land befriedigen zu können, schuf Angelica eine Art Serienproduktion im Kloster. Während der Arbeitszeiten kamen die Nonnen in ihre Werkstatt und verbrachten dort jeden Tag bis zu drei Stunden mit der Herstellung der Fischköder.

Wenn Mutter Angelica von ihren geschickten Fingern aufschaute, mit denen sie die Köder herstellte, indem sie sie drehte und mit einem Haken versah, bewunderte sie die hingebungsvollen Schwestern, die sie umgaben. Zum ersten Mal fühlte sie sich als Teil einer Familie: „Nun gab es in meinem Leben auf einmal andere Menschen", berichtete sie später einmal. Diese treu ergebenen Schwestern waren ihre Töchter, und sie war ihre Mutter, vereint im Gebet und mit einem gemeinsamen Ziel. Rita Rizzo war endlich zu Hause angekommen.

Ihr Familiensinn schloss auch ihre Laienhelfer mit ein. In den Werbesendungen des Unternehmens *St. Peter-Fischköder* wurden die Käufer niemals als „Kunden" oder „Freunde" angesprochen. Die Weihnachtsgrüße von 1961 setzten den Akzent für die Zukunft vielmehr auf das Zusammenwirken mit der Öffentlichkeit:

> „Liebe Familie,
>
> wir möchten Sie einfach wissen lassen, dass *Ihr* Kloster fast fertig ist und dass Sie Jesus das wundervollste Geburtstagsgeschenk der Welt gemacht haben – einen neuen und schönen Thron."

Mutter Angelica gab ihrer erweiterten Familie das Gefühl, als Familienmitglieder gewissermaßen persönliche Eigentümer ihrer Projekte zu sein. Jedermann war zusammen mit ihr daran beteiligt. Dies sollte auch so bleiben und weiterhin Erfolg haben, als Angelica neue und größere Apostolate in Angriff nahm.

Mit den Schwestern Joseph und Raphael, die sich bereits für das Kloster in Birmingham verpflichtet hatten, fehlten Mutter Angelica immer noch zwei Schwestern. Wie jede praktisch veranlagte Italienerin suchte sie ihre erste Kandidatin in der Küche. Schwester Michael war gerne im Kloster in Canton und hatte kein Verlangen, in den Süden zu gehen. Doch als Mutter Angelica die Nonne mit den großen Augenlidern persönlich bat, sich der Neugründung anzuschließen, vollzog sich bei ihr ein Sinneswandel. „Ich weiß nicht, warum, aber ich sagte Ja", erinnerte sich Schwester Michael. „Später wünschte ich mir, ich hätte nicht Ja gesagt, trotzdem habe ich mein Kommen nie bereut." Danach trat Angelica an Schwester Assumpta heran. Obwohl sie erst in einigen Monaten ihre ewigen Gelübde ablegen durfte, stimmte die junge Nonne ebenfalls zu, dem Kloster in Birmingham beizutreten. Damit war Mutter Angelicas Familie vollzählig.

Am 29. Oktober 1960 schrieb Mutter Veronica an Bischof Walsh und bat ihn auf sanfte Art, sich mit der Genehmigung für die Gemeinschaft in Birmingham zu beeilen. Sie betonte, dass die Finanzierung der Gründung gesichert wäre: St. Klara sagte zu, der neuen Gemeinschaft eintausend Anteile an Bankaktien zu spenden; ein Ehepaar aus Canton hatte sich verpflichtet, den Schwestern ein kleines Haus zu kaufen; der Verkauf der Fischköder hatte 4.500 Dollar Gewinn eingebracht. Die Äbtissin versicherte, dass der Weggang der fünf Schwestern nach Birmingham der Gemeinschaft in Canton nicht schaden würde. Doch das Leiden hatte schon begonnen.

Schwester Mary vom Kreuz, die immer noch über ihre ungeborene Gemeinschaft in St. Cloud grollte, stellte ganz offen die Autorität der sanften Mutter Veronica infrage. Andere Schwestern wurden von ernsthaften seelischen und geistigen Störungen geplagt. Eine der Nonnen, die später aus der Gemeinschaft ausgeschlossen wurde, jagte Mutter Angelica mit einem Fleischermesser die Treppen hinauf.

Es war längst nicht alles in alles in Ordnung im Kloster St. Klara, und Angelica wartete begierig darauf, bis es weiterging.

Für Schwester Mary vom Kreuz muss es eine Qual gewesen sein, am 3. Februar 1961 den Eintrag in das Protokoll von St. Klara zu schreiben. Er lautete: „Rom gewährte alle Genehmigungen, die Gründung in Alabama durchzuführen."

Jetzt war es offiziell. Schon bald sollte Mutter Mary Angelica Äbtissin sein – anfangs für vier Schwestern und später für Millionen. Sie brachte ihre Pläne für ihre Jungfernfahrt in die Stadt zum Abschluss, die sie bald ihre Heimat nennen sollte: ein Ort, der für seine Rassenkonflikte und seine antikatholische Einstellung bekannt war.

7. Kapitel

Die Gründung

Am Morgen des 26. Februar 1961 brach das Eis unter der verchromten Limousine von Onkel Nick Francis, als er auf dem Zufahrtskreisel von St. Klara vorfuhr. Er traf schon früh ein, um die Schwestern nach Cleveland zu fahren, damit sie ihren Flug nach Dixie erreichten. Mutter Angelica war im Begriff, eine Welt zu betreten, die ihr gänzlich unbekannt war – eine Welt, die sie sich im Geiste durch Eindrücke von Klosterbesuchern sowie gelegentlichen Meldungen in der Zeitung *Canton Repository* ausgemalt hatte. Sie hatte von Schwarzen gelesen, die in Gaststätten Sitzblockaden machten, von Protestmärschen im nahe gelegenen Montgomery und von Rassenunruhen, die manchmal Todesopfer forderten. Doch abgesehen davon wusste sie nicht viel über Alabama und noch weniger über Birmingham.

Unterwegs nach Alabama

Im Jahr 1961 kam die Eisenerzindustrie, die das Standbein von Birmingham war, ins Stocken. Mit der plötzlich sinkenden Nachfrage nach Stahl brach auch die Zukunft der Stadt zusammen; das schürte den Hass. Mitglieder des Ku-Klux-Klan und andere nutzten die wirtschaftlichen Schwierigkeiten, um Schwarze, Juden und Katholiken zu verteufeln. Die Hölle brodelte auf den sonst ruhigen grünen Hügeln von Birmingham, was der Stadt den Ruf einbrachte, eine Metropole der Rassentrennung in den Südstaaten zu sein.

Zur gleichen Zeit glänzte diese „Gürtelschnalle des Bibelgürtels“ mit einem blühenden Glauben. Kirchen der Baptisten übersäten die steilen Hügel, während sich die Methodisten, Presbyterianer und die AME-Heiligtümer *(African Methodist Episcopal*

Church) in Stadtnähe angesiedelt hatten. Die katholische Gemeinde, die größtenteils aus italienischen, deutschen und irischen Einwanderern bestand, zählte weniger als zwei Prozent der Bevölkerung. Mit ihren Statuen und den einmal im Jahr mit Asche verschmierten Stirnen stellten sie eine Ausnahmeerscheinung in einer Region dar, die Fremde ohnehin nicht gerne aufnahm.

Eine Handvoll katholischer Orden beherzigte den Aufruf von Papst Pius XII., der schwarzen Rasse zu helfen, und siedelte sich in diesem Bereich an. Es war eine verschwindend kleine Anzahl. Sie vegetierten im „Missionsgebiet" vor sich hin – doch letztlich erging es ihnen besser als ihren Vorfahren.

In der ersten Hälfte des zwanzigsten Jahrhunderts wurden die Birminghamer Katholiken zur Zielscheibe religiös motivierter Gewalt. In einem Fall, der auf schreckliche Weise an den Mord von Pfarrer Riccardi in Canton erinnert, wurde der Rektor der St. Pauls-Kathedrale in den Zwanzigerjahren auf den Kirchenstufen niedergeschossen. Danach wurde ein Schwesternkloster bis auf die Grundmauern niedergebrannt, wie Einheimische berichteten. Solche Bekundungen von Feindschaft gegen Katholiken nahmen in den kommenden Jahren noch unterschiedliche Formen an.

Anfang der Sechzigerjahre sollte eine Serie unaufgeklärter Bombenanschläge auf Häuser von Schwarzen und Juden der Stadt den Spitznamen „Bombingham" einbringen. Innerhalb weniger Jahre verwandelten brodelnde Rassenunruhen die „Zauberstadt" in einen nationalen Krisenherd von Hass und Gewalt. Doch als Mutter Angelica nach Alabama aufbrach, wusste sie von alldem nichts.

Sie war glücklich, als sie in Onkel Nicks Auto nach Cleveland fuhr und dabei auf den Knien ihr Traumkloster wie ein Puppenhaus aus Pappe hielt. Sie hielt es fest, damit ihm nichts passierte. Neben ihr saß Mutter Veronica und betrachtete die dicken Flocken, die der Schneesturm am Autofenster vorbeijagte. Angelicas Gedanken waren woanders. Sie dachte nur an ihre Mission: Land zu finden und eine „Gebetsgemeinschaft unter den Negern" in Alabama aufzubauen.

Der Schneesturm legte im Kloster St. Paul zwar die Stromversorgung lahm, doch beim Anblick von Mutter Angelica leuchteten die Gesichter der Schwestern auf. Sogar die Äbtissin mit ihren wässrigen Augen, die jetzt beinahe fünfundsiebzig Jahre im Orden war, erinnerte sich noch an ihren oft zurechtgewiesenen Schützling. Mutter Agnes segnete die Neugründung und verband damit Angelica im Geiste mit jenen Frauen, die fünf Gründungen der Franziskanerinnen vom Allerheiligsten Altarsakrament in den Vereinigten Staaten und elf weitere Klöster in Polen, Indien, Deutschland, Frankreich und Italien errichtet hatten.

Der ununterbrochene Schneefall in Cleveland behinderte den Schneeräumdienst, sodass sich der erste Flug ihres Lebens verzögerte. Deshalb kamen sie zu spät in Atlanta an, verpassten ihren Anschluss nach Birmingham und waren gezwungen, die Nacht in einem Motel zu verbringen.

Für zwei Nonnen, die die Welt außerhalb des Klosters nicht mehr gewohnt waren, hatte sich vieles verändert. Ihr Aufenthalt im Motel wurde zu einer Komödie mit lauter Irrtümern. Mutter Angelica war nicht vertraut mit an der Wand angebrachten Duschköpfen. Sie wurde jedes Mal, wenn sie Wasser in die Badewanne einlaufen lassen wollte, mysteriöserweise nassgespritzt. Und als Mutter Veronica sie bat, das Licht zu löschen, wurde die Birne mit jeder Drehung am Schalters noch heller. „Ich glaube in dieser Lampe steckt der Teufel“, sagte Angelica mit weit aufgerissenen Augen zu ihrer Oberin.

Der Aufenthalt im Motel im Jahre 1961 war insofern denkwürdig, da Mutter Angelica dort zum ersten Mal überhaupt einen Fernsehapparat sah. Eine Sendung hatte sie nicht angeschaut, denn „man musste ein 25-Cent-Stück oder etwas Ähnliches einwerfen“. Doch in diesem Motelzimmer in Atlanta machte sie die Bekanntschaft mit dem Gerät, das ihr Leben verwandeln sollte.

Am nächsten Tag in Birmingham ließen sich Mutter Angelica und Mutter Veronica bei den Schwestern von der Heiligen Dreifaltigkeit nieder. Die Trinitarierinnen sollten die Nonnen während ihrer Landsuche beherbergen, und zwar auf Veranlassung des Erzbischofs, mit dem die Nonnen an diesem ersten Nachmittag eine Zusammenkunft in der Stadt vereinbart hatten.

Mit offenen Armen begrüßte Erzbischof Thomas Toolen Mutter Angelica, während er noch oben auf der Wendeltreppe seiner Residenz stand. Der rundliche, fröhliche Mann, der einen schwarzen Talar mit einem riesigen violetten Zingulum (Gürtelbinde) trug, das bis unter seine Achseln hochgezogen war, raste die Treppe herunter. Kleine weiße Haarbüschel schauten unter seinem Scheitelkäppchen hervor. Mit seinem übergroßen Kopf und seinen großen Ohren hätte er für Charles Laughton gehalten werden können. Mutter Angelica behielt ihn als „sehr väterlich" und „so menschlich" in ihrer Erinnerung.

In seinem Sprechzimmer erzählte der Erzbischof den Schwestern, dass er für ihre Neugründung das perfekte Herrschaftshaus ausgewählt hatte. Die Nonnen sahen sich gegenseitig an. Während Mutter Veronica betend die Augen niederschlug, fing Angelica mit ihrem Verhandlungsgespräch an. Sie holte die Finanz- und Haushaltspläne hervor, und schließlich, um alles unter Dach und Fach zu bringen, ihr anspruchsvolles Modell des Klosters. Als der überraschte Erzbischof das alles aufgenommen hatte, erinnerte ihn Mutter Angelica auch noch daran, dass das Fischköder-Geschäft bereits elftausend Dollar Reingewinn abgeworfen hatte und noch mehr zu erwarten sei. Der Erzbischof war jetzt von der Notwendigkeit eines den Wünschen der Nonnen angepassten Klosters ausreichend überzeugt und gab grünes Licht für den Kauf eines Grundstücks in Birmingham. Weder in der Ordenschronik noch in der Presse wurde zu jener Zeit erwähnt, dass das Kloster gegründet wurde, damit die Nonnen für die ungeliebte schwarze Gemeinde beten konnten, und um schwarze Schwestern aufzunehmen, die zum kontemplativen Leben berufen waren. Um der Sicherheit der Schwestern willen sollte ihre Mission geheim gehalten werden.

Jeden Morgen nach der Messe erkundeten Angelica und Veronica die Gegend. Sie besichtigten Herrenhäuser und sahen sich auf Berghöhen um, doch nichts schien für das neue Kloster geeignet zu sein.

In der Zwischenzeit fing Mutter Angelica an, sich mit der italienischen Gemeinde bekannt zu machen. Ebenso wie ihre „Tonys" zu Hause, waren auch die katholischen Geschäftsleute hier von dem unternehmerischen Tatendrang der kalabrischen Nonne begeistert. Ihr Weitblick und ihr bodenständiger Humor machten sie zu einem Magneten für diese Landsleute, die sich gegenseitig beim Anbieten von Diensten und Materialien übertrafen. Einer der Ersten war der Bauleiter Tony Oddo. Er wurde Mutter Angelica von einem Priester vorgestellt und erklärte sich bereit, ihr Kloster zu einem reduzierten Preis zu bauen.

Protestanten waren nicht weniger großzügig. Als Wilmont Douglass sich als Architekt verpflichtete, war er von dem Modell, den Plänen und den Fischködern so überwältigt, dass er einen ortsansässigen Pressevertreter anrief, um für die Nonnen Werbung zu machen. Die Zeitungen *Birmingham Post Herald* sowie *Birmingham News* veröffentlichten die Geschichte von der Fischköder-Nonne und ihrem Traum, ein Kloster zu bauen.

Doch trotz all des Beifalls und der Zustimmung in Birmingham war Mutter Angelicas Suche nach einem Grundstück ins Stocken geraten. Im März hatte sie immer noch nichts in Aussicht. Alles, was sie sich angesehen hatte, befand sich entweder zu weit außerhalb der Stadt, war zu teuer oder lag in einem Gebiet, in dem kein Kloster gebaut werden konnte. Angelica bewies Durchhaltevermögen und Glauben während dieser Verzögerung. An die Schwestern in Canton schrieb sie: „Es ist ganz deutlich, dass Er diese Gründung lenkt, und dass wir nur lieben und warten müssen, bis Seine gute Vorsehung uns den Weg zeigt.“ Doch auch nach fast zwei Monaten in Birmingham waren ein Bauunternehmer, ein Architekt und ein Girokonto mit vierzig Dollar Guthaben sowie ein entschlossener Glaube, dass Gott sie nicht im Stich lassen würde, alles, was Mutter Angelica vorweisen konnte.

Die Hand der Vorsehung

Am 16. März brach die schrille Stimme, die sich wie der Pfeifton eines Teekessels anhörte, zum ersten Mal über ein Publikum herein. Als einige Damen der Gesellschaft im Untergeschoss des Trinitarierinnenklosters zu einer offiziellen Teestunde eingeladen hatten, ging Mutter Angelica im Raum umher, schüttelte Hände und stellte sich selbst vor. Da bat man sie nach vorne. Eine der Schwestern der Trinitarierinnen klopfte mit einem Hämmerchen, um die Aufmerksamkeit der Versammelten auf sich zu ziehen.

Dann winkte sie die achtunddreißigjährige Mutter Angelica nach vorne, um ein paar Worte zu sagen.

„Ich hätte ihr eins aufs Dach geben können! Aber sie lächelte nur herzig und trat beiseite", schrieb Angelica an jenem Tag über diese Schwester. „Aber Jesus half mir – und dann fingen sie an, Fragen zu stellen, schauten sich die Köder an, und sagten, ‚Ist das nicht wundervoll?'" Bei dieser ersten öffentlichen Rede Angelicas passierte nicht viel, doch die Tatsache, dass diese von der Welt abgeschlossene Schwester ihr Schweigen in der Öffentlichkeit gebrochen hatte, war revolutionär.

Als Angelica nach oben zurückkehrte, hatte Mutter Veronica schon ihren nächsten Vortragstermin verabredet. Um einem Monsignore aus Birmingham einen Gefallen zu tun, sollte sie am kommenden Donnerstag, am Tag der Berufungen, einen Vortrag in einer katholischen High School halten. Angelica nahm die Aufgabe widerstrebend an, denn zu dieser Zeit waren Ansprachen wie diese für sie eine Qual.

Einen kurzen Einblick in ihre Vortragsmethode vermittelt ein Eintrag, den sie am 22. März 1961 – dem Tag vor ihrer Rede – in die Chronik der Gemeinschaft schrieb: „Ich glaube, die beste Vorbereitung ist gar keine Vorbereitung. Jesus wird mir zur rechten Zeit eingeben, was ich sagen soll."

Man nahm mit vier Immobilienmaklern Verbindung auf, um für das neue Kloster ein Grundstück zu finden, während Mutter Angelica unabhängig davon erneut auf die Suche ging. Wiederholt erklomm sie in voller Ordenstracht zugewachsene Bergabhänge, wobei sie sich über ihr Gebrechen lustig machte und ihre Krücke einsetzte, um den Weg zu dem heiligen Ort zu bahnen, den sie suchte. Auf bestimmten Anwesen vergrub sie alle paar Meter religiöse Medaillen oder drückte eine Reliquie von Mutter Cabrini auf die Erde, um Gottes Gunst zu erlangen. Das sollte monatelang so weitergehen.

Zurück in Canton wurde am 18. April 1961 in der Theatergilde das Stück *Sister was a Sport* („Die Schwester war eine Sportlerin") uraufgeführt. Angeregt durch Mutter Angelicas Spendensammlungen, wurde in dem Stück die Geschichte von Schwester Mary Helen, einer ehemaligen Expertin auf dem Gebiet des Angelsports erzählt, die davon beseelt war, auf die Kundenbedürfnisse zugeschnittene Fischköder zu verkaufen, als das Kloster von harter wirtschaftlicher Not betroffen war. Obwohl keine der Schwestern von St. Klara die Aufführung sah, hatte Mae Francis sich das nicht entgehen lassen.

Manche der damals im Theater Anwesenden erinnern sich, wie Mae während der Vorführung ihren eigenen Kommentar zum Besten gab. „Oh, das haben sie falsch verstanden", brummelte sie mit lauter Stimme in der Dunkelheit jedes Mal, wenn die erfundene Geschichte von der Wirklichkeit abwich.

Ohne dass Mutter Angelica etwas davon wusste, wurden Hunderte von Theaterbesuchern Zeugen eines Teiles ihres Lebens, als sie die Bühnenversion anschauten. Zurück in Birmingham sah sie – mit nur beiläufigem Interesse – Sendungen in dem Medium an, das einmal ihr Bild und ihre Ideen weit über die Reichweite eines Theaters hinaus übermitteln sollte. Um auf dem Laufenden zu bleiben und zu erfahren, was in der Welt geschah, setzten sich Mutter Angelica und Mutter Veronica an den meisten Abenden nach dem Essen mit den Trinitarierschwestern zusammen und sahen sich die Abendnachrichten von *NBC*, den *The Huntley-Brinkley Report*, an. Dies war das erste Fernsehprogramm, das Mutter Angelica anschaute.

Am Muttertag nahm Cooper Green, der frühere Bürgermeister von Birmingham, Mutter Angelica mit, um ein Grundstück in Irondale zu besichtigen. Lange bevor dieser Vorort in dem Film von Fannie Flagg *Fried Green Tomatoes at The Whistle Stop Cafe* („Grüne Tomaten") verewigt wurde, war das Dorf kaum mehr als eine Ansammlung von Hütten, die weit abseits von den prachtvollen Herrenhäusern am Hang *Mountain Brook* klebten.

Eine lange und kaum befahrene Straße führte zu einem Grundstück, das auf einem leicht abfallenden Berghang lag und etwa vier Hektar groß war. Dies war eine ideale Umgebung für ein Kloster. Neben dem Grundstück stand auf dem etwa drei viertel Hektar großen Nachbargrundstück ein kleines Haus mit zwei Schlafzimmern. Als Mutter Angelica erfuhr, dass das Haus zwangsversteigert werden sollte, hatte sie eine praktische Idee: Die Nonnen bräuchten ja eine Ausgangsbasis für ihre Tätigkeiten und Toiletten während des Klosterbaus. Warum dann also nicht das kleine Haus kaufen? Da Angelica Gottes Vorsehung spürte, setzte sie rasch einen Kaufvertrag über sechs Hektar Land, das Nachbarhaus sowie weitere anderthalb Hektar Land „als Schutz" auf, „damit keiner zu dicht neben uns bauen" konnte.

„Gott ist gut. Er ließ uns eine gewisse Zeit suchen, aber dann gab er uns mehr, als wir jemals erwartet hatten, und das ist typisch für Ihn", sagte Mutter Angelica damals. „Es lohnt sich, auf den guten Gott zu vertrauen."

Unterdessen lehnte die Baubehörde es ab, eine Baugenehmigung für das Grundstück zu erteilen, was das Projekt ernsthaft gefährdete. Mutter Angelica begann, Telefonate zu führen, während Cooper Green den Bürgermeister anrief. Angelica „fühlte sich irgendwie ziemlich schlecht", wusste auch nicht, ob sie die Baugenehmigung bekommen würde oder nicht. Da wurde ihr der Kaufvertrag für die Grundstücke in Irondale vorgelegt.

„Wir steckten nun sowieso schon so tief in allem drin, dass wir ihn unterzeichneten. Wir haben alles aufs Spiel gesetzt und dem Herrn vertraut", schrieb sie den Schwestern von St. Klara.

Gott belohnte ihr blindes Vertrauen. Als der Sommer 1961 kam, hielt Mutter Angelica Baugenehmigungen und Urkunden für sechs Hektar des Birminghamer Grundbesitzes in Händen. Die Kaufsumme betrug dreizehntausend Dollar. Das war genau der Betrag, der durch das Fischköder-Unternehmen erwirtschaftet worden war.

Die Chefin

Am 24. Juli 1961 legte Erzbischof Toolen sein beträchtliches Gewicht auf eine Schaufel und stieß diese in das felsige Erdreich. Nach den gesungenen lateinischen und englischen Gebeten hob er vor hundert Zuschauern die Erde aus und leitete damit den Baubeginn für das Kloster *Our Lady of the Angels* („Unsere Liebe Frau von den Engeln") ein. „Mir tun diese Arbeiter leid, die sich von den beiden Nonnen sagen lassen müssen, was sie zu tun haben", scherzte der Erzbischof.

Mutter Angelica und Schwester Joseph standen neben Planierraupen, die alles einebneten, und entwurzelten Pinien, und waren umgeben vom Lachen ihrer Unterstützer. Sie konnten ihre Freude kaum verbergen. Bilder von diesem Tag zeigen eine begeisterte Angelica, die vor Entschlossenheit und Zuversicht nur so strahlte. In ihren Augen sah man förmlich den Triumph.

Mit dem Baubeginn änderte sich auch die Zusammensetzung der Gruppe in Birmingham. Mutter Veronica ging zurück, um der Gemeinschaft in Canton Beistand zu leisten. An ihre Stelle trat Schwester Joseph als Angelicas Partnerin am Bau. Doch Mutter Angelica gab den Ton an. Wenn ein Anbieter von Betonblöcken auf der Baustelle vorbeikam, um einen Kostenvoranschlag abzugeben, rief ihm einer der Bauarbeiter zu: „Gehen Sie lieber gleich zu Mutter Angelica, sie ist hier die Chefin." Was das Technische betraf, so war Tony Oddo zwar der Bauleiter des Klosters, doch erteilte Mutter Angelica auf Schritt und Tritt Aufträge, entdeckte Fehler, tätigte unangenehme Anrufe und warf ein Auge auf die Ausgaben.

Als das steinige Land freigeräumt war, warnte der Architekt Mutter Angelica vor dem Bau auf dem abschüssigen Gelände. Die Aushubkosten würden gewaltig sein, sagte er ihr. Selbst wenn das Kloster hier errichtet werden könnte, rechnete er mit einem fünfzehn mal achtzehn mal sechs Meter großen Hohlraum an der Stelle, an der der Vorplatz sein sollte.

„Wir werden hier schon einen Hügel finden, den wir dort abladen können", gab Angelica zur Antwort. Als Sam Saiia von der Birminghamer *Excavating Company* eine Baukolonne kostenlos zur Verfügung stellte, die Erdarbeiten im Wert von einigen Tausend Dollar ausführen sollte, drängte Mutter Angelica zuversichtlich vorwärts. Mit Dynamit wurde der Felsen gesprengt, Erde wurde bewegt, doch als die Wände hochgezogen wurden, klaffte mitten in der Baustelle der Hohlraum, den der Architekt vorhergesehen hatte.

Mutter Angelica schritt eines Nachmittags den Hohlraum ab und erkannte, dass sie es mit einem großen Problem zu tun hatte. Eine schlaffe, speicheltriefende Stimme mit dem Akzent der Südstaaten unterbrach ihre Gedanken. „Haben ja ein großes Loch da“, brüllte ein runzliger alter Mann von der anderen Seite der Grube herüber. Er spuckte seinen feuchten Kautabak in die Grube und schlenderte Angelica entgegen. „Brauchen Sie Erde? Hab‘ einen Hügel hinter meinem Haus, und immer, wenn’s regnet, ist das verdammte Zeug in meinem Keller. Wollen Sie’s?“ Sie wollte es. Innerhalb von wenigen Tagen wurde die Grube mit dieser Erde aufgefüllt, und das Problem war gelöst. Es sollte eine der kleineren Spenden sein, die Mutter Angelica bekam.

Cossette Stevenson von der Firma *Stevenson Brick and Tile* spendete die Ziegelsteine für das Kloster. Joe DeMarco spendete die Betonblöcke für das Innere. Ein Betrieb in jüdischem Besitz stellte sämtliche Keramikkacheln für das Gebäude zur Verfügung und gab den Nonnen eintausend Dollar Preisnachlass auf Armaturen. Das Kloster war in Birmingham zu einem Prüfstein der Ökumene geworden, zu einem inspirierten Projekt, das Protestanten, Juden und Katholiken unterstützen konnten. Die Persönlichkeit Mutter Angelicas brachte dies zuwege.

Welche Maßstäbe man auch immer anlegt, Angelica hielt während der ganzen Bauzeit ihres Klosters einen auszehrenden Tagesplan ein. An den meisten Tagen stand sie um fünf Uhr morgens auf. Nach der Messe, dem Chorgebet, Frühstück und einem Bad kam sie gegen neun Uhr zur Baustelle. Die folgenden acht Stunden blieb sie bei den Arbeitern. Mit ihrer Krücke, die sie stets benutzte, bewegte sie sich tapfer in der Sonne von Birmingham, äußerte Kritik und ermutigte die Bauarbeiter.

Über ihr tägliches Sonnenbad auf der Baustelle schrieb sie: „Wenn ich meine Borte abnehme, sehe ich aus wie ein Clown: Auf meinem Gesicht zeigen sich dann ein perfekt runder Kreis vom Sonnenbrand und eine ganz rote Nase, was manche vermuten lässt, dass ich zu den Anonymen Alkoholikern gehöre oder zu ihnen gehören sollte.“

Nach 17 Uhr kehrte sie in das Kloster der Trinitarierinnen zurück, bereitete den Druck von Ausschreibungen vor, stellte Schecks aus und erledigte Telefonanrufe, während sich Schwester Joseph um die Arbeit in der Waschküche kümmerte. Mutter Angelicas Einsatz während der ganzen Bauzeit war hundertprozentig.

Einmal versuchte sie für kurze Zeit, nicht mehr ständig auf der Baustelle anwesend zu sein. Doch das hielt nicht lange an. Am 17. September 1961 schrieb sie:

„Einige Tage lang überließen wir die Männer sich selbst und gingen dann hinüber, um nachzuschauen, was sie machten – nämlich gar nichts. Von jetzt an bleiben wir also hinter ihnen her. Wir arbeiten mit unvollständigen Plänen, und das ist sehr schwer. Wenn etwas nicht aufgeschrieben ist, fragen sie mich danach, und wir beten einfach dafür, die richtigen Entscheidungen zu treffen. Neulich habe ich mich leicht über Herrn Douglas [den Architekten] aufgeregt, und das habe ich ihm auch... unmissverständlich... gesagt... Und es hat wirklich geklappt! Sie lassen zehn Männer daran [an den Plänen] arbeiten, und sie haben bis Dienstag fertig zu sein, sonst... Du weißt schon: Wenn sie denken, mit dir haben sie leichtes Spiel, dann versuchen sie, dich zu vertrösten und zu vertrösten, und glauben, dass man ihnen das durchgehen lässt. So wissen sie jetzt hoffentlich Bescheid!!!"

Langsam begriffen die Bauleute, dass sie es nicht mit einer gewöhnlichen Klosterschwester zu tun hatten. In den meisten Dingen wusste sie Bescheid. Sie konnte mühelos die Pläne lesen und machte kein Hehl daraus, ihr Missfallen über schlampig ausgeführte Arbeiten zu äußern. „Ich musste den Maurern die Meinung sagen, als sie bei den Fugen etwas zu nachlässig waren", schrieb Mutter Angelica im Oktober 1961. „Ich glaube, sie wissen jetzt, dass sie jede Wand, die uns nicht gefällt, wieder niederreißen müssen."

Dieses Projekt, das komplizierter war als die Reparatur eines undichten Kellergeschosses oder der Bau einer Grotte im Garten, erforderte alles, was Mutter Angelica zuvor gelernt hatte. Tag für Tag begann sie von Neuem, die Vorschriften ihres religiösen Lebens mit den Anforderungen der Geschäfte in Einklang zu bringen. Die Balance zwischen dem Anspruch, das Beste zu verwirklichen, und dem Wunsch, ein gutes Beispiel zu geben, stellte tatsächlich eine große Herausforderung dar. Diese Schwierigkeit erwähnt sie in einem Brief im November:

„Als ich die Lebensgeschichte der hl. Teresa von Avila las und dort stand, dass sie täglich zur Beichte ging, konnte ich mir eigentlich nie vorstellen, warum. Natürlich weiß man, dass sie fünfzehn Klöster baute, doch selbst da dämmerte es mir nicht, warum sie jeden Tag beichten musste… tja… jetzt weiß ich es!!! An manchen Tagen könnte ich zweimal gehen."

An dem Tag, als sie auf die Baustelle kam und die Maurer dort nicht antraf, muss einer dieser Anlässe gewesen sein. Als Mutter Angelica nach ihrem Verbleib fragte, antwortete einer der Handwerker, sie stellten gerade ein Haus in einem anderen Teil der Stadt fertig und kämen erst in drei Tagen wieder.

„Und was sollen wir dann in diesen drei Tagen hier tun – Schach spielen und den Bau stehen lassen, bis sie das andere Haus fertig haben?", sagte Mutter Angelica daraufhin. „Wissen Sie, wo dieses Haus ist?"

Der Handwerker wusste es. Mutter Angelica rief Tony Oddo zu sich. „Mr. Oddo, bitte steigen Sie in Ihren Lastwagen und fahren Sie zu dem Haus, in dem die Leute arbeiten und sagen Sie ihnen, wenn sie fertig sind, sollen sie einfach herkommen und ihre Werkzeuge abholen – sie sind entlassen." Innerhalb einer Stunde fand Angelica ein neues Maurerteam, und die Arbeit ging weiter. Nach diesem Zwischenfall kam keiner der Männer mehr zu spät auf die Baustelle.

Fortschritte und Rückschläge

Am 18. September 1961 brachte ein Zug Mae Francis und ihr Hab und Gut nach Birmingham zu einem mehr als nur beiläufigen Besuch. Nachdem Rita fortgegangen war, war über Mae in Canton die Einsamkeit hereingebrochen. Sie arbeitete nicht mehr bei den Wasserwerken in Canton und lebte im Ruhestand. Jetzt tat sie, was zu erwarten war: Sie zog auf die Dauer in den Süden. Das kleine Haus am Rand des Klostergrundstücks sollte vorübergehend ihr Heim werden.

Um das Jahr 1961 hatte sich Mae Francis völlig verwandelt. Sie renovierte das Haus mit den zwei Schlafzimmern, bereitete nachmittags das Mittagessen für die Schwestern zu, bediente das Telefon und bot ihrer Tochter Hilfe an, wo sie nur konnte. Sie entfaltete eine Spiritualität und wurde auch sanfter, doch ihre Anhänglichkeit an Rita hatte nicht nachgelassen.

Kurz nach Maes Ankunft sprach Mutter Angelica vor dreihundert Menschen auf einer Veranstaltung der Diözese Birmingham. Ein Monsignore stellte sie vor als „die größte Bettlerin, die diese Stadt jemals gesehen hat... wenn sie euch zu fassen bekommt, dann ist es aus mit euch!" Angelica ging zum Rednerpult und erläuterte die „nächtliche Anbetung", die die Schwestern vor dem Allerheiligsten hielten, sowie das immerwährende Gebet, das sie für die Bewohner von Birmingham darbrachten, „ohne Rücksicht auf ihre Rasse oder ihren Glauben". Die humorvolle Wiedergabe ihres Versuches, das Licht in einem Motel in Atlanta zu löschen, und ähnlicher Herausforderungen, mit modernen Dingen fertig zu werden, rundeten die Rede ab. Sie hoffte, dass es ihre „letzte Ansprache" sein würde.

Doch bald war sie wieder am Rednerpult, und zwar vor einer Gruppe jüdischer Geschäftsleute. Mutter Angelica erzählte zu Beginn ihrer Ansprache von ihrer Bluttransfusion und dem gemeinsamen jüdischen Blut. Sie baute sofort eine persönliche Beziehung zum Publikum auf. Das Geschick, Lustiges zur rechten Zeit anzubringen, das sie auf den Straßen von Canton aufgeschnappt hatte, machte sich nun in höchstem Maße bezahlt. Schon bald rissen sich Männer- und Frauengruppen, der *Kiwanis Club*, jüdische Synagogen, Nähzirkel und Studentengruppen, die nicht alle katholisch waren, um Mutter Angelica als Rednerin vor ihrem jeweiligen Kreis. Sie nahm alle Einladungen an, um die Einheimischen mit dem religiösen Leben vertraut zu machen und finanzielle Unterstützung für ihr zunehmend teurer werdendes Kloster zusammenzutrommeln.

Geld wurde gegen Ende 1961 für Mutter Angelica ein Problem. Das Kloster hatte nicht nur den Haushaltsplan überschritten, sondern auch die persönlichen Finanzreserven der Nonnen aufgebraucht. Irgendwann verfügten sie und Schwester Joseph dann nur noch über vierzig Cent. „Machen Sie sich keine Sorgen, der Herr wird für uns sorgen", versicherte Mutter Angelica Schwester Joseph.

Während Mutter Angelica in diesem Glauben Ruhe fand, war er für Erzbischof Toolen nur Anlass zur Besorgnis. Ihr Plan lief darauf hinaus, 68.000 Dollar von der Bank zu leihen, um die überschrittenen Baukosten auszugleichen. Doch dafür brauchte sie die Zustimmung des Erzbischofs. Er war ernstlich besorgt darüber, dass eine neue Gemeinschaft mit derart hohen Schulden belastet werden sollte, und stattete deshalb am 22. November Mutter Angelica einen persönlichen Besuch ab.

Schon allein die Größe des Klosters ließ den Erzbischof vor Erstaunen innehalten. Im Anschluss an einen schnellen Rundgang ging er mit den Schwestern in das kleine Haus neben dem Kloster. Dort ließ er sich in einen Segeltuchstuhl fallen und teilte Mutter Angelica mit, dass sie kein Geld mehr ausleihen könne und dass der Bau eingestellt werden müsse, bis die erforderlichen Mittel für eine weitere Bautätigkeit aufgebracht wären.

„Aber Exzellenz, die Schlafzimmer sind erst mit einem Geflecht aus Eisenstäben versehen. Sie werden zu rosten anfangen. Das wäre schrecklich." Mutter Angelica flehte ihn an und versuchte, ihn von der Notwendigkeit zu überzeugen, den Bau fortzusetzen. Noch nicht einmal die Kapelle war fertig.

„Das ist mir egal", sagte der Erzbischof und begann, seinen massigen Körper vor ihr aufzurichten. „Sie hören jetzt sofort auf!" Als er sich erhob, blieb der Stuhl an seinem ansehnlichen Hinterteil hängen.

„Nun, ich wusste nicht, was ich tun sollte", erzählte mir Mutter Angelica und konnte sich vor Lachen kaum halten. „Ich wollte den Stuhl auch nicht von ihm wegziehen." Nachdem er sich ein paar Mal geschüttelt hatte, war der Stuhl wieder frei und der etwas verlegene Erzbischof ging.

Angelica war enttäuscht und wusste nicht, was sie als Nächstes tun sollte. Sie nahm ihre Krücke und ging hinaus auf die Baustelle, wo sie die Mannschaft zusammenrief. „Also, wir haben kein Geld mehr, und der Erzbischof sagte, dass wir mit dem Bauen aufhören müssen", verkündete sie.

„Er kann mir nicht befehlen, dass ich aufhören soll", rief der Besitzer der Firma *Canterbury Electric* zurück.

„Aber ich kann Sie nicht bezahlen."

„Schwester, wenn Sie mir Geld schulden, dann ist das wie ein Guthaben auf der Bank“, sagte der Elektriker. „Ich werde meine Arbeit fertigmachen.“.

Der Installateur, die Maurer und Tony Oddo folgten seinem Beispiel.

Jetzt brauchte Mutter Angelica eine Möglichkeit, um sie zu bezahlen. Sie schrieb nach Hause, an das Kloster St. Klara, und bat um ein Darlehen von 25.000 Dollar, welches der Rat genehmigte. Um die Kosten niedrig zu halten, verlegten Mutter Angelica und Schwester Joseph die Wandfliesen in den Toiletten und den Klosterzellen selbst. Sie schmirgelten Schränke ab und bearbeiteten die Fenster. Diese Arbeit sollte Angelica mehr als nur Zeit kosten. „Schwester Rückgrat schreit ab und zu auf, doch Jesus gibt die Kraft zum Weitermachen“, sagte sie während der Bautätigkeit.

Da Mutter Angelica finanzielle Mittel benötigte, fasste sie den schweren Entschluss, lediglich die Hälfte des ursprünglich geplanten Klosters zu bauen. Im Nachhinein betrachtete sie diese Entscheidung als das Wirken der Vorsehung: „Jesus bewahrte uns davor, genügend Geld zu haben. Er gab uns ausreichend Geld für die Hälfte.“ Jahre später sollte Seine Begründung Angelica offenbar werden.

Bei all der Unterstützung, die Mutter Angelica in Birmingham erhielt, gab es jedoch auch Menschen, die dem Plan, ein Kloster zu bauen, ablehnend gegenüberstanden – zumal es von einer katholischen Nonne aus den Nordstaaten gebaut wurde. Zunächst erhielt Angelica anonyme Briefe, die ihr vorwarfen, „den Italienern das ganze Geld aus der Tasche zu ziehen“. Dann kam es noch schlimmer.

An aufeinanderfolgenden Samstagen im September 1961 wurden Generatoren gestohlen und die Baustelleneinrichtung mutwillig beschädigt. Mutter Angelica erkannte dies als Versuch, sie zu vertreiben und davon abzuhalten, ihre Mission zu erfüllen. „Das wollen wir doch sehen“, sagte sie unnachgiebig zu den Schwestern aus Canton. Zum Schutz wurde ein Nachtwächter beauftragt und ein System installiert, bei dem die Nonnen das Licht am Vordereingang ihres kleinen Hauses im Falle einer Gefahr ein- und ausschalten konnten. Mutter Angelica hatte jedoch unterschätzt, wie lebensgefährlich diese Gefahr tatsächlich sein konnte. Einige Monate später sollte sie, als sie verzweifelt den Lichtschalter betätigen wollte, den Schrecken im Haus selber erleben.

8. Kapitel

Ein Familienkloster

Kleine Bäche schlängelten sich rund um die Steinbrocken und das Erdreich, von dem das halberbaute Kloster umgeben war. Der Regen richtete die Pinien übel zu, als er an jenem Abend auf die Old Leeds Road peitschte. In dem kleinen weißen Haus, das nur einen Steinwurf von der Baustelle entfernt gelegen war, beteten in der Nacht vom 2. Februar 1962 Mutter Angelica, Schwester Joseph und Mae Francis gerade die glorreichen Geheimnisse des Rosenkranzes, als sie hinter dem Haus ein Hämmern hörten. Zunächst nahmen sie das Geräusch nicht ernst und dachten, es sei ein Hund, der am Abstellplatz an den Mülltonnen rüttelte. Doch dann wurde das Scheppern lauter, als ob jemand versuchte, die Hintertür aufzubrechen. Jetzt hörte man, wie Glas auf den Fliesen in der Küche zerbrach. Vor lauter Angst rannte Mae Francis in ihr Schlafzimmer. Schwester Joseph eilte in die Küche, und Mutter Angelica ging in Richtung Vordertür, um die Hilferuf-Beleuchtung anzuschalten. Doch keiner kam. Dann hörte man einen Gewehrschuss im hinteren Teil des Hauses.

Verzweifelt schaute Mutter Angelica nach Hilfe und stieß die Vordertür auf. Im gelben Licht des Vordereingangs, wo der Regen wie ein Vorhang die Sicht behinderte, winkte und rief sie nach dem Wachmann. Doch die einzige Antwort darauf war das unaufhörliche Trommeln des strömenden Regens. Dann zerrissen ein Lichtblitz und fünf Schüsse die Dunkelheit. Eine Kugel landete so dicht neben Mutter Angelica, dass sie „das Schießpulver riechen konnte". „Noch nie in ihrem Leben hat man eine verkrüppelte Nonne so schnell rennen sehen", sagte Mutter Angelica später.

Sie versuchte, die Tür hinter sich mit Gewalt zu schließen, aber sie wollte nicht einrasten. Versuchten die Einbrecher, ins Haus zu gelangen? Wie viele waren es?, fragte sich Mutter Angelica. Sie warf ihr ganzes Gewicht gegen die Tür und schickte in Panik ein Gebet gen Himmel. Doch erst, als sie nach unten blickte, bemerkte sie, dass der Teppichläufer zwischen der Tür eingeklemmt war. Sie schob ihn zurück, sperrte das Schloss ab und griff nach dem Telefon. „Wir waren der Hölle so nah wie noch nie zuvor", sagte Mutter Angelica hinterher.

Innerhalb weniger Tage las und hörte man diese Geschichte in sämtlichen Zeitschriften und Radiosendungen. „Ich sagte Jesus, dass ich mir bessere Mittel und Wege vorgestellt hätte als diesen Zwischenfall, um das Kloster in der Gegend bekannt zu machen", schrieb Angelica an die Schwestern in Canton, „aber Er hat mich nicht nach meiner Meinung gefragt."

Sie erzählte den Medien mehrmals diesen erschütternden Vorfall und fügte vorsichtig an, dass ein solches Geschehen „nicht typisch für Birmingham" sei. Sie lobte die Menschen aller Glaubensrichtungen, die ihr seit ihrer Ankunft eine solche „Freundlichkeit" entgegengebracht hatten.

Die Behörden hatten keinerlei Anhaltspunkte. Fast zwei Wochen später fingen die Belästigungen von Neuem an.

Um 4.30 Uhr weckte das laute Bellen ihres neuen jungen Hundes die Schwestern aus ihrem Tiefschlaf. Das schon vertraute Hämmern hatte das Tier aufgeschreckt. Während der Hund laut bellte, gingen draußen plötzlich fünf Schüsse los. Dieses Mal blieben die Nonnen im Haus. Als es vorbei war, fanden sie eine Kugel, die in einem Fensterrahmen steckengeblieben war, sonst nichts.

Zunächst verängstigt entschloss sich Mutter Angelica, etwas zu unternehmen. In einer Nachricht, die sie nach Canton schickte, schrieb sie über diesen zweiten Angriff: „Wenn es noch ein drittes Mal geschehen sollte, fange ich an, daran meinen Spaß zu haben!" Diese Nonne hatte nicht die Absicht, fortzugehen – höchstens, um einmal Schwestern für die neue Gründung herzubringen.

Wie eine Familie

Am 8. Mai 1962 saßen Mutter Angelica, Mae Francis, Schwester Raphael, Schwester Joseph, Schwester Michael, Schwester Assumpta sowie ein Laienehepaar in einem Neunsitzer der Marke Pontiac, der von einem Birminghamer Autohändler ausgeliehen war, und fuhren von der hufeisenförmigen Auffahrt von St. Klara in Richtung Süden ab.

„Es war sehr schwer, als sie uns verließen", erinnerte sich Schwester Antony, eine Nonne aus St. Klara. Ein Teil der Gemeinschaft war weg. Schwester Raphael hatte diese schöne Stimme, Schwester Michael war die Köchin, Mutter Angelica besaß all ihre Talente und Schwester Joseph war die Schneiderin."

Mutter Veronica würde sagen, dass Angelica „nur die allererste Sahne mitnahm". Veronica hatte ihr das auch erlaubt. Ihre mütterliche Ergebenheit Angelica gegenüber war so vollendet, dass sie ihr gestattete, die besten Schwestern der Gemeinschaft St. Klara mitzunehmen, was jedoch eine Unsicherheit im Kloster verursachte, unter der das Kloster noch jahrelang zu leiden hatte. Im Grunde genommen opferte Mutter Veronica das alte Kloster zum Wohle der neuen Gründung.

Zwei Tage später ertönte ein Freudenschrei, als der Kombi in die Old Leeds Road einfuhr, sodass die Schwestern einen ersten Blick auf das Gebäude werfen konnten, das sie bisher nur auf Zeichnungen, Fotos und als Modell gesehen hatten. Die moderne Kapelle mit ihrem großen geschwungenen Dach, das an eine Arche erinnern sollte, ragte in den Himmel. An diesen Mittelpunkt schlossen die beiden rosafarbenen Klosterflügel an, die sich in verschiedenen Richtungen fortsetzten und zum Mittelpunkt dann wieder zurückführten, um ein formvollendetes Quadrat zu bilden. Das unter Schmerzen empfangene und geborene Kloster war Wirklichkeit geworden.

Zehn Tage lang veranstalteten Mutter Angelica und die Schwestern „Tage der offenen Tür", für die ordentlich die Werbetrommel gerührt wurde. Dies war eine Gelegenheit, das geheimnisvolle Innere des Klosterlebens anzuschauen, bevor die Nonnen für immer eingeschlossen würden.

Siebentausend Besucher besichtigten die achtzehn spartanischen Zellen – winzige Räume mit gestrichenen Betonwänden, in denen Metallbetten und passende Nachttische standen. In jeder Zelle hing ein einfaches Kreuz. Es sollte die dort lebenden

Schwestern daran erinnern, dass sie hier mit ihrem Leiden und ihren Bußübungen Christus vertraten. Es gab ein einfaches Arbeitszimmer, ein Refektorium (Speisesaal) für die gemeinsamen Mahlzeiten sowie einen Hof in der Mitte des Gebäudekomplexes. Der einzig künstlerisch aufwendig gestaltete Bereich des Klosters war die Kapelle – und das war beabsichtigt.

„Das ganze Projekt ist so geplant worden, dass sich die gesamte Aufmerksamkeit genau auf das Allerheiligste konzentrieren kann", erzählte Mutter Angelica den Besuchern vor der Einweihung. „Jeder ist – ungeachtet seines Glaubens – eingeladen, einige Minuten oder Stunden bei Gott zu verbringen."

In der Kapelle konnten im allgemein zugänglichen Teil etwa achtzig Personen Platz nehmen, doch sie schien größer dank der Höhe. Eine gewölbte Decke mit lackierten Balken ragte nach oben und ließ das Tageslicht hereinfallen, wodurch eine natürliche Beleuchtung geschaffen war. In der Mitte der Kapelle knieten auf einer halbhohen Mauer, die den offenen Teil von der Klausur trennte, zwei geschnitzte Engel, die die Monstranz mit Christus im Allerheiligsten Altarsakrament in den Händen hielten. Direkt über der Monstranz schwebte eine handgearbeitete Goldkrone scheinbar in der Luft. Sie legte Zeugnis ab für den König, der hier in der Kapelle angebetet würde. Für dieses Gotteshaus hatte Angelica keine Kosten gescheut.

„Schwestern, ihr könnt es niemals übertreiben, wenn es um euern Herrn und die Dinge geht, die zu Seiner Verehrung gehören", erklärte Mutter Angelica den Nonnen in den ersten Tagen des neuen Klosters. „Wir dürfen nie denken, dass irgendetwas zu verschwenderisch oder zu teuer wäre, wenn es um Messgewänder oder Altartücher oder Kelche geht. Mit uns ist Gott auch nie knauserig umgegangen, Schwestern. Nie hat er gesagt: ‚Bleibt jetzt einfach in Canton und erduldet diese Dinge.' Nie hat er gesagt: ‚Diese Hütte ist für den Anfang gut genug – da bleibt jetzt eine Zeitlang.' Nein, Er gab all diesen Menschen ein, großzügig zu sein und damit dieses schöne Kloster zu ermöglichen."

Am 20. Mai, dem Tag der Klostereinweihung, endeten die Führungen und damit auch der Kontakt zwischen den Schwestern und der Öffentlichkeit. Annähernd eintausend Menschen waren erschienen, um ihnen Lebewohl zu sagen. Schließlich rief Mutter Angelica ihre Töchter aus der Menschenmenge zusammen und geleitete sie in das Kloster hinein.

Bevor nun Erzbischof Toolen in das Gebäude hineinschritt, um jeden einzelnen Raum zu segnen, erzählte er den Gratulanten, dass dieses „Kraftwerk der Gnade und des Gebets" ein „Denkmal" für Mutter Angelica sei, ein Denkmal für „ihre Gottes- und Menschenliebe". Dann fügte er noch hinzu: „Dies ist ein großer Tag in der Geschichte von Birmingham und ein großer Tag in der Geschichte der katholischen Kirche."

Anschließend beobachtete Mutter Angelica, wie der Erzbischof und seine Ministranten durch die Klostergänge gingen, Gebete sprachen und die Räume segneten. Nach monatelangen Anstrengungen und fünfundzwanzig Vorträgen vor Bürger- und Kirchengruppen in ganz Birmingham und mit neunzigtausend Dollar Schulden belastet, zog sich Mutter Angelica abermals in ihre Klausur zurück, zu der sie berufen war. Nach der Segnungszeremonie beugte Angelica ein Knie und küsste den Ring von Erzbischof Toolen. Sie schloss die Tür hinter ihm, drehte den Schlüssel um und schloss damit sich und ihre Schwestern von der Welt ab.

„Nachdem alle Zeremonien vorüber waren, erinnere ich mich, wie Mutter Angelica auf ihrem Betschemel in der Kapelle kniete und weinte. Es war so bewegend", erinnerte sich Schwester Michael. „Endlich waren wir alle hier, und wir waren in Klausur."

Diese betraf alle außer der ersten Postulantin der neuen Gemeinschaft, Mae Francis.

„Einige Jahre lang war sie eine externe Schwester – eine schwierige", wie mir Mutter Angelica berichtete. „Es ist sehr schwer, wenn man einen Elternteil dabei hat in einem neuen Kloster mit fünf Schwestern."

Damals schien es aber eine gute Idee zu sein. Schwester Mae lebte im Kloster, pflegte jedoch Kontakt zur Öffentlichkeit und dachte sich Geschichten zur Unterhaltung der Besucher aus, während sie neben der Kapelle Dinge verkaufte. Maes inniger Wunsch, ihre letzten Jahre bei Gott zu verbringen, ein Anliegen, das sie bereits mehr als zwanzig Jahre zuvor zum Ausdruck gebracht hatte, war nun Wirklichkeit geworden. Angelica scherzte daher, dass sie ihre eigene Großmutter geworden sei, da Mae sie mit „Mutter" anredete.

Die Gegenwart von Mae Francis unterstrich Mutter Angelicas Absicht, ein Familienkloster errichten zu wollen. „Ich glaubte, dass ein Kloster das Familienleben mit dem des Klosters verbinden sollte... Pius XII. sagte, dass ein Mädchen von einer Familie in eine andere gehen sollte. Meine Güte, das traf mich sehr", erklärte Angelica. „Ausgerechnet ich, unter allen anderen, spreche über Familie – das Mädchen, das nie eine Familie hatte. Ich glaube, deshalb hat mir der Herr nie eine Familie gegeben, weil ich die Familie respektiere und weiß, wie notwendig eine Familie ist. Mir ist bewusst, dass man ohne Familie nicht überleben kann."

Oberflächlich betrachtet war das religiöse Leben im Kloster *Unsere Liebe Frau von den Engeln* ebenso streng wie in St. Klara. Die meiste Zeit des Tages war dem Gebet gewidmet, und das auferlegte Schweigen wurde eingehalten. Was sich jedoch gewandelt hatte, war der Denkansatz zur klösterlichen Lebensweise.

Schwester Assumpta glaubte, dass Mutter Angelica in Birmingham „mehr Wert auf die kontemplative Dimension legte". „Bußübungen wurden abgeschafft. In der Freizeit spielten wir Monopoly. Sie versuchte, eine entspanntere Grundlage zu schaffen", erzählte sie.

Mit der Abschaffung der öffentlichen Selbstbeschuldigungen und der demütigenden Strafen vollbrachte Mutter Angelica eine Pioniertat bei der Führung eines Klosters. Es gab „keine isolierten Einzelpersonen auf der Suche nach ihrem Selbst mehr, sondern ein Zusammengehörigkeitsgefühl..., einig im Wollen, im Zweck, in der Liebe".

Um die vollständige Teilnahme am Klosterleben zu fördern, ließ Mutter Angelica ihre ganze Familie auch offen an Erfolgen und Rückschlägen teilhaben. Geheimnisse gab es nicht. Entscheidungen innerhalb der Gemeinschaft wurden auf ähnliche Weise getroffen. Zunächst beriet sich Mutter Angelica mit ihren Schwestern und sammelte dabei deren Ansichten zu einem bestimmten Thema. Anschließend dachte sie über die verschiedenen Möglichkeiten alleine vor dem Allerheiligsten nach. Wenn sie sich für eine

Vorgehensweise entschieden hatte, vereinigten sich die Schwestern hinter ihr und beteten für einen guten Ausgang.

Finanzielle Engpässe sollten ihren Familiengeist und den Glauben der Gemeinschaft oftmals herausfordern. „Ich kann mich erinnern, dass wir gerade noch drei Dollar auf dem Girokonto hatten“, berichtete mir Schwester Michael, die für die Finanzen der Gemeinschaft verantwortlich war. „Natürlich musste sich Mutter Angelica Sorgen machen, aber sie hatte den Glauben, dass es schon irgendwie weitergehen werde.“

Dank der Großzügigkeit des lokalen Lebensmittelhändlers, Joe Bruno, mussten sich die Schwestern nie um Lebensmittel Sorgen machen. Bruno kaufte jede Woche, was das Kloster benötigte, und er tat dies bis zu seinem Tod im Jahre 1996.

Das vordringliche Problem, von dem Mitte des Jahres 1962 alle Schwestern wussten, waren die Schulden. Mithilfe der Adressenliste des Unternehmens *St. Peter Fischköder* fing Mutter Angelica an, monatliche Briefe an die Familien außerhalb des Klosters zu schreiben in der Hoffnung auf erbauliche Spenden. Die Antwortschreiben von Menschen, die Gebetsanliegen mitteilten, enthielten kleinere Spenden, die nicht ausreichten, um den Bankkredit jeden Monat zu bezahlen.

Um das Einkommen aufzubessern, verkaufte Schwester Mae Fischköder, Rosenkränze und Kohlezeichnungen von Schwester Raphael an Besucher des Klosters. Die Preise richteten sich jeweils nach Maes Einschätzung der finanziellen Verhältnisse der Besucher. Wenn Mae jemanden für arm hielt, gewährte sie Rabatt. Die Wohlhabenden mussten höhere Preise bezahlen. Als Mutter Angelica sie einmal zur Rede stellte, trumpfte sie auf: „Das ist eben Gerechtigkeit.“

Während einer Freizeit im Sommer 1962 kam einer der Schwestern ein Geistesblitz. Die Nonne schlug vor, Mutter Angelica sollte ein „Gespräch von Herz zu Herz“ aufnehmen lassen, das an Wohltäter verkauft werden könnte. Eine Gruppe von begeisterten Laien war bereit, die Kosten für Tonaufnahme und Vervielfältigung zu übernehmen. Im August 1962 nahm Angelica ihr erstes Gespräch auf, das den Titel „Gottes Liebe zu dir“ trug. Mit Klaviermusik im Hintergrund wurde eine Schallplatte mit 45

Umdrehungen pro Minute hergestellt mit einer Betrachtung über die Liebe Gottes zu jedem einzelnen Menschen. Bis Weihnachten wurden in jenem Jahr 1500 Schallplatten verkauft.

Während sich die Weltkirche nach einem neuen Weg sehnte, die moderne Welt zu erreichen, stolperte Mutter Angelica ganz zufällig in einen solchen Weg hinein.

Am 11. Oktober 1962 wurde Papst Johannes XXIII. auf der *Sedia gestatoria* durch eine tiefe Schlucht weißer Mitren links und rechts des Hauptschiffes des Petersdoms getragen, um das Zweite Vatikanische Konzil zu eröffnen. Über zweitausend Bischöfe befanden sich auf den zehnstufigen Tribünen zu beiden Seiten des Mittelgangs. Sie waren mit Vorfreude erfüllt und mit ihren eigenen Vorstellungen von der Zukunft gerüstet. 450 Meter vom Hauptaltar des Petersdoms entfernt saß Bischof Karol Wojtyla von Krakau. Er wusste, dass er an einem historischen Augenblick im Leben der katholischen Kirche teilnahm.

Papst Johannes berief dieses Pastoralkonzil ein, um die Botschaft der römisch-katholischen Kirche im modernen Zeitalter zu erneuern. Doch dieses Konzil sollte weitaus größere Auswirkungen haben, als der Papst es zu Beginn hätte voraussehen können.

Etwa zur selben Zeit nahm die Familie des Klosters *Unsere Liebe Frau von den Engeln* ein neues Mitglied auf. Nach Beendigung ihrer Amtszeit als Äbtissin von St. Klara trat Mutter Veronica in die Gründung im Süden über. Ihre Zuneigung zu Mutter Angelica war mit ein Grund, und die sich zunehmend verschlechternden persönlichen Beziehungen in Canton machten den Umzug unvermeidbar. In einem außergewöhnlichen Akt der Demut unterwarf sie sich ihrer geistlichen Tochter Angelica und bot ihr eine stille Begleitung und Unterstützung an, wann immer es erforderlich sein sollte.

„Machen Sie, was immer Ihnen der Herr sagt", war Veronicas ständiger Spruch zu ihrer jungen Oberin. „Machen Sie, was Er Ihnen eingibt."

Seit ihrer Berufung zum Ordensleben hatte Mutter Angelica gewissenhaft Gottes Eingebungen befolgt. Diese kaum spürbaren und oft flüchtigen Impulse sollten ihre Gemeinschaft in großen und kleinen Dingen leiten. Angelica bat inständig um Inspirationen und verlangte nach ihnen mit kindlicher Einfachheit, die für einige Anlass zum Spott war – bis sie Zeugen der Ergebnisse wurden. Ihr Vorgehen war offen und direkt: „Wenn Er es will, dann tun wir es. Und wir tun es, was immer auch der Preis sein möge. Genau das ist es, was mich vorantreibt."

Als sich Angelica im September 1963 dazu „gedrängt fühlte", ihren zweiten Vortrag „Die Gegenwart Gottes" aufzunehmen, konnte Seine Abwesenheit in Birmingham deutlich wahrgenommen werden. In der Innenstadt explodierten im Untergeschoss der *Sixteenth Street Baptist Church* zehn Stangen Dynamit, zerschmetterten die bunten Glasfenster der Kirche und töteten vier schwarze Mädchen. Der abscheuliche Angriff löste im ganzen Land einen Sturm der Entrüstung aus und versetzte der Rassentrennung den Todesstoß. Für Mutter Angelica war dies eine erschütternde Erinnerung an die anfängliche Inspiration zur Gründung ihres Klosters, das in dieser Hinsicht keine Früchte trug. Irgendwie war das einstige Ziel, einen Konvent für schwarze kontemplative Schwestern zu gründen, aus den Augen verloren worden. Nach über einem Jahr hatte das Kloster *Unsere Liebe Frau von den Engeln* nicht eine einzige schwarze Berufung hervorgebracht. Bei Interviews hatte keine der Gründungsschwestern einschließlich der Äbtissin eine Erinnerung an das „Negerapostolat", die ursprüngliche Widmung der Gemeinschaft, wachgehalten.

Es sollte fast ein Jahr dauern, bis das Kloster seine erste Postulantin aus der Umgebung aufnahm und – sie war nicht schwarz. Im August 1964 war die dunkeläugige Absolventin der John Carroll High School mit olivenfarbenem Teint, Jo Ann Magro, die erste aus Birmingham stammende junge Frau, die sich der Gemeinschaft anschloss. Als Schwester Mary Regina pflegte sie die Klostergärten und rief unbeabsichtigt das Gelächter der anderen Schwestern hervor wegen ihrer ständigen Wortverwechslungen.

Zu dieser Zeit war Mae Francis bereits eingekleidet und hieß jetzt Schwester Mary David vom Kinde Jesu. Mutter Angelica wählte diesen Namen aus als Hinweis auf Maes Lieblingsgestalt in der Bibel: König David. Nun lebten also sieben Nonnen im Kloster. Doch Angelica war eifrig darauf bedacht, junge Berufungen anzuziehen. Und dafür waren Veränderungen nötig.

Zunächst bat sie um Erlaubnis, den Ordensnamen zu ändern: von den *Franziskanerinnen des Allerheiligsten Altarsakraments* in die *Klarissen von der Ewigen Anbetung*. Mutter Angelica meinte, der frühere Name klinge mehr nach einer aktiven Gemeinschaft und sei für etwaige Berufungen irreführend. Zur gleichen Zeit schrieb sie nach Rom und ersuchte um eine Sondergenehmigung, das Stundengebet auf Englisch zu beten und die traditionelle Ordenstracht leicht zu ändern. Schritt für Schritt, Stück für Stück, ohne es selbst zu wissen, befand sich Mutter Angelica an vorderster Stelle bei den Neuerungen von Johannes XXIII.

Die Vorhut der Erneuerung

Im Einklang mit dem bereits früher Geschehenen gingen dem Erneuerungswerk Angelicas Schmerzen voraus. Eine erkrankte Gallenblase, die „vollgestopft mit etwa 50 Gallensteinen" war, setzte die Äbtissin von Oktober 1964 bis Anfang 1965 außer Gefecht. Die Operation und die anschließende Erholungsphase waren für sie eine natürliche Buße und eine Zeit zum Nachdenken, bevor sie eine Periode des Wandels in ihrer Gemeinschaft und anderswo mit anführte.

Das Dekret des Zweiten Vatikanischen Konzils über die Erneuerung des Ordenslebens sollte erst im Oktober 1965 verabschiedet werden. Doch vorher meinten schon viele außerhalb der Mauern von St. Peter zu wissen, was das Dokument enthalte. Während die Konzilsväter noch über Einzelheiten des Dekrets beratschlagten, hielten ihre *Periti* (beratende Konzilstheologen) bereits Reden in der Öffentlichkeit und schrieben Artikel dazu, um die Kirche auf das Kommende vorzubereiten. Doch die Zeit sollte zeigen, dass viele dieser übertriebenen Vorankündigungen nicht stimmten. Doch irgendwo zwischen der Fantasterei dieser frühen Voraussagen und der Realität der Dokumente des Zweiten Vatikanums wurde etwas Neues geboren: der „Geist" des Zweiten Vatikanums. Diese kopflastige Bewegung der Erneuerung und der Möglichkeiten ergriff die Fantasie vieler Menschen in der Kirche. Auch Mutter Angelica konnte sich ihren Reizen nicht widersetzen.

Im März 1965 saßen Angelica und ihre Schwestern auf Anregung der Gesellschaft für Kirchenrechtsstudien von Amerika an ihrem Familientisch und fertigten eine Wunschliste für Änderungen im Kirchenrecht an, die nach ihrer Ansicht die Erneuerung des Ordenslebens vorantreiben könnten. Die Gesellschaft für Kirchenrechtsstudien war von dem Endergebnis derart beeindruckt, dass sie Mutter Angelica dringend bat, den Brief zu einem Artikel auszuarbeiten, damit er in der Zeitschrift *Review for Religious* veröffentlicht werden konnte. Das tat sie auch. Zwei Aufsätze, die in diesem Magazin in den Jahren 1965 und 1966 erschienen, lassen Angelicas überraschend fortschrittliche Vorstellung von der Zukunft des kontemplativen Lebens erkennen.

In ihrem Aufsatz „Ein Herz und eine Seele" kritisierte sie klösterliche Gemeinschaften ob ihrer mangelnden Bereitschaft, „die vom Heiligen Stuhl erlassenen Anweisungen und Änderungen" aufzugreifen. Sie sah Klöster voraus, in denen „Formalismus und Reglementierung hinweggespült" und durch einen „Familiengeist" und eine tiefe gemeinschaftliche „Vereinigung mit Gott" ersetzt würden. Mit einer Reihe kühner und persönlicher Vorschläge forderte sie:

- die Neubewertung der religiösen Institutionen alle zehn bis fünfzehn Jahre, womit sie andeutete, dass „viele der Gebräuche, denen wir einen hohen Stellenwert einräumen, veraltet sind und bei jungen Bewerberinnen ein Gefühl der Spannung und der Beschränkung hervorrufen";
- die Abschaffung einer Rangordnung (Chor- im Gegensatz zur Laienschwester) und sämtlicher Klassenstrukturen innerhalb der Klausur;
- ein Ende der „öffentlichen Selbstanklage für Vergehen", der *Culpas*;
- den Wegfall der „Altersbeschränkungen bei der Wahl zu einem verantwortlichen Amt" im Kloster;
- und schließlich die Aufhebung der Strafe der Exkommunikation für den Bruch der Klausur oder für den Fall, dass nicht wenigstens ein kleiner Teil des Stundengebets gelesen wurde.

Sie schrieb: „Es ist verständlich, warum ein Priester unter Androhung einer Todsünde zum Beten des Stundengebets verpflichtet ist (obgleich die Nützlichkeit bereits hinterfragt wurde), aber weshalb Nonnen?"

In ihrem Artikel „Kontemplative Ordensleute und Veränderungen" stellte sich Mutter Angelicas Kritik am Ordensleben sogar noch fortschrittlicher und leicht feministisch dar:

„Weshalb sind so viele unserer Klöster eigentlich solch kalte und reglementierte Häuser anstelle von Heimstätten der Heiligkeit geworden? Durch die Jahrhunderte sind viele Ordensleute in den Klöstern von einer Wolke kleingeistiger Regeln, Gebräuche und Traditionen umhüllt worden, die sowohl im Gegensatz zum Evangelium als auch zum Geist ihrer Gründer stehen... Regeln, die das Stehen, Sitzen und Gehen kontrollieren, neigen dazu, eine Zurschaustellung von Geziertheiten hervorzubringen. Was wir brauchen, sind Ordensfrauen, die wahrhaft menschlich, im vollsten Sinne Frau sind, die erfüllt sind von der Erkenntnis, dass, wenn die Liebe Gottes aus ihnen nicht hervorstrahlt und ihrer menschlichen Persönlichkeit Glanz verleiht, sie ihrer Pflicht nicht gerecht geworden sind, Christus in die Welt zu bringen."

An einer anderen Stelle in ihrem Artikel kritisierte Angelica „die Förderung asketischer Übungen, die darauf abzielen, den Menschen unter dem Vorwand der Tugend zu entmenschlichen". Sie forderte sogar eine Veränderung oder Beseitigung des Gitters im Sprechzimmer. Sie zitierte andere Oberinnen, die glaubten, dass „das Gitter ein Überbleibsel alter frauenfeindlicher Regeln" sei, da – so stellte sie fest – „keiner der kontemplativen Männerorden dieses Gitter hat".

Ihre Schriften zogen die Aufmerksamkeit nicht nur einiger weniger führender kontemplativer Ordensfrauen auf sich, wie Angelica feststellte, als sie im August 1965 eine Zusammenkunft der Oberinnen der bedeutenden Ordensgemeinschaften in Denver besuchte. Auf dieser Versammlung kam es Angelica in den Sinn, dass die Oberinnen der verschiedenen Orden eine Vereinigung bilden sollten, um „Ideen auszutauschen" und die Notwendigkeiten und Schwierigkeiten einer Erneuerung zu besprechen. Auf diese Eingebung hin lud sie mehrere dieser Oberinnen nach Birmingham ein, um Anfang November die Gründung einer solchen zukunftsorientierten Vereinigung vorzubereiten.

Im Kloster *Unsere Liebe Frau von den Engeln* setzte sie ihren eigenen Modernisierungsplan um. Sie lockerte einige Abstinenzregeln, indem sie den Verzehr von Fleisch an Feiertagen erlaubte, und zum ersten Mal in der Geschichte der Gemeinschaft genehmigte sie, dass die Schwestern den Priester bei der Feier der Messe sehen konnten. Davor konnten sie den Zelebranten auf der anderen Seite der Trennwand nur hören, sahen aber nichts.

Von ihren Artikeln angetan, baten einige Ordensgemeinschaften Mutter Angelica, „ihnen bei der Modernisierung zu helfen". Am 19. Oktober 1965 fuhren Angelica und Schwester Mary David nach South Carolina, um sich mit einer Gemeinschaft der Armen Klarissen zu beraten. Es sollte eine lange Fahrt nach South Carolina werden.

Schwester David hielt ihre Meinungen nicht zurück und hinterfragte jeden Schritt der Mutter Oberin. Und obwohl Angelica für Schwester David mehr Geduld aufbrachte als für jede andere Klausurschwester, erwies es sich als Nachteil, die Oberin der leiblichen Mutter zu sein. Mehrere Stunden in engem Kontakt zusammen im Auto forderten ihren Tribut. Mutter Angelica konnte ihre Erregung noch verbergen, als sie sich der älteren Nonne zuwandte, um sie vorsichtig zurechtzuweisen. „Oh, du bist genau wie dein Vater", fuhr Schwester David sie an und drehte sich zum Fenster.

Perfectae Caritatis, das Dekret des Zweiten Vatikanischen Konzils über die Anpassung und Erneuerung des Ordenslebens, wurde von Papst Paul VI. am 28. Oktober 1965 öffentlich bekannt gegeben. Es rief auf zu einer Periode der „angemessenen und wohlüberlegten Erprobung" im Ordensleben. Den Ordensleuten wurde empfohlen, die Art und Weise, wie sie lebten, arbeiteten und beteten, zu überdenken. Alle „veralteten Bestimmungen" sollten aufgehoben und die Ordenstrachten „einfach und schlicht... den Umständen .. angepasst" werden. Wie Flaschengas ein Lagerfeuer, so entfachte dieses Konzilsdekret die Entschlossenheit Mutter Angelicas, in ihrer Gemeinschaft noch weitere Veränderungen einzuführen.

Im Januar 1966 rissen ein halbes Dutzend Zimmerleute das aus Metallstäben bestehende Gitter und die Drehscheibe im Sprechzimmer des Klosters *Unsere Liebe Frau von den Engeln* heraus. Im neuen Raumteiler gab es nun eine an Scharnieren befestigte Holzpforte, die für Besuche der Eltern und zu anderen Gelegenheiten geöffnet werden konnte.

Über einen Zeitraum von zwei Jahren wurden ebenfalls die Ordensgewänder der Nonnen „erneuert". Im Frühjahr 1966 trugen sie noch Schleier und lange beigefarbene Kleider. Doch ab 1967 wurden moderne beigefarbene Jacken, verkürzte Schleier und passende Röcke üblich. Die Jacke und der dazugehörige Schleier sollten im Kloster *Unsere Liebe Frau von den Engeln* fast acht Jahre lang *en vogue* bleiben.

1967 nahm Mutter Angelica wieder ihre Vortragstätigkeit auf, aber diese war nunmehr auf ihr Sprechzimmer beschränkt. Es war nicht ungewöhnlich, dass sie morgens zu einer Gruppe von Krankenschwesternschülerinnen sprach und sich nachmittags mit einer Busladung schwarzer Frauen unterhielt. Methodisten, Baptisten, Mitglieder der Episkopalkirche, Alt und Jung, passierten das Sprechzimmer, um an Mutter Angelicas improvisierten geistlichen Zusammenkünften teilzunehmen.

Die Bedürfnisse befreundeter Ordensleute lagen Mutter Angelica ebenfalls am Herzen. Als sie bei den Treffen ihrer Vereinigung von den wenigen Möglichkeiten der Freizeitgestaltung erfuhr, die für die Nonnen in aktiven Orden zur Verfügung standen, gab sie den Bau eines Schwimmbeckens und eines Tennisplatzes im Hof des Klosters in Auftrag. Erneut stellte Sam Saiia kostenlos den Bautrupp für die Aushubarbeiten zur Verfügung. Pete Cox gab noch fünftausend Dollar für das Schwimmbecken dazu. Mutter Angelica hoffte, die Projekte würden „gute Kontakte" zu den aktiven Schwestern in Birmingham und den Mitgliedern der Vereinigung herstellen.

Aber während sich die Schwestern fröhlich im Schwimmbecken tummelten und der Wind des Zweiten Vatikanischen Konzils durch das Kloster *Unsere Liebe Frau von den Engeln* blies, spürte Angelica doch, dass Probleme am Horizont auftauchten. Im Zuge der Erneuerung hatten manche Schwestern, die das Kloster besuchten, ihr Ordensgewand ganz abgelegt. Die Chronik der Gemeinschaft beschreibt eine Gruppe von Nonnen, die „eine alte kurzgeschnittene Ordenstracht mit Pumps" trugen. Diese Auswüchse störten Mutter Angelica, aber dennoch blieb sie ihrem Ideal der Erneuerung der Kirche verpflichtet. Im September 1967 fand eines ihrer ersten Fernsehinterviews mit einer lokalen Gesellschaft statt, das über Äther ausgestrahlt wurde. Mit ansteckender Begeisterung erläuterte sie die im Kloster stattfindenden Veränderungen und versuchte, den Zusammenhang darzustellen. Mutter Angelica dachte vermutlich, dass diese öffentlichen Auftritte nicht nur offensichtliche Früchte der Evangelisation, sondern auch Spenden einbringen würden. Diese waren beträchtlich zurückgegangen.

Die Idee mit den Erdnüssen

Die *Fischköder St. Peter* lockten nicht mehr wie früher Kunden an. „Wir stellten fest, dass die Fische im Süden die Köder der Nordstaatler nicht anbissen“, scherzte Mutter Angelica einem Reporter gegenüber, nachdem sie das Geschäft aufgelöst hatte.

Auf der Suche nach anderen Möglichkeiten, sich ihren Lebensunterhalt zu verdienen, füllten die Nonnen Briefumschläge für einen minimalen Lohn, organisierten einen Pressespiegel und züchteten Erdbeeren. Doch keine dieser Aktionen machte sich bezahlt. Mutter Angelica war in der Klemme.

Ruth Sloan, eine spindeldürre Frau, wohnte dem Kloster gegenüber und verkaufte – um ein Zubrot zu verdienen – geröstete Erdnüsse aus ihrer Küche. Am 5. Dezember 1967 erwähnte sie ihren Nebenerwerb beiläufig Mutter Angelica gegenüber. Da kamen Mutter Angelica eine ganze Menge Einfälle: Die Nonnen konnten ihre eigenen Erdnüsse rösten, abfüllen und verkaufen. Innerhalb weniger Tage überzeugte sie ihre Laienhelfer von diesem Konzept. Obwohl sie kein Geld hatte, das sie in dieses Projekt investieren konnte, ließ sie einen Erdnussröster anschaffen.

Nun legte Mutter Angelica wieder ihren Marketing-Schleier an und versammelte die Nonnen um den Familientisch, um für das Unternehmen einen Namen auszusuchen. *The Li'l Ole Peanut Company* („Die kleine alte Erdnussfirma“) wurde von Schwester Michael vorgeschlagen und gemeinsam ausgewählt. Innerhalb einer Woche stand und lief das Geschäft.

Die Nonnen arbeiteten jetzt – unter Anwendung der bereits vertrauten Serienproduktion – mit den heißen Nüssen genau so fleißig, wie sie früher die Fischköder zusammengebaut hatten. Die Erdnüsse „kamen aus dem Röster und wurden auf einem Förderband zu einem großen Behälter transportiert, in dem sie abkühlten“, erinnerte sich Schwester Michael. Anschließend packten die Nonnen die Nüsse in speziell hergestellte gelbrote Zellophantüten, auf denen das kleine St. Michael-Maskottchen aus der Zeit der Fischköder prangte.

Lebensmittelgeschäfte, Fußballstadien, Bars, Drogerien, Rennbahnen und Schulen nahmen diese heiligen selbst gerösteten Erdnüsse sehr gerne in ihr Angebot mit auf.

Mutter Angelica konnte noch mehrere Supermarktketten als Kundschaft dazugewinnen, indem sie sich persönlich mit den Ladenbesitzern traf. Sie organisierte für die Firma kostenlose Radiowerbung und kaufte eine Verpackungsmaschine zu einem stark reduzierten Preis. Gegen Ende 1968 hatte Mutter Angelica sämtliche Schulden des Klosters abbezahlt, und die *Li'l Ole Peanut Company* verzeichnete einen Gewinn von fünfhundert Dollar.

Am Aschermittwoch 1969 musste Mutter Angelica und ihre mit ihr eng verbundene Familie ein unerwartetes Kreuz auf sich nehmen. An diesem Tage rannte Schwester Mary David aus Angelicas Büro, ohne zu beachten, dass noch andere auf dem Flur standen. Sie bemerkte nicht, dass Schwester Veronica im selben Augenblick langsam wie eine Schnecke den Steinkorridor entlangtrottete. Die beiden Nonnen stießen auf dem Gang zusammen. Veronica war nichts geschehen, aber Schwester David fiel seitwärts gegen einen Türrahmen und brach sich ihren rechten Arm. Als sie auf den Boden aufschlug, gab ihre brüchige Hüfte nach und zersplitterte. Wie ein verwundetes Tier stöhnte sie in großer Qual.

Im Krankenhaus wurde ihr eine künstliche Hüfte eingesetzt. Doch irgendwann zwischen der überstandenen Operation und ihrer Rückkehr ins Kloster am 16. März sprang das Hüftgelenk aus der Gelenkpfanne. Schwester David machte die Ärzte für ihr Leiden verantwortlich und lehnte es rigoros ab, wieder ins Krankenhaus zur Behandlung zurückzukehren. Mit einer Mischung von Aspirin und Zornausbrüchen, die sie jedem entgegenschleuderte, der unglücklicherweise in ihrer Nähe war, schaffte sie es, die Schmerzen zu ertragen. An einen Rollstuhl gebunden, verfiel Schwester David jetzt in Selbstmitleid und tiefe Verbitterung.

Die Sorge um den Zustand ihrer Mutter – dieser Stachel bestand seit ihrer Kindheit – bedrückte Mutter Angelica aufs Neue. Schwester David verlangte ständige Aufmerksamkeit, und die meiste Zeit wollte sie diese von ihrer Tochter. Da Mutter Angelica die Last der Verantwortung für die Gemeinschaft auf den Schultern trug und es ihr auch nicht möglich war, den Zustand ihrer Mutter zu verbessern, musste sie sich jetzt auf die Hilfe ihrer Schwestern verlassen.

Um Mutter Angelica zu entlasten, machten sie Schwester David zum Mittelpunkt des Familienlebens. Schwester Raphael opferte ihre Nächte und schlief auf einer Couch im Zimmer der älteren Nonne, um im Notfall da zu sein. Schwester Michael bereitete besondere Speisen zu, um Schwester David aufzumuntern.

„Ich nahm an, dass ich eine gute Köchin sei. Deshalb wollte ich ihr ein Essen zubereiten", sagte Schwester Michael. „Ich brachte es in ihr Zimmer, und sie warf mich hinaus. Es tat mir so weh, es tat wirklich weh."

Trotz allem wurde das Zimmer von Schwester David zum neuen Familientreffpunkt. Nach dem Abendessen hoben Mutter Angelica und Schwester Raphael Schwester David aus ihrem Rollstuhl und machten sie fertig fürs Bett. Die Schwestern saßen in ihren Nachtgewändern auf dem Fußboden, tauschen sich über die Ereignisse des Tages aus und spielten mit ihrem Hund Prince – alles, um Schwester David das Gefühl zu geben, dass sie dazugehörte, und um sie glücklich zu machen.

Außerhalb des Klosters spielte sich ein ganz anderes Drama in der Kirche ab. Die Lehren des Zweiten Vatikanums sickerten ab 1969 langsam auch in die Pfarreien durch und wurden mit unterschiedlichem Erfolg angewandt. Obwohl die Dokumente selbst Wahrheit und Vollmacht beanspruchten, führte die Ungenauigkeit in der Ausdrucksweise zu Auslegungen, die wohl nicht von den Konzilsvätern beabsichtigt waren. Neuerer mischten ihre eigenen Vorstellungen mit denen der Dokumente und schafften unter Berufung auf das Konzil lange Zeit geschätzte katholische Andachtsübungen und Gebräuche ab.

Da die meisten Katholiken die tatsächlichen Dokumente des Zweiten Vatikanums gar nicht kannten, nahmen sie die plötzlichen Veränderungen als gegeben hin und betrachteten sie als gültig und verpflichtend. Fast über Nacht wurde die universale Sprache der Messe, das Latein, über Bord geworfen; der Priester feierte die Messe, der Gemeinde zugewandt; Andachtsübungen, die von den katholischen Vorfahren als Erbe hinterlassen worden waren, verwarf man kurzerhand; und was in der Vergangenheit Sünde war, wurde jetzt nur noch als Ausübung eines freien Gewissens betrachtet. Die Kirche schien im Wandel begriffen, veränderbar und ohne festen Halt. Die Laien waren verunsichert, und die Kirchenarchitektur, Berufungen und der Messbesuch fielen diesem Chaos zum Opfer.

Mutter Angelica erkannte das Ausmaß der Krise, als ihr eigener Hausgeistlicher vorschlug, die Kapelle umzugestalten. Der Priester schlug vor, den kugelförmigen Tabernakel, in dem das Allerheiligste aufbewahrt war, vom Hochaltar an einen weniger auffälligen Platz umzusetzen. Mutter Angelica dachte unwillkürlich an ihren Bräutigam und lehnte ab. Wenn die Kapelle für Jesus errichtet wurde, dann sollte Er auch vorne und in der Mitte bleiben, dachte sie. Ein unerwarteter Besucher aus Rom sollte Mutter Angelica helfen, dass dieser und ähnliche ihrer Gedanken außerhalb des Klosters verbreitet wurden.

Am 22. März 1969 besuchte der Apostolische Gesandte für die Vereinigten Staaten von Amerika, Erzbischof Luigi Raimondi, das Kloster, als er wegen einer anderen Angelegenheit in Birmingham war. Er war von der engagierten Äbtissin und ihrem Erdnuss-Betrieb beeindruckt und versprach, die formelle Genehmigung zu beschaffen, damit Mutter Angelica ihre Sprechzimmer-Ansprachen als „Missionstätigkeit" fortsetzen konnte – eine ungewöhnliche Ausnahmegenehmigung für eine Klausurnonne. Ehe der Erzbischof das Kloster verließ, blieb er kurz bei der an den Rollstuhl gefesselten Schwester David stehen und gab ihr den Segen. „Sie werden eine lange Fastenzeit haben", sagte er. Dieser prophetische Segen hätte auch der gesamten Gemeinschaft und gleichermaßen der ganzen Kirche in Amerika gegeben werden können. Für alle Betroffenen hatte die Fastenzeit gerade begonnen.

9. Kapitel

Der Geist bewegt ...

In der ausdörrenden Hitze Alabamas entfernten die Äbtissin und ihre Schwestern mit einer Spitzhacke Steine und Geröll von dem abfallenden Felsgelände vor der Kapelle. Diesen felsigen Abhang wollten sie in einen Garten Eden mit Blumenbeeten und Springbrunnen verwandeln. Oben sollte als Höhepunkt eine gestiftete Statue *Unserer Lieben Frau von den Engeln* stehen. Als Mutter Angelica an diesem Tag von ihrer Arbeit aufschaute, sah sie ein ihr bekanntes Auto, das in die Grundstückseinfahrt einbog. Im Schatten ihres breitkrempigen Hutes verzog sie ihr Gesicht, als der junge Priester heranfuhr. Ganz gleich, wie oft sie es ihm schon gesagt hatte, er wollte ihr Nein nicht als Antwort akzeptieren.

Als der Geistliche seine Fensterscheibe herunterkurbelte, stieß sie ihre Spitzhacke in die Erde und hoffte, dass er bemerkte, wie beschäftigt sie gerade war, und er nicht ermutigt wurde, ein Gespräch anzufangen. Doch ihre Strategie war erfolglos.

Pater Robert DeGrandis war ein junger italienischer Priester der Josephiten, der eine schwarze Gemeinde in Birmingham betreute. DeGrandis war in der Umgebung durch seine wöchentliche Radiosendung *Ask the Priest a Question* („Stellen Sie dem Priester eine Frage!") bekannt. Er besuchte das Kloster regelmäßig. Sein Programm sah jeweils zwei Punkte vor: mehrere Stunden lang in der Kapelle mit Klimaanlage zu beten (das war in der gleißenden Sommerhitze des Jahres 1970 eine qualvolle Versuchung) und Mutter Angelica nicht in Ruhe zu lassen, bis sie den Heiligen Geist annahm.

Pater DeGrandis war vor Kurzem mit der wachsenden katholischen charismatischen Erneuerungsbewegung in Berührung gekommen. Die Charismatiker erflehten die „Gaben des Heiligen Geistes", welche die Apostel an Pfingsten erhalten hatten. Sie feierten ihre Gottesdienste mit großer Leidenschaft. Wie ihre protestantischen Anhänger sprachen sie in Zungen, erhielten göttliche „Worte der Erkenntnis“ und verfügten zuweilen über die Gabe der Heilung. In den frühen Siebzigerjahren hatte diese Bewegung Tausende Anhänger. Aber um in dieses vom Heiligen Geist erfüllte Leben eintreten zu können, musste man die „Taufe im Heiligen Geist“ empfangen, die nur durch einen Bruder oder eine Schwester herabgerufen werden konnte, die bereits „im Geist“ lebten. Pater DeGrandis war fest entschlossen, dass Mutter Angelica diese Gabe erhalten sollte.

„Dieser Priester ist schon wieder da“, murmelte Mutter Angelica und zog den Rand ihres Strohhutes noch weiter nach vorne, um ihren Mund zu verdecken. Die Schwestern bemerkten es und verstreuten sich über den felsigen Abhang.

„Jedes Mal, wenn wir Pater DeGrandis sahen, liefen wir schnell woanders hin“, erinnerte sich Schwester Regina.

Der Priester lehnte sich aus seinem Autofenster und rief laut zu der verschwitzten Äbtissin hinüber, damit er ein Gespräch anfangen konnte, was zu erwarten war, als hätte man ein Drehbuch dazu verfasst. Da Mutter Angelica nicht wegrennen konnte, legte sie ihr Gartenwerkzeug beiseite und wandte sich ihm zu.

„Dieser Heilige Geist ist wirklich wundervoll“, trumpfte Pater DeGrandis wie ein Staubsaugervertreter auf, der das neueste Modell anpries.

„Wir haben den Heiligen Geist“, rief Mutter Angelica laut zurück.

Der Priester gab nicht auf: „Ich könnte über Ihnen beten, um die Taufe des Heiligen Geistes zu erlangen.“

„Nein, das ist nicht nötig“, antwortete Mutter Angelica mit entschiedener Stimme. „Ich habe den Heiligen Geist bei der Firmung bekommen.“

Am 11. Februar 1971 kam Barbara Schlemon, eine Charismatikerin, die dafür bekannt war, die Gabe der Heilung zu besitzen, nach Birmingham. Sie bat Pater DeGrandis, mit ihr zu Mutter Angelica zu fahren.

Barbara Schlemon schlug vor, dass Pater DeGrandis und sie über Schwester David beteten. Sie flehten Gott an, die andauernden

Hüftschmerzen und den Kompressionsbruch der Wirbelsäule, den sich die Nonne beim Gehen mit ihrer Gehhilfe zugezogen hatte, zu heilen. Das Gebet über ihrer leiblichen Mutter stimmte Mutter Angelica nachgiebig, sodass sie dem beharrlichen Bitten von Pater DeGrandis zustimmte. „Also gut, wenn Sie jetzt über mich beten dürfen, werden Sie mich dann in Ruhe lassen?“, fragte sie den Priester.

„Ja, klar! Ich will ja nur für Sie beten!“, versicherte ihr DeGrandis.

In der Kapelle legten Schlemon und der Priester Mutter Angelica die Hände auf und flehten die Taufe des Heiligen Geistes auf sie herab. „War das alles?“, fragte Mutter Angelica, als es vorüber war. Sie fühlte nichts und blieb bei ihrer Skepsis.

Mehr als eine Woche später bekam Angelica eine Erkältung. Um die Auszeit in ihrer Zelle zu nutzen, begann sie in aller Ruhe das Johannesevangelium zu lesen. „Im Anfang war das Wort, und das Wort war bei Gott, und das Wort war Gott.“ Als sie das las, drang unerklärlicherweise eine fremde Sprache aus ihrem Mund. Als Schwester Regina mit einem Glas Orangensaft hereinkam, versuchte Mutter Angelica „Danke“ zu sagen, aber „etwas ganz anderes kam heraus“. Um die seltsame Sprache zu verbergen, zeigte sie nur auf ihren Hals.

„Was ist denn los – haben Sie eine Halsentzündung? Können Sie nicht mehr sprechen?“, fragte Schwester Regina.

Mutter Angelica nickte.

Als sie wieder allein war, versuchte sie, einfache Worte auszusprechen. „Ich konnte nicht… Ich konnte kein Englisch mehr“, sagte Mutter Angelica später.

Wenigstens die Symptome ihrer Erkältung waren verschwunden. Sie wagte sich nach draußen und ging zwischen der Kapelle und dem Springbrunnen auf und ab und testete dabei ihre Stimme. „Es kamen Wörter heraus, aber ich wusste nicht, was sie zu bedeuten hatten“, erinnerte sich Mutter Angelica. „Es erschreckte mich.“

Als sie ins Kloster zurückkehrte, fand sie ihre Muttersprache plötzlich wieder. Einige Tage später rief sie Pater DeGrandis an. Er kicherte nur, als sie ihm die Symptome beschrieb. „Ach, es ist nichts anderes als die Sprachengabe, die Gott Ihnen geschenkt hat“, sagte der Priester.

Mutter Angelica wusste nicht so recht, was sie mit dieser „Gabe“ anfangen sollte, und behielt sie für sich.

Vor dieser charismatischen Erfahrung hatte Angelica noch nie wirklich ernsthaft über die Heilige Schrift meditiert. Sie hatte zwar geistliche Schriften und die Werke der Heiligen verschlungen, aber noch nicht die Heilige Schrift an sich. „Durch diese kleine Erfahrung wurde ich in das Neue Testament eingeführt“, erzählte sie mir. Im Jahre 1971 wurde Mutter Angelica dann von einer Begeisterung für das Wort Gottes überwältigt. Es sollte ernsthafte Auswirkungen auf ihr persönliches Leben haben und ihre Botschaft für immer verändern.

Auf Drängen von Bischof Joseph Vath von Birmingham nahm Mutter Angelica Einladungen an, außerhalb des Klosters vor ausgewählten katholischen Gruppen zu sprechen. Ihre Reden waren nun elektrisierend und von einer neuen Ausstrahlung erfüllt. Sie ließ die biblischen Geschichten lebendig werden und würzte sie mit ihrem pfiffigen Humor. Viele in ihrem Publikum fanden zum ersten Mal eine Beziehung zu Abraham, Moses, Lot und den Aposteln: Menschen aus Fleisch und Blut wie sie selbst, die sich verletzten, lachten, kämpften und Fehler machten.

Evey Cox gehörte zu jenen, die von der schlanken Nonne wie von einem Magnet angezogen wurden. Ihr katholischer Ehemann Pete hatte den Schwestern ihr Schwimmbecken geschenkt. Obwohl Evey Mitglied der St. Lukas-Episkopalkirche war, überlegte sie: Wenn Angelica zu Katholiken sprechen konnte, dann konnte sie auch zu Mitgliedern der Episkopalkirche sprechen.

Mutter Angelicas Auftritt vor den Frauen bei dem Treffen in der Kirche von St. Lukas war elektrisierend. Jean Morris, ein Gemeindemitglied, erinnerte sich noch daran, dass sie das Gefühl hatte, wie „der Heilige Geist“ während des Vortrags aus Angelica „heraussprühte“. Nach dem stürmischen Beifall, der darauf folgte, baten die Frauen Mutter Angelica, bei ihnen in der Fastenzeit einen Bibelkurs zu halten.

„Wissen Sie, ich lerne gerade selber erst in der Heiligen Schrift“, beteuerte Angelica zurückhaltend und versuchte, sich damit zu entschuldigen.

Obwohl sie sich nicht sicher war, wie „man eine Gruppe unterrichtet“, stimmte sie schließlich den Bitten der Damen zu. Wie es immer wieder geschehen sollte, hängte sie sich voll in dieses Projekt, ohne sich über die erforderlichen Voraussetzungen oder das Ergebnis irgendwelche Gedanken zu machen.

Jeden Montagnachmittag um 13.00 Uhr versammelten sich die Frauen im Kloster zum wöchentlichen Bibelstudium. Mutter Angelica hielt ihren Gästen dann etwa zwei Stunden lang einen Vortrag in einem kleinen Anbau zwischen der Klausur und dem Raum, in dem die Erdnüsse geröstet wurden. Mutter Angelica sprach fast zwei Stunden lang zu den Gästen. Obwohl das Ganze als zum größten Teil episkopale Veranstaltung startete, trudelten im Laufe der Wochen Methodisten, Katholiken und noch andere ein. Während die Frauen jede einzelne Lektion eifrig aufnahmen, entwickelte sich diese Veranstaltung auch für Mutter Angelica zu einem Bildungsprozess.

„Als ich diesen Kurs gab, begriff ich, wie wenig die Menschen wussten. Ich erfuhr von diesen Frauen, dass sie das geistliche Leben gar nicht verstanden hatten: wie man mit Jesus lebt, wie die Heiligen es taten. Dann kamen die Katholiken dazu, und sie kannten die Bibel nicht, aber sie kannten dafür die Sakramente – was genug hätte sein können. Aber sie konnten es nicht mit ihrem Verstand begreifen und in ihren Herzen aufnehmen, es leben." Sie fühlte sich dazu berufen, den Laien zu helfen, „das Evangelium zu leben" und ein innerliches Leben zu entwickeln. Doch für den Augenblick war ihr unklar, wie man da vorgehen sollte.

Am ersten Montag der Karwoche dankte Mutter Angelica der Frauen-Bibelgruppe für ihr Kommen und wünschte den Damen Frohe Ostern. Die Fastenzeit war beinahe vorüber und ebenso das Bibelstudium – zumindest in Mutter Angelicas Gedanken. Da die Frauen so begeistert waren, versprachen sie, in der nächsten Woche wiederzukommen. „Aber die Fastenzeit ist dann vorbei", wandte Mutter Angelica ein.

Das Bibelstudium sollte noch vier Jahre weitergehen mit 50 Teilnehmern pro Veranstaltung.

„Ich dachte nie daran, was als Nächstes käme", sagte Angelica. „Für mich war es immer der ‚gegenwärtige Augenblick'. Der Herr wollte, dass ich diesen Frauen helfe, und das habe ich eben getan."

Als Ostern herankam, empfand Mutter Angelica Schuldgefühle, da sie ihren Schwestern die Sprachengabe vorenthielt. Die gesamte Gemeinschaft wollte, als sie die Wahrheit darüber erfuhr, die charismatischen Gaben empfangen. Am Karsamstag 1971 beteten Pater DeGrandis und Mutter Angelica über jedem einzelnen Mitglied der Gemeinschaft. Alle Nonnen, bis auf eine, erlangten die Taufe des Heiligen Geistes, und jede empfing etwas. Nach dieser Erfahrung glaubten Schwester Joseph und die anderen Nonnen, dass der Herr zu ihnen sprach. Als der Ostersonntag kam, sprach die gesamte Gemeinschaft „in Zungen".

„Es war alles äußerst seltsam", erinnerte sich Mutter Angelica. „Die Sprachengabe besaßen wir tatsächlich gar nicht lange. Ich glaube, der Herr hatte sie benutzt, um meine Seele wieder neu auszurichten und die Schwestern auf die Heilige Schrift hin zu orientieren, damit wir sie lasen, über sie sprachen und darüber diskutierten. Es war tatsächlich der Anfang."

Bis Mitte 1971 hielt Mutter Angelica regelmäßig am Montag und am Mittwochabend Vorträge vor Gruppen und am Donnerstag im Kloster. Leider ließ es sich nicht vermeiden, dass manche Besucher auch einen Vortrag verpassten. „Da kam jemand auf die Idee, die Gespräche auf Tonband aufzunehmen, sodass man sich den entsprechenden Vortrag später anhören konnte, falls jemand fehlte", erinnerte sich Jean Morris. Sie kauften ein einfaches Aufnahmegerät und verkauften die Kassetten für einen Dollar pro Stück. Mutter Angelica war damit auf ein neues Vehikel gestoßen, um die Laien zu erreichen.

Da Angelica das Potential der aufgezeichneten Vorträge vorausahnte, wandte sie sich an den einzigen Menschen in den Medien, den sie kannte, an Pater DeGrandis, um in den Rundfunk eingeführt zu werden. Seine Bemühungen müssen wohl erfolgreich gewesen sein, denn im November 1971 begann sie, ein zehnminütiges Programm für WBRC aufzunehmen, das am Sonntagmorgen um 9.50 Uhr ausgestrahlt wurde.

Wenn man sich die Bänder der Sendung *Journey into Scripture* („Reise in die Heilige Schrift") anhört, ist dies eine Offenbarung. Angelicas Stimme hört sich wie ein hohes Zwitschern an – es klingt schon fast wie etwas Musikalisches, das in hohen Tönen schwebt und nur selten absinkt. Die bedächtige Förmlichkeit ihres Sprechens lässt den Zuhörer an eine Nonne denken, die gerade im Untergeschoss einer Kirche unaufmerksamen Schülern Katechismusunterricht erteilt. Bei diesen frühen Versuchen hält sie einen Vortrag im Grunde in Gegenwart ihrer Zuhörer, spricht aber noch nicht zu ihnen. Doch dann kommt sie plötzlich auf eine persönliche Anekdote zu sprechen, die so realistisch und so treffend ist, dass im Hintergrund Gelächter ausbricht. Ihr komödiantisches Timing war einfach perfekt. Diese Sendungen sollten Generalproben für all ihre zukünftigen Einsätze sein.

Die Nonnen arbeiteten sich bald tiefer in die Medien ein, indem sie eine gebrauchte Anlage für Tonaufzeichnungen und ein Synchronisationsgerät aus zweiter Hand kauften, um Angelicas Vorträge in großen Mengen zu produzieren. Schwester Michael büßte ihren winzigen Nähraum ein, der nun in ein provisorisches Studio umgewandelt wurde. In diesem Zimmerchen, das eher einem Wandschrank ähnelte, sprach Mutter Angelica zu der Welt außerhalb des Klosters, um den Laien eine Spiritualität zu vermitteln, die ihnen nach ihrer Meinung fehlte. Auf die Herausforderung des gegenwärtigen Moments antwortete sie, indem sie um das Frühjahr 1972 mit einem Tonbandseelsorgedienst begann.

Innerhalb weniger Wochen wurde das Erdnussrösten eingestellt. Mutter Angelica führte den Niedergang von *Li'l Ole Peanut Company* auf einen zwielichtigen Lieferanten zurück, der aus ihr noch ein paar zusätzliche Dollars herauspressen wollte.

„Sie wollen Schmiergeld?“, fragte ihn Mutter Angelica ganz direkt.

„Wir nennen das Werbekosten.“

Als Angelica die Erpressung ablehnte, wurde der Lieferant grob und drohte damit, keine Erdnüsse mehr zu liefern.

„Wenn ich in die Hölle muss, dann jedenfalls nicht wegen Erdnüssen“, erklärte Mutter Angelica dem Lieferanten. Das hatte gereicht. Sie hielt an ihren Grundsätzen fest und legte das Erdnuss-Unternehmen still. Etwas traurig sah sie zu, wie die schwer verdiente Einrichtung im Kloster abgeholt wurde. Doch zu diesem Zeitpunkt hatte ihr ja Gott schon eine neue Mission zugeteilt, die bereits die Aufmerksamkeit einflussreicher Stellen auf sich zog.

Von einem Dummkopf zum anderen

Bischof Joseph Vath lud im Juni 1972 Mutter Angelica zu der Sitzung eines Gremiums ein, das eine Strategie entwickeln sollte, wie die geistlichen Bedürfnisse in der Birminghamer Diözese am besten anzugehen seien. Wenn jemand über den geistlichen Zustand dieser Diözese im Jahr 1972 Bescheid wusste, dann war es bestimmt die neunundvierzigjährige Äbtissin. Damals sprach Angelica überall in Birmingham und überbrachte damit den Menschen aller Glaubensrichtungen ihre eindeutige katholische Spiritualität. Ihrer Meinung nach war das Gebet das Wichtigste, was die Menschen brauchten. Sie wussten jedoch nicht, wie man betet. Seit Jahren schon hatte sie Vorträge bei Nonnen und Laien zu diesem Thema gehalten. Manche meinten sogar, diese Ausführungen wären es wert, in einem Buch veröffentlicht zu werden. Eingedenk ihrer glanzlosen Englisch-Noten gab Mutter Angelica jedoch dieser schriftstellerischen Versuchung nicht nach, bis die Diözese rief.

Sie entschloss sich, eine praktische Gebetssammlung zusammenzustellen – eine Hinführung, die „Gebetsvorlagen" mit Litaneien, Schriftlesungen und Betrachtungen enthielt, um die Pfarrangehörigen in Birmingham zu „einer engeren Beziehung mit Gott und dem Nächsten" zu führen.

Im Kloster nahm sie ihre Familie für dieses Projekt mit zur Hilfe. Die Nonnen suchten nun Bibelstellen aus dem Alten und Neuen Testament heraus, die sich für die Betrachtung eignen, während Mutter Angelica Anleitungen entwarf, um die Laien in das Beten einzuführen.

Da saß Mutter Angelica unter der kegelförmigen Lampe aus Metall, die im Chor der Kapelle hing, und kritzelte auf einen gelben Notizblock. Dies war der Anfang ihres schriftstellerischen Abenteuers. „Herr, ich weiß doch gar nicht, wie man ein Buch schreibt", sagte sie zum Allerheiligsten Altarsakrament. „Aber wenn Du es willst, dann mache ich es." Während sie im harten Chorgestühl saß, „fiel ein Licht" auf ihren Geist, erinnerte sie sich, und „die Worte kamen [ihr] in Form von ganzen Abschnitten".

Am 18. Juli 1972 verteilte Mutter Angelica an die Mitglieder des Diözesankomitees Schnellhefter, die das Manuskript ihres kleinen Buches *Journey into Prayer* („Eine Reise ins Land des Gebetes“) enthielten. Nachdem Mutter Angelica stundenlang den Plänen über die erste Phase der geistlichen Erneuerung der Diözese zugehört hatte, fragte sie, ob sie etwas aus ihrem Buch vorlesen dürfe. Bischof Vath lehnte das Angebot ab und warf das ungelesene Heft in die Mitte des Tisches. „Das ist die zweite Phase“, gab der Bischof bekannt.

Diese kalte Ablehnung traf sie sehr und rief wieder die Gefühle der in ihrer Kindheit erfahrenen Zurückweisung wach. In den Armen von Schwester Raphael und im Beisein der anderen Nonnen ließ ihre Verärgerung nach, und sie versuchte, die Lage zu begreifen. Ihre Arbeit – ja ihre gesamte Mission – war ignoriert worden. Die Schwestern beruhigten ihre Äbtissin und wiesen sie auf die Inspiration hin, auf der ihr Werk beruhte. Sie ermutigten sie, einen Weg zu finden, das Buch zu veröffentlichen, damit es in die Hände der Laien gelangen konnte.

Mithilfe des Telefonbuchs machte Mutter Angelica einen Verleger „auf der anderen Seite des Bahndamms“ ausfindig. Jean Morris fuhr die Oberin und ihr Manuskript in die Slums von Birmingham. Morris, ein gertenschlankes Mitglied der Episkopalkirche, hatte kurze schwarze Haare und makellose Zähne. Wie Samt Stahl umhüllen kann, so verbarg ihr Lachen und ihr beschwingter Akzent ihre innere Stärke. Sie wurde 1971 aus dem klösterlichen Bibelkreis dazu berufen, Mutter Angelica zu Vortragsterminen zu fahren. Dadurch wurde sie bald ihre ständige Reisegefährtin, ihre Vertraute und geistliche Tochter. Wie die Nonne freiweg das Leben und den Glauben anging, faszinierte Jean.

Ungefähr Mitte August 1972 kam *Journey into Prayer* mit Erlaubnis des Bischofs und mit dem *Imprimatur* versehen vom Band, womit bestätigt wurde, dass keine Irrtümer in Sachen der Lehre enthalten seien. Die Schwestern legten die kostenlosen Schriften im Vorraum von Kirchen, in Einkaufszentren und an Bushaltestellen aus – überall dort, wo sie die einfachen Menschen erreichen konnten. Fast unmittelbar danach fing Mutter Angelica mit ihrem nächsten Buch an.

„Manchmal stand ich früh auf; ich konnte nicht schlafen, und dann schrieb ich“, sagte Mutter Angelica. Sie schrieb gewöhnlich in der Kapelle, aber gelegentlich bekam sie plötzlich eine Inspiration, während sie den Gang entlangging oder ein Bad nahm.

Schwester Regina erinnerte sich, wie sie ihre Oberin beim Schreiben in der Kapelle beobachtete. „Sie schaute hoch zu unserem Herrn. Und dann war ein gewisser Ausdruck in ihren Augen, so eine Art Versunkenheit, bei der man vor allem das Weiße in ihren Augen sah – als wäre die Tiefe ihrer Seele bloßgelegt. Und man konnte erkennen: Es war, als liefe ein Tonbandgerät in ihrem Geist; sie konnte die Worte hören, und sie schrieb und schrieb.“

„Es ist wie ein Krimi, ich weiß nicht, was als Nächstes kommt“, erzählte Angelica damals einem Reporter. „Wenn die Gedanken aufhören, ist das Buch zu Ende.“

Mutter Angelica las ihre letzten Kritzeleien den Schwestern vor. Die Nonnen besprachen den Inhalt, schlugen Änderungen vor und stimmten dann demokratisch über einen Titel für jedes Buch ab. Aus den Zeichnungen, die Schwester Raphael vorlegte, suchte die Gemeinschaft ein Bild für die Umschlagsgestaltung aus. Anschließend wurde das Ganze der Druckerei geschickt. Wenn man die ursprünglich handgeschriebenen Manuskripte mit den veröffentlichten Werken vergleicht, sind nur wenige Korrekturen festzustellen, obwohl einige Abschnitte ganz weggelassen wurden.

Bis Ende 1972 hatte Mutter Angelica noch drei weitere Bücher verfasst: *In the Shadow of His Light* („Im Schatten Seines Lichtes“), *In His Sandals* („In Seinen Sandalen“) und *The Father's Splendor* („Des Vaters Herrlichkeit“).

Mutter Angelica unterbrach ihre Schreibtätigkeit einige Monate lang, nachdem ihr eine Frau vorgeworfen hatte, eine grammatikalische Sünde begangen zu haben, Infinitive zu trennen. Mutter Angelica war sich noch nicht einmal sicher, was ein getrennter Infinitiv überhaupt war. Als Schwester Raphael den Grund für Angelicas Aussetzen erfuhr, legte ein Lächeln ihre langen Zähne frei. „Die Menschen, für die Sie schreiben, wissen auch nicht, was ein getrennter Infinitiv ist“, brachte Raphael vor.

„Das machte mir Mut“, erzählte mir Mutter Angelica. „Ich dachte, es ist doch nur von einem Dummkopf zum anderen!“

Mutter setzte das Schreiben und die Veröffentlichungen fort. Nicht einmal beschränkte finanzielle Mittel konnten sie davon abhalten.

Das Kloster *Unsere Liebe Frau von den Engeln* hatte immer noch kein nennenswertes Geld. Die Nonnen hielten sich mit dem Verkauf der Tonkassetten und den Honoraren von Mutter Angelicas Vorträgen über Wasser. Sie führten ein Leben in echter Armut. Sogar Ausgaben für die Rasenpflege mussten eingestellt werden. Deshalb führte Mutter Angelica im Sommer 1972 ganz im Geiste des hl. Franziskus Schafe und Ziegen ein, die das Anwesen des Klosters abgrasten. Später tollten noch Hühner und ein Schwein auf dem Abhang herum. Zeugnis für den praktischen Sinn der Schwestern legte das Schwein ab, das seinen letzten Auftritt auf ihrem Esstisch haben sollte, womit bewiesen war, dass es für Franziskanerinnen mehr als nur eine Art gibt, sich an einem Tier zu erfreuen – und eine Investition zu maximieren.

Im Jahre 1973 schrieb Mutter Angelica, umgeben von einem richtigen Tierpark, das umfangreichste und anspruchsvollste ihrer Bücher. Das 116-seitige Buch *Three Keys to the Kingdom* („Drei Schlüssel zum Königreich") versuchte, das Gedächtnis, den Intellekt und den Willen des Lesers zu reinigen, damit er empfänglicher für den Willen Gottes werde. Ein aufschlussreicher Eintrag in diesem Buch erläutert Angelicas unerschrockene Einstellung gegenüber neuen Initiativen: „Wir setzen unsere Talente nach besten Kräften ein und überlassen das Ergebnis Gott. Wir sind im Frieden, weil wir wissen, dass Er sich über unsere Anstrengungen freut und dass Seine Vorsehung für die Früchte dieser Mühen sorgen wird."

Schon die Vielfalt ihrer eigenen Anstrengungen war erstaunlich. Zusätzlich zu den Vortragsterminen, dem Bibelstudium, der Leitung des Klosters, den Tonaufnahmen für die Radiosendungen und dem Schreiben wurde Angelica auch noch so etwas wie eine Aktivistin. „Mutter Angelica war schon immer eine Führer- und Kämpfernatur und einer der einfallsreichsten Menschen, die ich je kannte", sagte Jean Morris.

Im Juni 1973 überredete die Nonne Jean, 500 Dollar zu spenden, um Autoaufkleber mit der Aufschrift *Fight Mind Pollution*

(„Gegen geistige Umweltverschmutzung!“) zu drucken, die kostenlos im Kloster verteilt werden sollten. „Ein Christ sollte die Augen offen halten und sich der Folgen der geistigen Umweltverschmutzung – der wichtigsten Form der Umweltverschmutzung – bewusst sein“, sagte Mutter Angelica zu einem Reporter der Zeitung *Birmingham Post-Herald* im Verlauf ihrer Kampagne, die das öffentliche Bewusstsein aufrütteln sollte. Geistige Umweltverschmutzung schloss von der Pornografie bis zu anstößiger Kleidung alles ein – alles, was „den Menschen auf das Niveau eines Tieres“ herabwürdigte.

Mutter Angelica zögerte nie, ihren Bekanntheitsgrad zu nutzen. Sie sprach sich bei einer öffentlichen Anhörung gegen die Verfassungsänderung wegen des Gesetzes über die „Absolute Gleichheit“ (*Equal Rights Amendment*) aus. Sie war schon von Anfang an gegen die Priesterweihe von Frauen – ohne Angst vor einer öffentlichen Kontroverse. Doch im Oktober 1975 hatte Mutter Angelica zu Hause genügend Schwierigkeiten, die sie beschäftigten. Jetzt war ihr Schriftenapostolat in Gefahr.

Gerade hatte Mutter Angelica ihre neueste Schrift in der Druckerei abgeliefert, Gedanken über die Eucharistie, mit dem Titel *To Leave and Yet to Stay* („Weggehen und doch bleiben“) – da weigerte sich der Drucker, die geistliche Schrift zu drucken, angeblich weil die Druckerei in andere Hände überging. Doch in der Chronik der Gemeinschaft wird die Vermutung festgehalten, dass es der Inhalt von Mutter Angelicas neuester Schrift war und nicht der Besitzerwechsel, der dieses Geschäft zunichtemachte.

Was immer der Grund gewesen sein mag, Mutter Angelica stand ohne Druckerei da. Die Schwestern versammelten sich am Familientisch und dachten über ihre Möglichkeiten nach. Sie konnten entweder das Schriftenapostolat aufgeben oder den Druck selbst übernehmen. Die Nonnen waren gegen die Einrichtung einer eigenen Druckerei mit der Begründung, dass nicht genügend Platz vorhanden sei, niemand eine entsprechende Ausbildung habe und der Mangel an Geld ein solches Unternehmen verbiete. Doch Angelica erkannte in der Krise die Hand der Vorsehung.

Mit zweihundert Dollar auf dem Bankkonto verhandelten Mutter Angelica und Schwester Regina über den Preis einer Druckereiausrüstung in einem Ausstellungsraum in der Stadt. Wie eine Erbin aus der Oberschicht mit unbegrenztem Kreditrahmen bei dem vornehmen Kaufhaus *Bloomingdale's* wählte Mutter Angelica auf Anhieb eine Druckerpresse, eine Schneidemaschine und ein Heftgerät aus, alles zusammen für vierzehntausend Dollar. Schwester Regina, die den Großeinkauf miterlebte, sank in sich zusammen.

„Wo wollen Sie denn das Geld herbekommen?", fragte Regina die entschlossene Äbtissin, als sie aus dem Geschäft stürmte.

„Von der Bank", antwortete Angelica.

Nachdem sie jedoch die Banken in der ganzen Stadt aufgesucht hatten, war keine bereit, ihnen ein Darlehen zu gewähren. Das Kloster war Mutter Angelicas einzige Sicherheit, und ein regelmäßiges Einkommen gab es nicht. Als einer der Banker es ablehnte, ein Darlehen im guten Glauben zu geben, beschuldigte ihn Mutter Angelica, ein „Heide" zu sein. Eine private Spendensammlung brachte lediglich viertausend Dollar ein. Doch Mutter Angelica blieb optimistisch.

„Geld ist Sein Problem. Für Sein Reich zu arbeiten, ist meines", sagte Angelica 1975 und meinte ihren Bräutigam. „Er kümmert sich um Sein Problem, und ich kümmere mich um meines."

Am Morgen des 16. Oktober sprach Albert Moore, ein ehrenamtlicher Helfer, der regelmäßig im Kloster mitarbeitete, gerade mit Schwester David im Empfangszimmer, als Mutter Angelica mit großen Schritten auf ihn zukam. Sie klopfte ihm auf die Schulter und sagte im Spaß: „Wollen Sie uns 10.000 Dollar leihen?"

„O ja, ich werde einen Scheck unterschreiben", sagte Albert Moore ganz feierlich zu ihr.

„Machen Sie einen Witz?", fragte Mutter.

„Nein, und Sie?"

„Vorhin schon, aber jetzt nicht mehr!"

Um 16.00 Uhr hatte sie einen Scheck über 10.000 Dollar in der Tasche, und das lange vor der Auslieferung der Druckereiausrüstung.

Jetzt konnte die ganze Buchproduktion im Haus stattfinden. Um vollständig unabhängig zu sein, kaufte Mutter Angelica Anfang 1976 noch einen Papiersortierer, eine Setzmaschine, eine Fotoausrüstung sowie ein Folienschweißgerät. Trotz der Aufmerksamkeit, die sie der Technik schenkte, verlor Mutter Angelica jedoch nie ihr schlichtes Vertrauen zu Gott, selbst nicht in den weltlichsten Momenten.

Der Tag, an dem ein über 2,5 Meter langes Ausgussbecken für die Druckerei eintraf, ist ein Beleg dafür.

„Haben Sie daran gedacht, die Breite der Tür zu messen, bevor Sie das Becken bestellten?“, fragte der aufgebrachte Lieferant Angelica. „Dieses Becken wird hier nicht durch diese Tür passen.“

„Nun, dann wollen wir darüber beten“, schlug Mutter in ruhigem Ton vor. Sie legte ihre schmalen Hände auf das Becken und bat die Männer, mit der Auslieferung fortzufahren.

„Sie erwarten von vier Männern, dieses Ausgussbecken vom Lastwagen abzuladen, nur um Ihnen zu beweisen, dass es nicht hier durchpasst?“, schrie der Lieferant. „Auch Gott der Allmächtige schafft es nicht, dass dieses Becken durch diese Tür geht!“

„Versucht es!“, sagte Mutter Angelica. Auf die Seite gekippt, glitt das Becken durch die Türöffnung hindurch, und es blieb noch ein Zentimeter Platz übrig.

So, wie sie einst den Erdnussröster und die Verpackungsanlage gemeistert hatten, so lernten die Schwestern rasch, wie man mit Papier und Druckfarbe umgeht. In den kurzen vier Stunden, die für die Arbeit freigehalten wurden, konnten die Nonnen bis zu dreitausend Bücher pro Tag herstellen. Während die schmalen Bändchen aus den Maschinen hervorquollen, gab es innerhalb der Gemeinschaft nur ein Mitglied, das seine Zweifel anmeldete.

Eine Prüfung auf Rädern

„Zehntausend Bücher! Alle deine Schränke werden voll mit Büchern sein“, klagte Schwester Mary David und bezog sich auf die erste Ladung von Angelicas selbst verlegten Büchern. „Wie willst du denn zehntausend Bücher loswerden?“

Schwester David war für Mutter Angelica eine „tägliche Herausforderung“, die zwar in der Gemeinschaft, aber doch relativ ungebunden lebte, die ebenso unberechenbar wie ein Wirbelsturm in Birmingham war und manchmal genauso lebensgefährlich. Sie trug auf ihrem dichten weißen Haaraufbau eine kurze Mantilla und raste in einem elektrischen Rollstuhl durch das Kloster, wobei sie sämtliche Hindernisse aus dem Weg räumte, die sich ihr entgegenstellten, einschließlich der Möbel und – falls nötig – der Mitschwestern. Und wenn David einmal nicht mit Mutter Angelicas täglicher Lehrstunde einverstanden war, so war es selbst beim geringsten Anlass nicht selten, dass die ältere Nonne nach vorne rollte, ihrer Tochter direkt in die Augen schaute und verkündete: „Das ist *Quatsch*", um dann schmollend zu verschwinden. Angelica sprach dann einfach weiter.

Schwester David verhielt sich bei Ihrer Hauptarbeit, die Post zu lesen, nicht weniger starrsinnig. Während sie die Briefe aufriss, gab sie laufend ihre Kritik über jeden Absender zum Besten. Wenn die Spende zu gering ausfiel oder eine Bitte zu groß war, kritzelte sie auf den Umschlag „Geizhals", „Frechheit" oder „keine Bücher hinschicken". Doch Schwester Davids schärfste Kritik galt Mutter Angelica selbst und den von ihr ins Leben gerufenen Projekten.

„Nie hat sie irgendetwas für gut befunden, was ich tat. Niemals. Immer sagte sie: ‚Es ist doch alles sinnlos. Du verschwendest deine Zeit und das Geld'", erinnerte sich Angelica. „Wenn ich dann später an ihrem Zimmer vorbeikam, dann hörte ich, wie sie mit mir prahlte. Aber das tat sie nie, wenn sie vor mir stand."

Sogar ein Geschenk konnte Schwester Davids Zorn hervorrufen. „Was soll ich damit anfangen?", sagte sie eines Tages und warf einen bösen Blick auf die sorgsam ausgesuchte Handtasche, die auf ihrem Schoß lag.

„Das ist dein Geburtstagsgeschenk", erwiderte Mutter Angelica.

„Ach ja, du hast noch nie einen guten Geschmack gehabt", gab ihre Mutter abschätzig zurück und betrachtete die Handtasche, als handle es sich dabei um etwas Garstiges.

Schwester David legte die Handtasche wochenlang beiseite, bis Angelica sie eines Tages in ihrem Rollstuhl entdeckte. „Oh, du hast ja eine neue Handtasche", sagte sie.

„Das ist die, die du mir gegeben hast", antwortete Schwester David. „Es gibt ja nichts anderes."

Trotz der bissigen Bemerkungen und Kränkungen liebte Schwester David Mutter Angelica. Aber es war eine gequälte Liebe, die ein Leben lang durch Leid und Angst geprüft wurde. Die Vergangenheit ließ sie nicht los. Wenn David auf ihre Äbtissin schaute, dann sah sie immer noch Rita, ihren Fels: das kleine Mädchen, neben dem sie in kalten Nächten gefroren und mit dem sie das Essen geteilt hatte, um überhaupt zu überleben. Rita hatte ihr Wort gehalten: Sie hatte ein Schloss gebaut und Mae zu sich genommen, um mit ihr dort zu leben. Zuallererst und für alle Zeit gehörte sie Schwester David. Sie konnte sich einfach nicht vorstellen, Rita mit jemandem zu teilen. Diese Anhänglichkeit brachte die Äbtissin in eine unangenehme Lage.

„Wenn ich als Oberin eine Entscheidung traf, die für die Schwestern von Vorteil war, wurde sie jedes Mal wütend", sagte Mutter Angelica. „Sie hatte viele gute Eigenschaften, die ich nicht herabsetzen will, aber es gab dunkle Wolken aus ihrer Vergangenheit, die sie ständig quälten."

Diese Wolken zogen über die gesamte Gemeinschaft hin. Die Nonnen ertrugen die andauernden Wutausbrüche und das bösartige Verhalten aufgrund ihrer treuen Zuneigung zu Mutter Angelica. Doch langsam verloren sie die Geduld mit den Eskapaden der älteren Nonne. Schwester Raphael, die sich hauptsächlich um Schwester David kümmerte, war besonders frustriert, da sie selber schon genug mit ihrer eigenen Nervosität zu kämpfen hatte. In ihren unveröffentlichten Lebenserinnerungen schrieb sie: „[Schwester David] spürte nie, dass die Schwestern sie um ihrer selbst willen liebten... Deshalb wies sie oftmals unsere Versuche zurück, ihr nahezukommen. Sie beanspruchte so viel von Mutter Angelicas Zeit, dass es menschlich unmöglich war, sie zufriedenzustellen." Dennoch versuchte Schwester Raphael es und blieb weiterhin an ihrem Bett als Ersatz für Mutter Angelica.

Mitte der Siebzigerjahre trat dann ein Wandel im Kloster *Unsere Liebe Frau von den Engeln* ein. Mutter Angelica revidierte die Änderungen, die sie während der Versuchsphase nach dem Zweiten Vatikanischen Konzil eingeführt hatte. Zwischen 1974 und 1975 wurden die Jacken der Schwesterntracht (die ohne Weiteres von der Kostümabteilung von *Star Trek* hätten stammen können) durch ein braunes Gewand ersetzt, das bis zum Schienbein reichte und zu dem ein beigefarbener Kragen und ein Schleier gehörten. Dieses Gewand ähnelte der alten Ordenstracht, war aber praktischer, ohne das Gefühl für die Vergangenheit zu verlieren. Mutter Angelica ließ auch das Gitter im Sprechzimmer wieder einsetzen. Dies war wohl eine Abwehr gegen die schleichende Modernisierung, die sie damals als Bedrohung der Kirche erkannte. Im Kontrast zum erleichterten Umgang zwischen den Schwestern und der Öffentlichkeit auf dem Klostergelände betonten die realen Gitterstäbe im Sprechzimmer das abgeschiedene Leben in der Klausur. Zwar war es nur eine relativ kleine bauliche Veränderung, jedoch deutete sie bereits auf die Entwicklung von Mutter Angelicas Gedanken über das kontemplative Leben hin – Gedanken, die noch Jahrzehnte bis zu ihrer vollen Entfaltung benötigen sollten.

Apostel berufen

Jesus Christus trat in die Menschheitsgeschichte mit einer Botschaft der Erlösung und „ein paar miserablen Aposteln" (um Mutter Angelicas Ausdruck zu gebrauchen). Von dieser kleinen Gruppe breitete sich der Glaube wie ein Lauffeuer aus, das nach mehr als zweitausend Jahren nach Seinem Erscheinen immer noch brennt. Gegen Ende 1975 konnte Mutter Angelica bereits auf mehr als zwanzig von ihr geschriebene kleine Bücher über das geistliche Leben zurückblicken. Damit hatte sie der Welt die Botschaft der Erlösung gebracht. Ihr fehlten jedoch die Apostel, die halfen, diese Botschaft zu verbreiten.

Im Januar 1976 besuchte ein Ehepaar aus Atlanta das Kloster. Sie baten Mutter Angelica zu erwägen, ob es nicht sinnvoll wäre, gekürzte Ausgaben ihrer Werke herauszubringen. Diese gekürzten Versionen ihrer geistlichen Schriften könnte sich ein Laienmissionar in die Jacke oder Tasche stecken und je nach Bedarf verteilen. Mutter Angelica bezeichnete sie bei diesem Besuch als „Minibücher". Das Ehepaar fand die Idee gut, und Mutter Angelica verfolgte sie.

Um diese Minibücher unterzubringen und ihre laufende Produktion beizubehalten, plante Mutter Angelica eine neue Druckerei. Das Material wurde gespendet, und neue Druckpressen wurden gekauft. Im Juli 1976 war die Druckerei zum Preis von mehr als 100.000 Dollar schließlich fertig. Über dem neuen Raum hing ein handgeschriebenes Schild, auf dem zu lesen stand: *„Die Druckerei des Meisters. Wir wissen zwar nicht, was wir tun, aber wir machen es zunehmend besser.“* Schließlich kamen jeden Tag 25.000 Minibücher aus den Druckpressen.

Eine kleine Armee charismatischer Minibuch-Missionare verteilten Mutter Angelicas Schriften in ganz New Orleans und Atlanta. Bald wimmelte es nur so vor Aufträgen aus Ohio, Pennsylvania, New York und New Jersey, da die Leute Tausende von Exemplaren der Bücher bestellten. Mutter Angelica war gerade dabei, nach New Orleans zu fahren, um vor einer Gruppe von Missionaren zu sprechen, als ihr sich lange Zeit still verhaltender Partner, das Leiden, ohne Warnung wieder auftauchte.

Am 15. Juli 1976 verspürte Mutter Angelica ein starkes Ziehen in ihrer Brust. Es fühlte sich wie ein Herzinfarkt an. Die Nonnen brachten ihre dreiundfünfzigjährige Oberin ins *South Highland*-Krankenhaus, wo ein Arteriogramm eine Missbildung des Herzens zum Vorschein brachte. Das Organ war an einer Seite dicker, wodurch der Blutfluss eingeschränkt war.

„Abends habe ich immer Schwierigkeiten“, vertraute mir Mutter Angelica an. „Deshalb bekomme ich die ganze Nacht Sauerstoff. Das hilft dem Blut, leichter auf die andere Seite zu fließen.“

Man verschrieb ihr Medikamente, aber operativ ließ sich da nichts machen. Es sollte eines der vielen körperlichen Kreuze sein, die Angelica für sich und andere auf ihre Schultern nahm – etwas, das eben akzeptiert werden musste, so wie ein alter Freund.

„Das war schon immer die Vorbereitung, die mir Gott anscheinend geben will“, sagte Mutter über den Schmerz in einem Interview. „Er scheint immer einer Sache vorauszugehen, die ich für den Herrn tun soll.“

Den ganzen Herbst über hielt Mutter Angelica Vorträge, meistens vor charismatischen Gebetsgruppen in New Orleans, Atlanta und Clearwater in Florida. Die schlanke Nonne mit einer grauen Haarwelle, die sie unter den Schleier geschoben hatte, begab sich auf Missionsreise, um Apostel zu rekrutieren. Von der Bühne aus versuchte Angelica, „verschlafene“ Katholiken aus ihrer Lethargie aufzuwecken.

„Gebt mir zehn Katholiken vom Schlag der Zeugen Jehovas, und ich werde die Welt verändern“, sagte sie zu den zahlreichen Zuhörern mit leuchtenden Augen hinter der schwarzrandigen Brille. „Jeder Mensch sollte ein Missionar sein. Wir müssen von unserem Glauben so begeistert sein, dass wir ihn unserem Nächsten mitteilen wollen.“ Dann fügte sie hinzu: „Die Bücher und Minibücher sind Senfkörner. Jede Hausfrau, jeder Geschäftsmann kann ein Missionar sein… Legen Sie ein Buch oder ein Minibuch überall dorthin, wo Sie gerade sind. Sie säen den Samen, und dann wird der Geist alles Weitere übernehmen.“ Nach ihrem Vortrag in Clearwater meldeten sich achthundert Menschen, um die dreizehntausend Minibücher zu verteilen, die sie mitgebracht hatte.

Obwohl Mutter Angelica sich selbst als „konservative Liberale“ ansah, die „zufällig auch Charismatikerin war“, hatte sie Vorbehalte gegenüber manchem, was sie bei den charismatischen Veranstaltungen beobachtete. Die Hervorhebung von Heilungen und Geistesgaben schien nach Mutter Angelicas Ansicht die Wichtigkeit der Sakramente zu verschleiern. „Die charismatische Bewegung ging allgemein in die falsche Richtung. Mit den Büchern und den Vorträgen wollte ich sie mehr auf die Sakramente, die Eucharistie, Unsere Liebe Frau und ein tieferes innerliches Leben lenken – nicht das Herumrennen mit Zungenreden und dergleichen. Von Anfang an konnte ich erkennen, dass das nicht von Bestand sein wird“, erzählte sie mir.

Eine katholische Zeitung in Florida berichtete, dass Angelica die Charismatiker vor „einer Krankheit namens ‚Heileritis‘“ warnte. Angelica führte als Grund an, dass kranke Menschen geistig gesünder sein können als jene, die man für gesund hält. Bei einer Frau wie Mutter Angelica, die schon von der einen oder anderen Krankheit gepeinigt wurde, war diese persönliche Meinung wohl verständlich.

Ron Lee, ein Offizier der Luftwaffe im Ruhestand, und seine Frau erkannten ebenfalls die Probleme bei der charismatischen Bewegung. Sie suchten nach etwas Tiefergehendem. Als sie Mutter Angelica hörten, glaubten sie, es gefunden zu haben. Im Juni 1977 traten sie an Mutter Angelica mit der Idee heran, ihren Verband der Missionare zu einer weltweiten Bewegung auszubauen. Mit ihrem Segen wurde Lee „Direktor und Verantwortlicher“, und die *Catholic Family Missionary Alliance* (CFMA – „Allianz der katholischen Familienmissionare“) war geboren.

Nach Lees Vorstellung sollten lokale Filialleiter, die als „regionale Verantwortliche“ bezeichnet wurden, neue Missionare „ausbilden und anwerben“ und sie mit Angelicas Schriften und Tonbändern versorgen. Die Missionare sollten die Schriften verteilen und jeder interessierten Pfarrei im ganzen Land einen – von Mutter Angelica entworfenen – fünfstufigen Plan der Erneuerung zur Verfügung stellen. Achttausend Missionare schlossen sich in den Vereinigten Staaten und im Ausland der CFMA an. Die Vermittler waren jetzt andere, doch Mutters Mission blieb dieselbe: die Menschen zur Heiligkeit aufzurufen.

Achtundzwanzig Verantwortliche aus Indiana, Illinois, Florida, Georgia, New York, New Jersey, Wyoming, Michigan und Kansas besuchten einen Einkehrtag, der am 2. Dezember 1977 von Mutter Angelica in Birmingham abgehalten wurde. Nach dem Bericht von Schwester Raphael standen sie in der Kapelle und hielten sich gemeinsam mit den Nonnen an den Händen, „und bildeten so ein menschliches Siegel, das stark war und von den Engeln beschützt wurde“. Mutter legte jedem einzelnen Verantwortlichen ihre Hände auf und betete in Zungen für seine Treue. Manche sangen aus voller Kehle ein heiliges Gestammel, andere „fielen – vom Geist getroffen – auf den Boden“. Als die Verantwortlichen das Klostergelände verließen, trällerten Mutter Angelicas Schwestern ein Lied, das die Oberin komponiert hatte, mit dem Titel *We go out into the World* („Wir gehen in die Welt hinaus“). Jean Morris war die einzige Nicht-Katholikin unter den teilnehmenden Verantwortlichen.

„Das war ‚Charismanie‘ in ihrer reinsten Form!“, sagte Morris über die CFMA. „Mutter Angelica wurde es jetzt klar, dass die

Leute lieber die Geistesgaben als den Herrn wollten... und deshalb zog sie sich langsam zurück.“

Doch dies sollte erst 1980 geschehen. In der Zwischenzeit flog sie durch das ganze Land, ließ vor charismatischen Gruppen den Aufruf zur Heiligung erklingen, und teilte ihre kostenlosen Tonbänder und Schriften an jeden aus, der sie haben wollte.

Auf einer siebentägigen Reise im März 1978 nach Chicago sollte sich Mutter Angelicas Leben entscheidend und für immer verändern. Tom Kennedy, ein im Ruhestand lebender Verkaufsmanager aus einem der Vororte Chicagos, der Verantwortlicher für den Mittleren Westen war, hatte ihren Besuch organisiert. Nach dem Reiseplan sollte Mutter Angelica Seminare für ihre Verantwortlichen anbieten, in Pfarrgemeinden in ganz Chicago Vorträge halten und mit einigen Reportern Gespräche führen. Doch der erste Termin sollte Mutter Angelica dazu inspirieren, unvorstellbare Höhen zu erreichen: ein Besuch bei *Chanal 38* („Kanal 38“), einem Fernsehsender der Baptisten ganz oben in einem Wolkenkratzer in Chicago.

10. Kapitel

Das Lächerliche tun

Mutter Angelica schaute das kompakte Aufnahmestudio mit einem solchen verliebten Blick an, dass es schon fast an Begehrlichkeit grenzte. Es war in den oberen Etagen des Chicagoer Wolkenkratzers untergebracht und enthielt einige Kameras, eine Beleuchtungsanlage mit mehreren Scheinwerfern sowie ein kleines Bühnenbild.

„Herr, ich muss so ein Studio haben", flüsterte Angelica in einem stillen Gebet. Doch kurz nachdem sie es beendet hatte, zögerte sie. „Was sollten zwölf Nonnen damit eigentlich anfangen? Ich bin eine Klausurnonne, und ich weiß überhaupt nichts vom Fernsehen." Aber da hatte sie ihr Gebet schon gesprochen.

Tom Kennedy, der leidenschaftliche Verantwortliche der CFMA mit seinen vielen tiefen Augenfältchen, führte Mutter Angelica und Schwester Joseph ganz stolz durch das Hochhaus-Studio. So, wie sich ein Bergarbeiter der Hauptader nähert, wandte sich Angelica zu ihrem Studioführer: „Tom, wie viel kostet so etwas wie das hier?"

Kennedy befragte einen der Techniker und berichtete dann Mutter Angelica: „Neunhundertundfünfzigtausend Dollar."

„Mehr nicht?", fragte Mutter Angelica und ihre Zweifel schwanden. „Ich möchte auch ein solches."

Als sie aus dem Fenster schaute, sah sie auf dem Hausdach die Satellitenanlage des Fernsehsenders. Mutter Angelica starrte sie einen langen Moment an. Ohne ihren Blick abzuwenden, sagte sie zu Schwester Joseph: „Meine Güte, ich brauche wirklich nicht viel, um die Massen zu erreichen."

Mit diesem Medium ließen sich Millionen erreichen, ohne dass Druckkosten entstanden und die Anstrengungen der Reisen notwendig wurden. Angelicas siebenundfünfzig spirituelle Bücher hatten zwar ein großes Publikum erreicht, doch mittels eines Fernsehauftritts konnte man mit all diesen Menschen und noch mit viel mehr in Verbindung treten.

„Wenn der Herr mich dazu inspiriert, etwas zu tun, dann versuche ich es auch auszuführen. Das ist meine Einstellung. Ich lege los, und es geht dann weiter wie bei einem Schneeball, der bergab rollt", sagte die Äbtissin. „Ich muss einfach anfangen. Wenn es nicht Sein Wille ist, dann löst es sich entweder auf, oder es geschieht irgendetwas, um es tatsächlich zu verhindern."

Am 9. März 1978 machte Schwester Joseph beim Frühstück am nächsten Morgen eine sensationelle Ankündigung. Nachdem sie für den Wunsch ihrer Oberin, ein TV-Studio einzurichten, gebetet hatte, spürte sie, wie „der Herr [zu ihr] sprach". Er sagte: „Dieses Medium gehört Mir und ich möchte es [Angelica] geben."

Zunächst hielt Mutter Angelica dies für einen Scherz, doch Schwester Joseph lachte nicht. „Wir nahmen es mit Zurückhaltung auf, hofften aber, dass es tatsächlich geschehen würde", erinnerte sich Tom Kennedy.

An diesem Abend sprach Mutter Angelica vor Hunderten Katholiken in der *St. Margaret Mary*-Kirche am Stadtrand von Chicago. Die vielen Menschen, die an der überfüllten Veranstaltung teilnahmen, hatten einen Schneesturm und gefährliche Wegstrecken überstanden, um den Vortrag zu hören. Doch Mutter Angelica war es der Mühe wert. Sie stand vor ihrem Spruchband mit der Aufschrift „*Wir lassen den Aufruf zur Heiligung erklingen*" und unterhielt die Menschenmenge mit wunderbaren Geschichten über das Erdnussgeschäft und ihr Druckerei-Unternehmen. So konnte sie die Menschen erreichen, die vor ihr auf den Kirchenbänken saßen. Dabei holte sie sogar plötzlich Kastagnetten hervor und erfreute die Menschen mit einer improvisierten rhythmischen Vorführung.

Mitten in ihrer Ansprache drängte sich ein schlanker, leicht verwirrter Rechtsanwalt aus Nashville mit feinen weißen Haaren und einer quadratisch gerahmten Brille aus dem hinteren Teil der Kirche durch die Menge. Da stand er und war fasziniert von dem, was er hörte. Dabei lächelte er wie ein Honigkuchenpferd.

Bill Steltemeier besuchte an diesem Tag einen Juristenkongress in Chicago. Im Eingangsbereich des Doms in der Innenstadt stieß er zufällig auf ein Flugblatt, in dem Mutter Angelicas Vortrag angekündigt wurde. Steltemeier war Senior-Partner der Anwaltskanzlei *Steltemeier & Westbrook* in Nashville, die auf den Immobilien- und Wirtschaftsbereich spezialisiert war. Er war verheiratet und vor drei Jahren zum katholischen Diakon geweiht worden. An den Wochenenden arbeitete der spindeldürre Absolvent der juristischen Fakultät der angesehenen Vanderbilt Universität als Anstaltsgeistlicher im Gefängnis. Als er Mutter Angelicas Flugblatt entdeckte, erkundigte er sich nach dem Weg und fuhr in Richtung *St. Margaret Mary*-Kirche.

Steltemeier verirrte sich heillos im Schneesturm, schlitterte auf der Stadtautobahn an Unfällen und nicht deutlich zu erkennenden Hinweisschildern vorbei, bis er kein Benzin mehr hatte. Er erreichte gerade noch die nächste Ausfahrt und eine Tankstelle, die in der Nähe der Ausfahrt lag. Inzwischen war er verärgert und müde. Er erkundigte sich beim Tankwart nach der *St. Margaret Mary*-Kirche, die nur noch einen Häuserblock entfernt war.

„Noch nie habe ich etwas Ähnliches gehört“, sagte Steltemeier über Angelicas Vortrag. Wie ein Wilder bahnte er sich seinen Weg durch die Menschenmenge, die im Gang stand, und zwängte sich ganz vorne in eine Kirchenbank. Nur einmal schaute Mutter Angelica in Steltemeiers Richtung. Dies geschah, sagte er, genau zu dem Zeitpunkt, als er eine Stimme hörte. „‚Bis zu dem Tag, an dem du stirbst‘, sagte diese Stimme zu mir. Ich war zu Tode erschrocken“, erinnerte sich Steltemeier. „Da wusste ich, dass mein Leben genau von diesem Augenblick an ihr gehörte, darüber bestand kein Zweifel.“

Bei einem Empfang nach dem Vortrag nickte und lächelte Mutter Angelica dem Rechtsanwalt quer über den Raum zu, aber sie sprachen nicht miteinander. Steltemeier war aufgewühlt, als er bei seinem Wagen ankam und in die Stadt zurückkehrte. „Ich dachte, darauf werde ich mich nicht einlassen“, erzählte er mir.

Auf ihrem Rückflug nach Birmingham wurde Mutter Angelica von der Vorstellung einer Fernsehproduktion geradezu verzehrt. Sie wandte sich schnell vom Fenster ab und der neben ihr sitzenden Jean Morris zu, als ob sie soeben eine neue Inspiration bekommen hätte. „Wissen Sie, wo wir ein Band aufnehmen können?“, fragte sie. Jean wusste es nicht. „Finden Sie einen Platz, und wir werden eines produzieren“, wies Mutter sie an. Das Endprodukt könnte an die *Allianz der katholischen Familienmissionare* verteilt werden und anschließend, wenn es gut genug war, an Sender verkauft werden. Ermutigt durch diesen Auftrag, machte Jean ein Mitglied der Episkopalkirche ausfindig, das ein Tonstudio in der Stadt besaß, sowie einen presbyterianischen Pfarrer mit begrenzten Kameraerfahrungen.

Nach etwas mehr als einem Monat nach ihrer ersten Begegnung fuhr Bill Steltemeier aus Nashville zu der Nonne, die ihn seit Chicago verfolgte. „Jeden Morgen hörte ich im Inneren die Worte: ‚Bis zu dem Tag, an dem du stirbst‘“, sagte Steltemeier übermütig in dem näselnden Tonfall seiner Nashviller Aussprache. „Ich wusste nicht, was ich davon halten sollte.“

Nachdem er die Ziegen und Schafe im Garten vor dem Kloster hinter sich gelassen hatte, klopfte er an das Klostertor und fragte nach der Äbtissin.

Mutter Angelica erschien im Eingang mit einem wissenden Schmunzeln.

„Ich habe mich schon gefragt, wann Sie kommen würden“, sagte sie. Mutter Angelica wusste, dass vor ihr ein katholischer Rechtsanwalt mit einem praktischen Geschäftssinn stand, der ihr noch fehlte. Für Steltemeier war Mutter Angelica ein geistliches Idealbild, dem man nacheifern und folgen sollte. Sie fanden sofort eine Beziehung zueinander. Der treue Sancho hatte seinen Don Quichotte gefunden. Nachdem sie den ganzen Tag über miteinander geredet hatten, bot er Mutter eine großzügige Spende an und versprach, ein Verantwortlicher bei den Familienmissionaren zu werden. Steltemeier sollte sich diesen Titel in den folgenden Jahren verdienen.

Die Taufe in der Einsiedelei

Mutter Angelicas halbstündiger Vorstoß ins Fernsehen, die Sendung *Our Hermitage* („Unsere Einsiedelei“), wurde als eine kurze Zeit der Einkehr mit der Äbtissin in einem nachgestellten Kloster aufgenommen. Sie saß in einem Schaukelstuhl, umgeben von einer Kerze, einigen Büchern und anderen Einrichtungsgegenständen (die von Schwester Raphael auf „alt" getrimmt worden waren, um ihnen ein antikes Aussehen zu verleihen). Mutter Angelica wollte aufnehmen lassen, was sie seit Jahren gemacht hatte: Sie wollte ihrem Publikum die Heilige Schrift näherbringen und sie für die Umsetzung ins praktische Leben auslegen.

Am 28. April 1978 stiegen Angelica und Schwester Raphael in das Auto von Jean Morris, dessen Kofferraum mit Requisiten vollgestopft war, und fuhren ins Studio. Nachdem das Bühnenbild hergerichtet war, trat Mutter Angelica furchtlos vor die Kameras und fing mit der Aufnahme an.

Die grelle Beleuchtung und die Aufnahmen aus der Froschperspektive ließen sie aussehen wie „Großmutter Moses mit dem Profil von Andy Gump" (einer amerikanischen Comic-Figur, Anm. d. Ü.). Ihre Stimme klang blechern, wie die von Micky Maus. Als sie sich nach unten beugte, um eine Kerze auszulöschen, verschwand ihr Kopf vom Bildschirm.

„Es war eine Katastrophe", erinnerte sich Jean Morris und fing an zu lachen. „Das war es wahrhaftig!"

„Es war nicht besonders gut", gab Angelica zu.

Ohne Zuhörer wurde Mutter Angelicas bewährtes Feuer einfach nicht entfacht. Das langweilige Bühnenbild verschlimmerte die Situation noch. Auf dem Heimweg war Angelica nahe daran, den Bettel hinzuwerfen. „Ich kann das nicht. Ich beherrsche das nicht", sagte sie zu Jean und Raphael.

„Natürlich können Sie das", sagte Jean eindringlich. „Wir fangen morgen einfach nochmals von vorne an."

Mehrere „Morgen" sollten nötig sein, bis sie es endlich gut hinbekamen.

Als Mutter Angelica Ende Mai versuchte, die erste Sendung zu perfektionieren, waren die Verantwortlichen der *Allianz der katholischen Familienmissionare* zu Einkehrtagen versammelt. Der Gemeinschaftschronik zufolge ging die dritte Nacht des Treffens in ein „Ereignis nach der Art von Katherine Cullman [Pfingstlerin und Wunderheilerin, Anm. d. Ü.]" über. „Es war ein Fiasko, ein Affenzirkus, bei dem die Leiter Heilungen erwarteten und Wunder verkündeten." Mutter Angelica war wütend und „tadelte die Verantwortlichen" wegen ihrer Zurschaustellung.

„Es wurde dann doch allzu charismatisch", sagte Tom Kennedy von der CFMA. „Als Mutter Angelica dann mehr mit dem Fernsehen zu tun hatte, ließ sie die charismatische Sache komplett fallen." Es sollte der Beginn eines langsamen Rückzugs aus der CFMA sein, der zum Teil durch die Verlagerung ihres Schwerpunkts sowie durch Meinungsverschiedenheiten mit der durch Laien besetzten Leitung beschleunigt wurde.

Anfang Juni kehrte Mutter Angelica ins Studio zurück, um die erste Folge von „Unsere Einsiedelei" noch einmal aufzunehmen.

„Ich werde das nie vergessen. Es war unglaublich", schwärmte Jean Morris. „Ihre ‚Power' war voll da; man konnte sie regelrecht spüren."

Die Sendung beginnt mit einem Kameraschwenk durch das Unterholz Alabamas, zu dem Schwester Raphael singt: „Alles, um was ich dich bitte, ist, dass du stets daran denkst, dass ich dich liebe." Dann erscheint die Aufnahme eines kleinen Landhauses, die mit Mutter Angelica überblendet wird, die in einem Kunstledersessel vor einem Kamin aus Pappmaché sitzt. Ihre Nase sieht in der Beleuchtung riesig aus, ihre Augen verschwinden hinter ihrer Brille. Sie scheint müde und entrückt, vermutlich infolge eines schlimmen Asthmaanfalls, der gerade einige Tage vor der Aufnahme einen Krankenhausaufenthalt erfordert hatte. Angelica bezieht sich auf die Heilige Schrift und findet einen Sinngehalt in scheinbar unbedeutenden Einzelheiten. In der Folge, die gerade aufgenommen wird, widmet sie sich der Vermehrung der Brote und Fische. Nachdem Jesus das Wunder gewirkt hatte, erläutert sie, befahl er den Aposteln, die übriggebliebenen Reste einzusammeln. Plötzlich stürzt sich Mutter Angelica auf einen winzigen Bissen, ihre Leidenschaft explodiert förmlich.

„Haben Sie sich schon mal Gedanken darüber gemacht, was eigentlich mit diesen Resten geschehen ist, nachdem Jesus sie genommen und diese zwölf Körbe damit gefüllt hatte? Ich wette, dass die Apostel diese Reste monatelang gegessen haben. Erinnern Sie sich noch an das Festessen des letzten Erntedankfests? Ich freue mich schon auf das diesjährige Abendessen am Erntedankfest, außer wenn es manchmal noch bis an Weihnachten aufgetischt wird... dieser Erntedank-Truthahn verschwindet eigentlich nie, er wird immer größer."

Während das Publikum noch lacht („Es sieht aus, als ob sie unter Narkose gesetzt wären"), beginnt Mutter Angelica mit ihrer Lehre.

„Die meisten von Ihnen nehmen diesen Abfall aus ihrem Leben und lassen es zu, dass durch ihn Schuld oder Verbitterung oder Bedauern in Ihre armen Seelen geschüttet wird. Und Sie leben dann mit dieser Verbitterung, und Sie leben mit dieser Schuld... Ich wünschte, ich wäre selbst nie wütend oder verzweifelt gewesen, aber ich selbst bin es eben auch gewesen. Doch ich weiß, dass Jesus all diesen Abfall meines und Ihres Lebens benützen wird, und Er wird etwas daraus machen, das unsere Seele nährt und schön macht... Wenn es irgendetwas in Ihrer Vergangenheit gibt, das Ihnen leidtut, und wenn dann dieser Abfall immer wieder hochkommt und Sie immer unglücklicher und trauriger macht... dann lassen Sie den Herrn diesen Abfall aufsammeln..."

Trotz aller fachlichen Mängel wurden in der Fernsehsendung Mutters praxisnahe Ausführungen und ihr Umgang mit der Heiligen Schrift sehr gut festgehalten. Der Humor – die Originalität – waren da.

Es wurde vereinbart, dass das aufgezeichnete Band im Wert von eintausend Dollar, das hauptsächlich von Jean Morris finanziert wurde, Fernsehsendern angeboten werden sollte. Da Mutter Angelica die Nachrichtensendung *The 700 Club* des christlichen Rundfunk- und Fernsehsenders CBN (*Christian Broadcast Network*) bekannt war, nahm sie Kontakt zu diesem Sender auf und hoffte, dessen Interesse an ihrer Aufnahme zu wecken.

Diese neue nicht konfessionell gebundene Rundfunk- und Fernsehgesellschaft, gegründet von dem Evangelikalen Pat Robertson, erreichte mehr als 3,5 Millionen Familien mit einer Kombination aus Bibelunterricht und inspirierenden Programmen, die auf ein allgemeines christliches Publikum ausgerichtet waren. Da damals neue Programme benötigt wurden, stimmte man zu, sich Mutters Aufnahme anzuschauen.

Da das einzige Exemplar dieser Aufnahme „Unsere Einsiedelei“ zu kostbar war, sie dem Postversand anzuvertrauen, bat Angelica Jean Morris, diese bei CBN persönlich zu übergeben. Jean fuhr nach Virginia Beach in Virginia.

Tom Rogeberg, der Programmdirektor bei CBN, erzählte mir, dass er, als Jean Morris bei ihm ankam, bereits für eine „römisch-katholische Sendung“ gebetet hatte, um die vorhandene protestantische Palette zu ergänzen. In einem Haus neben dem *The 700 Club*-TV-Studio, in dem Rogeberg arbeitete, legte er „Unsere Einsiedelei“ in das Abspielgerät ein:

„Man sah ihrem Leuchten und ihrer total positiven Ausstrahlung an, dass diese Frau den Menschen den Herrn vermitteln wollte“, sagte Tom Rogeberg, als er diese Aufnahme anschaute. „Sie besaß Persönlichkeit und hatte eine Begeisterung in sich. Ich war von ihr sofort angetan und sagte: ‚Davon brauchen wir unbedingt mehr.‘“

Rogeberg wollte die Show jeden Tag senden. Doch dafür brauchte er sechzig Folgen in zwei Monaten.

„Sechzig Folgen?“, rief Angelica in den Telefonhörer. Als sie mit ihm sprach, flackerten Bilder von herabfallenden Requisiten, überstürzten Abgängen und versehentlich entfernten Mikrofonen in ihrer Erinnerung auf. „Na schön, wenn Sie das brauchen, dann werden wir das aufnehmen“, versprach sie Rogeberg und setzte sich über ihre Bedenken hinweg.

Mehrere Tage in der Woche gingen Mutter Angelica, Schwester Raphael und Jean Morris nun zum Fernsehsender *Channel 42*, einer örtlichen Tochtergesellschaft von CBS (*Columbia Broadcasting System*), um drei oder vier Folgen nacheinander aufzunehmen. Für Mutter Angelica sollte es zur Gewohnheit werden, dass sie auf dem Weg zum Studio noch für ihre Aufnahmen büffelte. Auf dem Rücksitz blätterte sie in der Bibel und suchte bestimmte Abschnitte als Ausgangsbasis für ihre halbstündigen Monologe.

Da für die Aufnahme und Produktion Kosten in Höhe von sechzigtausend Dollar entstanden und diese abgedeckt werden mussten, schickte die *Allianz der katholischen Familienmissionare* Briefe an die Herausgeber katholischer Zeitschriften, um bei deren Lesern für Spenden aufzurufen. Mutter Angelica nahm ihrerseits die Reisen wieder auf, weckte mit ihren Vorträgen bei den Gläubigen Interesse und sammelte auch Geldspenden.

„Viel zu lange schon ist die Fernsehröhre in der Hand des Gegners gewesen“, erklärte Mutter Angelica am 13. Juli 1978 vor einer Ansammlung von viertausend Menschen in Clearwater in Florida. Ihre Lösung: ein Satellit, um die Lehren der Kirche auszustrahlen, damit sie eine Menge Menschen erreichen konnte. Die Zuhörer erhoben sich von ihren Bänken und applaudierten begeistert. Dies war der erste öffentliche Hinweis darauf, dass Mutter Angelica beabsichtigte, über einen Fernsehsatelliten auszustrahlen, und es war das erste Mal, dass dies in der Chronik ihrer Gemeinschaft erwähnt wurde. Obwohl sie noch neu in der elektronischen Kommunikationsbranche war, plante sie schon ihren nächsten kühnen Schritt.

Der gebrechliche, angeschlagene Papst Paul VI., der unter den Schwankungen und dem Unfrieden in der nachkonziliaren Kirche litt, fand am 6. August 1978 seinen Frieden. In seiner Sommerresidenz in Castel Gandolfo erlitt er einen Herzinfarkt, stimmte ein Gebet an und ging seinem letzten Gericht entgegen. Als die Kardinäle über dem Leichnam des verschiedenen Papstes beteten, legte Mutter Angelica in ihrer Kapelle gerade Matt Scalici jun. die Hände auf.

Scalici hatte Mutter Angelicas Segen erbeten, bevor er nach Los Angeles aufbrach, um dort sein Glück als Sänger zu versuchen. Der Zwanzigjährige mit buschigem, gelocktem Haar und einem Schnurrbart im Stil von Burt Reynolds (amerikanischer Schauspieler, Anm. d. Ü.) kannte die Äbtissin, seit er drei Jahre alt war. Seine Eltern, Matt und Phyllis Scalici, waren Freunde von Mutter Angelica und hatten ihn praktisch im Kloster großgezogen. Doch im Sommer 1978, bevor er den akademischen Abschluss seines Film- und Fernsehstudiums an der Universität von Alabama erlangte, winkte Hollywood. Da erschien es nur natürlich, vor der Reise Mutter Angelica um ihren Segen zu bitten. Er kniete neben seinem protestantischen Reisegefährten und bat Mutter Angelica, für ihn zu beten.

„Ich werde für dich beten. Ich werde beten, dass du dort scheitern wirst, damit du wieder nach Hause kommst. Ich brauche dich hier, damit du mir hier bei meinem Fernseh-Apostolat hilfst“, sagte Mutter Angelica zu ihm. Als Scalici beunruhigt in Richtung Westen fuhr, trat eine neue Nonne in das Kloster ein.

Die rothaarige, grünäugige Gayle Breaux hatte eine Stimme, die klang, als hätte man Sirup in einen Sumpf getaucht. Sie stammte aus Labadieville in Louisiana und besaß einen Hochschulabschluss in Musiktherapie. Vor ihrem Ordenseinritt war sie Lehrerin gewesen. In ihren ersten Wochen im Kloster beherrschte die zukünftige Schwester Mary Catherine die Bedienung der Druckerpressen schon sehr gut. Der Zeitpunkt ihres Klostereintritts hätte nicht besser gewählt werden können. Nur Wochen nach Schwester Catherines Ankunft wurde der Bau einer zweiten Druckerei fertiggestellt.

Die Sand- und Betonsteine, die übrig blieben, wurden schnell für ein weiteres Gebäude bestimmt. Im Oktober waren zwei Bauarbeiter, Nelson Campbell und Jim Gardner, fest damit beschäftigt, die neue Garage der Schwestern zu erstellen.

In Rom war eine weitaus schwierigere Aufgabe zu bewältigen. Die Kardinäle hatten sich in die Sixtinische Kapelle zurückgezogen und suchten in ihren Reihen nach einem neuen Papst. Der Thron Petri war in diesem Jahr bereits zum zweiten Mal verwaist, da der neue Papst Johannes Paul I. nur einen Monat nach seinem Amtsantritt einem Herzinfarkt erlag. Das zweite geschichtsträchtige Konklave des Jahres 1978 endete am Nachmittag des 16. Oktober. Zum ersten Mal seit 455 Jahren sollte die katholische Kirche von einem Nicht-Italiener, und zwar vom ersten polnischen Papst in der Geschichte, geleitet werden. Mit glänzenden Augen und sichtbarer Stärke trat Karol Wojtyla auf den Balkon über dem Petersplatz und setzte damit eines der ehrgeizigsten und weitreichendsten Pontifikate aller Zeiten in Gang.

Als Mutter Angelica zusammen mit den anderen Nonnen die ersten Fernsehaufnahmen von Johannes Paul II. in Schwester Davids Zimmer anschaute, hatte sie noch keine Vorstellung davon, wie eng die Botschaft und Mission dieses Papstes mit ihrer eigenen verflochten sein würde. Sowohl der Papst als auch die Äbtissin begannen mit ihrem großen Lebenswerk annähernd zum selben Zeitpunkt. Im Gleichklang sollten sie eine machtvolle Neuevangelisierung der ganzen Welt in die Wege leiten.

Im Anfang war „Das Wort"

Auf „Das Wort" (*The Word*) wurde Mutter Angelica zuerst irgendwann Ende Oktober durch einen Artikel in einer katholischen Zeitung aufmerksam. „Das Wort" war eine kleine vierteilige Sendereihe, die auf der Grundlage des gleichnamigen Romans von Irving Wallace gedreht und Mitte November ausgestrahlt werden sollte: Durch eine vor Kurzem entdeckte alte Schriftrolle wird in dem Film die Gottheit Jesu Christi angezweifelt, und somit droht er, das ganze Fundament der Christenheit zu untergraben. Am Ende des Films erweist sich die Schriftrolle als Fälschung.

Aufgrund dieses Handlungsablaufes betrachtete Mutter Angelica den Film als „Blasphemie"; als einen Missbrauch des Äthers, der nur Samenkörner des Zweifels in die Herzen der Gläubigen säen konnte. Sie sah in dem Film einen Angriff auf ihren Bräutigam, das fleischgewordene Wort – genau dies sagte sie zu Jean Morris und Schwester Raphael, als sie auf dem Rücksitz des Autos saß, in dem sie gerade auf dem Weg zur Aufzeichnung der siebzehnten Folge ihrer neuen Serie waren. Die Serie trug den Titel *In His Sandals* („In Seinen Sandalen") und war eine Einführung in die Briefe des hl. Paulus.

Als Angelica auf ihrem Weg in die Studios von *Channel 42* an einem Schwarzen Brett vorbeikam, bemerkte sie zum ersten Mal, dass der Sender eine Tochtergesellschaft von CBS war. Sie bat um ein Gespräch mit Hugh Smith, dem Vizepräsidenten und Geschäftsführer von WBMG (*BirMinGham*-TV), um über die geplante kleine Serie zu diskutieren.

„Ihr Sender will einen Film mit dem Titel *The Word* zeigen", sagte Mutter Angelica zu Hugh Smith mit einer gewissen Verärgerung, „und das ist eine Blasphemie für Unseren Herrn".

„Davon habe ich überhaupt noch nichts gehört", entgegnete ein überraschter Hugh Smith.

„Aber lassen Sie mich beim Sender anrufen." Er zog sich ins Büro zurück.

Nach einem Telefonat mit der Küste kam Hugh Smith wieder ins Studio. Der Film war tatsächlich zur Ausstrahlung vorgesehen. Der Sender hatte jedoch keine Beschwerden erhalten. „Ich sehe keine Möglichkeit, diese Sendereihe wegen einer einzelnen Person abzusetzen“, sagte er freundlich zu Mutter Angelica.

Sie wandte ein, dass die Ausstrahlung der kleinen Serie eine furchtbare Wirkung auf die Zuschauer haben könne. Schwester Raphael und Jean Morris schauten sich gegenseitig beunruhigt an, als sich Mutters Gesichtsausdruck zu wandeln begann.

„Wollen Sie mir etwa erzählen, wie ich meinen Sender führen muss?“, fragte Smith.

„Nein, ich meine nur, dass Sie miserable Sendungen haben, aber ich habe Ihnen nie vorgeschrieben, wie Sie Ihren Sender führen sollen. Aber dies ist eine Blasphemie!“ Angelica verschränkte ihre Arme, sie kniff die Augen zusammen. „Sind Sie Christ?“

„Ja“, sagte Smith. „Aber glauben Sie, dass sich Gott um das kümmert, was wir hier unten tun?“

„Ja, natürlich, Er kümmert sich darum, und ich kümmere mich darum.“ Angelicas Stimme wurde lauter: „Ich werde diese Sendungen nicht von diesem Sender ausstrahlen lassen und auch keine weiteren, wenn Sie diesen Film zeigen.“

Der Vizepräsident versuchte, mit Mutter Angelica zu verhandeln, um einen Ausweg aus diesem Konflikt zu finden. Er erinnerte sie daran, dass es nur wenige Fernsehstudios in der Stadt gab. „Wenn Sie unser Studio verlassen, sind sie weg vom Fernsehen. Sie brauchen uns.“

„Nein, ich brauche Sie nicht. Ich brauche nur Gott!“ Mutter Angelica wurde jetzt energisch und brüllte: „Ich werde mir meine eigenen Kameras kaufen und mein eigenes Studio einrichten.“

„Das ist nicht möglich.“

„Das werden Sie schon sehen“, sagte sie und schaute Smith fest in die Augen.

Bei einem Interview konnte sich Hugh Smith zwar nicht mehr an den Inhalt ihrer Unterredung erinnern, beschrieb sie aber als „sehr ruhig“ und „nicht scharf“. Jean Morris, die ebenfalls anwesend war, stimmte dem nicht zu.

„Er bekam keinen Wutanfall, aber Mutter Angelica hatte einen“, berichtete Morris.

„Es war eine ausgesprochen angespannte Situation. Wir packten unser Bühnenbild und all unsere Sachen zusammen, und dann fuhren Mutter Angelica, Schwester Raphael und ich ruhig ... ins Kloster zurück, ohne auf der ganzen Fahrt auch nur ein einziges Wort zu sprechen."

Zu Hause ließ sich Mutter Angelica in einen Schaukelstuhl fallen und schilderte den Schwestern ihren Wortwechsel mit Smith. „Ich bin an die Decke gegangen", erzählte sie ihnen. „Ich sagte dem Mann, dass wir unser eigenes Studio einrichten werden, und ich wusste noch nicht einmal, wo dies sein sollte."

Die Schwestern ließen sich das Problem durch den Kopf gehen. Schwester Catherine erinnerte sich daran, wie einige der Nonnen ausriefen: „Die Garage. Mutter Angelica, wir können in der Garage ein Studio einrichten!"

Dieser Vorschlag faszinierte Mutter Angelica und die Schwestern. Sie schlenderten zum Garagenbereich hinunter, der direkt hinter dem Kloster lag. Angelica untersuchte das eingeebnete Gelände und begutachtete jeden einzelnen Holzbolzen, mit dem der Umfang des Garagenbaus abgesteckt war. Sie wies den Bauarbeiter an, die Rohbaudecke zu erweitern, damit ein „Fernsehstudio" in der Garage untergebracht werden konnte. Der Mann schaute verdutzt, als ob die Nonne soeben etwas auf Aramäisch gesagt hätte. „Ich habe von Fernsehstudios keine Ahnung", sagte er.

„Ich habe davon auch keine Ahnung, darauf kommt es nicht an. Wir werden aber ein solches Studio bauen", erklärte Mutter Angelica. Ohne irgendwelche finanziellen Mittel, ohne einen Geschäftsplan und ohne zu zögern, stürzte sich Angelica in eine unabhängige Fernsehproduktion.

„Wenn du nicht bereit bist, das Lächerliche zu tun, wird Gott nicht das Wunderbare vollbringen", sagte Mutter Angelica über ihre spontane Entscheidung. „Wenn man Gott hat, muss man nicht alles wissen; man macht es einfach."

Sie nahm Kontakt zu den Wohltätern auf, um Geld für das neue Projekt zu erbitten. Gleichzeitig fing ihre *Allianz der katholischen Familienmissionare* in Michigan an, Spenden für ein Studio auf Rädern zu sammeln, einen Aufnahmewagen, in dem Mutter Angelicas Live-Ansprachen unterwegs und ihre Studio-Produktionen im Kloster aufgenommen werden sollten.

Im April kam ein Geschäftsmann aus New York, um einen Kostenvoranschlag für die Studiobeleuchtung abzugeben. Die Kosten beliefen sich auf 48.000 Dollar. Da Angelica wusste, dass sie diese Summe noch nicht einmal annähernd aufbringen konnte, sagte sie zu diesem Geschäftsmann: „Gehen Sie nach Hause und spitzen Sie Ihren Bleistift.“

„Das niedrigste Angebot, das ich Ihnen machen kann, sind 14.800 Dollar“, gab der Verkäufer zurück.

„Gekauft“, verkündete Mutter Angelica, obwohl sie nicht begriff, dass das günstigere Angebot Geräte mit einer niedrigeren Qualität betraf.

Glücklicherweise befanden sich die Scheinwerfer der niedrigeren Qualität zur Zeit der Auslieferung nicht mehr am Lager, sodass der Lieferant das lieferte, was er gerade da hatte – ein teures italienisches Beleuchtungssystem im Wert von 48.000 Dollar. Mutter Angelica bezahlte aber nur 14.800 Dollar.

Im Mai 1979 traf ihre erste Hitachi-Kamera zum Preis von 24.000 Dollar ein. Mutter Angelica schuldete ihren Gläubigern nun mehr als 400.000 Dollar für die Errichtung des Gebäudes einschließlich der Ausstattung. Mit den Kollekten, die nach ihren Ansprachen eingesammelt wurden, konnten die Rechnungen teilweise bezahlt werden. Zwischen 1979 und Anfang 1980 predigte sie in mindestens neun Städten über die Verheißungen des Fernsehens und die Notwendigkeit, ihre Bemühungen zu unterstützen. „Und was ist, wenn es misslingt?“, fragte einer der Zweifler. „Dann werde ich die bestbeleuchtetste Garage in ganz Birmingham haben“, feuerte Mutter Angelica von der Bühne zurück.

Anfang 1979 sprach sie in Philadelphia vor einem vollbesetzten Saal mit zusätzlichen Stehplätzen. Eine bunt zusammengewürfelte Mannschaft von Karmeraleuten, Lieferanten der Ausstattung und Freunden begleitete sie, um die Veranstaltung aufzuzeichnen. Bei diesem öffentlichen Auftritt sprach Mutter Angelica mitreißend. Witzige persönliche Geschichten und Erzählungen aus der Heiligen Schrift verschmolzen mit ihrer italienischen Direktheit, was einen Taumel der Begeisterung hervorrief.

„Die Menschen waren von ihr so hingerissen, dass der Fußboden der Kirche zu beben begann“, erinnerte sich Matt Scalici.

„Wir konnten die Aufnahmen mit der Kamera nicht mehr fortsetzen."

Entsprechend den Gebeten von Mutter Angelica war Scalisis Ausflug nach Hollywood tatsächlich schnell gescheitert. Als er wieder in Birmingham zurück war, half er der Äbtissin bei ihrem Fernsehvorhaben und begleitete sie auch gelegentlich auf Reisen.

Nicht jede Fahrt war erfolgreich. Eine Reise im Juni nach Houston in Texas endete damit, dass Mutter Angelica eine „Lebensmittelvergiftung und keine Liebesgabe" bekam. Als sie nach Hause zurückkehrte, griff Schwester Mary David nach dem Kissenbezug, der normalerweise mit Spenden gefüllt war. Da sie keine Spenden in der Tasche fand, ließ sie ihren Unmut an den Nonnen und an ihrer Tochter aus.

Schwester David verabscheute Angelicas Reisen und bemühte sich, künftige Fahrten zu verhindern. „Ich mach' die Hölle durch, weil ich mir Sorgen mache, dass das Flugzeug abstürzen könnte und du verletzt sein würdest", sagte sie zu ihrer Tochter und belastete sie mit Schuldgefühlen.

„Schwester David ließ niemanden vergessen, dass Mutter Angelica ihre Tochter war", sagte Jean Morris. „Sie war die Königinwitwe. Sie war fordernd, und wenn wir unterwegs waren, gab es keinen Ort, an dem Mutter Angelica nicht mehrere Male täglich zu Hause angerufen hätte, hauptsächlich, glaube ich, weil sie wollte, dass Schwester David erfuhr, dass es ihr gut ging."

Doch je mehr Angelica reiste und je mehr Leute sie kannten, umso weniger fühlte sich Schwester Mary David mit ihr verbunden. Rita mit anderen zu teilen, war immer noch nicht möglich.

Mit einem Fuß in der Luft

Ende 1979 wurden Mutter Angelicas vorab aufgenommene Sendungen in einigen Lokalnetzen des Privatfernsehens und landesweit über CBN gesendet. Kurz zuvor hatte sie in Atlanta fünfzig Folgen einer neuen Serie aufgenommen. Da Mutter Angelica sich nicht sicher war, was sie mit dem ständig wachsenden Vorrat an Bändern anfangen sollte, schrieb sie an alle Bischöfe der Vereinigten Staaten und bot ihnen kostenlose Kopien ihrer Aufnahmen zu Ausbildungszwecken oder zur Wiederausstrahlung an. Mutter Angelicas Worten zufolge antwortete kein einziger Bischof.

Sie brauchte einen Verteiler, eine Möglichkeit, um die Gläubigen in den Kirchenbänken zu erreichen. Das Privatfernsehen kam wegen der hohen Kosten nicht infrage. Deshalb verfolgte Mutter Angelica ihre Idee weiter, ihre Sendungen über Satellit in Umlauf zu bringen. Als sie sich eines Tages mit einem Ingenieur, einem der fünf Teilzeitangestellten, die im Kloster arbeiteten, darüber beriet, fragte sie: „Wie kommt man von hier, von Birmingham aus, dorthin [hoch zum Satelliten]?"

„Sie brauchen eine Satellitenschüssel, Sie brauchen eine Lizenz, Sie brauchen eine Luftraumüberwachung, und Sie brauchen einen Rechtsanwalt", erzählte er der aufmerksamen Nonne.

„Was kommt zuerst?"

„Der Rechtsanwalt."

Angelica besorgte sich eine Kabelfernsehzeitschrift und überflog die Namen der Rechtsanwälte, die sich auf das Fachgebiet der Nachrichtenübertragung auf Bundesebene spezialisiert hatten, bis sie auf das Anwaltsbüro von *Pepper und Corazzini* stieß. „Ich dachte, ich wollte lieber einen Italiener nehmen, damit wir uns verstehen konnten, deshalb rief ich dort an", sagte sie.

Nach einigen Versuchen nahm Roberto Corazzini ihren Anruf entgegen. Corazzini war ein Anwalt, der wusste, wie man mit der *Federal Communications Commission* (FCC – eine unabhängige Behörde in den USA, die die Kommunikationswege Radio, Fernsehen, Satellit und Kabel regelt, Anm. d. Ü.) umgehen musste. Er erwarb Lizenzen für mehrere Fernsehgesellschaften und vertrat diese im Zuge der aufkommenden Kabelübertragung, so auch Ted Turner, den Gründer des Nachrichtensenders CNN (*Cable News Network*).

„Mr. Corazzini, ich bin Mutter Angelica vom Kloster *Unsere Liebe Frau von den Engeln*, und ich möchte gerne einen Fernsehsender errichten."

Am anderen Ende der Leitung blieb es merklich still.

„Wie bitte?", fragte Corazzini. Mutter Angelica erläuterte noch einmal ihr Ansinnen. Trotz seiner Zurückhaltung war der

Rechtsanwalt einverstanden, nach Birmingham zu kommen, um mit der Oberin die juristischen Möglichkeiten zu besprechen.

„Ich erinnere mich, wie ich im Kloster mit Mutter Angelica und Schwester Raphael in einer kleinen Küche bei einer Tasse Kaffee zusammensaß, und wie wir die Vorgehensweise mit der FCC besprachen", erzählte Corazzini. Als der Anwalt jedoch von der Ernsthaftigkeit von Mutter Angelicas Vorhaben überzeugt war, gab er ihr nur eine Warnung mit auf den Weg: „Wenn Sie erst einmal damit beginnen, gibt es keinen Weg zurück. Haben Sie das verstanden?" Mutter Angelica nickte, und Corazzini war damit einverstanden, ihr zu helfen.

Über ihre Zusammenarbeit sagte Corazzini: „Das Großartige an Mutter Angelica war ihr absolutes Vertrauen, dass es funktionieren würde. Solange wir uns einsetzten, würde Gott schon für alles sorgen."

Als Corazzini ihre Sendelizenz in Washington D.C. beantragte, flog Mutter Angelica im Januar 1980 nach North Carolina. Ihr Reiseziel war PTL (*Praise The Lord* – „Lobet den Herren"), ein protestantischer Fernsehsender, der von Jim Bakker, einem Pastor der *Assemblies of God* („Versammlungen Gottes" – die weltweit größte Pfingstbewegung, Anm. d. Ü.) und seiner Frau Tammy Faye gegründet worden war. Mutter Angelica war das ganze Jahr 1979 hindurch mehrere Male bei PTL aufgetreten, hatte viel Zustimmung gefunden und war bei Zuschauerumfragen einer der Favoriten. Bei einer der Sendungen erzählte sie Bakker: „Ich bin davon überzeugt, dass Gott Trottel sucht! In mir hat er einen gefunden! Es gibt ja eine ganze Menge kluger Leute da draußen, die wissen, dass man es nicht schaffen kann, daher machen sie es auch nicht. Aber ein Trottel weiß eben nicht, dass man es nicht schaffen kann. Gott benutzt Trottel: Menschen, die bereit sind, sich lächerlich zu machen, damit Gott das Wunderbare vollbringen kann."

Bakker war derart angetan von der Nonne, dass er ein Team von Bühnenbildnern nach Birmingham schickte, die Angelicas erstes Studio einrichteten. Das Ergebnis war ein taubenblaues Wohnzimmer mit gerahmten Bildern von Jesus und dem Papst, die die Wände zierten. Sendungen, die man im Studio aufnahm, wurden in den Regieraum auf Rädern übertragen – ein weißes großes Wohnmobil, das draußen vor dem Kloster stand. Der sogenannte TV-Kleinbus war mit Mutter Angelicas gegenwärtiger Philosophie geschmückt, dem falsch geschriebenen Spruch: „Trottel für Jesus".

Angelica hatte mittlerweile ein kleines Team dieser „Trottel" um sich versammelt: Es waren normale Angestellte wie Matt Scalici, Virginia Dominick, deren Familie Mutter Angelica nahestand, und Mike und Martha Mooney, ein protestantisches Ehepaar, das sich Mutter Angelicas Vision verbunden fühlte. Zusätzliches Personal wurde je nach Bedarf von der Baumannschaft ausgeliehen.

Da Mutter Angelica ihre Aufmerksamkeit nun auf das Fernsehen richtete, geriet die *Allianz der katholischen Familienmissionare* ab März 1980 aus ihrem Blickwinkel. Die CFMA mit Hauptsitz in Florida wurde von der Leitung der Organisation in andere Bahnen gelenkt. Mutter Angelica behauptete: „Es hat sich totgelaufen", und schließlich trennte sich das Kloster *Unsere Liebe Frau von den Engeln* offiziell von der CFMA.

Ungefähr zur gleichen Zeit entwarf Bill Steltemeier Statuten für ein neues gemeinnütziges privatrechtliches Unternehmen, das *Eternal Word Television Network* (EWTN) heißen sollte, und setzte eine Vorstandschaft ein. Der Name brachte zum Ausdruck, dass es sich um ein Unternehmen handelte, das aus Kontroversen hervorging und auf Prinzipien beruhte. Er verewigte Mutter Angelicas Protest gegen den Film *The Word* ebenso wie auch ihre vorbehaltlose Hingabe an Jesus Christus, das fleischgewordene Ewige Wort.

Das Zielpublikum Mutter Angelicas blieb dasselbe. Durch ihre eigene Lebensgeschichte beeinflusst, wollte sie die Menschen erreichen, die sie am besten kannte, Menschen, zu denen sie noch immer gehörte: „Wir kümmern uns um den Mann in der Kirchenbank, die Frau, die unter seelischen Qualen leidet, das Kind, das einsam ist", sagte Mutter der *New York Times*. „Ich hoffe, wir können unterrichten, ohne belehrend zu sein, das Herz erleuchten und den Körper entspannen." Aber es standen noch finanzielle Hürden im Weg.

Mitte Mai betrugen die Schulden von Mutter Angelica für die Studio-Ausrüstung 380.000 Dollar, und der Lieferant, *Gray Com-*

munications, bat um Ausgleich seiner Forderung. Während Bill Steltemeier versuchte, bei den Geschäftsleuten Geld zu bekommen, ging Mutter Angelica zu den Menschen, hielt Ansprachen in New Orleans, Miami, Orlando, Houston, Grand Rapids, Kalamazoo und Kenosha. In jeder Stadt wurde eine Kollekte gehalten. Doch sie hoffte, dass der Besuch einer in Wisconsin ansässigen Stiftung die Zeit des ständigen Einsammelns von Kollekten beenden und sie von ihren finanziellen Bürden endgültig befreien würde.

Die *De Rance Foundation* (Stiftung) war das geistige Kind von Harry John, des Enkels von Frederick Miller, dem Gründer der Brauerei *Miller Brewing Company*. Der hoch aufgeschossene, exzentrische Harry John sah eher wie ein Obdachloser als wie ein Millionär aus. Mehrere seiner Interviewpartner schildern ihn als jemanden, der „nicht adrett gekleidet erschien", als einen Mann, der an Geschäftstreffen mit „einer Baskenmütze, Hosenträgern und einer Schlabberhose" teilnahm. In den Fünfzigerjahren übertrug dieser wilde Visionär, durch seinen Glauben veranlasst, seinen gesamten 47-prozentigen Aktienanteil an der *Miller Brewing Company* an die *De Rance Foundation.* Dieses katholische wohltätige Unternehmen verdankte seinen Namen Armand-Jean De Rance, dem asketischen Abt aus dem 17. Jahrhundert, der eine Ordensreform einleitete, die zur Gründung der Trappisten führte.

1970 verkaufte Johns Schwester Lorraine ihren 53-prozentigen Aktienteil an der *Miller Brewing Company* an den New Yorker Industriellen Peter Grace. Grace gab diesen dann schnell an Philip Morris weiter, wodurch der Wert der von der *De Rance Foundation* gehaltenen Miller-Aktien um ein Vielfaches stieg. Harry John verkaufte diese später an Phillip Morris für 97 Millionen Dollar. Mit dem erhaltenen Geld unterstützte er Tiefsee-Schatzexpeditionen, sammelte eine Unmenge religiöser Kunst, stillte seine persönliche Obsession für das Heiligste Herz Jesu und baute für die Stiftung eine pflaumenfarbene Zentrale am Stadtrand von Milwaukee. Dieses Gebäude betrat Mutter Angelica im Juni 1980.

Dick DeGraff, der für eine in Wisconsin ansässige katholische gemeinnützige Organisation Spenden sammelte, nahm Mutter Angelica mit zu De Rance, nachdem er erfahren hatte, dass sie Geld für eine Satellitenschüssel brauchte. Harry Johns Büro war voll von Regalen mit religiöser Kunst, Spitzhacken und Schalen exotischer Nüsse. Obwohl Harry John von der Nonne fasziniert war, glaubte er nicht, dass sie einen Fernsehsender in Gang bringen könne. Er bat sie, ihre langfristigen Ziele ausführlich auszuarbeiten und die Funktionsweise einer Satellitenschüssel zu erläutern. Mutter Angelica kam dem nach. Als Zeichen für ihre Ernsthaftigkeit bat sie um 480.000 Dollar, damit sie ihre Schulden sowie die zu erwartenden Kosten für die Schüssel begleichen konnte.

„Lassen Sie mich darüber nachdenken", sagte John.

„Warum müssen Sie darüber nachdenken?" Mutter lächelte. „Ich brauche das Geld."

DeGraff zufolge war Mutter Angelica auf der Rückfahrt weder zufrieden noch des Erfolges sicher. „Beten Sie", sagte DeGraff zu ihr.

„Wir beten ständig", erwiderte Angelica kläglich.

Im August sandte die *De Rance Foundation* Mutter Angelica einen Scheck über 220.000 Dollar – kaum genug, um die wachsende Schuldenlast von EWTN zu senken oder um den drohenden finanziellen Aderlass abzuwenden.

Am 18. September 1980 war Mutter Angelica dabei – obwohl sie mit Hunderttausenden Dollar im Rückstand war – eine Satellitenschüssel mit einem Durchmesser von zehn Metern bei *Scientific Atlanta* zu einem Preis von 350.000 Dollar zu bestellen, als sie schließlich doch zögerte. Wo sollte sie das Geld herbekommen? Und was geschah, wenn sie es niemals bekam? Die meisten Menschen hätten die Flinte ins Korn geworfen. Doch Mutter Angelica gab die Bestellung auf und praktizierte ihre „Theologie des Risikos", wie sie dies später nannte.

„Wenn du etwas für den Herrn tun willst... dann tu es! Was immer du auch denkst, was getan werden muss, auch dann, wenn du vor Angst beinahe aus den Schuhen kippst, dich zu Tode fürchtest – gehe den ersten Schritt vorwärts. Die Gnade kommt mit diesem einen Schritt, und du bekommst die Gnade, wenn du weitergehst. Angst zu haben ist kein Problem. Es macht nichts, wenn du Angst hast."

Für ihren Glauben setzte sie alles auf eine Karte. Sofort nach der Satellitenschüssel-Bestellung wies Mutter Angelica Bill Steltemeier an, einen Kaufvertrag für die Satellitenübertragungsanlage mit RCA (*Radio Cooperation of America*) aufzusetzen. Die Anschaffung der Satellitenschüssel einschließlich der Geräte für die Übertragungsanlage sollte Mutter Angelicas Schuldenlast auf über 1.000.000 Dollar anwachsen lassen.

Steltemeier musste seinen ersten Entwurf für den RCA-Vertrag überarbeiten und eine Klausel entfernen, in der der Klostergrundbesitz mit einer Hypothek als Sicherheit belastet werden sollte. „Sie hielt mir einen Vortrag, warum man heiligen Grund und Boden nicht verpfänden darf", erinnerte sich Steltemeier. Der überarbeitete Vertrag wurde nacheinander von mehreren leitenden Angestellten der RCA abgelehnt, bis ein italienischer leitender Angestellter anrief, der mit Mutter Angelica sprechen wollte.

„Sie erwarten wirklich von mir, dass ich diesem Vertrag zustimme?", fragte er.

„Ja, sicher, und Gott erwartet das auch", antwortete Mutter Angelica.

„Ich werde dem Vertrag zustimmen, aber Sie brauchen 600.000 Dollar Anzahlung. Wo wollen Sie die hernehmen?"

„Gott wird das besorgen", entgegnete Mutter Angelica.

In Washington war ihr Anwalt, Roberto Corazzini, bereit, bei der FCC den Antrag auf die Sendelizenz einzureichen. Jetzt fehlte nur noch etwas: eine Bürgschaft über 280.000 Dollar, die die Geldmittel für den Kauf der Satellitenanlage garantierte. Mutter Angelica kämpfte regelrecht dafür, diesen Schuldschein zu bekommen, indem sie Stiftungen und große Wohltäter anschrieb.

Am 29. Oktober saß sie gerade im Klausurteil ihrer Kapelle und betete vor der Messe, als ein „pummeliger Kerl", Lloyd Skinner, zusammen mit Joe Bruno hereinkam. Vor Kurzem hatte Skinner ein Unternehmen, das Teigwaren produzierte, an Bruno verkauft und besuchte nun Birmingham.

„Der Herr sagte zu mir: ‚Dort ist deine Bürgschaft'", erzählte mir Mutter Angelica.

Nach der Messe wurden Skinner und Bruno das Studio und die Druckerei gezeigt. Als sie durch die Anlage gingen, erwähnte Mutter Angelica ihre Reisen und die Bürgschaft, die sie benötigte, um die „Kirche in jedes Haus zu bringen".

„Gib du ihr doch eine Bürgschaft", sagte Skinner und wandte sich dabei an Joe Bruno. „Ich habe ein paar Aktien, die mir nicht mehr zusagen. Ich werde sie Ihnen schicken."

Am 7. November trafen die Bürgschaft und der Lizenzantrag bei der FCC ein. Doch Corazzini warnte davor, dass der Wettbewerb heftig sein und es Monate dauern könnte, möglicherweise mehr als ein Jahr, um die Lizenz zu erwerben.

Die Nonnen vom Kloster *Unsere Liebe Frau von den Engeln* beteten, dass Gottes Wille in Washington geschehen sollte. Ihre Äbtissin machte sich auf nach Milwaukee, um sich dort mit Harry John zu treffen. Diesmal bat sie ihn um 700.000 Dollar, um einen Teilbetrag für die Satellitenschüssel bezahlen zu können. Solange er die Kontrolle über die Schüssel behielt, war John durchaus bereit, das Geld zu spenden. Doch ein solches Geschäft lehnte Mutter Angelica ab, auch dann, als sie kaum andere Möglichkeiten sah. Da sie überzeugt war, dass sie unabhängig bleiben musste, nahm sie einen Bankkredit zu einem Zinssatz auf, der kurzfristig bei bis zu 23 Prozent liegen konnte.

In finanzieller Hinsicht standen die Aussichten für den Sender *Eternal Word Television Network* am Ende des Jahres 1980 ziemlich schlecht. Das Unternehmen war knapp bei Kasse, hatte mehr als 1.000.000 Dollar Schulden und stand jährlichen Betriebskosten von 1.500.000 Millionen Dollar gegenüber. Entgegen aller Vernunft klammerte sich Mutter Angelica an ihre Inspiration und an ihren Gott.

„Er erwartet von mir, dass ich aufgrund meines Glaubens und nicht aufgrund meines Wissens handle", sagte Mutter. Er erwartet von mir, dass ich – wenn ich schon kein Geld, kein Köpfchen und auch kein Talent habe – im Glauben weiterarbeite. Wissen Sie, was es heißt zu glauben? Glauben bedeutet, einen Fuß auf dem Boden, einen Fuß in der Luft und ein ungutes Gefühl im Magen zu haben."

Mutter Angelicas ungutes Gefühl fing gerade an, sich zu verschlimmern.

11. Kapitel

Eine Kathedrale am Firmament: EWTN

Am 27. Januar 1980 humpelte Mutter Angelica triumphierend in das Refektorium. Sie hielt den Brief von der FCC in ihrer schmalen Hand. In den letzten Tagen der nicht wieder gewählten, aber noch amtierenden Carter-Regierung erhielt die republikanische Nonne aus Ohio die Erlaubnis, auf Bundesebene die erste katholische Satelliten-Fernsehstation in den Vereinigten Staaten zu betreiben. Die Geschwindigkeit, mit der die FCC die Sendelizenz gewährte, überstieg sämtliche Erwartungen: Der Antrag hatte sich in nur zwei Monaten seinen Weg durch das bürokratische Verfahrenssystem gebahnt. Für Mutter Angelica war diese Schnelligkeit noch ein weiteres Anzeichen für Gottes Vorsehung.

Es heißt, ein Charismatiker, der für die Sichtung der Anträge bei der FCC zuständig war, habe Mutter Angelicas Namen erkannt und ihre Anfrage ganz nach oben auf den Stapel gelegt. Ein FCC-Grundsatz, Anträge mit schlüssigem öffentlichem Interesse bevorzugt zu behandeln, mag dabei ebenfalls eine Rolle gespielt haben. Dies sei bei dem ersten katholischen Fernsehsender des Landes sicher der Fall gewesen.

Die zwölf Nonnen des Klosters *Unsere Liebe Frau von den Engeln* sollten die ersten Ordensleute sein, denen überhaupt eine FCC-Lizenz erteilt wurde. Schwester Raphael weinte, andere Schwestern lachten, und man tauschte Umarmungen aus, um dieses augenblickliche Wunder zu feiern.

„Ein Fernsehsender mit geistlichem Programm, der sich in der Aufbauphase befindet, muss im kontemplativen Leben verwurzelt sein", sagte Mutter Angelica damals. „Ich glaube, dass wir deshalb auserwählt wurden. Für eine Ordensgemeinschaft ist das zwar eine äußerst ungewöhnliche Sache, aber Gott möchte eben gerne durch kleine Dinge Großes vollbringen."

Obwohl sie nun also legal tätig werden konnten, musste dieses „Große" erst noch aufgebaut werden.

Schulden drohten, den Sender auszulöschen, bevor er seinen ersten Atemzug tun konnte. Um die Lage in den Griff zu bekommen, flog Mutter Angelica mit Jean Morris und Dick DeGraff am 15. Februar zu einem Treffen mit Peter und Margie Grace von der *Grace Foundation* nach Palm Beach. Mutter Angelica wurde bei dem Ehepaar wegen eines 635.000 Dollar-Darlehens vorstellig, auch wenn sie es hasste, um Geld zu bitten. Die wenigen beschämenden Erfahrungen des Bettelns waren in ihrem Leben auf das Herrenbekleidungsgeschäft John Rizzos beschränkt gewesen, wo sie den zornigen Blicken Fremder ausgesetzt war, als ihr Vater seine Taschen durchwühlte und ihr vorenthielt, was er ihr freiwillig hätte geben müssen. Als sie nun lächelnd in Palm Beach saß, wurde sie von dem gleichen Gefühl der Ohnmacht überfallen.

Mutter Angelica beeindruckte Peter Grace, doch er brauchte noch Zeit, bevor er einem Darlehen zustimmen konnte. Aber Mutter Angelica hatte keine Zeit. Zu diesem Zeitpunkt verschafften den Schwestern und dem Fernsehsender lediglich die Vortragstermine von Mutter Angelica verlässliche Einkünfte – Einkünfte, die kaum die Gehälter der Angestellten deckten.

Nachdem sie nach Hause zurückgekehrt waren, bestürmten Mutter Angelica und ihre Schwestern Gott im Gebet. Sie fassten sich in Mutter Angelicas Schlafzimmer an den Händen, flehten Ihn an und baten um die finanziellen Mittel und die Führung, die sie doch so verzweifelt benötigten. Während ihres Gebets verengten sich die Augen von Schwester Regina. Vor ihrem geistigen Auge sah sie eine weiße Satellitenschüssel vor einem verdunkelten Himmel, aus deren Mitte eine rote Flamme schoss.

„Niemand wird diese Flamme mehr auslöschen können", verkündete sie den Schwestern und bestand darauf, dass es eine Botschaft Gottes gewesen sei: „Dies ist mein Sender, und er wird meinen Sohn verherrlichen." Schwester Regina war sich nicht sicher, ob die Vision echt war oder nur ein Produkt ihrer Fantasie. Mutter Angelica und Schwester Raphael überdachten diese Botschaft und beteten, dass „das Wort die gesamte Welt umfassen werde".

Anfang des Jahres 1981 hatte der Vorstand des *Eternal Word Television Network* feste Gestalt angenommen. Um das Kloster vor jeglichen finanziellen Konsequenzen zu schützen, sollte der Sender ein von Laien betriebenes privatrechtliches Unternehmen sein. Bill Steltemeier sollte Präsident, Matt Scalici senior, Dick DeGraff und andere sollten dem Vorstand angehören. Die Äbtissin des Klosters *Unsere Liebe Frau von den Engeln* und ihre Stellvertreterin (Mutter Angelica und Schwester Raphael) sollten feste Positionen im Vorstand innehaben. Mutter Angelica erhielt als Vorstandsvorsitzende das absolute Vetorecht gegenüber allen Beschlüssen des Vorstands. Ein Theologe aus New York, der Jesuitenpater John Hardon, wurde berufen, um die Rechtgläubigkeit der religiösen Sendungen zu überprüfen, die zur Ausstrahlung vorlagen. Hardon sollte unbeabsichtigt eine der größten Krisen in Mutter Angelicas religiösem Leben einleiten.

Im Äther

Was man wohlwollend als harmloses Fehlurteil bezeichnen könnte, teilte Pfarrer Hardon einem Amtsträger aus dem Vatikan bei einem persönlichen Gespräch mit – seine Befürchtungen hinsichtlich einer in Klausur lebenden Äbtissin, die regelmäßig durch das ganze Land reiste. Nach einer entsprechenden Benachrichtigung teilte Rom seine Bedenken. Am 16. Februar 1981 informierte die Kongregation für die Ordensberufe, die die Amtsgewalt über Mutter Angelica und ihr Kloster ausübte, Bischof Joseph Vath von Birmingham, dass Mutter Angelica die Klausur brechen dürfe, um ihr Studio aufzusuchen, dass ihr jedoch alle weiteren Reisen streng untersagt seien. Mit dem Segen und der Unterstützung ihres Bischofs hatte Mutter Angelica mehr als ein Jahrzehnt lang geistliche Vorträge außerhalb der Klausur gehalten. Doch am 27. Februar widerrief Vath seine langjährige Erlaubnis.

Nun war also auch noch der letzte finanzielle Rückhalt für Mutter Angelicas entstehenden Sender weggefallen. Zwölf für das Jahr 1981 gebuchte Vorträge waren bereits vorgemerkt, um die Betriebsausgaben abzudecken, bis der Sender seine Fernsehübertragungen aufnehmen konnte. In einem Brief vom 7. März flehte Mutter Angelica den Bischof an, ihr die Erlaubnis zu geben, damit sie ihre Verpflichtungen erfüllen könne. Sie teilte ihm auch ihre Absicht mit, die Kongregation für die Ordensberufe um Erlaubnis zu bitten, ein Ausgangsrecht vom Kloster zu bekommen, „um – falls notwendig – sich auch außerhalb des Studios um die Arbeit des Senders *Eternal Word Television Network* zu kümmern". Außerdem versprach sie, den ständigen Vertreter des Heiligen Stuhls in den Vereinigten Staaten über ihre Situation in Kenntnis zu setzen.

Am 10. März rief Bischof Vath bei Mutter Angelica an.

„Exzellenz, ich habe alle diese Vorträge zugesagt, die ich dieses Jahr noch halten muss", brachte Mutter Angelica vor.

„Nun, sagen Sie sie einfach ab", entgegnete der Bischof.

„Nächste Woche soll ich in Ihre Heimatstadt, nach New Orleans, fahren."

„Na gut, diesen einen Vortrag können Sie noch halten. Und das ist dann der Letzte für dieses Jahr."

„Herr Bischof", sagte Mutter Angelica, indem sie verzweifelt nach einem Ausweg suchte, „unsere Löhne betragen im Monat 3.000 Dollar. Diese Löhne können wir nur bezahlen, wenn ich Vorträge hatte. Wir haben keine andere Möglichkeit."

„Nun ..." – die Stimme des Bischofs verlor sich. „Ich habe gerade mit dem Nuntius gesprochen. Er sagte, Sie müssten sich entscheiden, ob Sie so weitermachen oder eine Exklaustrierung beantragen wollen."

Mutter Angelica blieb die Luft weg. Es kam ihr vor, als hätte ihr jemand einen Schlag in den Unterleib versetzt. „Exklaustrierung? Das kann ich nicht machen! Mein Leben hier – meine Berufung – ist mir sehr wichtig!"

Exklaustrierung hätte ein Ausscheiden aus der Gemeinschaft bedeutet sowie eine Aufhebung der von Mutter Angelica abgelegten Gelübde der Armut und des Gehorsams für einen Zeitraum von bis zu drei Jahren. Laienhaft ausgedrückt könnte man sagen, es handelte sich dabei um einen verlängerten Abschied vom Ordensleben.

„Damit wurde mir die Pistole auf die Brust gesetzt: Wenn du das willst, dann lege dein Ordensgewand ab", erklärte mir Mutter

Angelica, und sie war noch immer gekränkt, wie sie da hinter dem Klostergitter saß. „Ich war schockiert darüber."

Bei Tisch las sie der Gemeinschaft den Brief des Bischofs vor und löste damit einen Feuersturm im Kloster aus. Bestimmt war dies Teil eines Versuchs, „den Sender zu vernichten". Die Nonnen buhten den Vorschlag, dass ihre Äbtissin ihre Gelübde und ihre Gemeinschaft für den Sender opfern sollte, aus.

„Das kann er nicht machen; wir haben schließlich unsere Rechte", meldete sich Schwester Regina zu Wort. Schwester Mary David schlug auf den Tisch: „Ich warne ihn, meiner Tochter auch nur ein Haar zu krümmen", drohte die an den Rollstuhl gefesselte Schwester. Nach den Worten ihrer Mitschwestern war Mutter Angelica eigentümlich still und bedrückt. Sie zog sich in die Kapelle zurück, fiel auf ihre Knie und starrte auf das Allerheiligste Altarsakrament. Vor ihrem Herrn und Meister liefen Tränen über Mutter Angelicas Wangen.

„Man konnte spüren, dass Jesus sie trug", bemerkte Schwester Regina später.

Eine nach der anderen kamen die Schwestern in die Kapelle und umarmten sie, um sie zu trösten. Sie legten ihre Arme um ihre bedrängte Mutter, scharten sich um sie, weinten miteinander und versprachen Treue, was immer auch geschehen sollte.

„Ich habe gesehen, wie sie bittere Tränen darüber vergoss, was die Kirche ihr da antat, und dies war eine dieser Gelegenheiten", erinnerte sich Jean Morris. „Aber am nächsten Tag riss sie sich zusammen und fand einen Ausweg. Sie führte Kämpfe innerhalb und außerhalb der Kirche."

Gezwungen, zwischen ihrer Berufung und der Mission zu wählen, zu der sie sich von Gott berufen fühlte, schrieb sie an den Nuntius und bat um seine Hilfe. Ihr Schicksal und das des Senders lagen nun in den Händen des ständigen Vertreters des Heiligen Stuhls, Erzbischof Pio Laghi.

Zwei Lastwagen, die die zerlegte Satellitenschüssel mit einem Durchmesser von zehn Metern sowie die dazugehörige Ausrüstung transportierten, kamen Anfang der Fastenzeit auf dem Klostergelände an. Mutter Angelica befand sich bereits mitten in der Bußzeit. Sie ging hinaus, um die heilige Fracht zu begrüßen. Ihre

Stimmung besserte sich in dem Augenblick, als sie die Ausstattung sah. Sie faltete ihre Hände vor Freude und Zufriedenheit, genauso wie Eltern ihr Kind nach einer langen Reise willkommen heißen.

Ein kräftiger Zusteller, dessen Oberarme von Tattoos übersät waren, stieg aus einer der Führerkabinen herunter. Er sagte zu der Äbtissin, dass er, bevor er die Fracht ausladen dürfe, die im Vertrag geforderte Zahlung von 600.000 Dollar einkassieren müsse. Mutter Angelica war wie betäubt. Sie spielte auf Zeit und zog sich erst einmal in die Kapelle zurück. Das Geld hatte sie schlichtweg nicht.

„Ich habe es vermasselt, Herr", erzählte Mutter Angelica ihrem Bräutigam. Sie hatte nun nichts mehr in der Hand, keine Karten mehr, die sie ausspielen konnte. Nach einem kurzen Gebet rappelte sie sich wieder hoch, nunmehr entschlossen, den Zusteller samt der Anlage wieder wegzuschicken. Als sie nach draußen kam, wurde sie von einer der Schwestern ans Telefon gerufen. Bill Steltemeier war mit dabei: „Da hatte sich jemand von den Bahamas – von seiner Yacht aus – gemeldet. Er hatte Sorgen mit seinen Kindern und las gerade eines von Mutter Angelicas Minibüchern", berichtete mir Steltemeier und gluckste. „Er sagte, er würde ihr eine Spende schicken: 600.000 Dollar."

„Könnten Sie sie sofort schicken?", fragte Mutter Angelica den Anrufer.

Das Geld wurde telegrafisch überwiesen, traf um die Mittagszeit auf ihrem Konto ein, und die Anlage wurde abgeladen.

Am Sonntag, 8. März, hing die Satellitenschüssel von einem geliehenen Kran herab, der im abschüssigen Hinterhof der Schwestern stand. Im Umfeld waren Bäume abgeholzt worden, damit der Funksender einen ungehinderten Zugang nach oben zum wolkenlosen Himmel hatte. Die Nonnen standen am Rande und beteten, während jedes einzelne Teil der Satellitenverbindung eingepasst wurde.

„Es ist uns vorgekommen, als wäre dies unser kleines Erstgeborenes", erinnerte sich Schwester Regina. „Wir betrachteten uns als seine geistlichen Mütter. Mit dieser Schüssel hatte es etwas ganz Besonderes auf sich."

Wie eine Spinne eine neue Spinnwebe prüft, so hing John Scalici, Matts Bruder, vom Kran herunter, und begutachtete die große weiße Schüssel, die in den Himmel zeigte. Matt schoss ein Foto, um diesen Moment festzuhalten. Als das Bild entwickelt war, sah man darauf einen offenkundigen roten Streifen, wie einen Laserstrahl, der von der Mitte der Satellitenschüssel ausstrahlte. Skeptiker hätten den roten Streifen auf dem Foto einer Überbelichtung oder auch dem Sonnenlicht zugeschrieben, doch für Mutter Angelica und ihre Mitschwestern war es die göttliche Bestätigung der Vision von Schwester Regina – eine übernatürliche Bestätigung der „nie mehr zu löschenden Flamme" des Wortes. Diese Fotografie wurde ein Symbol für die unmittelbare Inspiration, und bis auf den heutigen Tag hängt sie in den Büros des Senders.

Am 19. März erreichten Mutter Angelica schlechte Nachrichten über das Telefon. Es war der Sekretär des Vertreters des Heiligen Stuhls in Washington, der anrief. Nachdem beim Nuntius ihr Gesuch, außerhalb der Klausur Vorträge halten zu dürfen, eingegangen war, ließ er nun seine offizielle Antwort übermitteln: „Gehorchen Sie dem Bischof und helfen Sie den Bischöfen in den Vereinigten Staaten." In einem Brief, der danach einging, empfahl Erzbischof Pio Laghi Mutter Angelica erneut, eine Exklaustrierung zu beantragen. Er lehnte ihr Gesuch für weitere Reisen in aller Form ab. An ihr Kloster gebunden und ohne Geld für die Gehälter der Angestellten, wandte sich Mutter Angelica an Bill Steltemeier.

Um die Dringlichkeit dieses Augenblicks sowie die äußerst reale Möglichkeit eines Konkurses zu verdeutlichen, setzte sich Steltemeier sofort in ein Flugzeug, flog von Nashville nach Birmingham und bat Bischof Vath, seine Entscheidung zu überdenken. Aber der Bischof konnte nichts machen, da die treibende Kraft in diesem Falle Rom und nicht er war. Um die Mitarbeiter für den Rest des Jahres 1981 behalten zu können, bezahlte Steltemeier die Gehälter der Angestellten des Senders aus eigener Tasche.

In der Zwischenzeit sorgte Peter Grace für eine gewisse Entlastung, indem er Mutter Angelica ein Darlehen von 635.000 Dollar zu einem Zinssatz von 7 Prozent für zwei Jahre bewilligte. Dick DeGraff zufolge, der später für Grace arbeitete, bewunderte der Milliardär Mutter Angelica und ihren Traum-Fernsehsender, aber in seiner Stiftung war man beunruhigt über die Zahlungsfähigkeit von EWTN.

„Ich sagte zu Mutter Angelica, dass wir einen Finanzplan brauchen“, erinnerte sich DeGraff. „Sie meinte aber: ‚Nein, ein Finanzplan ist Teufelswerk. Wir leben im Glauben.‘ Sie hatte eine verrückte Vorstellung, dass man keinen Finanzplan bräuchte. Meiner Meinung nach war das völlig vermessen.“ Mutter Angelica hielt Finanzpläne indes für eine Eingrenzung der Großzügigkeit Gottes, weshalb sie es entschieden ablehnte, jemals einen aufzustellen.

Im Mai sah Mutter Angelica ein, dass sie von jemandem im Vatikan Unterstützung brauchte, um sie von dem Reiseverbot zu entbinden. Die Nonnen waren ratlos, bis sie von einem Kongress der Religionslehrer in New York lasen, der von einem hochrangigen vatikanischen Amtsträger, Kardinal Silvio Oddi, dem Präfekten der Kongregation für den Klerus, abgehalten wurde. Es bestand wenig Aussicht auf Erfolg, aber vielleicht konnte er sich ja für die Äbtissin einsetzen und für sie die Erlaubnis erlangen, die sie benötigte, um den Aufbau des Fernsehsenders abzuschließen. Es war unbedingt notwendig, dass sie den Kardinal persönlich traf und ihm, falls möglich, auch die Anlage zeigte. Da Mutter Angelica nicht dorthin reisen durfte, flog Bill Steltemeier nach New York, um den Berg zum Propheten zu bringen.

Steltemeier beobachtete Kardinal Oddi und setzte sich während der drei Kongresstage in die erste Reihe. Gemäß der Weisung von Mutter Angelica ließ er den Rosenkranz durch seine Finger gleiten und starrte den kleinen kahlköpfigen Kardinal mit einem Nacken, der einem Löschwasserhydranten glich, an. Nach einem der Vorträge ergriff Steltemeier die Gelegenheit. Der Kardinal, der zweifellos durch die seltsame Aufmerksamkeit des Rechtsanwaltes etwas verunsichert war, wurde neugierig.

„Eminenz, Mutter Angelica errichtet soeben den ersten katholischen Fernsehsender in den Vereinigten Staaten, der über Satellit senden wird. Sie müssen mit nach Birmingham kommen und sich dies unbedingt anschauen.“ Steltemeier rasselte dies schnell herunter und setzte auf seinen überzeugenden Charme eines Südstaatlers. „Wir haben ein kleines Problem mit dem Bischof. Könnten Sie bitte zu uns kommen und uns Ihren Segen geben?“

„Leider nicht. Ich muss morgen Abend nach Rom zurückfliegen“, antwortete der Kardinal in gebrochenem Englisch.

Ohne zu zögern, warf Steltemeier ein: „Ich kann ein Flugzeug für Geschäftsreisen bekommen, fliege sie hinunter und bringe Sie wieder rechtzeitig zurück, damit Sie Ihren Flug dann erreichen.“ Ein angestrengtes Lächeln unterstrich sein Angebot.

Der abgespannte Kardinal war mit dem Abstecher einverstanden. Steltemeier ließ durch seine Anwaltskanzlei ein Flugzeug buchen, und so flog er gemeinsam mit Oddi am 21. Mai nach Birmingham. Da Mutter Angelica sicher war, dass Oddi kommen würde, schickte sie Dick DeGraff nach Rom. Dieser sollte dort die Sache nach dem hoffentlich positiven Besuch des Kardinals weiterverfolgen. Mutter Angelica ließ keine Chance aus.

Als Kardinal Oddi vorfuhr, standen die Nonnen und Mitarbeiter in ihrem schönsten Sonntagsgewand Spalier. Als ob sie sich schon seit Langem gekannt hätten, hakte sich Mutter Angelica beim Kardinal unter und führte ihn durch die Druckerei und das Studio, wobei sie auf all das aufmerksam machte, was Gott möglich gemacht hatte. Dann gingen sie dem Schaf aus dem Weg, das im Garten graste, um das Glanzstück genauer zu betrachten: die Satellitenschüssel. Bill Steltemeier schwang ein Weihrauchfass, aus dem Schwaden von wohlriechendem Weihrauch herausquollen, als der Kardinal die Erdstation segnete. Später schrieb Oddi in das Gästebuch des Klosters:

„Ich freue mich, diese Initiative zu segnen, die zweifellos reichliche Früchte auf dem Gebiet der Evangelisierung bringen wird... Die Kirche sollte als Erste von den modernen Übertragungstechniken Gebrauch machen. Möge es der Herr dieser kleinen Gruppe geweihter Nonnen, die sich mit einem solchen starken Glauben der Durchführung dieses Werks widmen, besonders großzügig vergelten.“

„Was wollen Sie? Was benötigen Sie?“, fragte Oddi zum Abschluss seines Besuchs.

Mutter Angelica und Steltemeier berichteten ihm von der schrecklichen finanziellen Situation, von der Notwendigkeit der Reiseerlaubnis für Mutter Angelica und von den Schwierigkeiten mit Bischof Vath.

„Ich kümmere mich darum. Ich bringe das in Ordnung“, versprach der Kardinal.

Im Vatikan versicherte Oddi dem bereits wartenden Dick DeGraff, dass er sich um alles kümmern würde. Innerhalb weniger Tage stattete der neue EWTN-Beschützer und Kardinal der Kongregation für die Ordensberufe einen Besuch ab und holte dort die von Mutter Angelica gewünschte Ausnahmeregelung des Kirchenrechts ein. Am 10. Juni wurde ihr für einen Zeitraum von drei Jahren eine formelle Erlaubnis gewährt, das Kloster aufgrund der Tätigkeiten für den Sender zu verlassen, ohne damit den Stand ihres geweihten Lebens zu gefährden.

Die hartnäckige achtundfünfzigjährige Äbtissin hatte, gestärkt durch ihren eisernen Glauben, ein weiteres Hindernis überwunden. Ihre Mission war behindert, aber nicht gestoppt worden.

„Unser Bedürfnis nach Sicherheit und der absolute Mangel an Bereitschaft, für Gott ein Risiko auf sich zu nehmen, ist entsetzlich für mich. Ich bin mir sicher, dass unser Herr viele Menschen bat, einen Fernsehsender zu errichten. Es muss einen Grund dafür geben, dass Er ein paar Nonnen ausgewählt hat, die [für dieses Unternehmen] im falschen Stand sind, die keine Ahnung und kein Geld hatten – denn es widerspricht einfach der Vernunft“, erklärte mir Mutter Angelica. „In der Bibel steht, dass Gott das Schwache erwählt, um das Starke zu beschämen. Manche Leute sagen, ich sei eine Frau mit einem großen Glauben. In Wirklichkeit bin ich ein Feigling, der vorwärtsgeht.“

EWTN

ETWN wurde als „Sender für das geistliche Wachstum“ konzipiert, als eine Ergänzung, nicht als Ersatz für die Kirche. Diese Leitlinie des Fernsehsenders *Eternal Word Television Network* legte seine Ausrichtung eindeutig fest: „Förderung der Wahrheit, wie sie vom Lehramt der römisch-katholischen Kirche definiert wird, … und Weitergabe des rechtgläubigen Glaubensinhalts und der Lehre der Kirche, wie sie durch den Papst und seine Vorgänger verkündet wurden.“ Er sollte den verschiedenen Gruppierungen innerhalb der Kirche eine „Möglichkeit [bieten], landesweit ihre Botschaft zu verbreiten... solange sich ihre Spiritualität im Rahmen der theologischen Auffassung der Mutter Kirche bewegte“. EWTN sollte ein „Medium für rechtgläubige Bestrebungen“ sein, auch wenn Mutter Angelicas Vorgehensweise hinsichtlich fast aller anerkannten geschäftlichen Normen ausgesprochen unorthodox war.

Der Sender sollte sich einzig und allein aus den Zuwendungen der Zuschauer finanzieren. Es sollte keine Werbung, keine Spendenaufrufe und keine Telefonleitungen für Spender – „bei denen ein Teil der Gebühren den Anrufern belastet würde“ – geben. Im Jahr 1981 wurde Mutter Angelica in einer Fernsehzeitschrift zitiert: „Ich spüre in meinem Herzen, wenn ich mich mehr mit ihrer Seele, ihrem Glück und ihrem Familienleben befasse, ... werden sie von Gott inspiriert werden, für den Sender zu spenden, ohne dass ich darum bitte.“

Im Vorfeld der Inbetriebnahme des Senders trat Mutter Angelica bei den Nachrichtensendungen *Good Morning America* und *Today* auf. Außerdem war sie auf der Titelseite der Tageszeitung *Wall Street Journal* abgebildet, wobei sich ihr jedes Mal die Gelegenheit bot, für ihren Fernsehsender und ihren Glauben an die göttliche Vorsehung Werbung zu machen. Am 15. August, dem Fest Mariä Himmelfahrt, versammelten sich Bischof Vath, der Vorstand, Mutter Angelica und ihre Schwestern in der Kapelle, um sich für den Sendestart von EWTN vorzubereiten. Der Bischof stimmte ein Gebet an und schloss sich dann einer Prozession in den Regieraum an, die von einer Schar Flaggenträgern angeführt wurde.

Mutter Angelica, die neben Schwester Mary Davids Rollstuhl ging, hielt die Hand ihrer zweifelnden Mutter fest umschlossen. Ihnen folgte die erschöpfte Aufnahme-Mannschaft, die bis spät in die Nacht hinein gearbeitet hatte, weil sie mit Schneiden, dem zeitlichen Einplanen und der Aufnahme von Sendungen beschäftigt gewesen war, um die tägliche vierstündige Sendeverpflichtung (an sieben Tagen in der Woche) von EWTN zu erfüllen. Tom Kennedy und einige der katholischen Missionare führten Transparente mit sich, während Harry John, Joe Bruno und andere

Wohltäter sich den Augenzeugen anschlossen. Gläubige wie Jean Morris standen Schulter an Schulter mit manchen, die nie daran gedacht hatten, jemals diesen Tag zu erleben, da sie Mutter Angelicas Fähigkeit bezweifelten, den Sender betreiben zu können.

Mutter Angelica zwängte sich durch die Menschenmenge, die die Eingangstür zum Regieraum blockierte. Sie kämpfte mit den Tränen und trug ihre selbst verfasste andächtige Komposition vor:

„Oh Gott, Herr des Himmels und der Erde, Du allein vollendest alles, was wir tun. Möge dieser erste katholische Fernsehsender zur Schönheit Deiner Kirche beitragen. Möge Dein Sohn, das Ewige Wort, durch dieses große Werk Deiner Hände verherrlicht werden. Segne alle Programme, die von diesem Sender ausgestrahlt werden. Himmlischer Vater, das von Dir gesandte Wort, Jesus Christus, möge das Herz eines jeden Zuschauers berühren. Lass Deinen Heiligen Geist in Freiheit durch die Menschen wirken, die in den Programmen dieses Senders Deine Wahrheit und Deine Kirche verkünden. Gewähre diesem Sender die Kraft, Menschen zu inspirieren, dass sie nach der Heiligkeit des Herzens streben, mit Eifer der Verbreitung Deiner Kirche dienen, mit Mut für Gerechtigkeit und Menschenrechte eintreten und mit Geduld in Verfolgung ausharren. Möge Dein väterlicher Segen stets auf ihm ruhen. Amen."

Mutter Angelica zerschnitt das Band, betrat den engen Regieraum, und saß nun vor dem Bedienungspult. Um 18.00 Uhr legte sie den Schalter um und sandte das Signal zu *Westar III*, einem Sekundärsatelliten, den nur wenige Kabelnetzbetreiber nutzten. Die Handvoll Zuschauer, die an diesem ersten Abend das Programm anschauten, sahen eine Dokumentation über das Turiner Grabtuch, Mutter Angelicas Vorstellung des Senders, eine Aufzeichnung von Bischof Fulton Sheen, die Sendung *Mother Angelica Presents* („Mutter Angelica präsentiert"), bei der die Nonne vor einem Live-Publikum spricht, ein Interview mit Mutter Teresa und ein russisches Tanzfestival, das von dem großen Regisseur Orson Welles veranstaltet wurde.

„Obwohl wir klein waren und es einigen Leuten nicht gefiel, was wir machten, und die meisten glaubten, dass es auf Dauer nicht funktionieren würde, war ich mir an diesem Punkt sicher, dass EWTN ein großartiges Werkzeug in den Händen des Herrn sein würde. Ich begann mit einem neuen Weg der Evangelisierung", berichtete Mutter Angelica über den Anfang des Senders. „In diesem kleinen Studio wusste ich, als ich den Schalter umlegte, dass der Herr die Welt und jeden Teil der Welt erreichen konnte. An diesem Tag war ich mir sicher, dass Er dafür sorgen würde, dass es funktionierte."

Zwei Monate nach dem Start strahlten nur sechs Kabelnetze, die etwa 300.000 Haushalte erreichten, das Programm von EWTN aus. Was die fachliche Seite anbetraf, so entsprach der Sender nicht exakt dem branchenüblichen Niveau. Damalige Programmübersichten lassen ein Schema erkennen, das angefüllt war mit im Studio aufgezeichneten Vortragsserien, alten Kinofilmen, landesweit bereits ausgestrahlten Sendungen aus den Fünfziger- und Sechzigerjahren. Filme wie *I Married Joan*, *Lassie*, *Robin Hood*, *Wok with Yan* und Bob Hope-Filme sowie Musicals aus der Zeit des Zweiten Weltkriegs wurden zusammen mit katholischen spirituellen Sendungen gesendet, um das Programm aufzufüllen. Wenn Mutter Angelica die Möglichkeit hatte, organisierte sie persönlich limitierte Serien wie *Johanna von Orleans* oder *Ein Mann für alle Jahreszeiten* für das Programm, doch die meiste Zeit sendete EWTN das, was preiswert und verfügbar war.

Im Jahr 1981 wurde der Sender hauptsächlich von Mutter Angelica und Ginny Dominick betrieben. Die beiden sprachen sich über alle Punkte der Zusammenarbeit und der Produktion ab und hatten eine enge berufliche und spirituelle Beziehung zueinander.

„Ginny war die Tochter, die Mutter Angelica niemals hatte", bemerkte Marynell Ford, eine künftige leitende Angestellte für den Bereich Marketing. „Zwischen den beiden bestand ein enges Verhältnis, und ich glaube, Mutter Angelica hegte in ihrem tiefsten Herzen die Hoffnung, dass Ginny ebenfalls Nonne werden würde."

Den Mitarbeitern der Anfangsphase war die große rotblonde Ginny Dominick noch im Gedächtnis als eine entschlossene, einfühlsame Person, die furchtlos ihre Meinung äußerte und gelegentlich Mutter Angelica herausforderte. Sie lehnte beispielsweise vor und nach der Inbetriebnahme des Senders die Idee eines über Satelliten übertragenen Programms ab. Sie meinte, Mutter Angelica solle lieber weiter ihre eigene Show produzieren, es aber vermeiden, weniger wertvolle Sendungen mit anderen Mitwirkenden aufzunehmen, um den Sendeplan vollzubekommen. Doch anscheinend war Angelica damit nicht einverstanden.

Bis zum Herbst 1981 war der Mitarbeiterstab von EWTN auf zwanzig Personen angewachsen. Zu den neuen Mitarbeitern, die zur EWTN-Familie gehörten, zählte Chris Harrington, eine Katholikin aus Mississippi, die den Studiengang „Film und Fernsehen" abgeschlossen hatte, als Praktikantin zum Sender kam und schließlich mehr als zwanzig Jahre lang blieb. Sie war eine fürsorgliche, kräftige und sommersprossige Frau mit Brillengläsern, die Panzerglas glichen. Schnell nahm sie die Mission von EWTN auf und machte sie zu ihrer eigenen. Für viele der ersten Angestellten war es zunächst wichtig – wie damals für die „Tonys" in Canton – die persönliche Anerkennung von Mutter Angelica zu gewinnen.

„Ich fordere von der Belegschaft hier einen totalen Einsatz", sagte Mutter in den Achtzigerjahren zu einem Reporter.

Die meisten der ursprünglichen Angestellten waren Baptisten, die mit den zentralen Lehren des katholischen Glaubens nicht übereinstimmten. Aber dafür liebten sie Mutter Angelica. Ihre Zuneigung zu ihr überwand jede Spaltung und ermöglichte es ihnen, mit ganzem Herzen für ein katholisches Unternehmen zu arbeiten. Sie kamen jedem Auftrag von Mutter Angelica nach und verpassten keinen einzigen ihrer freitäglichen spirituellen Vorträge. Die Fortsetzung der einstmals ökumenischen Stunden des Bibelstudiums in ihrem Klostersprechzimmer schmiedete unter der Belegschaft eine religiöse Einheit – eine dringend benötigte Einheit angesichts der ständig wechselnden Rollen und Zuständigkeiten.

„Keiner hatte immer nur eine Aufgabe", bekannte Matt Scalici und lachte dabei. „Wir taten all das, was auch immer Mutter Angelica zum gegebenen Zeitpunkt von uns wollte. Ich erinnere mich, wie ich schon in der Frühe das Schaf scherte."

Entsprechend den Anforderungen bei EWTN entwickelten sich auch die Aufgaben der einzelnen Angestellten und die des Vorstandes.

Um die Anforderungen der Klausur mit denen des Senders im Gleichgewicht zu halten, setzte Mutter Angelica von Anfang an

Grenzen. Die Zeit, die im Kloster für die Arbeit reserviert war, wurde beim Sender verbracht. Die restliche Zeit einschließlich der Mahlzeiten, der Freizeit und des Gemeinschaftsgebets verbrachte sie bei ihren Nonnen im Kloster.

„Ich wusste immer, dass die Schwestern in der Klausur leben mussten, weil dies das Rückgrat für Unternehmungen war, die wir beim Sender in Angriff nahmen", beharrte Mutter Angelica. „Ohne das wäre alles zerfallen."

Mutter Angelica leitete noch immer die Ausbildung der Nonnen, bot eine tägliche Unterrichtsstunde an und fertigte für jede einzelne Schwester einen Stundenplan an. Die Nonnen bestätigen übereinstimmend, dass die Tätigkeit ihrer Äbtissin das Leben im Kloster nicht beeinträchtigte.

„Ich glaube, dass der Herr mir die Gnade schenkte, mich einerseits auf den Sender mit all seinen unzähligen Details zu konzentrieren, und anschließend ins Kloster zurückzukehren und alles von mir abfallen zu lassen", sagte Mutter Angelica. „Sobald ich dort war, war ich nicht mehr Vorstand, sondern Äbtissin. Ich musste dann erfüllen, was der Herr in diesem Moment von mir erwartete."

Als der Sender in Gang gebracht war, lautete Mutter Angelicas nächste Aufgabe, das EWTN-Konzept bei Kabelnetzbetreibern unterzubringen und einen Platz in ihren jeweiligen Kabelnetzen sicherzustellen. Im Jahr 1981 steckte das Kabelfernsehen noch in seiner Anfangsphase. Die vom Sender *Home Box Office* im Jahre 1975 gesendete Live-Übertragung des Ali-Frazier-Schwergewicht-Boxkampfs *Thrilla in Manila* trieb die Entwicklung beim Kabelfernsehen voran und löste ein regelrechtes Wettrennen aus. Falls genügend Kabelnetzbetreiber in ihren Kabelnetzen Platz für ein festgelegtes Programmsignal schafften, könnte der Beginn der Ausstrahlung über Satellit über Nacht einen Sender mit nationaler Reichweite hervorbringen. Zu dem Zeitpunkt, als Mutter Angelica das Spielfeld betrat, waren die Sender C-Span, Nickelodeon, CBN, ESPN und Showtime bereits seit einigen Jahren auf Sendung. CNN war im Jahr davor gegründet worden und immer noch auf der Suche nach Teilnehmern.

Im Gegensatz zu den meisten Kollegen bot Mutter Angelica ihre Sendungen den Kabelnetzbetreibern kostenlos an. Und obwohl das ein großer Vorteil war, gab es auch Hindernisse: Ihrem Sender mangelte es an der gewissen peppigen Aufmachung und der Anziehungskraft anderer Nischen-Fernsehsender. Außerdem war EWTN nur über einen Sekundärkabelsatelliten verfügbar.

Der erste Kabelsender übermittelte Sendungen über Mikrowellen oder über „zweispurige“ Bänder, die an lokale Kabelgesellschaften geliefert wurden. All das änderte sich in den frühen Achtzigerjahren, als der Sender Home Box Office, Ted Turner, Mutter Angelica und andere versuchten, Kabelbetreiber davon zu überzeugen, etwas ganz Neues zu unternehmen: 75.000 bis 250.000 Dollar in eine Empfangssatellitenschüssel zu investieren, um die Programme vom Satelliten zu empfangen. Das war eine vollkommen neue Form der Übertragung, und die Kabelbranche musste erst davon überzeugt werden.

Um Argumente dafür zu bekommen, wurde Mutter Angelica in den Achtzigerjahren zu einem alljährlichen festen Bestandteil der Kabel-Tagungen. Beim Gang durch die Tagungssäle pries sie das Wunder von EWTN und die Vorteile von Satelliten-Übertragungen an.

„Mutter Angelica und Ted Turner unternahmen zu dieser Zeit übereinstimmende Dinge“, beobachtete Robert Corazzini, ihr gemeinsamer Anwalt. „Ohne eine förmliche Beziehung zueinander spielten sie sich bei Kabel-Tagungen die Bälle gegenseitig zu. Ted Turner war der sympathische böse Junge, und gleich hinter ihm kam in ihrer Ordenstracht Mutter Angelica, sein absolutes Gegenstück.“

Die beiden zogen die Aufmerksamkeit auf sich. Während große Unternehmer wie Turner die Kabelnetzbetreiber überzeugten, ihren Satelliten-Downlink (Verbindung zwischen Satellit und Erdstation, Anm. d. Ü.) aus rein finanziellen Gründen zu kaufen, brachte Mutter Angelica es fertig, dass sie sich dabei auch noch wohlfühlten. Sie bewegte sich unter dem Rockschoß der großen Sender in ihrer Nähe, indem sie der Kabelbranche einen freundlichen religiösen Auftritt verschaffte, mit der sich Kabelnetzbetreiber mit eher kleinstädtischen Sichtweisen identifizieren konnten. Ein Vorteil, den Mutter Angelica ihrer Konkurrenz stets voraushatte, war sie selbst.

„Ihre Person selbst war viel interessanter als die Programme, die sie unterbringen wollte“, sagte Bob Corazzini über Mutter Angelicas Tagungsbesuche. „Und das hatte sie auch begriffen.“

Mutter Angelica saß, in einer Ecke des Messestandes von *Southern Satellite Systems* eingezwängt, an einem mit ihren Minibüchern übersäten Spieltisch und begeisterte die Kabelnetzbetreiber mit ihren individuell abgestimmten Ausführungen über die Gründung ihres Senders. Ihr bescheidener Anfang ohne jegliche Erfahrung mit nur zweihundert Dollar, der Kampf wegen *The Word* und die Entscheidung, die Garage in ein Studio zu verwandeln, all das wurde immer wieder erzählt, bis sich etwas wie ein Mythos daraus entwickelte.

Mutter Angelica wusste, wie man eine Menschenmenge fesseln oder wie man sie auflösen konnte. Einmal befanden sich Mutter Angelica, eine andere Nonne und Bill Steltemeier plötzlich vor dem Playboy-Stand. Sie standen zusammen und beteten aus dem Stegreif einen Rosenkranz. Während sie laut beteten, stieben peinlich berührte Kunden auseinander und einige *Bunnies* flitzten vorbei, um sich etwas überzuziehen. „Die Mädchen mit den Hasenschwänzchen sahen mich kommen und drehten auf der Stelle um, weil sie nur halbbekleidet waren. Natürlich nahm ich nicht an, dass die Rückseite besser als die Vorderseite war“, erinnerte sich Mutter Angelica. „Ich ging also zu ihnen hin und schenkte ihnen eine Herz-Jesu-Medaille, und sie wussten nicht, wie sie sich mir gegenüber verhalten sollten.“ Für Mutter Angelica war ein solches Gespräch völlig normal, genau wie damals, als sie noch ein Kind in Canton war und Menschen kannte, die in diesen Straßen ihr Gewerbe anboten. Das bildliche Aufeinanderprallen einer Nonne im Ordensgewand mit dem dürftig bekleideten Inbegriff sexueller Freiheit zog zweifellos die Aufmerksamkeit auf sich.

Zusammen mit den Passanten in den Tagungsräumlichkeiten beachteten auch die katholischen Bischöfe Mutter Angelica. Und manchen gefiel gar nicht, was sie da sahen.

Eine Bedrohung von innen

Die Nachricht hatte EWTN erreicht, dass Mutter Angelica als Schismatikerin verspottet wurde, als „eine stolze und ungehorsame Nonne“, die den Bischöfen trotzig zuwiderhandelte. Bill Steltemeier und andere glaubten, dass diese Aussagen nicht von den Bischöfen selbst, sondern von Beamten der katholischen Bischofskonferenz der Vereinigten Staaten stammten, dem bürokratischen Zusammenschluss der Bischöfe in Washington D.C., der sich aus Geistlichen und Laien zusammensetzte.

Spannungen zwischen Mutter Angelica und der Bischofskonferenz waren nicht zu vermeiden. Im gleichen Jahr, in dem Mutter Angelica EWTN gründete, unternahmen die US-Bischöfe ihren eigenen Vorstoß ins Kabelfernsehen und errichteten das *Catholic Telecommunications Network of America* (CTNA).

CTNA war ein gewinnorientierter Satellitensender, der gegründet wurde, um katholische Programme den Diözesen im ganzen Land zur Verfügung zu stellen. Zu dieser Zeit war es das teuerste Projekt, das die Bischöfe jemals durchgeführt hatten, wobei die Startkosten bereits bei 4,5 Millionen Dollar lagen. Durch den Verkauf spezieller Dienste wie Konferenzschaltungen und durch die Erhebung einer jährlichen Gebühr in Höhe von fünftausend Dollar für die angeschlossenen Zweigniederlassungen des Senders beabsichtigte CTNA, sich nach drei Jahren selbst tragen zu können. Während EWTN via Kabel direkt zu den Zuschauern gelangte, konnte CTNA nur von den Ortsbischöfen gesehen werden – oder zumindest von jenen Bischöfen, die bereit waren, Kapital für eine Empfangsschüssel auszugeben.

370 Bischöfe zu einer Einigung über lehramtliche Aussagen zu bringen, war schwierig genug, aber sie zu einer Übereinkunft über den Inhalt einer katholischen Programmgestaltung zu bewegen, war beinahe unmöglich. Um aus dieser Sackgasse herauszukommen, schufen die Bischöfe ein Überwachungssystem, mit dem sie Programmentscheidungen individuell kontrollieren konnten. Zweigniederlassungen in den Bistümern erhielten die tägliche CTNA-Einspeisung, anschließend sollte der Ortsbischof darüber entscheiden, welches der Programme es verdiente, auf seiner Station gesendet zu werden.

„Das ganze Konzept war von Anfang an mangelhaft", berichtete mir Pfarrer Robert Bonnot, der später Präsident und Geschäftsführer der CTNA wurde. „Die Ironie dabei war, dass sie sich viel zu sehr mit dem Überwachungssystem für ihren eigenen Sender beschäftigten. Auf der anderen Seite gab es nun diese Nonne in Alabama, die sich weniger Sorgen darüber machen musste, was die Bischöfe eigentlich wollten. Natürlich unternahm sie manches, was notwendig war, um in die Kabelnetze zu kommen. Bei CTNA bestand keine Möglichkeit, das Gleiche zu unternehmen."

Diejenigen, die den Bischofssender leiteten, begriffen schnell, dass am „Kabelnetz" kein Weg vorbeiführte, aber Mutter Angelica war bereits dort angekommen. Nach Meinung von Pfarrer Bonnot war sie „die katholische Persönlichkeit in der Szene, bekannter als die Bischöfe". Diese Prominenz leitete eventuelle Einnahmequellen von CTNA auf EWTN um und etablierte ein katholisches Macht- und Einflusszentrum, das unabhängig von der Bischofskonferenz war und Feindseligkeiten schürte. Insgeheim fürchteten Mutter Angelica und andere aus ihrem Umfeld den Eintritt der CTNA in die Kabelarena. Denn wie viele katholische Sender könnten auf dem Markt schließlich bestehen?

In der Öffentlichkeit verneinte Mutter Angelica die „grob übertriebene" Rivalität zwischen den beiden Sendern, wie sie es bezeichnete. „[CTNA] ist ein Sender der Bistümer, der direkt in die Diözesen sendet – die Programme werden für eine exklusive Zielgruppe zusammengestellt", berichtete sie der *Los Angeles Times*. „Unsere Programme sind frei erhältlich und erreichen die Menschen direkt in ihren Häusern. Es ist so, als vergleiche man die *Los Angeles Times* mit einem Süßwarengeschäft."

Eingestanden oder nicht, die Konkurrenz bestand, und es bildeten sich Kampflinien heraus. Im Sommer 1981, ein ganzes Jahr, bevor CTNA tatsächlich mit der Ausstrahlung begann, behauptete Richard Hirsh, der Sekretär für die Kommunikation bei der Bischofskonferenz, in einem Interview, dass EWTN eine „unnötige Verdoppelung" katholischer Medienbemühungen wäre. Er fuhr fort, indem er die Tatsache bedauerte, dass es „keinen offiziellen Kontakt welcher Art auch immer mit [Mutter Angelica]" gebe.

„Ich habe absolut kein Problem mit den Bischöfen“, erklärte Mutter Angelica einem Reporter. „Ich fühle mich nicht dazu verpflichtet, der amerikanischen Bischofskonferenz, die eine Instanz von Laien ist, einen Bericht vorzulegen.“ Ihr Sendevorhaben kündigte sie in einem Brief an, den sie direkt an alle Bischöfe in den Vereinigten Staaten schickte und in dem sie sie bat: „Aktivitäten in Ihrer Diözese mitzuteilen, die Sie gerne landesweit auf EWTN ausgestrahlt haben möchten.“ Dass sich die Nonne damit über den bürokratischen Apparat der Bischöfe in Washington hinwegsetzte, machte sie nicht gerade sonderlich beliebt bei den Mitarbeitern der Bischofskonferenz. Ein anonymer Kritiker der Bischofskonferenz vertrat in der katholischen Presse die Auffassung: „Nonnen, die in Klausur leben, sollten in ihrem Kloster bleiben und sich nicht in solche Dinge einmischen.“

Der herablassende Ton dieser und anderer Kritik im Laufe der Jahre deckte ein Unbehagen auf, nicht nur an Mutter Angelicas Vorgehensweise, sondern vielleicht tiefgründiger an einer Frau, die in einer von Männern dominierten Kirche eine Leitung übernahm. Aufrufe für die Zulassung von Frauen zum Priesteramt und in die kirchlichen Machtstrukturen waren im Katholizismus seit mehr als zehn Jahren zu hören gewesen. Doch konfrontiert mit der Realität einer traditionsbewussten, rechtgläubigen Frau, die Einfluss auf die Massen ausübte, war dies sogar für die Verfechter der feministischen Idee zuviel. Der zusätzliche Affront, dass Mutter Angelica diese Meisterleistung ohne die in dieser Zeit im kirchlichen Gefüge so hochgeschätzten akademischen Abschlüsse vollbracht hatte, ließ die Kluft zwischen der Nonne und ihren Kritikern nur noch breiter werden.

Im Herbst 1981 unternahmen Richard Hirsh und Pfarrer John Geaney, Präsident der Katholischen Gesellschaft für Radio und Fernsehen (*Catholic communicators association*), UNDA, einen Versuch, mit EWTN eine Art Waffenstillstand zu schließen.

Pfarrer Geaney hoffte, mit seinem Besuch bei EWTN einige Fragen klären zu können. „Zu dieser Zeit hieß das: Warum brauchen wir das überhaupt – insbesondere ihre Art der Theologie? Ist dies eine gute Präsentation der Kirche im Sinne dessen, was die Bischöfe und die UNDA versuchen, zustande zu bringen?

Wir versuchen, die Kirche in ihrer Fülle zu repräsentieren.“ Offensichtlich unterstellte man Mutter Angelica, dass sie eine eingeschränkte Version des Glaubens verbreite und dass nur fachliche Beratung dem abhelfen könne.

Alles deutet darauf hin, dass diese Zusammenkunft einvernehmlich, wenn auch in etwas gespannter Atmosphäre, verlief. Mutter Angelica erzählte „entzückende Geschichten“ über die Ursprünge des Standortes und verschaffte ihrer Sichtweise Geltung, dass EWTN auf keinen Fall „von einem Komitee betrieben“ werden könne. Die Besucher räumten ihre Enttäuschung hinsichtlich des CTNA-Modells ein und sprachen die Hoffnung auf eine künftige Zusammenarbeit aus.

Im Februar wurde Mutter Angelica eingeladen, sich in Washington mit einer Gruppe von Bischöfen zu treffen, die den kirchlichen Medieneinsatz beaufsichtigten. Der Präsident der Bischofskonferenz, Bischof Louis Gelineau aus Providence in Rhode Island, leitete die Diskussionen. Er versicherte Mutter Angelica, dass es zwischen EWTN und der CTNA keinen Konkurrenzkampf gebe, hörte sich ihre feingeschliffenen Geschichten an und erkundigte sich nach der Höhe des Finanzplans ihres Senders.

„Nun ja, Exzellenz, ich habe keinen Finanzplan“, sagte die Nonne zum Entzücken der um den Tisch versammelten Bischöfe und Geschäftsleute mit Manschettenknöpfen.

„Aber Sie müssen doch im Fernsehgeschäft einen Finanzplan haben. Ohne einen Finanzplan können Sie doch gar nicht arbeiten, Mutter Angelica“, sagte Bischof Gelineau.

„Herr Bischof, ich möchte Sie fragen, was Sie mit einem Finanzplan überhaupt meinen.“ Mutter Angelica musterte die anderen, die mit am Tisch saßen. „Ich fing in diesem Jahr mit 300.000 Dollar Bankguthaben an. Wie viel meinen Sie, hätte ich letztes Jahr einnehmen müssen, um 300.000 Dollar auf der Bank zu haben?“

Von allen Seiten erhob sich Gemurmel. „600.000 Dollar?“, schlug der Bischof vor und spielte das Spiel mit.

„Sehen Sie, Herr Bischof, das ist der Punkt! Der Herr gab mir 2 Millionen Dollar. Wenn ich Ihren Finanzplan gehabt hätte, dann hätte ich 1,4 Millionen Dollar verloren.“

„Sie hätten sie lachen hören sollen“, erzählte mir Bill Steltemeier. „Sie wünschten uns alles Gute – ich glaube zwar nicht, dass sie das so meinten, aber sie wünschten es uns jedenfalls – und wir verabschiedeten uns.“

Anfang 1982 unterzeichnete EWTN in Los Angeles einen Vertrag mit *Wold Communications*, um Zugang zu dem Satelliten *Westar IV* zu bekommen. Die Vereinbarung legte fest, dass den abendlichen EWTN-Sendungen keine pornografischen Inhalte folgen oder vorangehen durften. Mutter Angelica war daran interessiert, dass Zuschauer, die sich die vierstündigen Ausstrahlungen von EWTN auf einem bestimmten Kanal ansahen, nicht obszönen Szenen vor oder nach den jeweiligen Sendungen ausgesetzt wären. Was auch immer der Satelliten-Netzbetreiber für die Anschlusssendungen von EWTN vorgesehen hatte, es würde immer als Teil des katholischen Senders wirken. Beide Parteien waren mit der Sittlichkeitsklausel einverstanden, und Mutter Angelica unterzeichnete das Abkommen, obwohl die monatlichen Gebühren für *Wold* höher als die frühere Satellitenmiete waren.

Im März 1982 wurden sich die Schwestern über das finanzielle Ausbluten von EWTN bewusst. Die Belastung durch die hochschießenden Schulden, die noch vergrößert wurden durch Zigtausende, die jeden Monat neu ausgegeben werden mussten, veranlasste Mutter Angelica, beim Mittagessen ungeniert zu weinen. Sie berichtete den Nonnen im Refektorium vom bevorstehenden Bankrott. Wenn sie nicht noch schleunigst 350.000 Dollar auftreiben könnten, übernähme die Bank die Kontrolle über den Sender. Nun wurden Telegramme an wichtige Spender gesandt, und leidenschaftliche Gebete wurden wiederholt.

Zusammen mit den Finanzen ging es auch mit Schwester Mary Davids Gesundheit bergab. Als Mutter Angelica von einem Kabelkongress in Las Vegas und einem Auftritt in der Mike Douglas-Show zurückkehrte, fand sie Schwester Mary David „benommen und mit glänzenden Augen“ vor, so Schwester Raphael. Die hochbetagte Nonne hatte „mehrere kleine Hirnschläge“ erlitten, und ihre Hüftschmerzen waren schlimmer geworden.

Um Schwester Davids Leiden zu lindern, überzeugte Dr. Rex Harris, ein Orthopäde und Besucher des Klosters, die Nonne davon, sich ihre ausgerenkte Hüftprothese entfernen zu lassen. Nachdem sie es dreizehn Jahre lang abgelehnt hatte, mit einem Arzt zu sprechen und nur Aspirin eingenommen hatte, um ihren Schmerz zu betäuben, war sie nun mit der Operation einverstanden.

Im Krankenhaus führten Schwester Mary Davids hoher Blutdruck und ein Schlaganfall zu einem Aufschub der Operation. Am 20. Mai hatte sich ihr Zustand zusehends verschlechtert und ihr Tod schien unmittelbar bevorzustehen. Man spendete ihr die Krankensalbung, und die Schwestern beteten für ihr scheidendes Mitglied. Doch dann erholte sich die hitzige Nonne ganz plötzlich wieder, sprang zur Überraschung der Gemeinschaft dem Tod noch einmal von der Schippe. Etwa eine Woche später konnten die Ärzte mit ihrer Hüftoperation beginnen.

Ende März hatten die Vorsehung und Mutter Angelicas Spender den Sender gerettet. Nicht ganz einen Monat, nachdem die dringenden Spendenaufrufe ins Land hinausgegangen waren, flossen die erforderlichen 350.000 Dollar aus allen Teilen Amerikas herein. Mutter Angelicas *Jeden Tag ein Wunder*-Kampagne kam ins Rollen. Doch bevor sie sich von der letzten finanziellen Krise erholen konnte, wurde sie von einer anderen erfasst, diesmal ausgelöst durch eine Transaktion, die EWTN für jedes Kabelsystem im Land erreichbar machen sollte.

Als es Schwester David gesundheitlich besonders schlecht ging, bot ein Makler für Übertragungsrechte Mutter Angelica achtundachtzig Stunden auf dem meist geschätzten Satelliten des Kabelfernsehens an: *RCA-Satcom IIIR.* „So wirkt die Vorsehung", sagte Mutter Angelica 1982 zu einem Journalisten. „Niemand hat mehr die Möglichkeit, über *Satcom* zu senden – er ist voll. Und selbst wenn dort noch ein winziges Plätzchen wäre, können Sie mir glauben, dass Sie die Möglichkeit nicht bekämen – deshalb haben wir uns nie darum gekümmert."

Die Übertragung von EWTN über den *Satcom*-Satelliten bedeutete einen Zugang zu fast sechsmal so vielen Kabelnetzen (4.600) und damit zu einem realisierbaren Zuschauerkreis von 20 Millionen Haushalten (im Vergleich zu 1,5 Millionen über *Westar*). Selbst angesichts der einschüchternden monatlichen Übertragungsgebühr von 132.000 Dollar war sich Mutter Angelica sicher, dass Gott diesen Satelliten für seinen Sender haben wollte. Daher unterzeichnete sie am 14. Juni 1982 den Vertrag und brach damit den Vertrag mit *Wold*, der schon früher in diesem Jahr unterschrieben worden war. Da sie nicht gleichzeitig zwei Satellitenmieten bezahlen konnte, stieß sie eine davon ab. Führende Angestellte bei EWTN behaupteten, der Vertragsbruch sei durchaus gerechtfertigt gewesen aufgrund einer Nichteinhaltung des Vertrages durch *Wold*. Ohne Rücksicht auf die Konsequenzen – und sie sollten sich als ausgesprochen ernst erweisen – war EWTN nunmehr auf dem wichtigsten Satelliten für die Kabelbranche.

Schwester Mary Davids häufige Wutausbrüche im Kloster kränkten niemanden mehr als Schwester Raphael. Als eine Art von Buße schlief die Nonne jede Nacht bereitwillig im St. Vincent-Krankenhaus auf einem Feldbett und betreute Schwester Mary David nach ihrer Operation.

In ihrer Angst und Frustration spie Schwester David ihr Essen durch das ganze Krankenzimmer oder schalt Schwester Raphael dafür, dass es ihr angeblich an Verstand fehle. Die Stellvertreterin musste sich schon sehr zusammenreißen, um ihr charakteristisches Lächeln aufrechtzuerhalten.

Doch im Laufe der Wochen entwickelte Schwester Raphael tatsächlich eine gewisse Bindung an Schwester David. „Mit ihrer zunehmenden Abhängigkeit von mir wuchs meine Liebe und mein Mitgefühl für sie, bis ich den Gedanken, sie zu verlieren, schon fast unerträglich fand“, schrieb Schwester Raphael über die alte Schwester. Dieses Gefühl beruhte auf Gegenseitigkeit. Im Sommer 1982 fing Schwester David an, Schwester Raphael „Mama“ zu nennen.

Als Schwester David zurück im Kloster war, stellten sich wieder ihre alten Ängste und auch ihre Panikanfälle ein. Mitte August sagte sie zu ihrer „Mama“ mit bebender Stimme: „Oh, Raphael, du wirst deine David wohl verlieren!“

„Nein, ich werde dich noch nicht verlieren. Du wirst immer zu mir gehören.“ Schwester Raphaels Worte übten eine beruhigende Wirkung aus. Doch Schwester David wusste, dass das Ende nahe war, und dieses Bewusstsein stürzte sie in eine schmerzvolle Innenschau. Mae Gianfrancescos Verletzungen, die Jahrzehnte lang wie Andenken in einer Zedernholztruhe verborgen waren, kamen jetzt schlagartig wieder bei Schwester Mary David zum Vorschein. Sie lag auf dem Bett, von dem sie wusste, dass es ihr Totenbett sein würde, und alles kam wieder hoch: die Misshandlungen, die sie durch ihren Mann erlitten hatte, die fehlende Ausbildung, der Kampf ums Überleben, das Verlassenwerden durch ihre „undankbare“ Tochter vor achtunddreißig Jahren.

Mutter Angelicas Eintreffen unterbrach die Kaskade der Erinnerungen. Doch Schwester Mary David war in der Vergangenheit gefangen und konnte keinen Gruß mehr zustande bringen, sondern nur noch die ernste Frage stellen: „Warum hast du mich verlassen?“

Die Wunde der Zurückweisung blutete noch immer, noch genauso stark wie an jenem Tage, als sie aufgerissen wurde. Selbst nachdem Mae zwanzig Jahre Ordensleben unter demselben Dach mit Rita geteilt hatte, konnte sie noch immer nicht ihr früheres plötzliches Verschwinden aus ihrem Leben akzeptieren. Bald schon sollte Mutter Angelica genau erfahren, wie sich ihre Mutter damals gefühlt hatte.

12. Kapitel

Tod und dunkle Nacht

Schweiß perlte von Mutter Angelicas Stirn und zeugte von der körperlichen und geistigen momentanen Anspannung. Sie kniete neben dem Krankenbett ihrer Mutter, bat Gott um mehr Zeit und dankte ihm gleichzeitig für den Aufschub, den er bereits gewährt hatte.

An diesem Freitag, dem 20. August, war Schwester Raphael nur wenige Minuten zuvor in das Klosterzimmer von Schwester Mary David gehumpelt, um nach ihr zu sehen. Schon von der Tür aus sah sie die farblose Blässe und den gespannten Gesichtsausdruck der schlafenden Nonne. Als sie sich dann über das Bett neigte, war sie sich sicher, dass ihre „kleine David" zu atmen aufgehört hatte.

Die hoch aufgeschossene Stellvertreterin der Oberin eilte auf den Gang und ließ Mutter Angelica über das Haustelefon ausrufen. Als sie die Äbtissin ausfindig gemacht hatte, sprudelte es aus ihr heraus: „[David ist] an Herzversagen gestorben!", und sie lief, um einen Arzt und einen Priester zu holen. Tränen schossen aus Mutter Angelicas Augen, doch dann blickte sie wieder ganz entschlossen. Sie stürzte an Mary Davids Bett und packte ihre Mutter an den Schultern.

„Schwester, geh nicht fort – oh, David! David!" Angelica schrie und schüttelte ihre Mutter heftig. „Herr, Du kannst sie jetzt nicht von mir nehmen. Bitte nimm sie mir jetzt nicht weg. Sie ist noch nicht bereit. Bitte nimm sie jetzt noch nicht." Mutter Angelica rüttelte die alte Frau immer weiter, angsterfüllt, dass sie mit „Hass in ihrem Herzen" sterben und ihrem Schöpfer gegenübertreten würde, da sie immer noch „Verbitterung und Groll" gegen ihren früheren Mann, John Rizzo, in sich trug.

Schwester Mary Davids Augen fingen an zu blinzeln. Langsam kam sie zu Bewusstsein und kehrte wieder ins Leben zurück. In diesem Moment erschien Schwester Raphael zusammen mit Dr. Rex Harris an der Türschwelle, während Mutter Angelica auf den Knien ein andächtiges Dankgebet sprach. „Die Atmosphäre war einfach bedrückend, aber ich wusste, dass wir in der Gegenwart Gottes waren“, erinnerte sich Dr. Harris. „Es war eine absolut unglaubliche Erfahrung.“

Sie stellten sie – wie einen benommenen Berufsboxer in der zwölften Runde – wieder auf die Beine, und Mutter Angelica erzählte Dr. Harris und Schwester Raphael: „Ich habe den Herrn gebeten, sie noch vierundzwanzig Stunden bei mir zu lassen.“ Sie wollte es selbst auf sich nehmen, Schwester Davids Seele für die Ewigkeit vorzubereiten und Mae bis zur Schwelle des Todes begleiten.

In Schwester Mary Davids letzten Tagen geschah es einmal, vielleicht aufgrund der Gebete ihrer Tochter, dass sie sich im Bett plötzlich aufrichtete und die Tür ins Visier nahm, geradeso, als ob ein Fremder unangekündigt eingetreten wäre. Ihre Krankenschwester, Dorothy, sah jedoch niemanden. „Du siehst so schön aus“, sagte David wie im Traum und starrte noch immer auf die Tür. Für Angelica war dies ein Zeichen dafür, dass sich ihre Mutter endlich mit John Rizzo wieder versöhnt hatte. Das letzte Hindernis für Maes Sterben war damit beseitigt worden.

Am Sonntag informierte Dr. Harris die Nonnen nach einer Untersuchung, dass Schwester Mary David kurz vor ihrem Tod stand. Ihre Lungen hatten sich mit Flüssigkeit gefüllt, und ihr Herz fing an zu versagen. Mutter Angelica und Schwester Raphael, die beide auf dem Bettrand saßen, halfen Mary David bei der Erneuerung ihrer Gelübde. Während sie die Formel hastig wiederholten, strömten die anderen Nonnen herein, um für ihre dahinscheidende Schwester zu beten. Um Schwester Davids Wunsch zu erfüllen, im Angesicht ihres Herrn sterben zu dürfen, brachte Schwester Michael das Allerheiligste in einem kleinen Metallbehälter in ihr Zimmer.

Tränen benetzten Mutter Angelicas Ordenstracht, als sie Mary Davids Hände ergriff und die Hostie vor den müden Augen ihrer Mutter emporhob. „Oh David, Jesus liebt dich. Ich liebe dich“, sagte sie immer wieder und küsste dabei Mae auf die Wange. „Oh Mutter, Mutter.“ Ihre Stimme war vor Trauer wie abgeschnürt, und Angelica sah Maes Augen von der Hostie zu ihrem eigenen feuchten Gesicht und wieder zurück wandern. Der Schmerz, der Kummer und der Gram, die Mutter Angelica ihr ganzes Leben lang vertreiben wollte, verließen sie gemeinsam mit Schwester Mary David am 22. August um 9 Uhr abends.

„Mutter Angelica rief ‚Mama' und stieß einen gellenden Schrei aus", erinnerte sich Schwester Regina. „Es war der Schrei einer Tochter, die ihre Mutter verloren hatte, und man konnte tatsächlich sehen, dass sie einen Teil ihrer selbst verlor."

„Drei Tage lang habe ich geweint, denn trotz ihres mürrischen Wesens und ihrer fehlenden Unterstützung liebte ich sie, weil sie bei mir geblieben war", sagte Mutter Angelica mit einer Spur Melancholie in ihrer Stimme und schaute dabei durch mich hindurch. „Sie liebte mich auf ihre Weise."

Angelicas Schmerz brach bei der Beerdigung erst so richtig hervor. Sie beklagte das Leben, das ihre Mutter gehabt haben könnte, und ihre eigene Unfähigkeit, Mae von ihren inneren Dämonen zu befreien, von denen sie gequält worden war. Die Äbtissin hatte zwar ihr Bestes gegeben, aber letztlich war Mae doch nicht imstande gewesen, sich zu ändern. Unter dem Klanggewölbe feierlicher Hymnen, die von ihren Mitarbeitern gesungen wurden, löste Mutter Angelica widerstrebend die letzte Verbindung zu ihrer Kindheit und ließ die einzige noch verbliebene Angehörige ihrer unmittelbaren Familie gehen.

Als Angelica in der Krypta vor der Marmorgedenktafel ihrer Mutter kniete, auf der die Worte Jesajas eingraviert waren – „Nur eines erbitte ich vom Herrn, danach verlangt mich: Im Haus des Herrn zu wohnen alle Tage meines Lebens" – war sie untröstlich. Für sich im Stillen trauerte sie stundenlang und krümmte sich unter der Last ihres Verlustes.

Als sie beim Sender auftauchte, wartete dort bereits eine andere Last auf sie: die monatliche Gebühr von 132.000 Dollar für die Übertragung über den *Satcom*-Satelliten. Die Vereinbarung brachte EWTN in eine ausweglose Situation. Man benötigte den teuersten Satelliten, um sich ein Publikum aufzubauen, doch die Spendenbasis wuchs nicht genügend an, um die exorbitant hohen laufenden Geschäftskosten zu tragen.

Im August 1982 waren die Spenden derart knapp, dass Bill Steltemeier einen persönlichen Kredit über 66.000 Dollar aufnehmen musste, um einen Teil der monatlichen Rechnung für die Übertragungsrechte zu übernehmen. Und obwohl die Spenden schließlich doch den Kredit abdeckten, sollte Steltemeier diesen Verzweiflungsakt vor Ablauf des Jahres noch einmal wiederholen.

Wochen später, inmitten der schlimmen EWTN-Finanzkrise, ging das *Catholic Telecommunications Network of America* (CTNA), der noch junge Satellitensender der Diözesen, auf Sendung. Obwohl er erst von einzelnen diözesanen Stationen und einer Handvoll Haushalten empfangen werden konnte, stellte er aus ETWN-Perspektive doch eine erhebliche Bedrohung dar. Berichten zufolge erzählte man Mutter Angelica zu dieser Zeit, dass CTNA die Absicht haben könnte, ihren Sender zu „schlucken" und ihn bei der erstbesten Gelegenheit zu „übernehmen". Falls die Bischöfe ihre Strategie ändern und ihr Programmsignal direkt in die Kabelnetze einspeisen würden, dann könnte EWTN aus dem Äther vertrieben werden. Da Angelicas Sender das *Imprimatur* des CTNA fehlte, würde er als Eindringling wahrgenommen werden. Mit ein wenig politischem Druck vonseiten der Bischofskonferenz könnte EWTN aus den Kabelnetzen verdrängt und durch das Diözesanprogramm ersetzt werden. Zumindest befürchtete man das im EWTN-Lager. Interviews deuteten darauf hin, dass es innerhalb des CTNA Stimmen gab, die die Kabelnetzbetreiber zu einer direkten Verbreitung der Programme drängten, doch wie schnell dies Realität werden sollte, war schwer festzustellen.

Mutter Angelica betrachtete den Konkurrenzkampf zwischen den Sendern als Kampf um die Zukunft der katholischen Kirche in Amerika. „Wer über die Medien verfügt, wird Einfluss in der Kirche haben", sagte sie im Oktober 1982 zu einem Berater. Die Oberin glaubte, dass EWTN die „Stimme des Papstes" in einer Kirche repräsentiere, die über ihre Zukunft unsicher und hinsichtlich ihrer Vergangenheit vergesslich sei. Theologen, Priester, Laien und sogar einige Bischöfe setzten sich offen für einen fakultativen Zölibat der Priester, für Änderungen in der Sexuallehre der Kirche und einen größeren Einfluss der Laien in der Leitung der Kirche ein.

Besorgt darüber, dass diese von der Lehre der Kirche abweichenden Stimmen in den CTNA-Programmen Sendezeit beanspruchen konnten, untersuchte Angelica den neuen Sender genauer. Einige der Programme konzentrierten sich stark auf soziale Themen und spielten gleichzeitig die Morallehre der Kirche herunter. Nonnen und Priester traten in Dokumentationen und Talkshows in weltlicher Kleidung auf – ein Anblick, der nach Angelicas Meinung die Laien irritieren würde und progressive Neuerungen als „normal" erscheinen ließe. Um CTNA in einer Warteschleife zu halten und damit von den Kabelanbietern zu isolieren und um eine gewisse Kontrolle über dessen Programmgestaltung auszuüben, entwickelten Mutter Angelica und ihr Team einen Plan: Sie würde mit dem Fernsehsender der Bischöfe kooperieren, indem sie ihm täglich eine Stunde kostenlose Sendezeit anbot. Der Zugang zu den Zuschauern von EWTN würde das Verlangen von CTNA stillen, im Kabelfernsehen zu sehen zu sein, während Mutter Angelica im Gegenzug das Vorrecht gewährt würde, den Inhalt der Sendungen zu überprüfen. In den Augen der Öffentlichkeit und des Vatikans würde Mutter Angelica eine Zusammenarbeit mit der Bischofskonferenz aufbauen. Sie unterbreitete also ihr Angebot und wartete auf die Reaktion der Bischöfe.

Am 12. November fiel aus düsteren Wolken Regen auf den Petersplatz und trübte das morgendliche Sonnenlicht. Mutter Angelica und Schwester Joseph, die eine Nachbildung ihrer Satellitenschüssel bei sich trugen, fanden unter Berninis Kolonnaden Schutz, als das abfließende Regenwasser das Kopfsteinpflaster der Piazza reinigte. Nachdem sie vor den Bronzetüren lange gewartet hatten, erklommen sie die glatten, flachen Marmorstufen des Apostolischen Palastes. Es sollte Angelicas erste persönliche Begegnung mit Papst Johannes Paul II. werden. Ihre Rom-Reise war mehr als eine private Wallfahrt. Sie bot ihnen die einmalige Gelegenheit, „das *Eternal Word Television Network* (dem Papst) vorzustellen, damit er bei Bedarf den Sender nutzen konnte".

Nach der Messe in der Privatkapelle des Papstes stellte Mutter Angelica ihren Miniatursatelliten vor den Pontifex hin. Die Augen von Johannes Paul II. verengten sich spitzbübisch, als er die Nonne und ihre Schüssel gewahrte. „Ich habe schon von Ihnen gehört", sagte der Papst mit einem wissenden Lächeln, „Sie leisten gute Arbeit".

Angelica verspürte sofort eine innige Verbundenheit mit dem Papst. „Ich hatte immer das Gefühl, dass der Heilige Vater verstand, was wir erreichen wollten und warum wir es machten", sagte sie über ihr erstes Treffen. Das Foto von diesem Besuch und die Worte des Papstes sollten zu einer wichtigen Ermutigung während einer Phase der Verunsicherung für EWTN werden.

In der restlichen Zeit ihres Rom-Aufenthalts traf sich Angelica mit vatikanischen Amtsträgern. Ihr Hauptprotektor, Kardinal Silvio Oddi, riet ihr während eines Treffens, jedes Programm abzulehnen, das nicht mit dem päpstlichen Lehramt zu vereinbaren sei. „Strahlen Sie es nicht aus", wird der Kardinal zitiert. Mutter Angelica und ihr Sender waren damit in den Kalten Krieg zwischen dem Vatikan und einer aufrührerischen amerikanischen Bischofskonferenz hineingezogen worden.

Als Mutter Angelica wieder in die Vereinigten Staaten zurückgekehrt war, stand die Antwort der Bischöfe auf ihr Angebot einer kostenlosen Sendezeit zwar noch aus, doch sie hatten nun für Dezember eine Zusammenkunft für ein weiterführendes Gespräch zwischen EWTN und CTNA vorgeschlagen.

Bei diesem am 15. Dezember in Washington stattfindenden Treffen erhoben CTNA-Funktionäre Einspruch gegen die Werbung des Senders, in der sich EWTN als „der katholische Sender" bezeichnete, aber keine Genehmigung von den Bischöfen habe. Diese waren nämlich gleichermaßen beunruhigt darüber, dass Mutter Angelica einen Kabelsender errichtet hatte, ohne dass sie zuerst um Rat gefragt wurden. Doch als Mitglied eines päpstlichen Ordens brauchte sie deren Genehmigung nicht, solange sie die Zustimmung Roms hatte. Steltemeier konterte, indem er Briefe vorlegte, aus denen hervorging, wie CTNA-Beamte Bischöfe aktiv beeinflusst hatten, nicht in EWTN-Sendungen aufzutreten. Belastende Schreiben und Finanzberichte wurden ausgetauscht. Am Ende verstärkte das Treffen nur noch das gegenseitige Misstrauen zwischen beiden Organisationen und bestätigte die finanzielle Instabilität von Angelicas wichtigstem Konkurrenten.

„CTNA verfügte nicht über genügend Kapital, sodass es eine Art Totgeburt war“, sagte Bischof Robert Lynch von St. Petersburg über den Sender, den er später als Generalsekretär der Bischofskonferenz beaufsichtigen sollte. Dass die Diözesen sich noch nicht für den Sendebetrieb vertraglich verpflichtet hatten, machte die Sache noch komplizierter und jegliche Prognose über zu erwartende Einkünfte unmöglich. Aus guten Quellen weiß man, dass CTNA Hunderttausende Dollar Schulden und bis 1982 bereits mehr als eine Million Dollar verheizt hatte. Die schlechte finanzielle Situation beschränkte sich aber keineswegs auf CTNA. Denn während Mutter Angelica die Bischöfe drängte, ihr Angebot einer kostenlosen Sendezeit anzunehmen, kämpfte EWTN gleichermaßen um seine Zahlungsfähigkeit.

Anfang Dezember nahm Bill Steltemeier einen Kredit von 132.000 Dollar auf, den er mit seinen Ersparnissen absicherte, um eine überfällige Rechnung für die Übertragungsgebühr zu bezahlen. Damals wurde EWTN mit offenstehenden Schulden von 2.000.000 Dollar betrieben. Bis zum Ende des Monats war eine neue Rechnung fällig. Mutter Angelica rief Harry John von der *De Rance Foundation* an und bat ihn, für einen 130.000 Dollar-Kredit zu bürgen. Er willigte ein, doch die örtliche Bank lehnte es ab, die Gelder freizustellen, da sie sich sicher war, die Ordensfrau könne sie nicht zurückzahlen. Erneut rief sie bei Harry John an: „Ohne das Geld werde ich am Montag den Sender verlieren“, teilte sie ihm mit.

„Wir wollen nicht, dass das geschieht, Mutter Angelica. Der Sender ist wichtig. Wir wollen nicht, dass Sie ihn verlieren.“ Und Harry John lieh ihr die 130.000 Dollar aus seinen privaten Rücklagen, und das sogar zinslos. Dieses fürchterliche Drama sollte sich von nun an in den nächsten Jahren monatlich erneut abspielen. „Jeden Monat zerbrechen wir uns über die Bezahlung dieser riesigen Summe den Kopf, um auf Sendung bleiben zu können“, schrieb Schwester Raphael 1983. „Es ist eine schwere Last.“

Der Frühling brachte Mutter Angelica viele Auszeichnungen: In New Orleans wurde sie zur „Italo-amerikanischen Frau des Jahres“ gekürt, am 7. Mai bekam sie den Ehrendoktortitel für Theologie von der Franziskanischen Universität in Steubenville verliehen und später im selben Monat erhielt sie den *John Paul II Religious Freedom Award* von der Katholischen Liga für religiöse und bürgerliche Rechte zugesprochen. Eine andere unerwartete Überraschung erreichte das Kloster am 11. Mai, die sogar durch eine Polizeieskorte überbracht wurde: eine gerichtliche Vorladung aufgrund einer Klage des Unternehmens *Wold Communications*, das wegen Vertragsbruchs Forderungen in Höhe von 1.440.000 Dollar stellte.

Laut EWTN-Ingenieur Matt Scalici hatte Mutter Angelica den *Wold*-Vertrag einseitig aufgekündigt, als sie feststellte, dass EROS, ein Softporno-Kanal in unmittelbarer Nähe zum vierstündigen EWTN-Sendeblock auftauchte, was ein Verstoß gegen die Vereinbarung war. Im Juni 1982 hatte sie günstig Übertragungsmöglichkeiten für ihre Programme über einen besseren Satelliten gefunden. Sie war über die neue Vereinbarung glücklich und hatte einen Monat später Bill Steltemeier beauftragt, den *Wold*-Vertrag offiziell zu kündigen, wobei sie geltend machte, dass in unmittelbarer Nähe zu ihrem Programm „scheußliche Pornografie" auf dem Transponder sei. Was auch immer die Erklärung für den Ausstieg gewesen sein mag: EWTN musste jetzt mit einem gewaltigen Rechtsstreit und dem finanziellen Ruin rechnen.

Monatelange Verhandlungen erreichten am 1. Juni bei einem Treffen zwischen *Wold*-Anwälten und EWTN in Los Angeles ihren Höhepunkt. Bill Steltemeier, Mutter Angelica und Schwester Joseph eilten gerade in einem Taxi zu der Besprechung, als die Ordensfrau plötzlich eine Kirche entdeckte. Sie bat den Taxifahrer, rechts kurz anzuhalten. In dem abgedunkelten Kirchenschiff kniete das Trio zum Gebet nieder.

Nach einigen Minuten flüsterte Mutter Angelica, die ihre Augen andächtig geschlossen hatte, Steltemeier zu: „Sie gehen; ich werde hier weiterbeten."

„Lassen Sie mich nicht alleine", zischte Steltemeier protestierend. „Sie erwarten, dass Sie kommen. Sie wollen doch nicht mich sehen; sie wollen Sie sehen."

„Wir bleiben hier und sprechen mit Jesus. Sie gehen dorthin. Es wird schon alles gut gehen." Mutter Angelica und Schwester Joseph blieben an Ort und Stelle, ruhig und unerschütterlich. Steltemeier war besiegt, schnappte seine Aktentasche und eilte über den Mittelgang aus der Kirche.

Die Anwälte und der Geschäftsführer von *Wold* trafen sich mit Steltemeier zu einer dreistündigen Verhandlung. Steltemeier war klar, dass EWTN nicht über die erforderlichen finanziellen Mittel verfügte, um dem vorgeschlagenen Vergleich Folge leisten zu können. Zunächst forderte *Wold*, dass EWTN eine Buße von 1.000.000 Dollar für den Vertragsbruch zahlen sollte, gab dann aber unerwarteterweise nach.

„Vor meinen Augen spielte sich ein Wunder ab", sagte Steltemeier. „Sie waren damit einverstanden, sich mit 250.000 Dollar zufriedenzugeben." Darüber hinaus konnte Steltemeier *Wold* überzeugen, die Zahlungen über einen Zeitraum von zweieinhalb Jahren zu staffeln.

Ein strahlender Steltemeier rannte zur Kirche zurück, um Mutter Angelica und Schwester Joseph von der abschließenden Vereinbarung zu berichten. Als Angelica die Nachricht hörte, wandte sie sich dem Tabernakel zu. „Danke, Jesus. Ich wusste, dass Du es lenken würdest", sagte sie. Die Chefs von *Wold* meinten auch, dass Angelicas Glaube zu dem Ergebnis der Verhandlung beitrug, doch auf einer natürlichen Ebene hatten Steltemeiers juristischer Sachverstand und seine eiserne Entschlossenheit bestimmt auch einen gewissen Einfluss. Der Präsident des Senders hatte ein treuherziges Auftreten verinnerlicht, was dazu führte, dass seine Gegner seine Fähigkeiten unterschätzten. Hinter Steltemeiers lockerem Äußeren im Country-Nashville-Stil verbarg sich ein Verstand, der so scharf war wie seine schiefen Eckzähne.

„Ohne Bills juristische Denkweise und seinen gesunden Menschenverstand hätten wir nicht überlebt", war sich Dick DeGraff sicher. „Steltemeier war der Laie, der den Sender am Laufen hielt."

Mother Angelica Live

Im August 1983, am zweiten Jahrestag der Gründung des Senders, beschloss Mutter Angelica, etwas Neues auszuprobieren: eine Live-Sendung. Die Ordensfrau stand vor überdimensionalen Fotos ihres

Treffens mit dem Papst, einer Monstranz und einer Satellitenschüssel, war umgeben von künstlichen Farnen und hüpfte wie ein kleines Mädchen, das außer sich vor Freude war. Ganz aufgeregt klatschte sie in die Hände und erzählte ihren Zuschauern: „Das ist unsere aller-, allererste Live-Fernsehsendung. Wir wussten nicht, ob wir das machen sollten oder nicht, aber wir haben uns jetzt entschlossen, ins kalte Wasser zu springen und den Schritt zu wagen."

Mutter Angelica strahlte an diesem Abend eine solch heitere Euphorie und aufgeregte Unschuld aus, als sie in das Universum der Live-Sendungen eintauchte. Um die wechselseitigen Gesprächsmöglichkeiten in ihrer Gesamtheit auszutesten, war sie damit einverstanden, im Oktober einen Versuch mit einer Reihe von Live-Sendungen an den Dienstag-, Mittwoch- und Donnerstagabenden zu machen – einfach um die Lage zu sondieren.

Es gab gute Gründe, Mutter Angelica in einem Live-Format zu präsentieren. Sie hatte ein unbefangenes Verhältnis zu ihrem Publikum – vor allem zu ihren Anrufern – und aus der Marketing-Perspektive war es entscheidend, dass neue Zuschauer Mutter Angelica sahen und sie mit dem Sender gleichsetzten. Bis Ende 1983 führten fünfundneunzig Kabelnetzbetreiber in einunddreißig US-Staaten EWTN in ihrem Programmangebot, und viele Zuschauer sahen diesen Kanal zum ersten Mal.

Zufälligerweise wurde die Live-Show gerade ins Programm aufgenommen, als Mutter Angelicas nationaler Bekanntheitsgrad anstieg. In Hollywood war eine Filmbiografie über Mutter Angelicas Leben in Vorbereitung, und die Bühnenlegende Loretta Young interessierte sich dafür, die Hauptrolle zu spielen. Beverlee Dean, zuvor Produzent bei ABC, bot die Biografie mehreren Filmstudios an. Angelica trat regelmäßig in nationalen Talkshows auf, und die Nonnen des Klosters *Unsere Liebe Frau von den Engeln* hatten soeben in Nashville ein Album aufgenommen. Dieser ganze Medienrummel zog natürlich Prominente an, die bei Mutter Angelica und ihrer neuen Sendung mit dabei sein wollten. Auf der Gästeliste der Live-Shows standen Pat Boone, Chuck Colson, Betty Hutton und andere.

Die Sendung war wie die Gastgeberin: direkt und unkompliziert. Mutter Angelica plauderte zu Beginn der Sendung mit ihrer

„EWTN-Familie“, anschließend saß sie nach einer Pause auf einem Aluminiumklappstuhl, umgeben von ihren Zuschauern, und führte ein kurzes Bibelstudium durch. Danach interviewte sie auf dem braunen Sofa den Abendgast und beantwortete Fragen von Anrufern: Sie gab geistliche Ratschläge zu ganz weltlichen Problemen. Mit nur wenigen Ausnahmen sollte die Sendung *Mother Angelica Live* zwanzig Jahre lang unverändert bleiben. Es gab kein Drehbuch, keine im Voraus geplanten Fragen – eigentlich überhaupt keine Vorbereitungen. Mutter Angelica reichte ihren Mitarbeitern einfach nur die Hände, sprach ein Gebet und vollzog dann auf der Bühne einen einstündigen Drahtseilakt, wie er im Fernsehen ohne Beispiel war.

„Die Vorsehung Gottes hilft mir, weil ich oft nicht weiß, was ich als Nächstes tun soll“, sagte Angelica über ihre Fernsehstrategie. „Manchmal bin ich so einfallslos oder derart besorgt und frustriert über etwas, oder ich fühle mich einfach nur elend, dass ich überhaupt nicht weiß, was ich sagen soll, bis dann der Scheinwerfer angeht. Und ich mache das ganze einstündige Programm, und sie lachen, und sie weinen... und eigentlich hatte ich damit gar nichts zu tun.“

Am 19. Oktober war der Geldstrom erneut versiegt. Zum ersten Mal innerhalb von zwei Jahren brach Mutter Angelica ihre eigene Regel und bat die Zuschauer um Spenden. Nachdem sie ihre Abhängigkeit von der göttlichen Vorsehung erläutert hatte, sagte sie: „Sie – das Publikum – sind Teil dieser Vorsehung. Wenn Sie wollen, dass diese Sendungen fortgesetzt werden, dann brauchen wir in dieser Woche Ihre Hilfe, damit wir weitermachen können.“

Tage später willigte Harry John ein, ihr 120.000 Dollar zu schicken, um die Transponder-Zahlungen für den Monat leisten zu können. Doch was Mutter Angelica nicht wusste: Ihr Wohltäter plante, seine eigene Herausforderung für EWTN auf die Beine zu stellen: Harry John errichtete gerade seinen eigenen katholischen Fernsehsender.

Am 27. Oktober, dem Abend ihrer letzten Pilot-Live-Sendung, musste sich Mutter Angelica entscheiden, ob die Live-Show weitergehen sollte. „Sie war sich nicht sicher, ob sie soviel von ihrer Zeit opfern wollte“, erinnerte sich Matt Scalici. „Ich glaube, ihre Schwestern brauchten sie zu dieser Zeit mehr.“

In der letzten halben Stunde der Sendung nahm Mutter Angelica den Anruf eines Jungen entgegen, der mit Selbstmord drohte. Seine Mutter war tot, sein Vater im Krankenhaus, sodass der Junge keinen Sinn mehr im Weiterleben sah. Er behauptete, eine Pistole auf seinen Kopf gerichtet zu halten. „Nimm die Waffe runter“, flehte Angelica.

„Nein“, sagte er.

Mutter Angelica wiederholte ihre Bitte. Einfühlsam gab sie dem Jungen Ratschläge und forderte die Zuschauer auf, für das Wohl des Jungen zu beten. Durch die Telefonleitung hörte das Publikum das Gewehr fallen. Schwester Raphaels Notizen liefern den einzigen Nachweis für diesen Selbstmordanruf, da die Sendung im Anschluss noch geschnitten wurde. Alles, was man auf dem Videoband sieht, ist eine beunruhigte Mutter Angelica, die zu einer Sendepause umschaltet, sowie eine gefühlsbetonte Schlussbemerkung. Am Ende der Show berichtete Mutter Angelica, dass ein Priester, der die Stimme des Jungen im Fernsehen erkannt hatte, zu seinem Haus geeilt war, die Tür aufgebrochen und den Jugendlichen ein zweites Mal davon abgehalten hatte, Selbstmord zu begehen. Noch auf Sendung, sprach sie ein Dankgebet: „Wir danken Dir, Herr, dass Du uns als geringe Werkzeuge gebrauchst… Wir danken Dir, dass wir hier in dieser Zeit der großen Not für unseren Bruder da sein konnten.“

Dieses Programm demonstrierte die Macht der Live-Show – ihre Fähigkeit, die geistlich verarmten Menschen mit ihren Problemen zu erreichen sowie der Rettungsanker für jene zu sein, die leiden. Angelica und ihre Mitarbeiter waren davon überzeugt, dass *Mother Angelica Live* weitergehen musste.

Der Geldsegen

Da Harry John alles einsetzen wollte, was von seinem Anteil bei der *Miller Brewing Company Fortune* noch übrig war, gründete er rasch *Santa Fe Communications*, einen hochmodernen katholischen Kabelsender, der 24 Stunden täglich auf Sendung ging. Es machte ihm nichts aus, dass er praktisch nichts vom Fernsehen verstand. Inspiriert durch das Vorbild von Pat Robertson, Jim Bakker und – natürlich – Mutter Angelica, glaubte Harry John, er könne die Sparte des christlichen Fernsehens noch weiter verbessern. Er kaufte umgehend die Gower Studios in Hollywood auf sowie eine Kette von Satellitenstudios in Paris, New York, San Francisco, El Paso und Steubenville in Ohio. Erstrangige Autoren, Produzenten, Regisseure und technisches Personal wurden als Belegschaft angeworben. Die Regieräume in Santa Fe wurden mit den allerbesten Anlagen ausgestattet.

Harry John gab schließlich jede Woche mehr als zwei Millionen Dollar für seinen Fernsehkoloss aus. In professioneller und finanzieller Hinsicht sollte Santa Fe alles in den Schatten stellen, was Mutter Angelica oder die Bischöfe sich je ausdenken konnten. John brauchte lediglich Fernsehpersönlichkeiten, die an der vordersten Front seines Senders stehen sollten. Da er ja schon so viel in Mutter Angelica investiert hatte, wandte er sich nun an sie.

Mutter Angelica, die noch immer auf der Suche nach einer Geldspritze war, schlug in einen Handel mit John ein. Er konnte ihre Live-Sendungen zum Preis von zweihundert Dollar pro Minute erneut senden; auf Band aufgenommene Sendungen kosteten hundertfünfzig Dollar pro Minute. Auf Mutter Angelicas Anordnung hin arbeitete das EWTN-Team Tag und Nacht, um die Aufnahmen zu kopieren und nach Kalifornien zu befördern, „bevor Harry ‚Stopp' sagen musste". Innerhalb einiger Wochen war Santa Fe mit Mutter Angelicas Produkten überschwemmt.

Im Januar 1984 ließ Harry John das Überspielen der Sendungen stoppen. Damals schuldete er Mutter Angelica genauso viel, wie sie ihm schuldete. John bot an, seine noch offenstehenden Zahlungen gegen Mutters Kreditschuld aufzurechnen und erklärte sie beide für quitt. Damit war sie einverstanden. Obwohl Santa Fe nicht mehr an dem Archiv der Nonne interessiert war, zahlte man weiterhin für ihre Live-Sendungen – eine gute Sache, da Angelica vorhatte, zu expandieren.

EWTN war seinem garagengroßen Studio schnell entwachsen. Mutter Angelicas ständiges Bühnenbild beherrschte den Raum, begrenzte somit die Publikumskapazität und machte andere Programmproduktionen unmöglich. „Da wussten wir, dass wir ein größeres Studio brauchten", sagte sie.

Im Dezember 1983 wies Mutter Angelica ihren betriebseigenen Zimmermann Nelson Campbell an, eine 15 mal 21 Meter große Fläche zu markieren, auf der sie ein neues Studio mit einem dazugehörigen Büroraum plante. Sie schlug ihm vor, weiße Tücher um die Kiefern zu binden, um den Bauplatz genau abzugrenzen.

Tage später erkundigte sich eine Gruppe von Bischöfen, die gerade Programme beim Sender aufnahmen, was es denn mit den neunzig weiß umwickelten Bäumen auf sich habe. Mutter Angelica sagte ihnen offen die Wahrheit: „Wir brauchen ein neues Studio, und wir haben nicht das Geld dafür. Ich habe die Tücher anbringen lassen, um den Herrn daran zu erinnern, dass dort das neue Studio gebaut werden soll."

Die Bischöfe sahen einander fragend an, und dann ergriff einer von ihnen das Wort: „Meinen Sie denn nicht, dass Er weiß, wo es gebaut werden sollte?" – „Ja, natürlich, aber es kann ja nicht schaden, Ihn daran zu erinnern", antwortete die Äbtissin.

Jack Ledger, ein alter Freund, erkundigte sich auch nach den drei Markierungen. Er kam später, noch am gleichen Tag, zurück und brachte die ersten 50.000 Dollar für dieses Projekt.

Im August 1984 besichtigte ein älteres Ehepaar, das das Kloster zum ersten Mal besuchte, das Gelände und fragte Mutter Angelica über das neue Studio aus. Da ihr die alten Leute leidtaten, füllte sie einen Schuhkarton mit Bananen und belegten Broten, die sie auf ihrer Heimfahrt essen konnten. Ihre Fragen beantwortete sie geduldig, dann verabschiedete sie sich.

Nach ihrer Rückkehr nach Gainesville in Florida berief das Ehepaar Bomberger, mit dem Angelica Mitleid gehabt hatte, eine außerordentliche Vorstandssitzung der wohltätigen Stiftung, die sie leiteten, ein. Auf ihr Drängen hin gewährte die Stiftung der Äbtissin 150.000 Dollar, um ihr Studio fertigstellen zu können. Eine großzügige Spende der Kolumbusritter und ein durch Erzbischof Bernard Law von Boston abgesichertes 25.000 Dollar-Darlehen vervollständigten die Finanzierung für den gesamten Studio-

Komplex. Die EWTN-Mitarbeiter teilten ihre Zeit zwischen ihren Fernsehpflichten und der Arbeit auf der Baustelle auf, während Mutter Angelica alle Bauarbeiten persönlich beaufsichtigte.

Harry Johns Sender *Santa Fe Communications*, der sich als „die katholische Stimme in Amerika" empfahl, ging im Frühling 1984 auf Sendung. Da sein Gründer tief in seine Taschen griff, segelte der gewinnorientierte Sender gerade zu dem Zeitpunkt einer triumphalen Zukunft entgegen, als EWTN auf Grund zu laufen drohte. Am 28. Juni befand sich Mutter Angelica mit den Transponder-Zahlungen zwei Monate im Rückstand und lief damit Gefahr, ihre Satellitensendezeit zu verlieren. 260.000 Dollar würden nicht so ohne Weiteres zu beschaffen sein. Da Harry John sein Kapital bei *Santa Fe* eingesetzt hatte, wies er Mutters Angelicas Anfrage nach finanzieller Hilfe ab. All ihre Notfall-Spender reagierten in gleicher Weise. Dieses Mal blieb das erhoffte Geld aus, und Gott schien weit weg zu sein.

Die Dunkelheit bricht an

„Vielleicht ist das größte innere Leiden der Schlag, der uns trifft, wenn wir nach Gott dürsten und uns plötzlich des Bewusstseins Seiner Gegenwart beraubt sehen", schrieb Mutter Angelica in ihr Minibuch *The Healing Power of Suffering* („Die heilende Kraft des Leidens"). 1984 befand sie sich jedenfalls in dieser unglücklichen Lage.

Mutter Angelica durchlebte seit dem 7. Juli 1984 mehr als drei Monate lang etwas, das in der Klosterchronik als „die Erfahrung" bezeichnet wird. Der Tod ihrer Mutter, die Belastungen des Klosters und die reale Möglichkeit, den Sender zu verlieren, verbanden sich zu einer spirituellen Krise ähnlich der „dunklen Nacht der Sinne" des hl. Johannes vom Kreuz. Als diese einsetzte, war Mutter Angelica gerade in Virginia Beach, um bei *The 700 Club* aufzutreten. In einem bisher unveröffentlichten Tagebucheintrag schilderte sie so etwas Ähnliches wie eine Vision:

„Herr, unglaubliche Dunkelheit umhüllte mich. Es war, als ob Menschen aus allen Winkeln auftauchten. Es waren so viele. Ich fühlte mich so klein – so leer – so allein. Meine Seele schien auf einmal von jedem Quäntchen Liebe ausgelaugt zu sein – meine Fähigkeit zu lieben war erschöpft, meine Stärke von Schwäche überwältigt. Alle meine Lieben waren von irgendeiner unbekannten Kraft von mir weggerissen, und ich stand allein vor Dir, Herr Gott, zerbrochen und leer... Alles, was andere von mir dachten, besaß ich nicht, daher kam ich mir wie eine Heuchlerin vor. Es war mir unmöglich, all die Forderungen zu erfüllen, die an mich gestellt wurden. Da tat sich vor mir ein Abgrund auf, und ich wusste, wo mein Platz für ewig wäre, falls ich nicht lieben würde... Diejenigen, von denen ich mich stets geliebt fühlte, waren nirgends mehr zu sehen – sie waren verschwunden. Ich schaute nach rechts und nach links, doch die Einzigen, die ich erkennen konnte, waren diejenigen, die mich brauchten – die Einsamen, die Kranken, diejenigen, die im luftleeren Raum leben, Freunde und Feinde, Kinder und alte Menschen. Jeder sah mich mit flehenden Augen an. Meine Hände waren leer, meine Seele ausgetrocknet."

Mutter Angelicas innere Einsamkeit und der Kummer über Maes Tod war auf der ganzen Linie zu erkennen. Doch für die Außenwelt schien alles in Ordnung zu sein. Jean Morris, welche die Mutter Oberin auf ihrer Reise nach Virginia Beach begleitete, kann sich an keine Veränderung in ihrem Verhalten oder ihren Gesprächen erinnern. Mutter Angelica führte ihre Live-Sendung weiter, machte Witze, unterhielt sich mit dem Publikum und teilte mit den Anrufern geistliche Erkenntnisse, doch insgeheim spürte sie das Herannahen des Todes.

Mutter Angelicas Beschreibung ihrer inneren Qualen und ihrer Entfremdung von Gott liest sich, oberflächlich betrachtet, wie ein Leitfaden zum Thema „Wie man die ‚dunkle Nacht' erlebt". Am 9. Juli schrieb sie an ihren Bräutigam: „Du hast Dich so vollkommen entäußert. Forderst Du mich auf, das Gleiche zu tun? Ich befürchte es. Es fühlt sich an wie ein lebendiger Tod. Ich verfüge nicht über Deine Stärke – hilf mir doch, oh Gott." Am nächsten Tag war sie noch mehr gepeinigt:

> „Der Kampf geht weiter, Herr. Bekämpfe ich das, was auch immer du in meiner Seele zu wirken versuchst? ... Ich klammere mich an alles und spüre, wie es mir durch die Finger glei-

> tet. Wer oder was ist denn noch da und wird mich nicht früher oder später sowieso verlassen? ... Meine Schwäche verstellt mir das Schauen Deines Antlitzes. Meine Kämpfe verdrängen die inneren Sehnsüchte meiner Seele, meine Sünden tauchen drohend als Phantome der Nacht auf, um mich zu jagen und lassen mich vor Deiner Ehrfurcht gebietenden Heiligkeit zurückweichen... Alles um mich herum scheint sich aufzulösen. Alles, was mir lieb ist, entfernt sich immer weiter von mir..."

Vielleicht bewegte sich nichts anderes als ihr Fernsehsender schneller von ihr weg. Bei mehr als nur einer Gelegenheit brach die Äbtissin vor ihrer Gemeinschaft und ihren EWTN-Angestellten in Tränen aus über die beiden unbezahlten Transponder-Rechnungen, von denen sie wusste, dass sie auf den Untergang von EWTN hindeuteten.

Am 13. Juli rief Mutter Angelica in einem letzten Versuch von ihrem Klosterbüro aus einen zuverlässigen Spender an, um finanzielle Hilfe zu erbitten. Schwester Raphael beobachtete ihre Reaktion und ihr war klar, dass mit keiner Hilfe gerechnet werden konnte. Als der Anruf beendet war, schlug Schwester Raphael einen Ausweg vor, obwohl sie wusste, dass Mutter Angelica wahrscheinlich Einspruch dagegen erheben würde. Raphael meinte, dass die Zuschauerfamilie über die schreckliche Situation des Senders informiert werden sollte, um ihr eine Chance zu geben, ihn durch ein Telethon (Spendenmarathon innerhalb einer Fernsehsendung, Anm. d. Ü.) zu retten. Da Angelica der festen Überzeugung war, dass die Sendezeit dazu verwendet werden sollte, das Evangelium zu verbreiten, mochte sie diese Telethons nicht, die sie bei evangelikalen Sendern gesehen hatte. Doch angesichts des Ernstes der Lage willigte sie in den Plan ein.

„Ich kann es aber jetzt nicht, ich bin emotional zu aufgebracht", sagte sie zu Raphael. „Ich werde es morgen Abend machen."

Mutter Angelica nahm sich zusammen und bettelte ab dem 4. Juli 1984 sechs Abende lang um Dollars. Auf italienische Art gestikulierte sie mit den Händen vor der Kamera, stellte ihren Zuschauern die Krise deutlich vor Augen und ließ sich ausgetüftelte

Aussprüche einfallen, wie etwa: „Nun kommt schon, Kinder, rückt euer Geld heraus!" Wenn so etwas aus dem Mund einer einundsechzigjährigen glucksenden Nonne kam, die ein Kruzifix um den Hals trug: Wer konnte da widerstehen?

Wie alles andere bei EWTN war auch das Telethon eine „Familienangelegenheit". Sieben Angestellte und sechs Nonnen besetzten die Telefone, während Mutter Angelica, Matt Scalici und ein Gastpriester die Zuschauer unterhielten.

Pater Mitch Pacwa, ein in Nashville lebender Jesuit, sang die polnische Nationalhymne für fünftausend Dollar. Mutter Angelica tanzte sogar mit einem Gastpriester Walzer auf dem Studioparkett, um Spenden zu akquirieren. Bei einem der Telethon-Interviews fragte Mutter Angelica Schwester Regina, wie sie auf die Idee kam, einem franziskanischen Orden beizutreten. Schwester Regina starrte nur dumpf in die Kamera und verkündete dann stolz: „Eigentlich wusste ich die ersten beiden Jahre gar nicht, dass es Franziskanerinnen waren." Die Äbtissin war sprachlos. Doch von solchen Ausrutschern einmal abgesehen, verschaffte das Telethon die erforderlichen Gelder und bewirkte auch noch mehr: „Es trat eine deutliche Veränderung im Verhältnis zwischen Mutter Angelica, dem privatrechtlichen Unternehmen EWTN und den Fernsehzuschauern ein", bemerkte Schwester Antoinette, eine Violinistin, die im Frühling 1984 ins Kloster eintrat, über das Telethon. „Es intensivierte tatsächlich den Familiensinn, von dem Mutter Angelica von Anfang an gesprochen hatte." Seit dieser Zeit wurden Spenden zu einer personengebundenen Angelegenheit: Die Zuschauer schickten ihre Schecks nicht mehr einem Sender, sondern sandten sie direkt an Mutter Angelica. Jahre später prägte sie einen Satz, der jedes Mal zum Abschluss ihrer Live-Show gesendet wurde und der die Zusammenfassung all ihrer Bemühungen um Spenden war: „Denken Sie daran, uns zwischen Ihrer Gas- und Stromrechnung aufzubewahren. Dieser Sender kommt zu Ihnen – durch Sie!" Die Zuschauer glaubten ihr und sandten gewissenhaft jeden Monat ihre Spenden, um ihren Sender am Laufen zu halten.

Vor diesem Telethon schickte Pfarrer Bruce Ritter von der Kinderhilfsorganisation *Covenant House* in New York am 12. Juli 1984 seinen jungen Spendensammler Jim Kelly, um EWTN in den Abgründen seines finanziellen Defizits Hilfe anzubieten. Kelly war nett, weltgewandt und mit den Mächtigen und Einflussreichen innerhalb der katholischen Kirche bekannt. Ginny Dominick, Stellvertreterin der Geschäftsleitung des Senders, war seine wichtigste Ansprechpartnerin. Mit der Zeit fand Dominick Jim Kelly unwiderstehlich. Sie erzählte ihren Mitarbeiterinnen bei EWTN: „Wie wäre es, wenn ich ihn heiratete? Er wohnt in New York."

Bei den nachfolgenden Reisen mit Dominick nach Manhattan konnte sich Mutter Angelica von dieser Zuneigung aus nächster Nähe selbst überzeugen. Als sie zurück in Birmingham waren, unterhielten sich die Nonne und ihre leitende Angestellte intensiv über diese Beziehung.

„Wir warteten darauf, dass Mutter Angelica noch vor der Sendung zum Essen heimkam, aber sie blieb im Büro und sprach mit Ginny", erinnerte sich etwas verärgert eine der Nonnen, die darum bat, namentlich nicht genannt zu werden. „Ich glaube, sie sprachen viele, viele Stunden lang."

Im Umfeld des Vorstands hieß es, die Diskussionen drehten sich um Dominicks Verhältnis zu Jim Kelly, um Eifersüchteleien und um die geistliche Ausrichtung des Senders. Matt Scalici, Chris Harrington und Marynell Ford schilderten diese privaten Zusammenkünfte als „tränenreiche" und „emotionale" Begegnungen – Begebenheiten, die Angelica deutlich erkennen ließen, wo die Dinge hinsteuerten.

Jegliche Hoffnung, die Mutter Angelica noch hegte, dass Ginny vielleicht dem kontemplativen Leben beitreten könnte, löste sich im Laufe dieser Gespräche auf. Schwester Mary David war nicht mehr da, und nun sah es so aus, als würde sie auch von Ginny verlassen werden. Dies wurde von Angelica als Bruch einer Mutter-Tochter-Beziehung empfunden und traf sie schwer. Dieser unerwartete Schmerz dürfte wohl zum Teil für ihren Tagebucheintrag vom 18. Juli 1984 verantwortlich sein. Einmal mehr wandte sich die Äbtissin an Jesus Christus:

> „Ich spürte und dachte immer, dass, wenn ich Dich intensiv liebte, ich nicht durch die An- oder Abwesenheit menschlicher Liebe, durch Besitz, Erfolg und all diese Dinge des täglichen Lebens, die es lebbar und erträglich machen, berührt würde…

> lieben, so wie Du in diesem Leben liebtest, heißt, bloßgestellt, verletzbar und bereit zu sein, so intensiv zu lieben, dass ein Menschenherz wie eine Fontäne unaufhörlich überläuft, so sehr verwundbar, um schon die geringste Abwesenheit der Liebe zu spüren, aber auch großzügig genug, um unter dem Kreuz der Trennung, des Missverstehens, der Feindschaft und der Einsamkeit zu stehen und niemals die Schleusentore der Liebe zu schließen. Heißt dies, das Erstarren vor Kummer zu spüren, ohne sich je dem Selbstmitleid auszuliefern, die unendliche Liebe zu ersehnen und gegen die Zuneigungen anzukämpfen, die doch ein Teil von uns sind.?"

Mutter Angelicas Zuneigung zu Ginny Dominick konnte nicht so einfach abgetan werden. Sie liebte Ginny wie eine Tochter. Und obwohl sie der jungen Frau noch einige Monate zuvor gesagt hatte: „Wenn Sie jemanden lieben, dann heiraten Sie ihn, egal, ob ich zustimme oder nicht", erwartete Mutter Angelica kaum, dass sich ihr Ausspruch so bald schon bewahrheiten sollte. Sie wollte natürlich das Beste für Ginny. Aber sie wollte auch, dass sich ihre Beziehung unverändert fortsetzte.

Während der folgenden Monate dauerte Mutter Angelicas innerliches Fegefeuer weiter an. Sie schrieb von einer Barriere zwischen ihr selbst und Gott: „Werde ich die unsichtbare Mauer überwinden, die zwischen uns steht? Ich frage mich, ob meine eigene Selbstsucht diese Mauer ist?" Eine ausgeprägte geistliche Verwirrung – ein allgemeines Merkmal der „dunklen Nacht"-Erfahrung – war offenkundig. „Ich fühle mich, als gehöre ich nirgends hin – ich bin in einem fremden Land", schrieb sie am 20. Juli. „Die Sprache, in der ich mich mitteilen möchte, versteht niemand. Die Versuchungen, die ich durchmache, kann ich nicht schildern." Gegen Ende des Monats stand ihre Qual in voller Blüte: „Meine Seele befindet sich in einem solchen Aufruhr. Meine Unvollkommenheiten und Schwächen scheinen in mir zu bersten... Ich kämpfe um den letzten guten Gedanken. Ich bemühe mich zu beten – doch jedes Gebet wird durch eine Flut von unangenehmen Gedanken, wirrem Durcheinander und Leid unterbrochen. Es ist, als wollte man auf einem Abfallhaufen Rosen pflücken."

In jenem Herbst stand Harry John seiner eigenen Zerreißprobe gegenüber, obwohl sie zweifellos weltlicher Natur war: einer im Oktober 1984 ausgestellten einstweiligen Verfügung. *Santa Fe Communications* hatte zu diesem Zeitpunkt Johns finanzielle Quellen bedenklich trockengelegt. In etwas weniger als einem Jahr waren mehr als 100 Millionen Dollar aus dem Bestand seiner *De Rance Foundation* verbraucht worden. Da John nun in Geldnöten war, belieh er sein Haus und plünderte die Ausbildungsrücklagen seiner Kinder, bis seine Frau genug hatte. Besorgt über sein Urteilsvermögen, ganz abgesehen von seiner wilden Geldverschwendung, beantragte Erica John beim Gericht eine einstweilige Verfügung, vor allem, um Harry aus dem Vorstand von *De Rance* zu entfernen.

Peter Grace wurde herbeigerufen, um die Vermögenswerte der *Santa Fe Communications* zu liquidieren, darunter ein mahagonigetäfeltes Schnittpult im Wert von 2.500.000 Dollar. Später wurde es dann für lediglich 800.000 Dollar an EWTN verkauft.

Am 23. Oktober dankte Mutter Angelica Gott dafür, dass Er ihr die „Tiefen ihres Elends" offenbart habe. Ihre Erfahrung der „dunklen Nacht" schien zurückgewichen zu sein. Zumindest finden die Tagebucheinträge ein Ende, obwohl ihre Probleme noch lange nicht überwunden waren.

Tage später, am 7. November 1984, traf eine Nachricht der *Grace*-Stiftung ein, mit der das drei Jahre alte Darlehen über 650.000 Dollar einschließlich der Zinsen zurückgefordert wurde. Das Darlehen mit einer Hypothek auf der Satellitenschüssel und der Übertragungsausstattung war eigentlich schon 1983 fällig gewesen. Obwohl Beobachter dies für einen Versuch von Grace hielten, den Sender unter seine Kontrolle zu bringen, bestritt Dick DeGraff, der für Grace arbeitete, eine solche Interpretation.

„Peter sah den Sender schließlich als ein Fass ohne Boden an. Er wusste nicht, wohin das Geld eigentlich ging. Grace hatte Tabellenkalkulationen und Haushaltspläne für Toilettenpapier... und EWTN hatte keinen Finanzplan", sagte DeGraff. „Die Stiftung forderte das Geld ein, weil die Gesetzeslage dazu zwang: Man konnte das Geld nicht abschreiben und gleichzeitig den 501C3-Status beibehalten (eine Möglichkeit, öffentliche Zuwendungen zu erhalten,

Anm. d. Ü.). Peter wollte den Fernsehsender nicht; wir besaßen 168 Gesellschaften, die wir bereits versuchten, am Laufen zu halten."

Berichte weisen darauf hin, dass Grace Mutter Angelica im Jahre 1983 persönlich eine 100.000-Dollar-Spende übergeben hatte, um einen Teil des offenstehenden Darlehens zu tilgen. Wenn er die Kontrolle über den Sender gewollt hätte, würde er wohl kaum eine finanzielle Unterstützung angeboten haben, und es wäre auch merkwürdig, dass er das Darlehen nicht schon ein Jahr früher zurückverlangt hätte, als es offiziell fällig gewesen war. DeGraff und der Klosterchronik zufolge war es der Schatzmeister der *Grace*-Stiftung, der Peter davon überzeugte, dass das Gesetz von EWTN verlangte, das Darlehen zurückzuzahlen. Mutter Angelica warf erneut ihr Netz nach Geldmitteln aus.

Am 9. November flogen Mutter Angelica, Bill Steltemeier und Ginny Dominick nach Florida, um einen im Ruhestand lebenden Rechtsanwalt und seine Frau aufzusuchen. Die Frau war in diesem Jahr zu Einkehrtagen im Kloster gewesen und hatte die Äbtissin gebeten, sich bei ihr zu melden, falls sie jemals etwas brauchen würde. Nun war der Bedarf groß. Bevor Angelica ihr Haus verließ, versprach das Ehepaar, ihr 700.000 Dollar zu überweisen, damit sie das Darlehen bei der *Grace*-Stiftung tilgen konnte.

„In New York waren Peter Graces Mitarbeiter total schockiert, weil hier nun ganz plötzlich ein voll eingezahlter Scheck vorlag", bemerkte Mutter später und schüttelte sich dabei vor Lachen. „Das sind nun mal die Dinge, mein Lieber, die Gottes Vorsehung beweisen. Wir wissen nie, wo der nächste Penny herkommen wird. Das versuche ich, in die Köpfe der Leute hineinzubekommen: Es ist ein Werk Gottes." Mutter Angelica runzelte ihre Stirn, als sie über die Erhaltung ihres Senders nachdachte. „Unser Zeugnis ist die Vorsehung Gottes. Er leitete uns, Er sorgte für uns, Er schützte uns. Niemand kann sagen, diese Nonnen – oder jemand von uns – hätten das schaffen können – wir hätten es aus uns selbst nicht gekonnt. Alles hat sich entwickelt, und es entwickelte sich – solange wir mit Ihm in Kontakt bleiben."

Das Vertrauen in Seine Vorsehung sollte für Mutter Angelica in den späten Achtzigerjahren zu einer ganz persönlichen Prüfung werden und sie in die schlimmsten Tiefen geistlicher Verzweiflung eintauchen.

13. Kapitel

Die Äbtissin im Äther

Ein Werbespot der amerikanischen Fast-Food-Kette *Wendy's*, bei der eine runzlige alte Frau mit Hängebacken mitspielt, die immerzu fragt: „*Where's the beef*?" („Wo ist das Fleisch?"), löste den Trend vermutlich überhaupt erst aus. Innerhalb weniger Monate führten die liebenswerte Angela Lansbury, die in der TV-Serie *Mord ist ihr Hobby* Mörder durch Cabot Cove jagte, sowie ein in Miami lebendes Rentnerinnenquartett, das unter dem Namen *Golden Girls* bekannt wurde, die Einschaltquoten an, und bestätigten, dass eine Veränderung in den Fernsehgewohnheiten stattgefunden hatte. Ende 1984 waren beherzte, spitzzüngige Großmütter in Mode gekommen. Mutter Angelica fand sich in einer guten Position, aus dieser „kulturellen Modeerscheinung der Präsentation älterer Menschen" Kapital zu schlagen.

So, wie sie sich jede Woche auf ihr braunes Sofa fallen ließ, wie sie ihre steifen Beine über den Fußgelenken kreuzte, benahm sich niemand im Fernsehen. Sie hustete, wenn ihr Asthma ihr zu schaffen machte, lutschte Hustenbonbons, setzte explosive Nieser frei, die ihr Tränen aus den Augen trieben, und platzte regelmäßig vor Lachen. Diese ganz bewusst unverblümte Art des Benehmens machte sie bei ihren Zuschauern so beliebt. In all diesen Fauxpas und Unvollkommenheiten erkannten sie sich selbst.

Für viele Menschen wurde Mutter Angelica zu einer Art Ersatzoma, für die Verwirrten und Verletzten zu einer vertrauten Freundin, und die Älteren konnten auf ihren geistlichen Rat und Trost vertrauen. Mehr als jede andere katholische Persönlichkeit im späten 20. Jahrhundert schien sie für die Menschen erreichbar zu sein. Obwohl der Papst von Katholiken jeder Couleur innig geliebt wurde, blieb er doch eine entfernte Ikone der Heiligkeit: Der Heilige Vater, der die Kirche von einem anderen Teil der

Welt aus lenkte, trat in dem täglichen Existenzkampf der Menschen in den Hintergrund. Mutter Teresa, die bereits als „die Heilige der Slums“ angesehen wurde, hatte einen fast mythischen Grad der Heiligkeit erreicht, den nur wenige in den Vororten und Randbezirken nachahmen konnten. Und obwohl die Menschen ihre Bischöfe mit Namen kannten, waren persönliche Begegnungen doch selten. Nur Mutter Angelica hatte Einblick in das Alltagsleben der gläubigen Laien – sie blickte in ihre Wohnzimmer, ihre Schlafzimmer, ihre Küchen. So familiär und vertraut wie eine morgendliche Tasse Tee, tauchte sie plötzlich dann mit einem inspirierten Wort auf, wenn es gerade vonnöten war. Indem sie Menschlichkeit zeigte, sich und ihre eigenen Fehler auf die Schippe nahm, machte sie Heiligkeit zu einer attraktiven und durchaus praktikablen Angelegenheit für die Massen.

Mutter Angelica redete in der Sprache des Volkes, wobei sie einen Jargon benutzte, den man eher bei einem Friseur antraf als in einer Kathedrale.

„Wenn man Jesus in seinem Alltagsleben nahe ist, kann man Ihn auf eine sehr einfache Art erklären, weil man auf den lebendigen Jesus eingestimmt ist, auf das lebendige Evangelium“, erklärte Angelica ihre Vorgehensweise. „Jesus sprach die Sprache des Volkes – die man verstehen konnte; auch die Kinder konnten sie verstehen. Wir in der Kirche sprechen allzu oft nur zu uns selbst.“

Ihr Programm griff Probleme wie Drogensucht, Alkoholismus, Scheidungsschmerz und Einsamkeit auf und strich damit geistlichen Balsam auf die Wunden der einfachen Menschen. Die „Verwundeten und Verletzten“, das waren die Menschen, die zu ihr gehörten. Es waren Menschen wie Rita Rizzo.

Als eine Anruferin Mutter Angelica mitteilte, dass ihr Mann eine andere Frau mit nach Hause gebracht hatte, damit sie bei ihnen wohne, war Angelicas typischer Rat: „Werfen Sie ihn hinaus!“

„Aber das kann ich doch nicht!“, sagte die Anruferin.

„Was können Sie nicht?“

„Sie wissen doch nicht, wo sie hingehen sollen.“

„Ich könnte ihnen schon sagen, wo sie hingehen können“, knurrte Mutter Angelica. „Sie steuern auf die Hölle zu! Schicken Sie sie zum Teufel!“

„Ich kann sie doch nicht verurteilen", wimmerte die Anruferin. „Sind Sie verrückt? Eine andere Frau schläft mit Ihrem Mann unter Ihrem Dach, und Sie können das nicht beurteilen?"

Bei einer anderen Gelegenheit hielt Mutter Angelica ihrem Publikum einen Vortrag darüber, wie man sich anständig kleidet, wobei sie auch nicht die älteren Mitbürger ausnahm: „Niemand sagt Ihnen das, weil alle befürchten, Ihre Gefühle zu verletzen. Aber glauben Sie mir: Bei manchen von euch alten Mädels ist es wirklich besser, etwas mehr zu bedecken! Was immer Sie herzeigen wollen, ist eh nicht mehr vorhanden."

Es gab aber auch ernste Momente. Eine Frau mit multipler Sklerose, von Mann und Kindern verlassen, rief Mutter Angelica eines Abends verzweifelt an. „Ich weiß, was Sie empfinden. Bei meiner Mutter war das auch so", fühlte Angelica mit ihr. „Schieben Sie aber nicht Gott dafür die Schuld zu, was Ihr Mann oder Ihre Kinder getan haben... Sie haben ein schweres Kreuz zu tragen, legen Sie nicht noch das Kreuz der Verbitterung obendrauf. Das passiert nämlich, wenn Sie Ihre Hoffnung aufgeben. Ich möchte, dass Sie dieses Kreuz auf sich nehmen und es Maria übergeben... Sie weiß, was es heißt, verlassen zu sein... Und jetzt werde ich für Sie ein Gebet sprechen."

„Sie war bodenständig und biblisch zugleich", sagte Ben Armstrong von der *Nationalen Vereinigung religiöser Rundfunksender* im Jahre 1985. „Sie ist der Bischof Fulton Sheen dieser Generation, und diese bedarf ihrer Stimme." Die Kabelbranche stimmte dem zu.

Mutter Angelicas freimütige Gespräche mit geistlichem Anspruch zogen die Aufmerksamkeit ihrer Fernsehkollegen auf sich, die 1984 ihre Sendung *Mother Angelica Live* für einen ACE (*Award for Cable Excellence*) nominierten, eine Auszeichnung, die von der Branche für hervorragende Leistungen im Kabelfernsehen verliehen wurde. Mutter Angelicas Programm war das einzige religiöse Programm, das nominiert wurde. Katholische Sender und Sprecher erkannten Angelicas Leistung in gleichem Maße an und verliehen ihr im Dezember 1984 ihre höchste Auszeichnung, den Gabriel-Preis für persönliche Leistungen (*Gabriel Personal Achievement Award*).

Selbst ihre groben Schnitzer erregten noch Aufsehen. Ende 1984 bekam Angelica den *Golden Blooper*-Preis für die besten Pannen von Dick Clark und Ed McMahon verliehen. Bei der Überreichung des Preises in der NBC-Sendung *Bloopers and Practical Jokes* lachte sie laut über ihre eigenen Missgeschicke, die in kurzen Filmausschnitten gezeigt wurden, und freute sich wie verrückt über diese Ehre. Wie ihr Bräutigam ging auch sie dorthin, wo die Menschen sie sehen konnten, und sie wagte sich furchtlos an Orte, wo ein Bischof niemals hingehen würde.

Ihre profane Methode funktionierte. Anfang 1985 wurde EWTN über mehr als 220 Kabelnetze verbreitet und konnte in annähernd zwei Millionen Haushalten gesehen werden. Das *Broadcasting Magazine*, eine Zeitschrift der Fernsehbranche, bezeichnete EWTN als den Fernsehsender mit den größten Zuwachsraten im Land. Dieses Wachstum konnte unmittelbar Mutter Angelica und ihrem guten Draht zu den Menschen zugerechnet werden.

Zunehmende Schmerzen

Am 14. April 1985 versammelten sich zur Einweihung der neuen Studioanlage mehr als vierhundert Menschen vor der Kapelle des Klosters *Unsere Liebe Frau von den Engeln*. Anstelle der mit weißen Tüchern markierten Kiefern stand dort nun ein 600 Quadratmeter großes braunes Backsteingebäude neben dem Kloster. Doch die Vorsehung und ihre eigene Hartnäckigkeit hatten Angelica noch einen weiteren Gefallen erwiesen.

Wohltäter und Freunde schlenderten mit weit aufgerissenen Augen durch die 375.000 Dollar teure Produktionszentrale. Sie besichtigten die Büroräume, das neue Konferenzzimmer, eine Requisitenabteilung und, was am wichtigsten war, das 15 mal 21 Meter große Studio, in dem vier Bühnenbilder gleichzeitig untergebracht werden konnten. Nur wenige Besucher waren sich der Bedeutung dessen bewusst, was sie da sahen. Da man in dem neuen Studio bis zu 50 Prozent seiner Programme selbst erzeugen konnte, brachte dies für EWTN vor allem Unabhängigkeit. Der Sender war nicht mehr so stark auf Fremdmaterial angewiesen.

Mutter Angelica konnte nun die Programme ganz nach ihrem Geschmack gestalten und somit auch die Rechtgläubigkeit des Inhalts sicherstellen. Das war alles andere als unerheblich, wenn man ihr neues Verständnis über die nationale Tragweite des Senders in Betracht zog.

„EWTN ist der Schlüssel, um die römisch-katholische Kirche in Amerika wiederherzustellen", soll der Papst Berichten zufolge zu Kardinal Silvio Oddi bei einem privaten Treffen gesagt haben. Oddi teilte diese Einschätzung Mutter Angelica am 19. Juni 1985 mit, als er den Sender für einen Live-Auftritt besuchte. Ob der Papst hier genau wiedergegeben wurde oder nicht, ist nebensächlich. Jedenfalls beeinflusste diese Aussage Mutter Angelicas Denken damals und inspirierte sie dazu, den Sender einzusetzen, um „den katholischen Glauben der einfachen, der armen und der alten Menschen" zu stärken.

In weniger als einem Jahr überwogen bei EWTN dann doch die eher unverhohlen religiösen Programme. Die *Bill Cosby Show* und die chinesische Kochsendung *Wok with Yan* verschwanden aus dem Programm und wurden von Sendungen wie *Glory to God* („Ehre sei Gott") und *Life in the Holy Spirit* („Leben im Heiligen Geist") ersetzt. Obwohl auf dem Sendeplatz „EWTN-Familientheater" auch einige weltliche Filmklassiker liefen, war der Sender in seiner Ausrichtung explizit katholisch geworden. Angelica führte sogar ein Rosenkranzprogramm ein – gegen die Einwände einiger älterer Mitarbeiter, die glaubten, solche monotonen Wiederholungen würden keinen Anklang finden. Das Programm wurde indes zu einem Zuschauerfavoriten und bestätigte Angelicas Talent, die Wünsche ihres Publikums im Voraus zu erkennen.

Im Sommer 1985 reorganisierte Angelica das Management, um es dem Wachstum des Senders anzupassen. Dazu legte sie die einzelnen Aufgaben zum ersten Mal genau fest. Als leitende Angestellte („VP") wurden für die verschiedenen Abteilungen ernannt: Marynell Ford für Marketing, Dick Stephens für Programmgestaltung, Chris Harrington für Betriebs- und Produktionsleitung, Matt Scalici für Technik und Satellitenanlagenbetrieb und Ginny Dominick als Stellvertreterin der Geschäftsleitung für religiöse Angelegenheiten und Programmentwicklung. Trotz all der scheinbaren Delegierung von Verantwortlichkeiten hatte Mutter Angelica nicht die Absicht, sich zurückzuziehen. In einer Mitteilung an alle ihre Mitarbeiter betonte sie ihre Identifizierung mit dem Sender sowie ihre Rolle als richtungsweisende Kraft: „Die Veränderungen, Umbrüche, Ausrichtungen und Risiken sind vom Herrn auf meine Schultern gelegt worden. Es ist eine einsame Aufgabe zu erkennen, was andere nicht sehen, und daher ist es unbedingt erforderlich, dass jeder Einzelne von euch eng und konstruktiv mit mir zusammenarbeitet, um Seinen Willen durchzuführen. Um Tag für Tag feststellen zu können, wann man ein Risiko auf sich nehmen, wann man stehen bleiben und wann man sich zurückziehen muss, ist Vertrauen in Gott und zueinander notwendig."

Um eine solche Zusammenarbeit zu erleichtern, betrachtete Angelica den Sender als eine Erweiterung ihrer religiösen Gemeinschaft. Jeden Montag hielt sie anhand eines ihrer Minibücher eine Unterrichtsstunde für die Mitarbeiter, streifte durch die Arbeitsbereiche, unterhielt sich gelegentlich mit den Angestellten und pflegte eine Politik der offenen Tür in ihrem Büro, das direkt neben dem Empfangsbereich des Senders gelegen war.

„Sie hatte ein riesiges Glas voll Süßigkeiten, und wir bekamen etwas davon, wenn wir sie besuchten und uns bei ihr aufhielten. Es war damals eine richtige Familie", erinnerte sich Pater Joseph Wolfe. Wolfe kam 1985 zum Sender, als technische Störungen an der Tagesordnung waren. Als er sich eines Abends Mutter Angelicas Sendung in Dubuque in Iowa ansah, verschwand das Programm ohne Vorankündigung von der Mattscheibe. Nachdem längere Zeit nur der schwarze Bildschirm zu sehen war, tauchte Mutter Angelica von Neuem auf, blickte in die Kamera und sagte: „Wie Sie sehen, brauchen wir einen Ingenieur." Wolfe, Ingenieur der Elektromedizin, meldete sich auf den Aufruf und wurde schließlich eingestellt.

„Wir waren immer noch ein Familienbetrieb", erinnerte sich Chris Harrington mit Wehmut. Es war alles überschaubar, und es machte Spaß. Man konnte uns wirklich und wahrhaftig eine Familie nennen.

Die Menschen im Fernsehland USA müssen das ähnlich empfunden haben. Im Jahr 1985 waren die Spenden um mehr als

1.500.000 Dollar höher als die Ausgaben. Und obwohl EWTN eine Schuldenlast von 3.200.000 Dollar abzutragen hatte, wurde das Wachstum davon nicht beeinträchtigt. In weniger als einem Jahr sollte der Sender seine täglichen Ausstrahlungen von vier auf sechs Stunden ausweiten.

Einer Mitteilung aus dem Jahre 1985 zufolge hatte Mutter Angelicas zuverlässigste Mitarbeiterin beim Sender eine Stellenbeschreibung, die ein Maximum an Flexibilität erlaubte. Ginny Dominick „legt[e] die Unternehmenspolitik in Abwesenheit der Vorstandsvorsitzenden oder des Präsidenten fest". Sie sollte sicherstellen, dass der „Geist des Senders in allen Sendereihen und Programmgestaltungen unversehrt" blieb und wurde zum „Problemlöser im Umgang mit politischen und kirchlichen Behörden". Der um Kompetenzen erweiterte Posten ermöglichte es Ginny, im Sender zu arbeiten, ohne immer dort zu sein. Mitte 1985 verbrachte Dominick dann mehr Zeit in New York, um Jim Kelly besser kennenzulernen. Während ihres Sabbatjahrs entwickelte sich zwischen den beiden eine echte Beziehung.

In Birmingham fühlten sich die übrigen leitenden Angestellten von EWTN durch ihre Interpretation der wachsenden Macht Dominicks innerhalb des Unternehmens zu einem Zeitpunkt, als diese sich von den Geschäften des Senders doch offensichtlich gerade löste, zurückgesetzt. Ein leitender Geschäftsführer meinte: „Mutter Angelica war bemüht, Ginny soviel Autorität zu überantworten, wie sie nur konnte", höchstwahrscheinlich, um ihr Vertrauen Dominick gegenüber zu demonstrieren und um ihre Freundschaft zu bewahren. Doch Ginny sah das gar nicht so. Da Dominick nichts von der Mitteilung wusste, die ihre neue Stelle definierte, und da ihr auch niemand davon berichtete, fühlte sie sich beiseitegeschoben.

Die Missverständnisse und widersprüchlichen Signale waren Teil einer heiklen Beziehung, die nur von den Beteiligten selbst wirklich verstanden wurde. Jedenfalls weiß man, dass Mutter Angelica Ginny als klare Nachfolgerin für die Leitung von EWTN im Auge hatte: eine loyale, kompetente und spirituelle Frau, die den Sender in ihrer Abwesenheit zu schützen wusste. Ihr persönliches Verhältnis zueinander erschwerte jetzt die Dinge.

Als Ginnys Seelenführerin betrachtete Mutter Angelica es als ihre Aufgabe, Dominick ihre Meinung über den Mann zu sagen, den sie zu heiraten beabsichtigte. Jim Kelly fand, aus welchem Grund auch immer, nicht Angelicas Zustimmung. Angesichts Mutter Angelicas Hintergrund ist es natürlich fraglich, ob für ihre geliebte Ersatztochter überhaupt ein Mann als gut genug erachtet worden wäre. Diese grundsätzliche Meinungsverschiedenheit über die Eignung von Ginnys Verlobten sollte ihre Freundschaft belasten und letztlich zerbrechen lassen.

„Ginny wollte heiraten und Mutter Angelica wollte absolut nicht, dass Ginny heiratete", sagte Jean Morris über das Verhältnis zwischen den beiden. „Sie dachte, Ginny sei dazu berufen, im Sender zu arbeiten." Doch Ginny hatte sich verliebt.

Trotz Mutter Angelicas Widerstand gab Ginny Dominick im Januar 1986 Jim Kelly das Ja-Wort. Nach der Hochzeit zog Ginny nach New Orleans, doch auf Angelicas Aufforderung hin arbeitete sie weiterhin als Stellvertreterin der Geschäftsleitung und als Vorstandsmitglied bei EWTN. Selbst als das Leben sie an einen anderen Ort führte, versuchte Angelica, an ihrer „Tochter" festzuhalten. Von New Orleans aus schrieb Ginny die monatlichen Rundbriefe für Mutter Angelica und half, das Buch *Mother Angelica's Answers Not Promises* („Mutter Angelicas Antworten – keine Versprechen") für *Harper & Row* zusammenzustellen. Es handelte sich um eine Zusammenfassung von Lebensweisheiten, die aus ihrer Live-Show stammten. Ein Ghostwriter hatte sie bei der Aufnahme zu Papier gebracht, stilistisch überarbeitet und flüssig lesbar ausformuliert. Das Buch wurde von Angelica durchgesehen und erhielt von Ginny den letzten Feinschliff. Diese Publikation aus dem Jahre 1987 erschien mit Mutter Angelicas Widmung: „In Liebe Ginny Dominick Kelly gewidmet, ohne die es nicht abgefasst oder vollendet worden wäre."

Die Freundschaft der beiden Frauen erlebte über die räumliche und zeitliche Entfernung ein Wechselbad des Auf und Ab. Angelica war Taufpatin von Ginnys erstem Kind, und 1990 trat Jim Kelly beim Sender ein, um das System zur Finanzmittelbeschaffung zu modernisieren.

„Sie war der festen Überzeugung, dass ihr Mann der Einzige war, der den Sender zu einem Dauererfolg machen konnte", erzählte mir Mutter Angelica. Etwa sechs Wochen später musste Jim Kelly nach beruflichen Meinungsverschiedenheiten wieder gehen. Und obwohl Ginny Dominick Kelly nicht vor April 1991 vom EWTN-Vorstand zurücktreten sollte, ging sie ebenfalls. Jim Kellys hastiger Weggang vom Sender ließ die Freundschaft zwischen Mutter Angelica und Ginny endgültig in die Brüche gehen, aber betriebsinterne Verstimmungen und enttäuschte Erwartungen trugen ebenfalls mit dazu bei.

Als Folge dieser Trennung rang sich Angelica zu einer persönlichen Entscheidung durch: Nie mehr würde sie sich an einen Menschen emotional binden oder die Entwicklung einer solch tiefen Freundschaft außerhalb der Klostermauern zulassen. Als die Äbtissin 1998 die Seelenführung einer ihrer Mitschwestern übernahm, soll sie geäußert haben:

„Ich habe meine Liebe und Freundschaft Laien geschenkt, nur um festzustellen, dass sie sich gegen mich wandten, wenn ich nicht ihrer Meinung war. Ich habe ihnen vergeben und würde sie herzlich begrüßen, wenn sie mich besuchten, aber ihnen meine Liebe schenken? Ich bin doch kein Punchingball – ich bleibe lieber auf Distanz. Ich bin von denen verletzt worden, die ich am meisten geliebt habe. Schließlich habe ich einen Entschluss gefasst: Es reicht! Jesus bleibt immer treu. Ich habe meinen Jesus, meine Mission, meine Schwestern und meine Arbeit – das genügt mir."

Doch Mutter Angelica wusste, dass es auch zur Erfüllung ihrer Mission gehörte, den Sender einem geistlichen Erben zu übergeben, der alles ohne sie fortsetzen konnte. Bill Steltemeier konnte sich zwar um die geschäftlichen Belange des Senders kümmern, doch sie brauchte einen Nachfolger, um „sicherzustellen, dass der Geist des Senders unversehrt" blieb. Durch Ginnys Weggang war diese Stelle vakant geworden.

Im Oktober 1986 verlor Mutter Angelica noch etwas anderes, was ihr ebenfalls sehr lieb und teuer war: die Nutzungsmöglichkeit des Satelliten und des Transponders. Der Satellitenanbieter lehnte es ab, den EWTN-Vertrag für das Jahr 1987 zu erneuern, und seine Konkurrenten waren nur daran interessiert, 24-Stunden-Kabelprogramme auszustrahlen. Damit EWTN auf Sendung bleiben konnte, blieb Mutter Angelica nur die Wahl, entweder einen weiteren 6-Stunden-Vertrag über einen zweitrangigen Satelliten abzuschließen oder aber EWTNs Ausstrahlungszeit auf vierundzwanzig Stunden täglich auszudehnen und zu *Galaxy III* zu wechseln: Dies war ein neuer Satellit, den nur wenige Kabelnetzbetreiber nutzen konnten (oder wollten). Doch gleich, welche Wahl sie auch immer treffen mochte, EWTN würde – wie Matt Scalici Mutter Angelica aufklärte – „alle seine Geschäftspartner verlieren und wieder bei null anfangen müssen".

Angelica betete um Führung. „Wenn der Herr durch mich handelt, dann ist das immer mit einem Akt des Gottvertrauens verbunden", erklärte sie. „In diesem Gottvertrauen sagt dann die Eingebung Ja oder Nein. Und an diesem Punkt stellt sich dann die Frage: Erkennt man die Vorsehung Gottes?"

Am Morgen des 24. Oktober 1986 versammelte Angelica alle fünfundvierzig Angestellten im Studio und informierte sie über die Möglichkeiten, die sie abwog, warnte sie vor den massiven Schwierigkeiten und klärte sie aber auch über die Vorteile auf, mit denen sie zu rechnen hätten, sollten sie erst einmal die 24-stündige Kabelarena betreten. Danach erwartete sie ihre Antwort. Jeder Angestellte sollte sich für eine Option entscheiden: entweder die sechs Stunden Sendezeit beizubehalten oder aber den Sprung auf vierundzwanzig Stunden täglich zu wagen. Für eine ununterbrochene Ausstrahlung würde man enorme Mengen an Sendungen benötigen, die finanzielle Belastung würde sich verstärken, und eine bereits sehr beanspruchte Belegschaft müsste noch mehr Zeit in die Arbeit investieren. Ein Angestellter nach dem anderen ergriff das Wort und einstimmig ermutigten sie Mutter Angelica, „es zu machen".

„Es war der erbaulichste, wundervollste Tag in unserem Leben, weil wir wussten, dass wir auf null zurückgingen und noch einmal von vorne anfingen." Mutter Angelica wurde rot vor Aufregung, als die Entscheidung, vierundzwanzig Stunden täglich zu senden, vor ihren Augen lebendig wurde. „Ich sagte ihnen, dass sie wahrscheinlich eine Weile ohne Bezahlung arbeiten müssten. Das machte ihnen aber nichts aus; sie fühlten sich herausgefordert, und so haben wir es eben angefangen."

Kurz nachdem EWTN bei *Galaxy III* unterschrieben hatte, kaufte eine Reihe eindrucksvoller Kabelsender Übertragungsrechte bei dem Satelliten ein. Sie stellten den siebentausend Kabelsystemen der USA Empfangsschüsseln zur Verfügung, wodurch sich *Galaxy III* zum beliebtesten Satelliten des Kabelfernsehens verwandelte – er wurde zur Heimstatt von Nickelodeon, C-SPAN und EWTN.

Während der fieberhaften Vorbereitungen zum 24-Stunden-Start des Senders kündigte der Vatikan einen zehntägigen Amerika-Besuch des Papstes für Herbst 1987 an.

„Nun kam also plötzlich das beste Marketinginstrument, das sich ein katholischer Sender nur wünschen konnte, in das Land", erinnerte sich Matt Scalici. „Es war, als sagte Gott: ‚Du bist bereit, bei null anzufangen. Ich werde dir meinen Boten ins Live-Fernsehen schicken.'"

Mutter Angelica legte fest, dass der Sender die komplette Übertragung des Papstbesuches vornahm. Ein populäres Ereignis, mit dem der Auftakt zu ihrem 24-Stunden-Programm gemacht werden konnte, war vom Himmel gefallen, doch das sollte seinen Preis haben. Am Tag nach Weihnachten wurde Mutter Angelica mit Herzschmerzen ins Krankenhaus eingeliefert. Viertägige Untersuchungen ergaben, dass sie ein Magengeschwür hatte, das Komplikationen verursachte, sowie einen Zwerchfellbruch, der gegen ihr vergrößertes Herz drückte. Unbeirrt hielten Mutter Angelica und ihre Schwestern das körperliche Ungemach für eine geistliche Vorbereitung für etwas Gutes, das nahe bevorstand.

Die Gründung neuer Orden

Für eine Frau, die sich der Lehre und Tradition der Vergangenheit so sehr verpflichtet fühlte, verlor Mutter Angelica eigentlich nie die Zukunft aus dem Blick. Da ihr ein Laiennachfolger fehlte und sie entschlossen war, dass ihre kontemplativen Nonnen nicht direkt am Leben des Senders beteiligt sein sollten, rief sie im Mai 1987 zwei aktive religiöse Orden ins Leben. Von ihrem Charisma genährt, sollten diese geistlichen Söhne und Töchter die Mission von EWTN auf ewig wahren und ihre glühende Verehrung für die hl. Eucharistie fortsetzen. „Es ist einfach praktisch", sagte sie über die neuen Orden im Jahre 1987, „das Leben muss weitergehen."

Dabei hatte sie zwei Arten von Gemeinschaften im Sinn: den „Orden des Ewigen Wortes“ (*Order of the Eternal Word*), eine Gemeinschaft von Priestern und Brüdern, und die „Dienerinnen des Ewigen Wortes“ (*Sister Servants of the Eternal Word*), eine aktive Erweiterung ihres kontemplativen Ordens. Gemeinsam sollten sie nach Mutter Angelicas Worten „sicherstellen, dass das Wort Gottes und die Lehren der Kirche durch EWTN getreu verkündet werden“.

Da die Äbtissin eine Oberin für die *Dienerinnen des Ewigen Wortes* suchte, wandte sie sich an Schwester Gabriel Long. Diese willensstarke fünfunddreißigjährige Veteranin des Dominikanerinnenordens hatte den Körperbau eines Hafenarbeiters und einen zum Brüllen komischen Sinn für Humor. Zum ersten Mal begegnete Schwester Gabriel Mutter Angelica während ihrer Amtszeit als Direktorin der Akademie *St. Rose*, einer Dominikanerinnenschule in Birmingham. Nachdem Schwester Gabriel eine weitere Schule geleitet und als Oberin ihrem Orden gedient hatte, brauchte sie eine persönliche Erholungszeit.

„Ihre Mutter Priorin fragte mich, ob sie ein Jahr lang bleiben könnte, um eine Auszeit hier zu verbringen“, sagte Mutter Angelica. „Ich dachte mir, da sie schon hier ist, wäre sie doch die ideale Person, diese Sache zusammen mit mir in die Hand nehmen.“

Gemeinsam und mutig sollten also Mutter Angelica und Schwester Gabriel die *Dienerinnen des Ewigen Wortes* gründen.

Für die Leitung des (Männer-)*Ordens des Ewigen Wortes* fragte die Mutter Angelica bei Pfarrer Donat McDonagh aus Clearwater in Florida an, der gleichzeitig Leiter der *Charismatischen Erneuerung* seiner Diözese war. Der hagere Kirchenrechtler mit dem dynamischen Predigtstil sehnte sich nach einem kontemplativen Leben. Anfang 1987 rückte dieses Leben in den Bereich des Möglichen. Doch von Anfang an gab es auch hier Probleme.

Mutter Angelica wollte, dass der Orden franziskanisch und aktiv ausgerichtet sein solle, während Pfarrer McDonagh sich eher eine monastische Gemeinschaft vorstellte, die sich dem Gebet und der Buße widmete.

„Mike war ein Mensch, der Dinge auf seine Art realisieren wollte, und er hatte eben mehr diese augustinische Ausrichtung“, beschrieb Pater Richard Mataconis, ein späteres Mitglied des Ordens, seinen Oberen.

Mutter Angelica plante, dass ihre religiösen Söhne und Töchter ihre Mission ausweiten sollten: „In diesen beiden neuen Orden werden wir Ingenieure, Drehbuchautoren und Kameraleute haben, eben alles, was wir brauchen, um zu produzieren und in anderen Städten Projekte zu fördern und zu errichten." Doch in einem Interview, das Pfarrer McDonagh etwa zur selben Zeit gab, hörte sich das ganz anders an: „Ich stelle mir nicht vor, dass wir alle hier beim Sender arbeiten werden. Gott wird uns in unterschiedliche Richtungen führen. Ich bin mir sicher, dass wir im Bereich der Massenkommunikation tätig sein werden, aber vielleicht nicht darauf beschränkt."

Trotz der unterschiedlichen Zukunftsvorstellungen nahm Pfarrer McDonagh als Co-Moderator an Mutter Angelicas dreimal wöchentlich stattfindender Live-Sendungen teil. Auch wenn sie über den Charakter des religiösen Ordens verschiedener Meinung waren, so stimmte ihre Chemie doch „auf Sendung", und ihre gemeinsame charismatische Einstellung zum Gebet wurde zu einer Quelle der Einheit.

„Pater Michael (ehemals Pfarrer McDonagh) war sehr charismatisch und überzeugte Mutter Angelica, dass wir diese Gebetsgottesdienste wöchentlich mit den Schwestern feiern sollten", erinnerte sich Pater Joseph Wolfe. „Wir konnten die Türen zur Kapelle schließen und Lobpreismusik machen. Manche der Anwesenden erhielten prophetische Worte. Mutter Angelica und die Schwestern beteten in Zungen."

Während ihre Brüder und Schwestern auf ihren Gitarren spielten oder sangen, gab Mutter Angelica auf einer kleinen Trommel in der Ecke den Takt vor. Hinterher war sie manchmal vom Gebet durch den Heiligen Geist überwältigt und erlebte den „Schlaf der Kräfte", wie sie es bezeichnete. „Sie war dann stundenlang nicht ansprechbar", erinnerte sich Schwester Margaret Mary.

Im Verlauf der Gebetsgottesdienste nahmen die Gemeinschaften gemeinsam ihre Mahlzeiten ein und lachten viel miteinander. „Die Leute fragten mich, ob ich in ein Kloster einträte, und ich sagte ihnen, es sei ein ‚halbes Kloster'", stellte Schwester Mary Agnes, die

1986 dazugekommen war, fest. „Bei uns gab es ja kein Schweigen und keine Mauern; es herrschte ein Geist wie in einer Familie."

Ob es nun an diesem familiären Geist oder am Gebetsleben lag: Alle drei Orden florierten. Bis 1988 gab es neun Mitglieder im *Orden des Ewigen Wortes*, es gab sechs *Dienerinnen des Ewigen Wortes* und fünfzehn Klarissen. Das Fernsehen bot Mutter Angelica eine einzigartige Gelegenheit, noch mehr Berufungen für die Orden zu gewinnen. Doch selbst die großen Werbeaktionen konnten nicht die persönlichen Konflikte und die ungleichen Zukunftsvisionen beseitigen, die ihre beiden neuen Gemeinschaften bedrohten.

Die Schafe beißen den Hirten

In drei gesonderten Briefen versuchte Mutter Angelica, den Papst davon zu überzeugen, bei seiner Amerika-Reise einen Zwischenaufenthalt in Birmingham einzuplanen. Obwohl ein persönlicher Besuch nie Wirklichkeit wurde, sollte Angelica die Pilgerfahrt des Papstes in die Vereinigten Staaten im September 1987 zu einer persönlichen Begegnung für Millionen von Menschen machen. Während des zehntägigen Papstbesuchs tat EWTN das, was zuvor noch kein anderer Sender des Landes jemals versucht hatte: eine vollständige und ungekürzte Live-Berichterstattung der Papstreise vom Aufsetzen bis zum Abheben des Flugzeugs, vom Morgen bis zum Abend.

Mutter Angelica hatte mit der vierundzwanzigstündigen Ausstrahlung der landesweiten Sendungen erst einige Tage begonnen, als das päpstliche Flugzeug am 10. September 1987 die drückende Schwüle durchdrang und in Miami landete. Als sie den Schalter zum Start des 24-Stundenprogramms zu Beginn des Monats betätigte, sagte sie zu den im Regieraum Versammelten: „Und das ist jetzt für immer, bis Gabriel in sein Horn bläst. Und vielleicht schaffen wir es, dass er es vor der Kamera macht." EWTN konnte jetzt ohne Unterbrechung gesehen werden. Das vor Kurzem noch in seinen Kinderschuhen steckende Kabelfernsehen war nunmehr erwachsen geworden.

Da der publizistischen Kommission der Bischöfe Mutter Angelicas neue Reichweite durchaus bewusst war, regte sie an, dass EWTN und die Bischofskonferenz bei der Ausstrahlung der päpstlichen Pilgerreise zusammenarbeiten sollten. Dieses Bemühen war mit einem doppelten Zweck verbunden: Es sollte im Fernsehen eine einheitliche katholische Präsenz gezeigt und gleichzeitig der mit Problemen belastete bischöfliche Fernsehsender CTNA (*Catholic Telecommunications Network of America*) gestärkt werden. Als Anreiz boten die Bischöfe an, den Großteil der Produktionskosten, die mit dem Papstbesuch verbunden waren, zu übernehmen. Mutter Angelica sollte lediglich ihre vierundzwanzigstündige Satellitensendezeit zur Verfügung stellen und nur die Hälfte der eventuell anfallenden Zusatzausgaben tragen. Die Partnerschaft würde CTNA zum ersten Mal seit seinem Bestehen auf die Landkarte des Kabelfernsehens bringen. Die Zuschauer könnten endlich landesweit sehen, dass die Bischöfe tatsächlich einen Fernsehbetrieb vorzuweisen hatten. Und für Angelicas Sender bedeutete die Gemeinschaftsübertragung eine große öffentliche Aufmerksamkeit, die EWTN bei der Kabelbranche Glaubwürdigkeit verschaffte.

Um die Kosten in Grenzen zu halten, wurde das Aufnahmeteam von WRAL, einer Tochtergesellschaft von CBS in Raleigh in North-Carolina, bereitgestellt. Pfarrer Bob Bonnot, Präsident und Geschäftsführer von CTNA, und Mutter Angelica sollten die Übertragungen moderieren, wobei sie den Papstbesuch ausführlich kommentieren sollten. „Ich bin noch nie eine Moderatorin gewesen. Ich hoffe, dass ich nicht ständig an meiner Kleidung herumnesteln werde“, sagte Mutter Angelica einem Journalisten vor Übertragungsbeginn. „Aber es wird schon Spaß machen. Ich habe jedenfalls vor, eine umgängliche Moderatorin zu sein. Ich glaube, die meisten Fernsehsprecher sind zu ernst und zu anspruchsvoll.“

Mit enormer weltlicher Geschäftigkeit und starker Werbung durch die Bischofskonferenz wurde das EWTN-Signal von etwa siebenhundert Kabelnetzen in vierundvierzig US-Staaten eingespeist und erreichte damit 20 Millionen Haushalte. „Plötzlich gab es viel Interesse für unser Programm“, sagte Matt Scalici. „Die Kabelnetzbetreiber ermöglichten es, unsere Zuschauerzahl in einer Woche von 10 Millionen auf 20 Millionen zu steigern.“

Bevor Papst Johannes Paul II. die Behaglichkeit seines Alitalia-Jets – *Shepherd One* – verließ, um die vor Hitze knisternde Rollbahn zum Dank zu küssen, die ihn verehrende Menge auf dem Flughafen von Miami zu segnen und Präsident Reagan zu begrüßen, bereitete er sich auf die schwere Aufgabe vor, die vor ihm lag. Auf seiner zweiten Pilgerreise nach Amerika musste der Universalhirte eine widerspenstige Herde zurückführen. Eine wachsende Minderheit lautstarker katholischer Stimmen setzte sich für eine demokratischere Kirche ein, die von verbindlichen Glaubenslehren und einer Autorität befreit werden sollte, die sie für restriktiv hielt.

Das Jahr zuvor war für die Kirche in Amerika schwierig gewesen. In Seattle, im Bundesstaat Washington, widersetzte sich Erzbischof Raymond G. Hunthausen öffentlich der Disziplin und der Praxis der Kirche. Den Beschwerden der Gläubigen zufolge beauftragte er Ex-Priester mit Gemeindearbeit, gestattete einer landesweiten Organisation katholischer Homosexueller, seine Kathedrale für ihre Messfeier zu nutzen, genehmigte unerlaubterweise Nicht-Katholiken den Empfang der Kommunion und wählte die Kandidaten für das Priesterseminar unbedacht aus. Nach einer Überprüfung unternahm der Heilige Stuhl den außergewöhnlichen Schritt, den Erzbischof seiner Schlüsselpositionen zu entbinden und Bischof Donald Wuerl zu beauftragen, Teile der Erzdiözese zu leiten. Der verärgerte Erzbischof nannte diese Regelung in der Presse „undurchführbar“. In den folgenden Monaten prangerten der *National Catholic Reporter* und andere Medien die „Unterdrückung“ Hunthausens durch Rom an, wobei sie argumentierten, dass dies gegen die Kollegialität des Zweiten Vatikanischen Konzils verstoße, und schließlich wurde der Erzbischof wieder eingesetzt.

An der Katholischen Universität in Washington D.C. unterschieden sich Charles Currans abweichende Ansichten zur Sexualmoral nur wenig von denen der meisten etablierten Theologen in den späten Achtzigerjahren. Doch Curran war Moraltheologe an der einzigen Päpstlichen Universität in den Vereinigten Staaten, und so zogen seine provozierenden Lehren bald die Aufmerksamkeit der römischen Behörden auf sich. Curran vertrat die Ansicht, dass „künstliche Empfängnisverhütung, Scheidung, Sterilisation, vorehelicher Geschlechtsverkehr, Homosexualität, Selbstbefriedigung und Abtreibung" – alles Praktiken, die nach traditioneller katholischer Lehre streng verboten sind – unter bestimmten Bedingungen als moralisch akzeptabel betrachtet werden könnten. Die vatikanische Kongregation für die Glaubenslehre war damit nicht einverstanden und verbot Curran am 18. August 1986 endgültig, in einer katholischen Einrichtung zu lehren. Als Grund führte sie seine abweichende Haltung zum kirchlichen Lehramt an. Siebenhundertundfünfzig Theologen und neun ehemalige Präsidenten der *Katholischen Theologischen Vereinigung* stellten sich an die Seite des aufsässigen Theologen.

Die Presse schilderte – unter Einsatz aller politischen Rhetorik – die Fälle von Hunthausen und Curran als tobende Schlachten zwischen „Progressiven" und „Konservativen", wobei der Papst die Rolle des bösen Konservativen spielte und sämtliche gegnerischen Parteien als freiheitsliebende Progressive beschrieben wurden.

Im Jahr 1987 war es schon zur Routine geworden, die Autorität Roms herauszufordern, und Abweichlertum war gang und gäbe. Als Papst Johannes Paul II. seine Rundreise in Amerika begann und sich innerhalb seiner amerikanischen Herde bewegte, hatten einige seiner Schafe bereits scharfe Zähne bekommen, und sie waren nicht abgeneigt zuzubeißen, falls dies notwendig werden sollte.

Die stickige Luft Miamis umgab den Papst, als er am ersten Tag seines Besuches die St. Martha-Kirche betrat, um sich mit den amerikanischen Priestern zu treffen. Bei dieser Versammlung fand eines von mehreren strukturierten Gesprächen mit dem Papst statt, das den Vertretern der Priester die Möglichkeit bot, ihm die Anliegen einer bestimmten Kirchengruppe mitzuteilen.

Pfarrer Frank McNulty, ein Priester der Erzdiözese Newark in New Jersey, wurde von der Bischofskonferenz dazu bestimmt, sich im Namen der amerikanischen Priester an den Papst zu wenden. McNulty sprach sofort „das Problem mit dem Zölibat" an. „Sein Wert ist gesunken und sinkt in den Köpfen vieler Menschen immer weiter", sagte der Priester. „Das ist uns ein wichtiges Anliegen, weil es für die Kirche ernste Folgen hat."

Der Papst, der sich die Worte von McNulty die ganze Zeit über regungslos angehört hatte, leitete nun seine Antwort spontan mit den Worten ein: „Ich erinnere mich an ein Lied", sagte der Papst trocken. „Es ist ein langer Weg nach Tipperary." Übertragen heißt das: Machen Sie sich keine Hoffnungen! In seinen programmgemäßen weiteren Ausführungen bekräftigte der Papst den priesterlichen Zölibat erneut und bat um Gebete für Priesterberufungen.

Mutter Angelica war erschüttert darüber, was sich hier abspielte, und wahrscheinlich war sie auch peinlich berührt. Immerhin war es ja ihr Sender, der diese öffentliche Infragestellung der Autorität des Papstes übertrug. Sie hatte sich nicht um die Übertragung bemüht, um ihren Zuschauern Meinungsverschiedenheiten zu präsentieren und bei ihnen Zweifel zu säen. Wann immer sich daher die Gelegenheit bot, sorgte sie auf ihre Art für einen Ausgleich in Form eines freundlichen rechtgläubigen Kommentars.

„Ich denke, Mutter Angelica hatte ihren eigenen Blickwinkel, den sie geltend machte", sagte Pfarrer Bonnot über Mutter Angelicas Mitwirkung bei der Übertragung. Doch seine lebhafteste Erinnerung, die für den Priester „symptomatisch für die gesamte Situation" war, betraf den Besuch des Papstes in Phoenix am 14. September. Es war das Fest Kreuzerhöhung, und der Papst verehrte dort ein riesiges Kreuz. Mutter Angelica legte los und kommentierte, wie unangemessen es doch sei, dass es ein bloßes Kreuz und kein Kruzifix war. Sie sagte: ‚Ich möchte meinen Jesus an diesem Kreuz sehen.' Und sie nahm das Kruzifix in die Hand, das sie um ihren Hals trug, und küsste es. Damals war das schlechte Theologie, und es ist auch heute noch schlechte Theologie", sagte Bonnot über Mutter Angelicas Kommentare. „Manche der Spannungen und Konflikte, die nun folgten, ergaben sich aus Mutter Angelicas Einstellung. Sie meinte, sie könne ihrer Kritik auch gegenüber Ereignissen innerhalb der Kirche freien Lauf lassen, sogar hinsichtlich der Verehrung eines Kreuzes."

Doch für Angelica stellte das nackte Kreuz das Opfer ihres Bräutigams nicht dar. Sie meinte, wenn man den Leib Christi wegließe, schiene es, als ob die zur Verehrung Versammelten eher ein Folterinstrument verehrten als das konkrete Kreuz und Opfer Christi. Doch ein solcher Verstoß mutete noch unbedeutend an im Vergleich zu den Ereignissen, die sich zwei Tage später in Los Angeles abspielen sollten.

Nach einem anstrengenden Tagesablauf, der ihn nach Miami, New Orleans, San Antonio und Phoenix geführt hatte, traf der Papst am Mittwoch, dem 16. September, in der „Stadt der Engel" (Los Angeles) zu einem Treffen mit den Bischöfen hinter verschlossenen Türen ein. Der wachsende Widerspruch, der dem Papst auf seiner gesamten amerikanischen Reise vereinzelt entgegenschlug, sollte in Los Angeles seinen Höhepunkt erreichen.

Statt jedem Bischof die Möglichkeit einzuräumen, persönlich mit dem Papst zu sprechen, wählte die Bischofskonferenz vier Vertreter aus, die für sämtliche Hirten sprechen sollten. Dieser „Dialog" sollte, wie alle vorigen, ganz unter der Kontrolle der Bischofskonferenz ablaufen und vorhersehbare Ergebnisse erbringen. Die vier ernannten Bischöfe bildeten die progressive Vorhut der Kirche in Amerika. Sie würden dem Papst eine geschickte Standpauke über eine Menge progressiver Lieblingsthemen halten.

Kardinal Joseph Bernadin von Chicago, einer der einflussreichsten und mächtigsten Bischöfe in der Konferenz, sprach als Erster und behandelte die Beziehung zwischen Welt- und Ortskirche. „Wir leben in einer offenen Gesellschaft, in der jeder die Freiheit schätzt, seine Meinung äußern zu dürfen", sagte der Kardinal auf seine besänftigende Art. „Viele Menschen neigen dazu, Dinge zu hinterfragen, besonders solche, die für sie so wichtig wie die Religion sind." Er warnte den Papst davor, dass Amerikaner „fast instinktiv negativ reagieren, wenn man ihnen sagt, dass sie etwas Bestimmtes machen müssten". Bernadin war jedoch erst das Vorspiel für das, was noch kommen sollte.

Erzbischof John Quinn von San Francisco gab dem Papst zu bedenken, dass die traditionelle Morallehre in der modernen Zeit nichts bewirken könne. Er sagte ihm: „Wir können unsere Aufgabe nicht erfüllen, indem wir einfach nur unkritisch Lösungen anbieten, die in den vergangenen Epochen für Probleme konzipiert wurden, die sich entweder grundlegend geändert haben oder in der Vergangenheit gar nicht existierten."

Als Nächstes kam der *capo di capi* der Progressiven, ein Mann, der in vatikanischen Kreisen als Rebell betrachtet wurde, an die Reihe. Der Benediktiner und Erzbischof von Milwaukee, Rembert Weakland, ein auf dem Juilliard-Konservatorium ausgebildeter Musiker, erhob sich, um sich an den Papst zu wenden. Einige Jahre zuvor hatte Weakland eine „unangemessene Beziehung" zu einem anderen Mann beendet, eine Liaison, die bereits 1977 begonnen hatte. Gerüchte über diese Romanze, handgeschriebene Briefe sowie eine Zahlung von 450.000 Dollar Schweigegeld seitens der Erzdiözese, trieben den Erzbischof im Jahr 2002 schimpflich aus seinem Amt. Doch als Weakland 1987 dem Papst gegenüberstand, war dieses Verhältnis noch ein Geheimnis.

„Die Gläubigen" würden dank ihrer Bildung, ihres Wohlstandes und anderer Faktoren die Lehre der Kirche nicht länger „allein aufgrund ihrer Autorität" akzeptieren, drohte Weakland. „Ein autoritärer Stil ist kontraproduktiv, und eine solche Autorität wird dann meistens ignoriert." Dieser eindeutige Schuss in Richtung der vatikanischen Kirchenführung war vielleicht auch ein Seitenhieb auf die Hunthausen-Affäre.

Dann brachte Weakland die Sprache auf die Frauenordination. „Frauen", führte Weakland aus, „möchten gerne gleichberechtigte Partnerinnen sein, wenn sie an der Mission der Kirche teilhaben... das lehrt und zeigt ja auch das Beispiel der gemeinsamen Jüngerschaft beider Geschlechter als Werkzeuge für das Reich Gottes. Sie suchen nach einer Kirche, in der die Talente der Frauen gleichermaßen akzeptiert und gewürdigt werden ... in der das Weibliche nicht mehr untergeordnet ist, sondern zusammen mit dem Männlichen in einer ganzheitlichen Gegenseitigkeit gesehen wird, die so erst das vollständige Bild des Göttlichen abbildet."

Zum Schluss zog der Vizepräsident der Bischofskonferenz, Erzbischof Daniel Pilarczyk, noch eine düstere Bilanz hinsichtlich der Priester- und Ordensberufungen. Er behauptete, dass die Kirche soeben eine „Ausweitung des Begriffs der kirchlichen Berufung und des geistlichen Amtes" erlebe. Durch „Teilhabe und Mitarbeit" könnten Laien die Lücken auffüllen, die durch fehlende Kleriker entstanden waren, schien er sagen zu wollen. Doch die Laien waren gerade dabei, ihre eigenen Vorstellungen darüber zu entwickeln, wie sie nach ihrer Auffassung ein Teil der Kirche sein könnten: „Wir sind in zunehmendem Maße eine katholische Gemeinschaft, die begreift, dass eine äußerliche Beobachtung von Regeln und Riten, so wichtig sie auch sein mögen, nicht ausreicht“, folgerte Pilarczyk.

„Es war einfach unerhört, den Heiligen Vater dermaßen herauszufordern und anzugehen“, sagte Kardinal J. Francis Stafford, ein Teilnehmer dieser Veranstaltung in Los Angeles. „Man verließ diese Treffen mit großer innerer Leere, weil die Spannungen, die in den Jahren zuvor bereits entstanden waren, in diesem Moment verstärkt wurden.“

Mutter Angelica war aufgebracht, vor allem wegen der verhüllten Forderung nach einer Frauenordination. „Frauen als Priester, das ist doch bloß ein Machtspiel, das ist lächerlich“, sagte Angelica am Tag nach der Zusammenkunft in Los Angeles. „Frauen haben in der Kirche schon mehr Macht als jeder andere. Sie bauen und leiten Schulen. Gott hat Männer als Priester ausersehen, und wir können es uns nicht erlauben, Gott seine Hoheitsrechte abzuerkennen.“

Trotz der ganzen Kontroverse war die EWTN/CTNA-Übertragung der Papstreise ein durchschlagender Erfolg. Die Boulevardzeitung *USA Today* titelte: „Berichterstattung der Nonne übertrifft die weltlichen Sender.“ Nach dem Papstbesuch gewann EWTN zwölf weitere Kabelnetzbetreiber hinzu, und trotz der Bedenken, die man bei CTNA gegen Mutter Angelicas Kommentare hatte, schwärmte man schon von einer künftigen Zusammenarbeit. Der Programmdirektor von CTNA, Pfarrer Gerald Burr, sagte gegenüber dem *Katholischen Nachrichtendienst*, dass CTNA und ETWN es aufgrund der bewährten Zusammenarbeit „gar nicht nötig“ hätten, „miteinander zu konkurrieren“, und dass die beiden Sender bereits über eine gemeinsame Berichterstattung anlässlich der jährlichen Bischofskonferenz, die für November geplant war, verhandelten. Doch Mutter Angelica war sich da gar nicht so sicher. Wenn reformorientierte Bischöfe sich schon frei fühlten, im Angesicht des Papstes dreist die Lehre der Kirche infrage zu stellen, was mochten sie dann erst vor ihren Live-Kameras tun?

Mit den Bischöfen tanzen

Die zu dieser Zeit in der Kirche sichtbare ideologische Spaltung sowie die Reaktionen auf die Autorität des Vatikans wurden in gewisser Weise durch die Rivalität zwischen EWTN und CTNA verkörpert. Beide Sender wetteiferten darum, ihre eigene Sicht der künftigen Kirche durchzusetzen. Während CTNA in seinen Sendungen allgemeine jüdisch-christliche Kost anbot, sich offen für neue, sich ständig verändernde Realitäten zeigte, bot EWTN seinen Zuschauern traditionelle katholische Spiritualität und bewährte Andachtsformen.

„Ich möchte weder konservativ noch liberal sein. Ich möchte einfach nur katholisch sein", sagte Mutter Angelica über die Programmgestaltung und ihren Schwerpunkt. „Wenn das jetzt die Liberalen ärgert, na gut. Wenn es die Ultrakonservativen ärgert, auch gut. Ich kann mich von ihnen nicht beeinflussen lassen. Ich möchte wissen, was die Kirche lehrt."

Viele der befragten Bischöfe gaben der allzu offenen Programmgestaltung bei CTNA die Schuld für den Misserfolg und dem letztendlichen Scheitern des Senders. Bereits im Jahr 1983 begannen Katholiken in Rhode Island und anderswo, gegen die Sendungen von CTNA zu protestieren, weil sie überzeugt waren, dass man dort eine „Mischung von Modernismus und liberaler Politik" präsentierte, die ihren Glauben verletze. Die Sendung *Spiritualität in den Achtzigern*, eine Interview-Reihe mit abweichlerischen Theologen wie Hans Küng, Edward Schillebeecks und anderen, die ihre „Glaubenserfahrung" erläuterten, wurde dabei namentlich erwähnt. Im Laufe der Zeit verloren sogar die begeisterten Kunden ihren Glauben an CTNA. Ein Bischof, der anonym bleiben wollte, sagte: „Das konnte man nicht mehr anschauen. Sie brachten Material, wie man Zeremonienmeister ausbildet! Der Sender war randvoll mit einer liberalen Agenda. Die Bürokraten leiteten diesen Sender, nicht die Bischofskonferenz."

Befremdliche Programme und schwindendes Interesse brachten CTNA an den Rand des Konkurses. Lediglich 100 der mehr als 180 Diözesen waren Kunden des Senders. Manche Leiter der Öffentlichkeitsarbeit, wie beispielsweise in Delaware, lehnten

CTNA öffentlich als eine „Katastrophe“ ab, oder führten den Sender auch als ein „Beispiel, wie die Kirche gutes Geld für schlechte Dinge ausgibt“, an. In der katholischen Presse wurde der Sender „der große weiße Elefant der Bischöfe“ genannt.

Um ihn vor dem Untergang zu retten, zogen Pfarrer Bonnot und andere Vertreter bei der Bischofskonferenz ernsthaft eine Anfrage bei TCI, dem landesgrößten Kabelnetzbetreiber, in Betracht, Teil eines neuen interreligiösen Senders zu werden. Das *Vision Interfaith Satellite Network* (VISN) sollte der religiöse Programm-Supermarkt werden, der alles in einem Sender bündelte. Protestanten der „Mainline-Kirche“ (im Gegensatz zu konservativen und evangelikalen Strömungen, Anm. d. Ü.), Juden, Muslime und – wie man hoffte – auch Katholiken, sollten dort ein Gemisch an religiösen Inhalten senden, frei von Meinungsverschiedenheiten in Lehrfragen und Spendenaufrufen. Die Programmgestaltung von CTNA schien den Anforderungen zu entsprechen. Wenn VISN an den Start gegangen wäre, hätte CTNA einen Grund gehabt, sein verlängertes Weiterbestehen zu rechtfertigen, und außerdem eine Möglichkeit, Kabelfernseh-Zuschauer zu erreichen, ohne den Umweg über Mutter Angelica nehmen zu müssen. Dick Hirsh, Sekretär für Öffentlichkeitsarbeit bei der Bischofskonferenz, wurde in den Vorstand von VISN berufen, um bei der Gestaltung des Senders mitzuwirken, doch eine offizielle Mitarbeit hätte die Zustimmung sämtlicher Bischöfe erfordert.

Mutter Angelica widersetzte sich VISN von Anfang an. Bei einem Treffen katholischer Sprecher in Tampa in Florida im November 1987 warnte sie davor, dass eine Beteiligung bei VISN zu einer „verwässerten“ katholischen Lehre führen und gleichzeitig das katholische Programmangebot im Kabelfernsehen einschränken würde. Mutter Angelica, Pfarrer John Catoir von der katholischen *Christophers*-Gemeinschaft und andere befürchteten, dass die Kabelnetzbetreiber – wenn sie erst einmal VISN aufgenommen hätten – ihre Verpflichtungen für die Ausstrahlung religiöser Sendungen als erfüllt ansehen und mit der Entfernung einzelner religiöser Sender aus ihrem Angebot beginnen würden.

„Wenn es eine starke katholische Beteiligung bei VISN gegeben hätte, wäre es für EWTN klar gewesen, dass die Kabelbranche VISN sehr stark unterstützt hätte, und die Wunschvorstellung von EWTN, unabhängig zu sein und den Sender in vollem Umfang betreiben zu können, wäre nicht mehr realisierbar gewesen“, bemerkte Pfarrer Bob Bonnot.

Pfarrer Bonnot und Mutter Angelica waren aber nicht nur hinsichtlich VISN unterschiedlicher Meinung. EWTN teilte CTNA noch Mitte November mit, dass man sich nicht an einer gemeinsamen Berichterstattung über die Bischofskonferenz in Washington beteiligen würde, wie es vorher abgesprochen war. EWTN würde seine eigene Berichterstattung auf die Beine stellen, einschließlich rechtgläubiger Kommentare, um die Fernsehzuschauer im Zuge der Übertragung mit lehramtlichen Aussagen vertraut zu machen. Es sollte also keine Wiederholung der Erfahrung mit dem Papstbesuch geben: Abtrünnige Bischöfe und Theologen waren bei Angelicas Sender nicht willkommen. Doch CTNA benötigte die Gemeinschaftsproduktion, um sein Profil bei der Kabelbranche zu schärfen, und meinte, vielleicht sei ja ein Kompromiss möglich.

Am Nachmittag des 10. November 1987 klingelte das Telefon im Flur des Klosters *Unsere Liebe Frau von den Engeln*, als Mutter Angelica und ihre Schwestern gerade ihr Mittagessen im Refektorium beendet hatten. „Pfarrer Bob Bonnot ist am Telefon, Mutter Angelica“, informierte sie eine der Schwestern. Angelica lief auf den Flur, zog die Falttür zu, damit sie ungestört war, und hob den Hörer ab. Soweit sie sich erinnern konnte, drängte Pfarrer Bonnot sie während des Anrufs zu einer gemeinsamen Berichterstattung. Außerdem versuchte er sie davon zu überzeugen, Interviews mit allen möglichen Bischöfen auszustrahlen, unabhängig von deren persönlichem Standpunkt, einfach aus Respekt vor ihrem kirchlichen Lehramt.

Obwohl sich Pfarrer Bonnot nicht mehr an den genauen Ablauf des Gesprächs erinnern konnte, erzählte er mir: „Wenn sie auch der Auffassung war, dass man wählerisch sein müsse, welche Bischöfen man zu Wort kommen lassen sollte, so bin ich mir doch ziemlich sicher, dass unsere Haltung und Strategie in dieser Hinsicht lautete: Wir betrachten die Bischöfe als Amtsträger, denen die Leitung der Kirche anvertraut ist, und daher sollte prinzipiell kein Bischof ausgeschlossen werden.“

Im Verlauf des Telefonats wurde Mutter Angelica, den Angaben ihrer Schwestern zufolge, „immer lauter“. Eine nach der anderen liefen die Nonnen auf den Flur und verfolgten das Gespräch, als ob sie auf die letzte überraschende Wendung bei einem Hörspiel warteten. Obwohl die Äbtissin das Amt der Bischöfe respektierte, konnte sie es doch nicht mit ihrem Gewissen vereinbaren, ihren Sender Personen oder Ansichten zu überlassen, die im Gegensatz zum kirchlichen Lehramt standen –, ob es sich nun um Bischöfe handelte oder nicht.

„Wer sind Sie überhaupt, dass Sie meinen, darüber entscheiden zu können, welche Bischöfe ausgestrahlt werden sollen?“, fragte Pfarrer Bonnot.

„Zufälligerweise gehört mir der Sender“, antwortete Angelica kurz angebunden.

„Na gut, aber Sie werden ja nicht immer da sein.“

„Ich werd‘ das verflixte Ding in die Luft jagen, bevor Sie es in die Hände kriegen“, schrie Angelica, als ob sie es mit einem Tauben zu tun hätte. „Ich habe mich für die Orientierung am kirchlichen Lehramt entschieden; treffen Sie Ihre Wahl!“ Und zur Freude ihrer Nonnen knallte sie den Hörer auf die Gabel und beendete damit das Gespräch.

Zwei Tage später brachte Pfarrer Bonnot in einem Brief an Mutter Angelica erneut seine Bitte um Mitbeteiligung vor und wiederholte seinen Einspruch gegen die Zensierung von Bischöfen. Um ihren Standpunkt zu rechtfertigen, schrieb Mutter Angelica am 16. November an den Nuntius. Nachdem sie noch einmal von dem hitzigen Telefongespräch berichtete, teilte sie dem Vertreter des Heiligen Stuhles mit, dass es nach Pfarrer Bonnots „Vorstellungen über das Fernsehen jedem erlaubt sein soll, seine eigene Meinung über Glauben, Moral, Lehren und Dogmen zu äußern… Unser Heiliger Vater hat die Wahrheiten, nach denen wir zu leben haben, beschrieben, und ein Abweichen in diesen Fragestellungen ist im landesweiten Fernsehen nicht angebracht“. Die Klosterchronik vermerkte später: „Rom wusste, wie sich Mutter Angelica verhielt und war damit einverstanden.“

So berichteten also CTNA und EWTN in diesem ereignisreichen Jahr 1987 getrennt und voneinander unabhängig von der Tagung der Bischofskonferenz im November.

Vor Jahresschluss kreuzten die normalerweise um Unauffälligkeit bemühten feindlichen Lager innerhalb der Bischofskonferenz diesmal die Klingen in aller Öffentlichkeit. Im Dezember gab der Verwaltungsausschuss der Konferenz ohne die Zustimmung aller Bischöfe ein dreißigseitiges Grundsatzdokument über AIDS heraus. Von Kardinal Bernardin und drei weiteren Bischöfen entworfen, erwähnte die Erklärung zwar auch die kirchliche Sexuallehre, besagte jedoch, dass mit Rücksicht auf die „pluralistische Gesellschaft" der USA eine Anleitung zum richtigen Kondomgebrauch als Maßnahme zur Vermeidung dieser gefürchteten Krankheit durchaus erlaubt sein könne. „Erzieherische Bemühungen können – wenn sie in einem breiteren moralischen Rahmen verankert sind, wie oben umrissen – präzise Informationen über prophylaktische Maßnahmen enthalten", hieß es in der Erklärung. Das Dokument legte eine radikale Aufhebung der kirchlichen Lehre und eine stillschweigende Zustimmung zum Kondomgebrauch nahe.

Doch bald schon prangerten viele Bischöfe überall in den Vereinigten Staaten das Dokument an, forderten eine nochmalige Überprüfung seiner Inhalte und untersagten seine Umsetzung in ihren jeweiligen Diözesen. Hier konnte man die autorisierten Vertreter der katholischen Lehre doch noch finden, die in aller Öffentlichkeit für die Morallehre eintraten.

„Wir hatten für die Kirche keine einheitliche Vision", schilderte mir ein hochrangiger amerikanischer Kirchenmann die späten Achtzigerjahre. „Es gab Meinungsverschiedenheiten innerhalb der Führung der Bischofskonferenz und zwischen dem Heiligen Stuhl und den Bischöfen. Die Kirche in Amerika war hinsichtlich ihrer Lehre gespalten."

In diesem moralischen Nebel begann Mutter Angelica, in ihrem Sender einen Leuchtturm theologischer Klarheit zu sehen, einen sicheren Hafen für den Durchschnittskatholiken. Nur Menschen, die an Gewissensfragen und der Lehre der Kirche interessiert waren, würden ihre Sendungen ansehen. „Unsere Aufgabe ist es, die Wahrheit so darzustellen, wie sie die katholische Kirche jedem zugänglich macht, der danach verlangt", sagte Mutter Angelica. „Dann können sich die Zuschauer selbst eine Meinung bilden. Ich richte sie nicht; ich kritisiere sie nicht. Ich sage ihnen nur: Hier ist die Wahrheit.“ Für Mutter Angelica war die Richtschnur das Lehramt der katholischen Kirche.

Am 5. Mai versammelten sich die Bischöfe in Atlanta, um über eine zukünftige Zusammenarbeit mit EWTN zu beraten. Sie waren über die Kompromisslosigkeit von Mutter Angelica verärgert. Als das Gespräch darauf kam, eine offizielle Beziehung zwischen EWTN und den Bischöfen herzustellen, gab Mutter Angelica ihre Konditionen bekannt.

„Sie war eine hartnäckige Verhandlungspartnerin“, erinnerte sich Kardinal Edmund Szoka, der Vizepräsident des CTNA. „Sie sagte tatsächlich, sie würde das Programm in Bezug auf jene Inhalte hin durchsehen und zensieren, die nicht mit dem kirchlichen Lehramt im Einklang stünden. Das laste ich ihr nicht an. Es gab einige Bischöfe, die ich ebenfalls nicht in meinen Sendungen haben wollte. Doch sie war im Unrecht, wenn sie sich zum alleinigen Schiedsrichter der Rechtgläubigkeit machte.“

Bischof Robert Lynch, der damals beisitzender Generalsekretär der Bischofskonferenz war, berichtete von einem Schlagabtausch zwischen Kardinal Szoka und Mutter Angelica, der für „die ziemlich angespannte Atmosphäre des Treffens“ bezeichnend war. Angeblich fragte der Kardinal: „Gibt es denn gute und schlechte Bischöfe?“

„Ja“, entgegnete Angelica.

„So wie mein Weihbischof (der äußerst progressiv eingestellte Bischof Gumbleton von Detroit)?“

„Ja, das ist ein gutes Beispiel“, antwortete Mutter Angelica erheitert. „Solche Bischöfe möchte ich nicht in meinem Sender haben.“

Diese Grundhaltung spiegelte sich denn auch in ihrem letzten Angebot wider, das sie den Bischöfen im Frühling 1988 unterbreitete. Es verpflichtete EWTN, das Programm der Bischofskonferenz mehrere Stunden täglich gebührenfrei auszustrahlen. Jede Sendung mit einem Bischof vor der Kamera sollte bedingungslos ausgestrahlt werden. Alle anderen Programme sollten allerdings dem Ermessen von EWTN unterliegen. Um die Position im Kabelfernsehen zu behaupten und die Möglichkeit auszuschließen, dass die Bischöfe sich dem interreligiösen Sender VISN anschlossen, bestanden Bill Steltemeier und Mutter Angelica auf einem Exklusiv-Vertrag. Falls die Bischöfe dieses Abkommen akzeptierten, wäre es der Bischofskonferenz untersagt, ihre Programme bei anderen Sendern unterzubringen. Sogar abgelehnte Programme könnten nicht von einem anderen Abnehmer ausgestrahlt werden.

Die Bischöfe hatten also eine Entscheidung zu fällen: entweder ein Bündnis mit der kompromisslosen Schwester einzugehen oder sich einem interreligiösen Sender anzuschließen, der EWTN möglicherweise vernichten konnte. Die entscheidende Kraftprobe begann am Freitag, 24. Juni, dem ersten Tag der Frühjahrsversammlung der Bischöfe in Collegeville in Minnesota.

Als es zur Abstimmung kam, erfreute sich VISN einer großen Unterstützung. UNDA und die publizistische Kommission der Bischöfe unter Vorsitz von Bischof Anthony Bosco drängte das Bischofsgremium, die Mitgliedschaft bei VISN zu befürworten. Der Vorstand der CTNA favorisierte ebenfalls den Plan einer Partnerschaft mit VISN. Das Schicksal wendete sich jedoch, als Kardinal Edmund Szoka, als Präsident von CTNA, sich persönlich gegen das VISN-Angebot aussprach.

„Meine Intervention war ausschlaggebend. Ich habe es getan, um EWTN zu schützen", sagte Szoka später. „Die Vertreter der Kabelbranche brachten diese Idee auf, um einen Kanal zu gründen, den sich alle Religionen miteinander teilen sollten, doch dies wäre der Tod für EWTN gewesen und hätte die Sendezeit von CTNA auf vielleicht eine Stunde täglich reduziert. Wenn VISN erfolgreich gewesen wäre, dann hätte jedes Kabelnetz einen Grund dafür gehabt, EWTN aus seiner Angebotspalette zu entfernen."

Obwohl Szoka aufrichtig nur das Beste für EWTN im Auge gehabt haben mochte, mahnte er in seiner Rede seine Brüder, das Signal von CTNA zu entschlüsseln und ihm zu gestatten, es direkt den Kabelnetzbetreibern anzubieten. Wenn sie dem zugestimmt hätten, wäre CTNA in einen unmittelbaren Wettbewerb mit EWTN eingetreten und hätte damit den Sender gefährdet, den Szoka zu schützen vorgab.

Erzbischof Francis Stafford von Denver, der fast ein Jahr damit verbracht hatte, die Bemühungen der Bischöfe hinsichtlich der Öffentlichkeitsarbeit zu untersuchen, sprach sich ebenfalls gegen den Vertrag mit VISN aus.

„Die Situation der Katechese war in den Vereinigten Staaten nach dem Zweiten Vatikanischen Konzil stark geschwächt, weil man zu sehr auf die „Glaubenserfahrung" gesetzt hatte. Deshalb war eine grundlegende Darstellung des katholischen Glaubens im Fernsehen notwendig und keine interreligiöse Veranstaltung", verteidigte Stafford seinen Standpunkt. „Es wäre ein Missbrauch katholischer Ressourcen gewesen."

Am Tag der Abstimmung präsentierten Bischof Thomas Daily von Brooklyn und Bill Steltemeier, der den Rosenkranz durch seine Hände gleiten ließ, den EWTN-Vorschlag der Bischofskonferenz. Bischof Bosco war der Fürsprecher für das VISN-Angebot.

„Ich glaube, dass Bischof Daily auf dem Podium sehr überzeugend war, als er den Standpunkt von EWTN in Worte fasste: Tanzt mit uns und niemandem sonst oder tanzt überhaupt nicht mehr mit uns!", berichtete Pfarrer Bonnot. „Bischof Bosco machte da mehr Umschweife. Er plädierte nicht besonders erfolgreich dafür, mit VISN zusammenzugehen."

Protokolle und Berichte über die Zusammenkunft in Collegeville zeigen eine verunsicherte Gruppe von Bischöfen, die in sich uneins waren, wie man weiter verfahren sollte.

„Was passiert mit EWTN? Versetzen wir Mutter Angelica den Todesstoß?", fragte Bischof Cletus O'Donnell von Madison vor der Abstimmung.

„Ich glaube, niemand wäre in der Lage, Mutter Angelica den Todesstoß zu versetzen – jedenfalls niemand, der sie kennt", sagte Bischof Bosco trocken. „Sie würde das nicht mit sich machen lassen."

Während der Diskussion machten sich die Bischöfe ernstlich Gedanken über das VISN-Angebot. Die unbestimmten Sendezeiten, die ihnen zur Verfügung standen, Werbespots, die der katholischen Lehre widersprechen konnten, sowie versteckte Kosten – all dies waren ihre Bedenken.

Auf der anderen Seite waren einige Bischöfe über den theologischen Ansatz von EWTN verärgert und hielten Mutter Angelica vor, dass sie die Programme der Bischöfe zensiere.

Um die festgefahrene Situation zu beheben, war Angelica auf das Drängen von Erzbischof Phillip Hannan von New Orleans, einem Verbündeten von EWTN, bereit, jedes umstrittene Programm einem aus fünf Bischöfen bestehenden Prüfungsausschuss vorzulegen. Wenn eine Mehrheit dieses Ausschusses befand, dass ein Programm keinen lehramtlichen Irrtum enthalte, würde sie es ausstrahlen. Dieses in letzter Minute gemachte Zugeständnis und der Antrag von Bischof Rene Gracida von *Corpus Christi* auf geheime Abstimmung sicherten den Vertrag. Die Anonymität der Abstimmung eröffnete Mutter Angelicas Freunden die Freiheit, sie zu unterstützen, ohne die Verachtung derjenigen Mitbrüder befürchten zu müssen, die dagegen waren. Mit einem Ergebnis von 122 zu 93 stimmten die Bischöfe dafür, einen Zweijahresvertrag mit EWTN zu unterzeichnen.

Diese Entscheidung „behinderte" die Pläne von VISN ernsthaft und versetzte der Führung von CTNA einen tödlichen Schlag. „Das war höchst bedauerlich, meiner Meinung nach ein Führungsfehler seitens der Bischöfe", sagte mir Pfarrer Bonnot. „Die Bischofskonferenz akzeptierte die Bedingungen von EWTN... und unterwarf sich damit einem weltanschaulichen Filter."

Am Ende waren weder Mutter Angelica noch die Bischöfe ganz mit der Vereinbarung zufrieden, doch sie hatte EWTN vor einer weiteren potentiellen Bedrohung bewahrt, und die Bischöfe hatten eine Menge freier Sendezeit erhalten. EWTN war jetzt nicht mehr geächtet und verließ die Zusammenkunft in Collegeville mit dem *Imprimatur* der Bischofskonferenz. Die Frage war nur: Konnte Mutter Angelica dies auf lange Sicht aufrechterhalten? Kooperation hin oder her, Angelica würde sich schon weiterhin ihren eigenen Weg bahnen.

Bis Mitte Sommer des Jahres 1988 war Mutter Angelica die unangefochtene Matriarchin des katholischen Nachrichtenwesens. Am siebten Jahrestag ihres Senders stellte sich ein weiterer Beweis ihrer Überlegenheit in Form eines über zehn Meter langen und technisch hochmodernen Übertragungswagens ein, der auf den Namen *Gabriel I* getauft wurde. Von Joe und Lee Bruno gespendet, konnte diese fahrende Produktionsstätte mit ihrer 600.000 Dollar teuren Ausrüstung Live-Ereignisse von überall im ganzen

Land senden. Bis Ende 1988 konnten 12 Millionen Haushalte EWTN sehen, und das Magazin *Cablevision* bezeichnete EWTN als den am schnellsten wachsenden religiösen Sender auf dem Markt.

Da der Sender nun auf festen Füßen stand und ihre vertraute Freundin, Schwester Veronica, im Alter von vierundvierzig Jahren verstorben war, begann Angelica, eine Bilanz ihres bisherigen Lebens zu ziehen. Sie dachte daran, sich vom Sender zurückzuziehen oder zumindest aus dem aktiven Dienst auszuscheiden. Wie gewohnt besprach sie es mit Ihrem Herrn. Sie teilten alles miteinander: schwierige Entscheidungen, finanzielle Probleme, Schmerzen, Freuden und seelisches Leid. Sogar ein neues Paar Schuhe wurde – nach den Worten der Schwestern – in die Kapelle getragen, um es „Ihm zu zeigen". Im Herbst 1988 erzählte sie dem Herrn bei einem ihrer vertrauten Gespräche mit Ihm von ihrem Vorhaben, sich „ein wenig von EWTN zurückzuziehen".

„‚Nein', sagte Er zu mir. ‚Ich möchte, dass du einen Kurzwellenradiosender aufbaust.' Ich erwiderte: ‚Herr, ich weiß überhaupt nichts über Kurzwellen.' Er sagte: ‚Ich weiß. Fang an!'"

Verwirrt griff sie zum Telefonhörer, bat Bill Steltemeier ins Kloster und beschloss, wie angewiesen, damit zu beginnen.

14. Kapitel

Ein Zeuge für die Völker: WEWN

Sie war auf der Jagd nach Inspirationen, wie Normalsterbliche Ruhm, Titeln und Reichtümern hinterherlaufen. Die Inspiration war Mutter Angelicas Lebensnerv, das flüchtige Elixier, das ihre Visionen nährte und ihre Taten beflügelte. Ihr rationaler Verstand wurde erst dann eingesetzt, sobald etwas in Schwung kam.

„Sie folgt sofort jeder Eingebung. Sie prüft sie nie", sagte Bill Steltemeier und prahlte schon fast mit Mutter Angelicas spirituellem Wagemut. „Der Herr zeigt ihr scheinbar ein bestimmtes Bild, kein großes Bild, nur so ein kleines Etwas. Und sie will es dann sofort umsetzen; ob es für sie einen Sinn macht oder nicht."

Die Kurzwellenradio-Inspiration ergab keinen Sinn – jedenfalls nicht für Mutter Angelica. Und auch für keinen ihrer Vertrauten. Daher betete sie über das Projekt und pflegte es wie einen Weinstock im Garten ihres Großvaters, um zu erkennen, was von ihr verlangt wurde.

Vielleicht würde es eine weitere totgeborene Inspiration sein ähnlich der nicht realisierten Eingebung eines „großen Bauernhofs mit Häusern für alleinerziehende Eltern und ledige Mütter", den sie, der Zeitung *USA Today* zufolge, zu errichten gelobt hatte.

Im Sprechzimmer des Klosters berichtete Mutter Angelica, die jetzt spürte, wo ihre noch nebelverhüllte Eingebung sie hinführen würde, Bill Steltemeier: „Der Herr sagte: ‚Geh nach Rom.'"

„Warum?", fragte Steltemeier.

„Ich bin mir nicht sicher."

„Nun, schließlich spricht Er mit Ihnen, nicht mit mir. Beten Sie einfach", riet Steltemeier und beendete die Zusammenkunft. Steltemeier konnte einer Inspiration zwar zum Gelingen verhelfen, Angelica musste sie jedoch erst einmal zur Welt bringen. So kehrte sie wieder zum Gebet zurück.

Am nächsten Tag ließ Mutter Angelica die leitenden Angestellten in den Konferenzraum des Senders zu einer Besprechung rufen. Es war ein feierlicher Moment, so wie damals, als Moses vom Sinai herabkam. „Letzte Nacht sprach der Herr zu mir, und ich sah die Welt“, begann Mutter Angelica zu erzählen. „Und Er sagte: ‚Angelica, ich habe dir kleine Dinge anvertraut; jetzt will ich, dass du etwas Großes ausführst.‘“

„Wenn wir von Demut, von kleinen Dingen sprechen, dann waren dies die größten Dinge, die ich je in meinem Leben gemacht habe“, sagte Matt Scalici und Tränen stiegen ihm in die Augen. „Dann verriet sie ihre Idee mit dem Radio. Die Vereinigten Staaten waren da nicht unser einziger Markt. Sie sagte, dass die katholische Welt auch in anderen Teilen der Erde in den Wehen liege und darauf warte, freigesetzt zu werden.“

„In blindem Gehorsam“, nahmen die leitenden Angestellten Mutter Angelicas Vision auf, obwohl keiner das Projekt wirklich verstand oder guthieß. Schlimmer noch, sie bezweifelten sogar seine Notwendigkeit. Doch Mutter Angelica hätte das nicht abgehalten. Wie unklar auch immer der Marschbefehl war, sie war verpflichtet, ihn zu erfüllen. Die Frage lautete also nicht, ob das Kurzwellenprojekt in Angriff genommen würde, sondern nur wann und wie.

„Sie verließ sich ganz und gar auf ihre Eingebung. Das war der Schlüssel zu ihrem Erfolg“, sagte Pater Benedict Groeschel, Franziskanermönch der Erneuerungsbewegung und Psychologe aus New York, der Angelica seit mehr als zwanzig Jahren kannte. „Mutter Teresa war auch so. Ich habe mit beiden eng zusammengearbeitet – sie waren intuitiv veranlagte Frauen. Der hl. Thomas (von Aquin) sagte, die Intuition sei die höchste Form der Intelligenz. Und Angelica hatte Erfolg durch die Eingebungen des Heiligen Geistes.“

Wochen später rief Mutter Angelica Bill Steltemeier zu sich in das Sprechzimmer des Klosters. Sie berichtete ihm aufgeregt von einem Durchbruch, den sie bei ihrer Meditation erlebt hatte. Sie war auf eine Passage in der Heiligen Schrift gestoßen: Offenbarung 14,6. Dort stand: „Ein anderer Engel flog hoch am Himmel. Er hatte den Bewohnern der Erde ein ewiges Evangelium zu verkünden, allen Nationen, Stämmen, Sprachen und Völkern.“

Mutter Angelica war durch diese Worte ermutigt und überzeugt, dass sie dazu berufen war, das Evangelium allen Nationen zu predigen, sagte Angelica zu Steltemeier: „Ich denke, das Beste ist, nach Italien zu fliegen."

„Warum nach Italien?", fragte Steltemeier.

„Dort sind alle Sprachen zu finden. Braucht man bei den Kurzwellen keine Sprachen?"

„Ich habe keine Ahnung von Kurzwellen, geschweige denn von Sprachen."

„Wir müssen morgen nach Rom fliegen", sagte Angelica mit ihrer neu gewonnenen Sicherheit.

Ein Haus in Rom

Am 28. Januar 1989 trafen Mutter Angelica, Bill Steltemeier und die Schwestern Michael und Regina zu einem Besuch in Rom ein, der sich noch als ein höchst sonderbares Ereignis erweisen sollte. Denn es gab weder Terminvereinbarungen, noch Pläne, noch sonst etwas. Das einzige Treffen, das auf dem Terminplan stand, sollte (am Ende der Woche) mit einem Millionär in Holland stattfinden, von dem sich Bill Steltemeier die Finanzierung des noch gestaltlosen Projekts erhoffte. In der Zwischenzeit starrten sich die Nonnen und Steltemeier im Hotelzimmer gegenseitig deprimiert an.

„Nie hatte ich so stark den Wunsch gespürt umzukehren, wie damals. Ich dachte mir: Was machen wir hier eigentlich? Wo sollen wir hingehen? Was sollen wir unternehmen?", erinnerte sich Mutter Angelica. „Wir fingen also an, uns nach Grundstücken umzusehen. Was konnten wir sonst schon noch tun?"

Ein Immobilienmakler, der ihnen von einem Bischof in Rom empfohlen worden war, half ihnen, auf dem Land nach einem geeigneten Standort für die Installation einer Kurzwellen-Antenne zu suchen.

Um den Segen des Heiligen Vaters für ihre unsicheren Bemühungen zu bekommen, besuchten Mutter Angelica und ihre Begleitung am 31. Januar die Privatmesse des Papstes. Nach der Messe erblickte der Papst die Äbtissin am Ende der Reihe, in der sich die Besucher aufgestellt hatten. „Mutter Angelica, Sie sind eine starke Frau“, rief Johannes Paul II. ihr zu. Aus diesem Gruß konnte man heraushören, dass der Papst im Jahr 1987 während seines Aufenthaltes in den USA wahrscheinlich etwas von den Auseinandersetzungen der Oberin mit der Bischofskonferenz erfahren hatte. Die Nonne erzählte ihm von ihren Plänen, katholische Sendungen über Kurzwelle nach Russland und in den Ostblock auszustrahlen, was eine begeisterte Reaktion bei Johannes Paul II. hervorrief. Mutter Angelica deutete diese Antwort als Erlaubnis, mit dem Projekt fortzufahren.

Die Hochachtung des Papstes für Angelica zeigte sich ganz offensichtlich, als er sie nach etwas mehr als einem Monat am Ende der Generalaudienz unter den anderen Menschen in der Halle Pauls VI. im Vatikan entdeckte. Über die Absperrungen hinweg hielt er ihr Gesicht in seinen Händen: „Ah, Mutter Angelica, die große Chefin“, verkündete er durch den Lärm hindurch. „Mutter Angelica, die große Chefin!“, wiederholte er noch einmal und lachte dabei.

Am Abend des 1. Februar begegnete Angelica einem Mann, der für die Zukunft des Kurzwellen-Projekts eine Schlüsselrolle spielen sollte. Der niederländische katholische Millionär und Wohltäter Piet Derksen hatte ihr geplantes Treffen in Holland abgesagt und entschied sich stattdessen, nach Rom zu kommen.

Derksen war der Gründer einer Kette von Sportgeschäften in Holland, einem Unternehmen, das ihn recht wohlhabend gemacht hatte. Doch eine revolutionäre Idee, die er im Jahre 1967 hatte, machte ihn zu einem der reichsten Männer in den Niederlanden. Er stellte sich einen Urlaub vor, den „das Wetter nicht verderben und der in einer Ferienanlage verbracht werden konnte, die das Ambiente eines Country Clubs mit dem einer Gesundheitsfarm, einer Sportanlage und mit dem Wohnen in einem Ferienhäuschen verband“. Seine ökobewussten Feriensiedlungen, die er um riesige transparente kuppelartige Hallen herumbaute (um die Temperatur für Freizeitaktivitäten im Wasser konstant zu halten), wurden zu einer Sensation in Europa. Derksen eröffnete zwölf Freizeitparks in ganz Europa. Im Jahr 1982, nachdem er von einer langwierigen Krankheit genesen war, hatte er sein Geld in eine Stiftung mit dem Namen „Zeugen für Gottes Liebe“ eingebracht und fing an, religiöse Projekte zu finanzieren. Missionsarbeit, neugegründete Fernsehunternehmen, Radioprojekte – alle möglichen Maßnahmen für die Neuevangelisierung – konnten darauf bauen, von Derksens Stiftung unterstützt zu werden. „Mein Wohlstand hing wie ein schwerer Stein an meinem Hals“, erzählte Derksen im Jahr 1984 einem Journalisten. „Ich bin froh, ihn loszuwerden.“

Mutter Angelica war nur allzu glücklich, ihm dabei behilflich sein zu können. Der stattliche, leicht gebeugt gehende Gentleman mit den verschwollenen Augen eines Maulwurfes kam an diesem ersten Februartag im Café des römischen Hotels langsam auf Angelica zu. Er hatte hohe Wangenknochen und eine breite Glatze, die von grauen Locken umsäumt war, was ihm ein väterliches Aussehen verlieh.

„Sie sind es!“, sagte Derksen zu der Nonne mit starkem holländischem Akzent. „Wie viel brauchen Sie?“

Die plötzliche Frage verwirrte Mutter Angelica. „Vielleicht zwei Millionen Dollar“, sagte sie.

„Die besorge ich Ihnen“, versprach Derksen. Er unterhielt sich mit Mutter Angelica weniger als eine halbe Stunde lang und ging so schnell weg, wie er gekommen war. Am Ende der Woche überwies Derksen telegrafisch insgesamt zwei Millionen Dollar auf das Konto von EWTN. Das Kurzwellen-Projekt hatte definitiv begonnen.

Mutter Angelica stellte sich vor, dass Seminaristen, die in Rom studierten, kurz in ihrem Studio vorbeischauten, um Andachten, Gebete, Katechesen und Bibellesungen in ihrer Muttersprache aufzuzeichnen. Sie würde deren Aufnahmen dann über Kurzwelle ausstrahlen und damit jede Nation und jeden „Volksstamm“ erreichen. Um den Erfolg zu sichern, würde Angelica nach dem Birminghamer Vorbild vorgehen und die Produktions- und Sendeanlage direkt neben einem Haus des kontemplativen Gebets errichten.

Ein Haus, das im April 1989 erworben wurde, passte für diesen Zweck. Es lag am Stadtrand von Olgiata, eine Stunde nördlich von Rom. Im linken Teil des Hauses waren die Rundfunkanlagen, Gastpriester und Mitglieder des *Ordens des Ewigen Wortes* untergebracht, die für das Priesteramt studierten. Vier Brüder sollten im September 1989 nach Rom umziehen. Im rechten Teil des

Hauses war die Klausur der Schwestern untergebracht. Alle paar Monate wechselten immer drei Schwestern von der Birmingham-Gründung hierher, um den Konvent zu unterhalten und für die Radioarbeit zu beten.

Im April hatte Angelica dann einen Berggipfel erworben, der offensichtlich bestens geeignet war, um dort eine Kurzwellen-Antenne aufzustellen. Piet Derksen überwies noch mehr Geld für das Projekt, und die in Deutschland ansässige Organisation *Kirche in Not* spendete 600.000 Dollar für die Ausstattung und 400.000 Dollar als Kapital. Alles ergab sich wie von selbst, außer der Rundfunklizenz und der Baugenehmigung.

Wiederholte Versuche, die entsprechenden Genehmigungen von der italienischen Regierung zu bekommen, waren gescheitert. „Die Regierung hatte zwei Jahre zuvor ein Gesetz erlassen, wonach ausländische Rechtspersonen keine Lizenz erwerben können", erinnerte sich Mutter Angelica. „Doch alle zwei Monate ging ich nach Rom, und jedes Mal sagte man mir: ‚Wir haben darüber gesprochen, und es sieht günstig aus'".

Matt Scalici, der mit seiner Familie nach Rom zog, um die technische Seite des Kurzwellenbetriebs zu entwickeln, hatte seine eigenen Ansichten über die bürokratischen Verzögerungen: „Die Korruption in Italien war einfach unvorstellbar. Jeder wollte Schmiergeld. Wir fanden zwar Baugrundstücke, haben aber nie eine Genehmigung dafür bekommen. Die Vorlaufzeit betrug drei bis fünf Jahre, und Mutter Angelica ließ sich nie auf so lange Sicht auf ein Projekt festlegen. Wenn es also nicht jetzt möglich war, dann musste man es vergessen. Daher sagte sie: „Wir wollen etwas in Alabama suchen."

Obwohl Mutter Angelica die Kurzwellen-Produktion in Rom bis September 1989 noch weiterverfolgte und nach Sendeanlagen Ausschau hielt, hatte sie damit begonnen, an einem parallelen Kurzwellen-Projekt zu arbeiten, das in den Vereinigten Staaten stationiert sein sollte.

Ob eine solche Station dazu bestimmt war, das römische Signal nach Amerika weiterzuleiten oder als Absicherung dienen sollte, falls das europäische Vorhaben scheitern sollte, ist unklar. Eine von Mutter Angelica in Auftrag gegebene Studie fand heraus, dass Alabama der ideale Standort wäre, um ein Kurzwellensignal auszusenden, das den gesamten amerikanischen Kontinent abdecken und sogar darüber hinaus senden könnte. Ihr Blick richtete sich nun heimwärts. Da Piet Derksens finanzielle Mittel an die Initiative in Rom gebunden waren, benötigte Angelica Geld, um ihr Projekt mit Sitz in Amerika zu verfolgen.

Wieder wandte sie sich – wie sie das ihr ganzes Leben als Ordensfrau getan hatte – an einen befreundeten Italiener. Joseph Canizaro, ein durch eigene Tüchtigkeit emporgekommener Immobilien-Projektentwickler aus New Orleans, der 1987 für den *Galaxy*-Satelliten für EWTN gebürgt hatte, nahm Mutter Angelicas Anruf im Herbst 1989 entgegen.

Die Nonne war sehr direkt, wie sich Canizaro erinnerte: „Joseph, für welchen Zweck soll ich für Sie beten, um Sie zu veranlassen, mir eine Million Dollar zu geben?"

„Mutter Angelica, ich habe in meinem ganzen Leben noch nie eine Million Dollar hergegeben, und ich kann momentan die Löhne für meine Angestellten nicht bezahlen", teilte Canizaro ihr schnell mit und glitt damit über ihre Anfrage hinweg wie eine Piroge über seichtes Sumpfgewässer. Ohne dass Angelica davon wusste, war Canizaro von einer Immobilienrezession betroffen. Er hatte seine Geldmittel in ein Grundstück investiert, das durch Giftmüll verseucht war. Für die notwendige Sanierung waren Kosten von hundert Millionen Dollar veranschlagt.

„Rufen Sie mich zurück und sagen Sie mir, wofür ich beten soll", sagte Mutter Angelica und beendete das Gespräch, bevor sie eine endgültige Absage bekam. Nachdem er kurz nachgedacht hatte, rief Canizaro die Nonne zurück und teilte ihr ein Gebetsanliegen mit.

„Ich sagte ihr, wenn ich mein *Crown Plaza*-Hotel zu einem guten Preis verkaufen könnte, würde ich ihr eine Million Dollar geben. Ich dachte, sie ist vollkommen durchgedreht", sagte Canizaro. Trotzdem bat er sie noch, Gott ein wenig zu bedrängen, damit der Verkauf seines Hotels schnell vonstattenginge.

Mutter Angelica betete innigst für den Geschäftsmann aus New Orleans, im Glauben, ihr Radio-Projekt würde elf Millionen Dollar kosten. Als spirituelles Zeichen für ihren Bedarf füllten sie und ihre Schwestern einen kleinen Beutel mit elf Kupfermünzen. Der Beutel wurde an den Fingern des kleinen Jesuskindes aus Gips angebunden, das im Klosterflur von einer Statue des hl. Josef in die Höhe gehoben wurde. So wie Jesus Wasser in Wein verwandelt hatte, erwartete man vom hl. Josef, Kupfer in Gold zu verwandeln. Die Nonnen begannen mit einer einfachen Bittandacht zu dem Heiligen.

Da sich Mutter Angelica nun immer mehr auf ihr Rundfunkapostolat und die aufwendige Renovierung der Klosterkapelle (die seit dem Sommer im Gange war) konzentrierte, sonderte sie sich zunehmend von ihrem Fernsehsender ab.

„Sie sagte: ‚Ich werde die Kapelle renovieren. In zwei Wochen bin ich wieder zurück'", erinnerte sich Chris Harrington, der damals für die Betriebs- und Produktionsleitung verantwortlich war. „Im Grunde genommen kam sie nie mehr zurück."

Da Mutter Angelicas Zeit mit Reisen nach Europa, den Verpflichtungen in ihrer Gemeinschaft und den laufenden Renovierungen aufgebraucht war, verbrachte sie nur noch wenige Stunden pro Woche im Sender. Matt Scalici, verantwortlich für die Technik, teilte seine Zeit zwischen Rom und Birmingham auf, während Bill Steltemeier häufig nach Europa und wieder zurück flog in dem Bestreben, das römische Abenteuer über Wasser zu halten. Nach den Worten von Marynell Ford, der Verantwortlichen für Marketing, forderte die räumliche Trennung der leitenden Angestellten und Mutter Angelicas Abwesenheit einen fühlbaren Tribut von EWTN: „Binnen vierundzwanzig Stunden brach die gesamte geistliche Ausrichtung – kurz gesagt: alles – einfach zusammen; damit fingen die Verleumdungen und das ganze Zeug an. Das Weltliche hielt Einzug. Chris und ich, wir saßen draußen auf dem Bordstein vor dem Sender und waren über die Zukunft einfach nur beunruhigt." Harrington und Ford mussten den größten Teil des laufenden Betriebs in den folgenden zwei Jahren tragen.

Trotz aller Ablenkungen entgingen die Programme nicht der Aufmerksamkeit Mutter Angelicas, insbesondere jene nicht, die aufgrund des Vertrages mit der Bischofskonferenz gesendet wurden. Mutter Gabriel Long und einige Schwestern der *Dienerinnen des Ewigen Wortes* überprüften alles, was eingereicht wurde.

„Die Programme waren in ihrer Qualität so schlecht", räumte Angelica später ein. „So erinnere ich mich beispielsweise an eine Nonne, die über den Heiligen Vater sagte, er sei zu alt und wüsste nicht mehr, was er mache. So etwas würde ich nicht ausstrahlen."

In einem Bericht der Kommunikationskommission der Diözesen aus dem Jahre 1989 wird behauptet, dass EWTN „eines von dreien der von der Bischofskonferenz vorgelegten Programme" zurückweise. EWTN bestritt diese Zahlenangabe und bestand darauf, dass man nur eine einzige Sendung vertragsgemäß aus inhaltlichen Gründen abgelehnt habe.

Doch auch aus anderen Gründen wurden Programme der Bischofskonferenz von EWTN offiziell nicht angenommen. Wie mir Bischof Robert Lynch, Verbindungsmann zwischen dem Sender und der Bischofskonferenz, erzählte, waren „die Gründe, die zu einer Ablehnung von Sendungen führten, technischer Art. Mutter Angelica wollte diese Programme nicht. Sie war nicht der Hampelmann anderer Leute".

„Man teilte uns mit, die Programme seien nicht auf dem neuesten technischen Stand", sagte Bischof Anthony Bosco mit einem Lächeln. „Offen gesagt glaube ich, dass Mutter Angelica dachte, dass einige der Bischöfe nicht rechtgläubig seien. In gewisser Hinsicht kann ich ihr das nicht verdenken."

Nach Einschätzung von Bischof Edward O'Donnell, dem Vorsitzenden der Kommunikationskommission der Diözesen, führte die Lage zu einem „fruchtlosen Austausch gegenseitiger Schuldzuweisungen" zwischen beiden Seiten. Da es den Bischöfen vertraglich untersagt war, sogar abgelehnte Sendungen an andere Abnehmer zu verkaufen, stimmten sie im November für eine Revision ihrer Vereinbarung mit EWTN. Sie hofften darauf, ein anderes Abkommen abschließen zu können, das weniger ausschloss. Doch Bill Steltemeier ersparte ihnen den Ärger.

Bevor der auf zwei Jahre festgelegte Vertrag abgelaufen war, prüfte Bill Steltemeier eine von der Bischofskonferenz eingereichte Fernsehsendung, bei der ein Geistlicher versprach, dass unter dem nächsten Pontifikat die Priesterweihe für Frauen möglich sei. Das brachte für Steltemeier „das Fass endgültig zum Überlaufen". Als Reaktion schickte er der Bischofskonferenz einen Brief, mit dem er ihre gemeinsame Vereinbarung aufhob. Obwohl einige Presseberichte die Beendigung des Vertrags den Bischöfen zuschrieben, stellte Steltemeier dies sofort richtig: „Das ist von Grund auf gelogen.“ Wer auch immer die Musik anhielt: Mutter Angelicas Tanz mit der Bischofskonferenz war vorbei.

Der Beginn des Jahres 1990 brachte eine Antwort vom hl. Josef und eine Belohnung für Angelicas Glauben. Joseph Canizaros Hotelverkauf entsprach zwar nicht Mutter Angelicas beharrlichem Gebet, dafür aber überstieg ein separater Vergleich vor Gericht die Erwartungen. Eine Parzelle des mit Umweltgiften belasteten Grundstücks, das Canizaro in den frühen Achtzigern erworben hatte, drohte ihn in den Konkurs zu treiben. Um dafür eine Entschädigung zu erlangen und wieder etwas Geld hereinzubekommen, verklagte er den vormaligen Grundstückseigner, einen Ölkonzern, auf fünfzehn Millionen Dollar.

„Ich verließ das Gerichtsgebäude mit fünfunddreißig Millionen Dollar“, triumphierte Canizaro mit lauter Stimme. „Für mich gibt es da gar keinen Zweifel, dass Mutter Angelicas Gebete sie mir beschafft haben. Das waren ihre Millionen. Es war das Wunder meines Lebens, das es mir ermöglichte, am Flussufer im Zentrum von New Orleans Grundstücke kaufen. Dadurch bin ich zu etwas gekommen. Ich wusste, es war die Erhörung von Mutter Angelicas Gebet.“

In Birmingham sagten die Oberin und ihre Gemeinschaft dem hl. Josef im Flur des Klosters mit Tränen in den Augen Dank. Canizaro und Erzbischof Phillip Hannan von New Orleans überreichten Angelica am 15. Februar 1990 persönlich den Scheck über eine Million Dollar. Es sollte der finanzielle Beginn des Kurzwellensenders in den Vereinigten Staaten sein. Eine Woche später verlangte die Vorsehung ihren Tribut von Mutter Angelica.

Sie verließ am 22. Februar mit einem Kissen unter dem Arm gerade das Einkaufszentrum *Galleria Mall* außerhalb von Birmingham, als es geschah. Schwester Joseph und Schwester Regina gingen vor ihr her und waren mit den Waren beladen, die sie soeben eingekauft hatten. Als sie sich dem Parkplatz näherten, spürte Mutter Angelica, wie „jemand“ sie nach vorne stieß. Sie verlor das Gleichgewicht und streckte ihren linken Arm nach vorne, um den Sturz abzufangen. Mit einem lauten Krachen schlug sie auf dem

Asphalt auf. Da sie nicht mehr alleine aufstehen konnte, halfen ihr zwei Passanten und die beiden Nonnen wieder auf die Füße und brachten sie zum Auto.

Fotos Beschreibungen:

Rizzo und ihre Mutter Mae, aufgenommen in einem Fotostudio in den frühen Zwanzigerjahren. (Klosterchronik)

Der unstete Vater John Rizzo. (Klosterchronik)

Rita und Mae in einer ihrer vielen Ladenwohnungen. (Klosterchronik)

Kess und attraktiv. Die erste weibliche Tambourmajorette in der McKinley High School. Rita Rizzo im Jahre 1939. (Klosterchronik)

Rita, Oma Gianfrancesco, Mae Rizzo und Tante June Francis vor dem Haus der Gianfrancescos in der Liberty Street in den frühen Vierzigerjahren. (Klosterchronik)

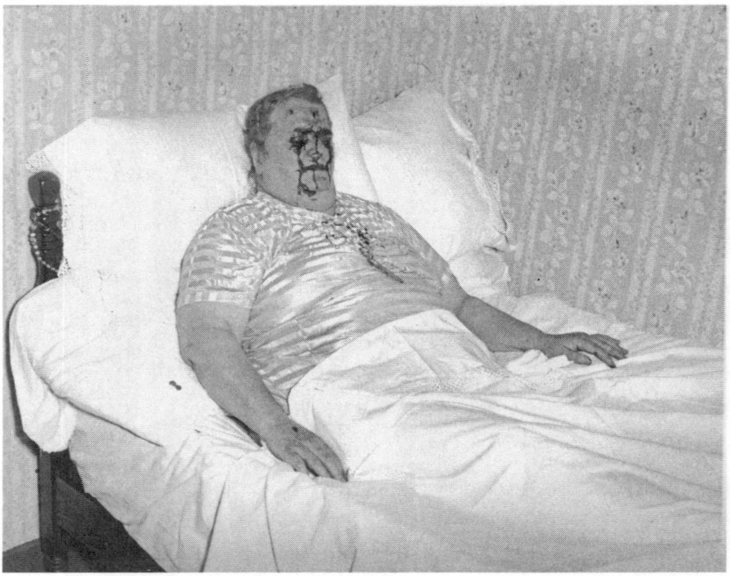

Die Mystikerin Rhoda Wise erlebt die Passion Christi an einem Freitag in den Vierzigerjahren. (Klosterchronik)

Die erste feierliche Profess von Schwester Mary Angelica von der Verkündigung. Die Dornen passten zu diesem Tag, dem 2. Januar 1947. (Klosterchronik)

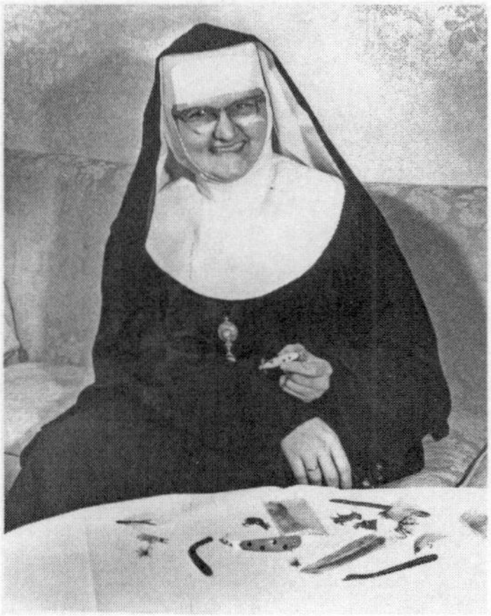

Die Anglerin: Mutter Angelica und ihre Fischköder, 1961. (Klosterchronik)

Mutter Angelica erläutert Bischof Thomas Toolen von Birmingham das nach einer Inspiration gefertigte Pappmodell eines Klosters. Mutter Veronica (rechts) schaut zu, 30. Februar 1961. (Klosterchronik)

Die Schwestern der Birmingham-Gründung von links nach rechts: Schwester M. Joseph, Schwester M. Raphael, Schwester M. Assumpta, Schwester M. Michael und Mutter M. Angelica (sitzend), 1962. (Klosterchronik)

Die Gemeinschaft in den späten Siebzigerjahren. Angelicas Mutter, Schwester Mary David, sitzt im Rollstuhl. (Klosterchronik)

Die Vertrauten und die Wächterin: Mutter Angelica mit Ginny Dominick und Bill Steltemeier Mitte der Achtzigerjahre. (Klosterchronik)

Die Bauherrin bei der Beaufsichtigung des Baus de: neuen EWTN-Studios, 1985. (Klosterchronik)

Mutter Angelica trägt dick auf bei der Sendung Mother Angelica Live mit Tom Monaghan! (Klosterchronik)

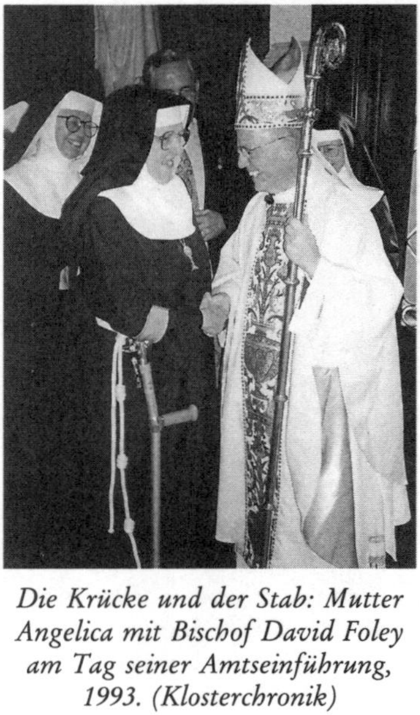

Die Krücke und der Stab: Mutter Angelica mit Bischof David Foley am Tag seiner Amtseinführung, 1993. (Klosterchronik)

„Liberale Kirche von Amerika, ich habe dich so satt!" Am Weltjugendtag, 14. August 1993. (Autor/Klosterchronik)

„Mutter Angelica: schwach im Körper, aber stark im Geist.“
Mit Papst Johannes Paul II., 1996.
(L'Osservatore Romano)

Mutter Angelica mit dem Autor im Klostergarten, 2004.
(Autor/Klosterchronik)

Ein Schwarm „Angelicas": die Äbtissin des Klosters Unsere Liebe Frau von den Engeln und ihre Nonnen, 2004. (Klosterchronik)

Mutter Angelica in Lourdes, 16. Oktober 2003. (Klosterchronik)

„Fahrt mich ins St. Vincent-Krankenhaus“, gab sie Anweisung. „Ich habe mir das Handgelenk gebrochen.“

„Nein, es ist nur verstaucht“, meinte die stets gutgelaunte Schwester Regina.

„Nein, Schätzchen, es ist gebrochen.“ Um ihrer Aussage Nachdruck zu verleihen, hob sie ihr schlaffes Handgelenk hoch. Einige Knochen ragten aus dem Fleisch aus beiden Seiten des Handgelenks heraus. „Fahr langsam; du musst dich nicht beeilen.“

Das zertrümmerte Handgelenk verursachte Mutter Angelica die „schlimmsten physischen Schmerzen“ ihres Lebens. Vier Nägel, die an einem Metallrahmen befestigt waren, durchdrangen ihr Fleisch und fixierten die gebrochenen Knochen. Angelica heiligte diesen Rückschlag, denn sie erzählte Schwester Raphael, dass sie den Schmerz dafür aufopferte, dass „Gott auch weiterhin das Werk segne, das er mir übergeben hatte“. Die Oberin musste die Unannehmlichkeiten der Metallvorrichtung einen Monat lang ertragen, doch die volle Beweglichkeit erlangte sie in ihrem linken Handgelenk nie wieder. Während der Heilungsprozess nur sehr langsam voranschritt, zeigte sich Gottes Segen weniger zurückhaltend und wurde im späten Frühjahr sogar deutlich spürbar.

Matt Scalici beriet sich mit dem Kurzwellen-Pionier George Jacobs, um eine Liste möglicher Standorte für den Rundfunksender in Alabama aufzustellen. Bei einer Inspektion vor Ort erwies sich keine der Örtlichkeiten als geeignet. Ein zweiundsiebzig Hektar großes Grundstück auf der Spitze eines Berges, eine Stunde außerhalb von Birmingham, wurde ebenfalls verworfen, weil es zu schwer zu bebauen und nicht geeignet für eine Kurzwellenübertragung war. Doch Mutter Angelica bestand darauf, das Gelände persönlich zu besichtigen.

Am 31. Mai 1990 fuhren sie eine enge, von Bäumen umsäumte Straße zu der felsigen Bergspitze hinauf. Auf dem Gipfel oberhalb des dichten Waldes entdeckten Mutter Angelica und Matt Scalici eine alte Pfirsichplantage und Konservenfabrik. Angelicas Augen fixierten etwas außerhalb des Fensters.

„Hier. Genau hier“, sagte sie und stieg aus dem Auto. „Wir werden es kaufen.“

„Das können Sie nicht kaufen. Es taugt nichts“, riet Scalici ab, obwohl das Grundstück einem Freund gehörte. „Es ist ja ganz felsig.“

„Sehen Sie den hl. Michael da oben?“, fragte Mutter Angelica.

„Wo? *Wo?*“ Scalici betrachtete die Umgebung genau: „Sehen Sie ihn etwa?“

„Genau hier.“ Angelica deutete in die Ferne. „*Sehen* Sie ihn?“

„Ich sehe überhaupt nichts.“

„Aber ich, und wir werden es kaufen.“

Mutter Angelica versicherte, den Erzengel Michael, „einen hübschen, kräftigen, männlich aussehenden 1,80 Meter großen Krieger“ oben auf dem Berg Vandiver in Alabama gesehen zu haben. Es war nicht ihre erste Bekanntschaft mit einem solchen Phänomen. Als sie 1989 auf dem Monte Gargano in Italien betete, wo der Überlieferung nach der hl. Erzengel Michael seine Fußspuren auf einem Altar hinterlassen hat, spürte sie, wie das Schwert des Engels ihre Schulter berührte. „Ich werde stets an deiner Seite sein, und wir werden zusammen kämpfen“, sagte der hl. Michael zu Angelica nach den Worten der Klosterchronik. Sie beteuerte, dass ihr der Erzengel im Laufe der Jahre wiederholt erschienen sei.

„Auf der einen Seite denke ich zwar nicht, dass dies eingebildete Phänomene sind, aber auf der anderen Seite würde ich sie auch nicht in die Kategorie der Erscheinungen einordnen“, sagte Pater Benedict Groeschel, ein Experte für Spiritualität und Privatoffenbarungen, über Mutter Angelicas Erfahrungen. „Sie gehören in den Bereich der imaginären Visionen, bei denen die Inspiration für die betreffende Person eine wahrnehmbare Form annimmt; es ist keine Halluzination. Eine Halluzination ist ein pathologisches Phänomen, das von einer Persönlichkeitsstörung begleitet wird. Dieses Phänomen fügt sich jedoch in die Persönlichkeit ein. Es macht sie glücklich.“

Ein skeptischer Matt Scalici ging nun zum Amtsgericht, um die Grundstücksgrenzen des Geländes auf dem Berggipfel herauszufinden. Er war fassungslos, als er erfuhr, dass das Berggrundstück sich über das Gebiet der Landkreise Shelby und St. Clair (St. Klara) ausdehnte. Scalici wusste, dass die hl. Klara die Schutzpatronin des Fernsehens und die Gründerin des Ordens der Klarissen war. Wie hoch standen also die Chancen von Mutter Angelica, wenn sie sich aus heiterem Himmel dazu entschieden hatte, ein Grundstück zu erwerben, das genau in dem Landkreis gelegen war, der den Namen ihrer Ordensgründerin trug? Und noch dazu im Bibelgürtel lag? Das Zusammentreffen solch bedeutungsvoller Umstände konnte nicht als bloßer Zufall abgetan werden. Für Scalici war es nun jedenfalls Gewissheit, dass ein anderer als Mutter Angelica den Kauf des Geländes lenkte.

Angelica kaufte das Vandiver-Grundstück Mitte Juni, gerade zu dem Zeitpunkt, als man in dem Haus in Olgiata mit der fremdsprachigen Produktion begann. Litauer, Weißrussen und Rumänen nahmen heimlich Gebete auf, die in ihren Heimatländern verboten waren. Obwohl Mutter Angelica sich über die Berichte über ihre neuen Sendungen freute, nagten die bürokratischen Verzögerungen der Italiener doch sehr an ihr. Angelica dachte, dass vielleicht alle „Völker und Stämme" ebenso gut auch von Alabama aus erreicht werden könnten. Man müsste nur noch Piet Derksen davon überzeugen.

Ein Brief vom 30. Oktober 1990 von Erzbischof John Foley vom Päpstlichen Rat für die sozialen Kommunikationsmittel sollte alles ändern. Der Brief, der offenbar auf Geheiß des vatikanischen Staatssekretariats verfasst wurde, riet Mutter Angelica von dem Vorhaben ab, ihr Radioprojekt in Europa weiterzuverfolgen, da es Gelder aus anderen Bereichen abziehen könnte. Man hielt das Kurzwellen-Unternehmen für unnötig, da *Radio Vatican* ja bereits international sendete. Eine Kopie des Schreibens wurde an Piet Derksen gesandt.

Angelica fühlte sich verpflichtet, auf Foleys Brief zu antworten, da sie ihn für ungerecht hielt. Am 14. November schrieb sie dem Erzbischof und informierte ihn darüber, dass sie im Besitz einer gesonderten, von Foley an Piet Derksen gerichteten Mitteilung sei, in der angedeutet wurde, „dass Herr Derksen dieses Projekt nicht fördern sollte". Angelica erläuterte weiter: „Herr Derksen hat mit dem Heiligen Vater mehrere Male über dieses Projekt gesprochen, und vor einigen Monaten wurde ich vom Sekretär des Heiligen Vaters aufgefordert, nach Castel Gandolfo zu kommen. Der Heilige Vater ermutigte zu diesem Projekt und hat sowohl diesem als auch Herrn Derksen seinen persönlichen Segen erteilt.“ Sie bedauerte, dass ein Kardinal oder Bischof etwas gegen die „Evangelisierung der Ärmsten der Armen“ haben könne und schloss mit den Worten: „Ich verstehe nichts von Politik und will auch nichts davon verstehen. Ich möchte nur die Mission erfüllen, die der Herr mir aufgetragen hat.“

Durch den Widerstand einiger Herren im Vatikan, die steigenden Ausgaben und den schwerfälligen Gang der Justiz in Italien war Piet Derksen verärgert und führte am 29. April 1991 ein wütendes Telefongespräch mit der Oberin. Sie sagte, er „tobte und raste“, erkundigte sich nach dem Verbleib seiner Gelder und dem bürokratischen Stillstand. Nachdem Mutter Angelica Italien für die Ausgaben und die Verzögerung verantwortlich machte, sprach sie die Möglichkeit an, den Kurzwellensender in der Nähe von Birmingham zu installieren. Die Schimpftirade hörte auf. „Na gut, machen Sie das“, sagte Derksen zu ihr. „Machen Sie's!“

Angelicas Kurzwellentraum war also doch noch nicht ausgeträumt.

Zerrüttete Orden

Von Anfang an konnten sich Mutter Angelica und Pater Michael McDonagh über den Entwicklungsverlauf des *Ordens des Ewigen Wortes* nicht einig werden. Wie Vater und Mutter beim Tauziehen über die Zukunft ihrer Kinder, so zogen die beiden Mitbegründer kräftig in entgegengesetzte Richtungen: McDonagh hielt an seinen asketischen Visionen fest; Angelica dagegen bestimmte, dass die Priester und Brüder außerhalb des Klosters arbeiten, dem Sender dienen und das Volk evangelisieren sollten.

Am 27. April 1991 lud Mutter Angelica Pater McDonagh zu einem „*Komm heim zu Jesus*“-Treffen in ihr Sprechzimmer ein. Unter dem dicken graumelierten Haar, das aus ihrem Schleier hervorquoll, konnte man bei Mutter Angelica an ihrem Gesichtsausdruck erkennen, dass sie lange über einem Problem gegrübelt hatte und, nachdem sie zu einer schmerzlichen Lösung gekommen war, sich entschlossen hatte, diese auch in die Tat umzusetzen.

Der Austritt von zwölf Brüdern aus der Gemeinschaft (einige waren zuvor bei der Oberin mit Beschwerden über Pater McDonaghs Unmenschlichkeit vorstellig geworden) und die Bitte, für die Brüder ein eigenes Kloster hinter dem Sender zu bauen, beunruhigten die Äbtissin. Sie erklärte McDonagh, dass die „Bußen, das Fasten und das kontemplative Gebet" die Brüder vom Dienst abhielten, den sie dem Sender zur Verfügung stellen könnten, und dass einige Änderungen in ihrem Leben nötig wären. Doch der irische Priester blieb standfest. Er gedachte weiterhin, die Brüder in der kontemplativen augustinischen Weise auszubilden, an die sie sich gewöhnt hatten – und da sie sich nun schon reinen Wein einschenkten, so kündigte er an, nicht mehr an ihrer Live-Show teilnehmen zu wollen. So fanden ihre Freundschaft und ihre Zusammenarbeit bald ein Ende.

„Pater Michael und ich sind viele Jahre lang Freunde gewesen, und dies ist eine sehr schwere Zeit für mich", sagte Angelica den Nonnen nach diesem Gespräch. „Ich dachte, dass dieser Orden anders sei, aber das ist nicht der Fall. Ich gab den Orden frei. Pater Michael kann nun in aller Freiheit feststellen, was die Brüder machen wollen."

Im Mai 1991 reiste die Oberin nach Rom, um ihren Brüdern, die im Priesterseminar studierten, eine Alternative anzubieten.

„Die Spaltung wurde in Olgiata verkündet", erinnerte sich der von den Salesianern übergetretene Pater Philip (Richard) Mataconis. „Sie sagte, dass Pater Michael seinen eigenen Orden gründen wollte, doch dass wir frei wären, uns zu entscheiden. ‚Bleibt bei ihm oder kommt zu uns', sagte sie."

Drei Männer verließen den Orden oder schlossen sich Pfarrer McDonagh an. Pater Philip und fünf weitere Brüder blieben bei Mutter Angelica. Aus diesem kleinen Überrest sollte eine Erneuerung des *Ordens des Ewigen Wortes* hervorgehen, die der ursprünglichen Inspiration Angelicas in Theorie und Praxis näherstand.

In den wenigen Tagen vor der Rückkehr nach Birmingham versuchte sie, den Orden wiederherzustellen und die Männer an ihre franziskanischen Wurzeln zu erinnern. In einem vom 13. Juni datierten Brief schrieb sie den Brüdern, dass Gott sie dazu rufe, die „verirrten Schafe zurückzubringen", indem sie „ihnen in jeder geistlichen Not dienen sollten, [durch] Seelenführung, Unterricht, Einkehrtage, Rundfunk, Fernsehen und das gedruckte Wort". Sie riet ihnen, die Regel des hl. Franziskus zu lesen und diese in ihr Gemeinschaftsleben einsickern zu lassen.

Angelica legte eine praktische Herangehensweise an den Tag. Sie besuchte das Männerkloster in regelmäßigen Abständen und bot den Brüdern in der Mitte der Woche Vorträge an, die bald liebevoll als „Mittwochsaudienzen" bezeichnet wurden.

In dem Männerkloster entwickelte sich eine neue Verehrung für die Gründerin. „Mutter Angelica war für uns das Vorbild der Rechtgläubigkeit, und wir wollten sie beschützen", verriet mir Pater Francis Mary Stone.

Die Oberin war davon überzeugt, dass für die Schwestern eine neue lückenlose Einfriedung um ihr Grundstück wieder hergestellt werden müsse. Sie wies die Nonnen an, sich nicht über den neuen Zedernzaun hinauszuwagen, der um das Kloster herum errichtet wurde.

„Weshalb lassen Sie diese Mauer errichten?", fragte eine Schwester die Äbtissin eines Tages, während sie traurig aus Angelicas Bürofenster blickte.

„Weil der Herr mir gesagt hat: ‚Jetzt ist es Zeit dafür'", antwortete Angelica.

Die Tage, an denen die Nonnen mit Pilgern und Arbeitern auf dem weitläufigen Gelände in Kontakt kamen, waren nun endgültig vorbei. Mutter Angelicas Hauptabsicht war es, innerhalb des Senders Gerüchte und Klatsch über den *Orden des Ewigen Wortes* und die *Dienerinnen des Ewigen Wortes* einzudämmen, indem sie den Zugang zu den Gemeinschaften einschränkte. Doch Interviews deuten darauf hin, dass da auch noch tieferliegende spirituelle Motive mit im Spiel gewesen sein konnten.

Im Laufe der Jahre wurde Mutter Angelica immer besorgter, da sie das Kommen einer spirituellen Züchtigung befürchtete: eine Zeit, in der Gott zulassen würde, dass sein Volk eine Phase der Prüfung für die derzeitigen Sünden erdulden müsse. In Vorbereitung darauf rief sie ihre Schwestern aus Rom und zog die Gemeinschaft in eine offizielle Klausur zurück. Durch die Wiederherstellung der monastischen Traditionen des Ordens schützte sie die Nonnen vor einem auch nur vorübergehenden Umgang mit der Welt draußen. Der Fernsehbetrieb, an dem jeder einst freizügig bei den Tischgesprächen teilnahm, wurde nun auf die Ohren einiger weniger Vertrauenspersonen beschränkt. Die Schwestern sollten sich auf ihre Berufung konzentrieren und vermeiden, sich zu sehr mit externen Angelegenheiten zu „beschäftigen".

Im Sommer 1992 erfuhr Mutter Angelica, dass die Bischofskonferenz plante, an der englischen Übersetzung der Messe herumzubasteln. Die Akklamation nach den Schriftlesungen „*This is the Word of the Lord*" („Dies ist das Wort des Herrn") sollte zu „*The Word of the Lord*" („Das Wort des Herrn") geändert werden. Ein subtiler Eingriff, doch einer, den Mutter Angelica als symptomatisch für die sich ständig wandelnden Übersetzungen ansah, die die Beständigkeit der Messe bedrohten. Um ihre Schwestern vor den jüngsten liturgischen Neuerungen zu bewahren, bat die Äbtissin drei Nonnen, die Dokumente des Zweiten Vatikanischen Konzils und die offiziellen Verlautbarungen des Heiligen Stuhls genau zu studieren, um herauszufinden, welche Optionen ihnen zur Verfügung standen. Die Nonnen fanden heraus, dass das Zweite Vatikanische Konzil keinen umfassenden Verzicht auf die lateinische Sprache in der neuen Messe beabsichtigte. Ganz im Gegenteil: Die offiziellen Konzils- und Papstdokumente unterstützten die Beibehaltung des Lateins und den Gebrauch des Gregorianischen Chorals in der erneuerten Liturgie. Da die lateinische Sprache immun gegenüber den wechselhaften Launen der Übersetzer ist, betrachtete Mutter Angelica sie als ein Refugium.

Ihre Schwestern oder ihre Zuschauer sollten jedenfalls nie mehr der „elektrischen Kirche" ausgesetzt sein, wie sie sie bezeichnete: „Immer, wenn man dorthin geht, bekommt man einen Schock." Am 5. Juli 1992 kündigte die Äbtissin an, dass die im Fernsehen übertragene Konventmesse des Klosters *Unsere Liebe Frau von den Engeln* auf Latein zelebriert würde. Die Lesungen, die Predigt und bestimmte Gebete würden weiterhin in der Volkssprache gehalten werden.

Das Repertoire der Nonnen an volkstümlicher Gitarrenmusik aus den Sechziger- und Siebzigerjahren wurde schrittweise aus dem Programm genommen und durch Violinmusik ersetzt, mit der das *Pater Noster*, das *Gloria* und das *Agnus Dei* harmonisch begleitet wurde. Obwohl im Kloster die neue Messe nach der im Zweiten Vatikanum vorgesehenen Form gefeiert wurde, wobei der Priester mit dem Rücken zum Volk zelebrierte, wurden der Gottesdienst und die traditionellen Andachtsformen oftmals als Rückfall in eine längst vergangene Epoche missverstanden. Tatsächlich stand eine derart gefeierte Messe der vom Zweiten Vatikanischen Konzil vorgesehenen Erneuerung viel näher – und strahlte in fast jede amerikanische Diözese aus.

„Um die Macht von EWTN und von Mutter Angelica zu demonstrieren: Als ich zum ersten Mal hierherkam, fragten die Leute: Warum singen sie das *Kyrie*? Das versteht doch keiner mehr. Warum beten sie *Agnus Dei* statt ‚Lamm Gottes'?'", erinnerte sich Bischof David Foley von der Diözese Birmingham. „Aber wenn Sie heute in eine Reihe von Kirchen gehen, dann singt man dort wieder das *Agnus Dei* und das *Kyrie*. Das wäre nie geschehen, wenn es EWTN nicht gegeben hätte."

In ihrer weißen Dominikanerinnentracht, über der das braune Skapulier des hl. Franziskus hing, sahen die *Dienerinnen des Ewigen Wortes* ganz anders aus als ihre in Klausur lebenden Mitschwestern. Die Unterschiede in der Kleidung unterstrichen eigentlich nur noch die Uneinigkeit innerhalb des Klosters. Mutter Gabriel konnte gar nicht anders handeln als die Oberin, die sie einst bei den Dominikanerinnen war. Aus Gewohnheit beugten sich die *Dienerinnen des Ewigen Wortes* Mutter Gabriel in großen wie in kleinen Dingen. Sie entwickelten sogar ihre eigenen Andachtsformen, zogen sich diskret in das kleine Zimmer neben dem überdachten Autoparkplatz zurück, um den Rosenkranz gemeinschaftlich zu beten, womit sie die Klausurschwestern ausschlossen. Unter Mutter Angelicas Augen hatte ein ganz anderer Orden Gestalt angenommen, ein Orden in sich selbst.

Das Streben der *Dienerinnen des Ewigen Wortes* nach Unabhängigkeit war aber auch beim Sender sichtbar. Die EWTN-Angestellten erinnern sich, dass die *Dienerinnen* bei Programmentscheidungen direkt intervenierten. Einmal geschah es, dass eine Sendung, die angeblich von Mutter Angelica überprüft worden war, aus den EWTN-Regalen verschwand.

„Es stellte sich heraus, dass eine Schwester von den *Dienerinnen* mit diesem Programm nicht einverstanden war und es daher versteckt hatte“, erinnerte sich Chris Harrington. „Damit war es mit der Teilnahme der *Dienerinnen* am Sendebetrieb vorbei.“

Am 5. Mai 1992 spitzte sich die Lage zu. Mutter Angelica hatte eine Schwester von den *Dienerinnen* in ihr Büro gerufen, wohl wissend, dass diese Frau mit ihren Gelübden zu kämpfen hatte. Im Laufe des Gesprächs bekannte ihr die Nonne, dass sie im Kloster nicht im Frieden sei, und dass es auch den anderen Externen so ginge. Angelica war darüber „sehr betrübt“. Nach einer Aussprache beschlossen Mutter Angelica und Mutter Gabriel, dass die *Dienerinnen des Ewigen Wortes* sich in Birmingham ihre eigene Klausur bauen und dort eine eigenständige Gemeinschaft gründen sollten. „Sie konnten nicht dazu gezwungen werden, etwas zu tun, das nicht aus ihrem Herzen kam“, schrieb Schwester Raphael von diesem Tag.

Mutter Angelica räumte ein, dass die Entscheidung, Mutter Gabriel die *Dienerinnen des Ewigen Wortes* leiten zu lassen, vielleicht zu überstürzt gewesen war. „Sie hatte nie den Sinn dessen verstanden, was sie tun sollte“, erzählte mir Mutter Angelica. Doch dann beruhigte sie sich wieder – und wurde nachdenklich. „Ich kam zu dem Schluss, dass ich keine sehr gute Gründerin bin. Ich bin mir sicher, dass ich irgendwie an allem schuld war… Ich weiß es nicht.“

Mutter Gabriel und ihre *Dienerinnen des Ewigen Wortes* lehnten es ab, für dieses Buch interviewt zu werden, sodass über ihre Ansicht in Bezug auf die Gründung der Gemeinschaft und deren letztendliche Auflösung nur gemutmaßt werden kann. Doch aus den kurzen Kontakten, die ich mit ihnen hatte, geht klar hervor, dass sie dieses unerfreuliche Kapitel ihrer Geschichte am liebsten in der Vergangenheit ruhen lassen möchten.

Heute bieten die *Dienerinnen des Ewigen Wortes* Einkehrtage an, die von Personen geleitet werden, die zu EWTN gehören, und stellen für Besucher von EWTN Übernachtungsmöglichkeiten zur Verfügung, obwohl die Gemeinschaft zu Mutter Angelica oder ihrem Orden keine offizielle Verbindung mehr hat.

Der globale Rundfunksender

Auf dem dritthöchsten Berg Alabamas lagen auf vier Hektar Fläche Bäume wie Streichhölzer verstreut herum. Man hatte sie aus der Erde gerissen, um für den einzigen im Privatbesitz befindlichen Kurzwellensender der Welt Platz zu schaffen. Einheimische empörten sich über die Umweltschäden und die neuen Hochspannungsleitungen, die über ihr Gelände verlegt wurden. Andere verklagten den Sender wegen unbefugten Betretens ihres Grundstücks und prozessierten gegen ihn, weil er die einzige unbefestigte Straße zum Berggipfel ausgebaut hatte. Dann schätzte das örtliche Elektrizitätswerk, dass es jährlich etwa eine Million Dollar kosten würde, um den Sender nur mit Strom zu versorgen.

„Das war eine Zeit, in der man sich fragte: Habe ich jetzt die richtige Entscheidung getroffen? Hat der Herr mir das wirklich aufgetragen?", berichtete Mutter Angelica über diese Herausforderungen: „Von Anfang an war es ein Kummer, ein Problem, ein Zweifel – aber wir haben einfach weitergemacht."

Wie ein metallener Phönix, der seine Flügel über den Wäldern Alabamas ausbreitet, überdeckten die Vorhangantennen von WEWN die Bergkuppe. Von vier 500-Kilowatt-Sendeanlagen betrieben und durch Doppelgeneratoren für den Fall eines Stromausfalls oder einer länger anhaltenden göttlichen Zurechtweisung gesichert, war der Sender errichtet worden, um auf Dauer bestehen zu bleiben. Nicht einkalkulierte Ausschachtungen, Sprengungen, witterungsbedingte Verzögerungen und technische Ausgaben ließen das Budget auf 23 Millionen Dollar anschwellen.

Am 28. Dezember 1992 flog Piet Derksen nach Alabama, um an Mutter Angelicas Seite den Startschuss für WEWN zu geben. Dicker Nebel wand sich um den Berg und verbarg, was für die Summe von 23 Millionen Dollar errichtet worden war.

Vor mehr als hundert Zuschauern betätigten Derksen und Mutter Angelica im Innern der glänzenden Einrichtung die Schalter und sendeten das Kurzwellensignal in das Tal und weit darüber hinaus. Bei der Inbetriebnahme unterstrich Mutter Angelica in ihrer Rede den einzigartigen Dienst, den dieses Radioprojekt der Menschheit erweisen sollte, und lobte Piet und Trude Derksen für ihren unermüdlichen Einsatz.

„Ihr Glaube durch all die Jahre des Aufbaus hindurch und der Gedanke an die Millionen von Seelen, die aufgrund der täglichen Ausstrahlungen gerettet werden, gab uns den Mut, nicht aufzugeben… Für uns alle ist es aufregend zu erkennen, dass wir, falls sich irgendwo ein Erdbeben oder ein anderes Unglück ereignet, durch dieses wundervolle Medium die Möglichkeit haben, die Menschen sofort zu erreichen."

England, Russland, Japan, Indien und andere Länder bestätigten alsbald den Empfang des Signals. Das Gleiche geschah bei einigen Bewohnern Alabamas, die sogar ohne den Besitz eines Kurzwellenradios die Auswirkungen von WEWN in ihren Zahnfüllungen und Messingbetten spüren konnten!

Anfangs strahlte der Kurzwellensender Schriftlesungen, Katechesen und Andachten in sechsundzwanzig unterschiedlichen Sprachen aus. Doch nach zwei Jahren war das Programm mit vielen radiotauglichen TV-Serien bestückt, die bereits im Fernsehen gelaufen waren, sowie mit Mutter Angelicas Live-Shows.

Nach seiner Kündigung im Jahre 1993 sandte ein ehemaliger Angestellter des Kurzwellensenders einen Brief an Piet Derksen, in dem er Mutter Angelica finanzielle Unregelmäßigkeiten vorwarf. Obwohl diese Behauptungen nie belegt – und von Matt Scalici, Bill Steltemeier und Mutter Angelica in Interviews heftig bestritten wurden –, rief Derksen die Äbtissin vorwurfsvoll und wütend an. In Mutter Angelicas Rekonstruktion des Gesprächs nannte er sie *„a crook"* (im Englischen doppeldeutig, kann mit „Krücke" oder auch mit „Betrügerin" übersetzt werden, Anm. d. Ü.) und lehnte es ab, eine Erklärung anzuhören. „Wenn es Gottes Wille ist, dann lassen Sie Ihn die Sache beenden", sagte Derksen zu der Nonne. Nachdem er geschätzte 35 Millionen Dollar in die Projekte in Rom und Alabama investiert hatte, strich Piet Derksen nun jegliche finanzielle Unterstützung. Vor seinem Tod sollten er und Mutter Angelica sich noch versöhnen, doch zu diesem Zeitpunkt war die Nonne völlig niedergeschlagen.

„Ich kann Ihnen gar nicht sagen, wie ich mich fühlte. Ich war so untröstlich, derart niedergeschlagen", sagte Mutter Angelica über diesen Augenblick. „Wir hatten Angst davor, wie wir jeden Monat unsere Rechnungen bezahlen sollten."

Angelica schleppte sich in die Kapelle und bat ihren Bräutigam, das Kurzwellenprojekt zu unterstützen – zum Beweis dafür, dass es Teil Seines Willens war. Sie wies Bill Steltemeier an, die Kurzwellenausgaben zu den Betriebskosten des Senders dazuzuschlagen und vertraute, dass sich Gott irgendwie darum kümmern würde.

Sie war den Anweisungen gefolgt und hatte etwas aufgebaut, was „alle Völker und Stämme" erreichen konnte. In dem hitzigen Kampf um Lehre und Praxis innerhalb der katholischen Kirche sollte Mutter Angelica schon bald ein neues Ziel für den Kurzwellensender und für ihr gesamtes Medienimperium entdecken.

15. Kapitel

Die Verteidigerin des Glaubens

Das Eingreifen von Kardinal Bernard Law von der Diözese Boston auf einer außerordentlichen Bischofssynode im Jahre 1985 führte zu der Herausgabe des ersten Weltkatechismus der katholischen Kirche nach mehr als vier Jahrhunderten. Law, der damit einen weitverbreiteten Wunsch unter den Bischöfen zum Ausdruck brachte, forderte einen einzigen Band, in dem exakt festgeschrieben werden sollte, was die Kirche in dieser unruhigen Zeit nach dem Zweiten Vatikanischen Konzil glaubte und lehrte. Johannes Paul II. begrüßte diese Idee und setzte 1986 eine Kommission ein, die einen Entwurf vorbereiten sollte.

Die ursprüngliche französische Ausgabe dieses Katechismus, die vom Papst im Oktober 1992 veröffentlicht wurde, verkaufte sich mehr als eine Million Mal. Die internationale Nachfrage verstärkte sich und machte die Veröffentlichung von spanischen, asiatischen, italienischen und afrikanischen Ausgaben erforderlich. Doch die englische Edition, die sich in einem linguistischen und theologischen Sumpf verfangen hatte, war nirgends zu finden. Für diese Verzögerung war Mutter Angelica zum Teil mitverantwortlich.

Da Kardinal Law eine bahnbrechende Rolle bei der Entstehung des Katechismus spielte, war es nur natürlich, dass er die Übersetzung der englischen Ausgabe überwachen sollte. Unter seiner Leitung wandten die Übersetzer eine verallgemeinernde Sprache an, bei der alle geschlechtsspezifischen Begriffe systematisch aus dem Katechismus gestrichen und durch geschlechtsneutrale Alternativen ersetzt wurden. Der Begriff „Männer" wurde beispielsweise mit „Menschheit" übersetzt; „Männer und Frauen" wurden zu „Volk und Familie". Die Worte Jesu „Was ihr dem Geringsten meiner Brüder getan habt" lauteten in der neuen

Übersetzung: „Was ihr den Geringsten, den Mitgliedern meiner Familie, getan habt".

In einem Begleitbrief zum abschließenden englischen Entwurf vom Dezember 1992 schilderte Kardinal Law seinen Brüdern im Bischofsamt die Übersetzung als ein „moderates Vorgehen" in Richtung einer verallgemeinernden Sprache. Die amerikanischen Bischöfe billigten den Entwurf und sandten ihn zur endgültigen Bestätigung nach Rom. Ein Sturm der Kritik setzte ein.

„Sie haben die Sprache nicht aus substanziellen Gründen geändert, sondern weil einige Interessensverbände sagen: ‚Wir fühlen uns verletzt'", klagte Pater Joseph Fessio, Herausgeber des traditionellen Verlages *Ignatius Press*, in den Medien. Fessio glaubte, dass die Übersetzer vor Progressiven und Feministen kapituliert hatten, die die katholische Lehre korrigieren wollten, um sie ihrem eigenen Konzept anzupassen. „Es gibt aber auch andere Katholiken, die keine Veränderung wollen, und die ignoriert man", sagte Fessio.

In der Kirchenzeitung seines Erzbistums verteidigte Kardinal Law die Übersetzung aus kulturellen Gründen. „Es gab einmal eine Zeit, in der das (englische) Wort ‚*man*' generell ... als gleichbedeutend mit ‚allen Menschen' verstanden wurde", schrieb er. „Doch dies ist heute angesichts der kulturellen Verschiebung in Richtung einer Verallgemeinerung nicht immer der Fall."

Mutter Angelicas Schwestern hatten bereits 150 englische Katechismen für den Verkauf in ihrem Geschenkartikelladen bestellt, als sich die Nachricht über diese Kontroverse im Kloster herumsprach. Schwester Agnes, eine mit Schönheit und Elan ausgezeichnete Nonne, rief beherzt den Zwischenhändler an, um zu ermitteln, welche Ausgabe des Katechismus sie zu erwarten hätten. Als sie erfuhr, dass sie Exemplare mit der „Übersetzung in der verallgemeinernden Sprache" reserviert hatten, machte Agnes die Bestellung rückgängig, weil sie davon ausging, dass Mutter Angelica die Stornierung für richtig hielt. Hätte es sich um eine andere Gruppe von Schwestern gehandelt, dann wäre der Zwischenfall ohne weitere Beachtung verlaufen, doch bei einem Kloster mit einem direkten Draht zu Millionen von Katholiken musste man doch genauer hinsehen.

Am 8. Januar 1993 klingelte im Kloster das Telefon. Es war Kardinal Law, der – wie man kolportierte – Mutter Angelica anrief, um mit ihr über die Stornierung der Buchbestellungen zu diskutieren und ihr eine Botschaft des Päpstlichen Nuntius auszurichten. Da Angelica noch heiser von einem schweren Asthmaanfall war, nahm sie den Anruf nicht entgegen. Der Klosterchronik zufolge rief der Nuntius anschließend selber beim Sender an und auch dort wurde mitgeteilt, dass Mutter Angelica nicht sprechen könne.

Später am gleichen Tag meldete sich auch Bischof Raymond Boland von Birmingham telefonisch bei Angelica, um ihr zu versichern, dass die Übersetzung des Katechismus in einer verallgemeinernden Sprache von Rom genehmigt worden sei und dass ein öffentlicher Widerstand als feindselige Haltung gegenüber dem Willen der Kirche betrachtet würde. Dieses Telefonat nahm Mutter Angelica jetzt entgegen. Mit krächzender Stimme sagte sie dem Bischof, dass sie die verallgemeinernde Sprache nicht schätze, und dann stellte sie eine rhetorische Frage: „Wurde Jesus vom Heiligen Geist empfangen und als Mensch oder als Individuum geboren? Sie fragen eine Mutter doch auch nicht, ob ihr Baby ein Mensch ist, sondern Sie fragen, ob es ein Junge oder ein Mädchen ist!“ Obwohl sie nicht unmittelbar für die Stornierung der Buchbestellung verantwortlich war, die den Anlass zu diesem Telefonat gab, war die Ordensfrau nur allzu froh, ihre Meinung äußern zu können. Damit war die Schlacht eröffnet.

Nachdem der Vatikan den englischen Entwurf des Katechismus geprüft hatte, wurde Kardinal Law im Februar nach Rom einbestellt. Zur selben Zeit war Mutter Angelica in eigener Sache in der Ewigen Stadt. Als sie sich dem Gebäude der Kongregation für die Glaubenslehre neben dem Petersdom näherte und Kardinal Law dieses gerade verließ, überzog sich sein wohlgenährtes Gesicht mit einem Lächeln.

„Oh, hallo, Mutter Angelica! Wie ich höre, haben Sie eine Verabredung mit Kardinal Ratzinger. Forcieren Sie diese verallgemeinernde Sprache. In den USA ist das sehr wichtig“, erinnerte sich Angelica an die Worte des Kardinals. „Und ich dachte, Junge, du solltest eigentlich wissen, weshalb ich hier bin.“

Mutter Angelica traf sich mit Kardinal Joseph Ratzinger, dem damaligen Präfekten der Glaubenskongregation, der in dieser Eigenschaft letztendlich für den Katechismus verantwortlich war. Sie unterhielten sich sehr intensiv in seinem Sprechzimmer. Mutter Angelica saß unbequem in einem mit goldfarbenem und rotem Samt bezogenen Polstersessel, den man leicht für Napoleons Krönungsstuhl hätte halten können, und erläuterte die Reichweite ihres vierundzwanzigstündigen Fernsehbetriebes und des Kurzwellensenders. „Ich möchte die Kirche auf der ganzen Welt verbreiten, und wir sind dazu auch in der Lage – aber nicht, wenn es in verallgemeinernder Sprache geschehen soll“, sagte sie dem Kardinal und spielte damit kühn auf die amerikanische Fassung des Katechismus an. „Sie ist furchtbar; sie verändert die Lehre, und das verändert dann alles.“ Nach dem Austausch von Höflichkeiten dankte die Äbtissin dem Kardinal für seine erübrigte Zeit und ging wieder.

Der Vatikan lehnte den geschlechtsneutralen Entwurf ab und setzte die Veröffentlichung des englischen Katechismus für fast anderthalb Jahre aus. In der Zwischenzeit gab der Heilige Stuhl seine eigene Übersetzung in Auftrag, getreu dem französischen Original und wieder reichlich mit maskulinen Pronomen und geschlechtsspezifischen Bezeichnungen versehen. Obwohl es nicht möglich ist, Mutter Angelicas Einfluss auf diese Wende der Ereignisse in irgendeiner Form abzuschätzen, fühlt sich Kardinal Law heute – mehr als ein Jahrzehnt später – noch immer durch diese Zurückweisung getroffen und kann nicht vergessen, dass Mutter Angelica ihre Hand mit im Spiel hatte.

„Ich glaube, dass unser Endprodukt besser war als der Band, der offiziell herausgegeben wurde, und sie muss einige ziemlich starke Äußerungen über mich gemacht haben. Die Reaktion auf das Projekt war, wie ich meine, doch sehr ungerecht“, erzählte er mir. Law protestierte gegen die Darstellungen seines ideologischen Standpunkts und die Motive, die seinem Handeln zugeschrieben wurden. „Ich denke, dass man mich danach vielleicht ins Abseits drängte – denn ich wurde nie mehr zu EWTN eingeladen.“

Eine verstopfte Nase und Hustenanfälle legten Anfang des Jahres 1993 Mutter Angelica mehrmals lahm. Die siebzigjährige Äbtissin hatte während ihrer Live-Show ständig mit einer Kehlkopfentzündung und einer keuchenden Aussprache zu kämpfen. Zu Hause inhalierte sie und war zum Überleben auf Sauerstoffflaschen angewiesen. Am 5. Mai musste sie für ihre strapazierte Lunge professionelle Hilfe in Anspruch nehmen.

Ein schwerer Bronchialinfekt wurde diagnostiziert, der sie zwei Wochen lang im Krankenhaus festhielt. Während ihres Aufenthaltes dort zertrümmerte ein grausamer Hustenanfall, der ihren stämmigen Körper erschütterte und ihre Wangen dunkelviolett färbte, einen ihrer Rückenwirbel. Der zertrümmerte Knochen schädigte einen Nerv, der zu ihrem rechten – noch gesunden – Bein führte. Das Bein verfärbte sich in ein hässliches Violett und sah nun wie mit Tinte beschmutztes Porzellan aus, das sich nicht mehr bewegen ließ. Die Schmerzen waren unerträglich. Um den Wirbelsäulenschaden auszugleichen, trug sie ein neues Rückenkorsett und eine Beinstütze. Das Rückenkorsett opferte sie Gott dem Vater auf, die rechte Beinstütze dem Sohn, und die alte linke Beinstütze dem Heiligen Geist. Jetzt benötigte sie sogar für kurze Entfernungen ein Paar Krücken.

Rückblickend sah Mutter Angelica in den Schmerzen die Hand der Vorsehung: „Sie hielten mich, bei allem, was ich tat in vollkommener Abhängigkeit vom Herrn. Sie bewahrten mich davor, mir jemals den Verdienst für eine Leistung selbst zuzuschreiben. Sie waren ein Schutz, eine Art Schutzschild für mich. Ich denke, das gilt für jeden; man sieht es einfach nur nicht, oder es wird einem einfach nicht gesagt."

Nach siebenwöchiger Abwesenheit vom Sender teilte sie ihre schmerzvolle Erfahrung mit ihrer „EWTN-Familie" und sagte: „Eine der Lektionen, die ich lernte, war, dass Leiden und Alter äußerst wertvoll sind. Und wisst Ihr warum? Weil wir an diesem Punkt in unserem Leben stark sind."

Wochen später sollte die alte Äbtissin schon zeigen, wie stark sie bei der Feier des Weltjugendtages in Denver in Colorado war.

Die Transvestitin in Denver

Für EWTN bedeutete die Begegnung des Papstes mit der Jugend der Welt in etwa das Gleiche wie die Olympischen Spiele für die weltlichen Fernsehanstalten. In den 32 Millionen Haushalten, die das EWTN-Fernsehprogramm empfangen konnten, rechnete man schon fest damit, den Papst live und ungekürzt zu sehen. Pfarrer Timothy Dolan von St. Louis und Stephanie Claudy, eine Studentin, sollten den Besuch moderieren. Mutter Angelica plante, täglich einen halbstündigen Beitrag mit dem Titel *Mother's Corner* zu kommentieren.

Am Freitagabend, 13. August 1993, übertrug EWTN um 19.30 Uhr einen Kreuzweg aus dem *Mile High*-Stadion. Mutter Angelica hatte das Ereignis am Tag zuvor schon auf besondere Weise angekündigt und ihre Zuschauer aufgefordert, sich dem Papst und der Jugend der Welt anzuschließen, um die Passion Christi zu betrachten.

Doch in dieser Nacht lief im *Mile High*-Stadion nichts nach Plan. Kardinal Eduardo Pironio vom Päpstlichen Rat für die Laien und nicht der Heilige Vater führte den Kreuzweg an. Und als die aus Cincinnati stammende Pantomimentruppe, die *Fountain Square Fools*, in die Arena kam, um die Passion Christi auf der Bühne darzustellen, ging ein Schock durch das Land. Im EWTN-Übertragungswagen saß der neue Sendeleiter, Michael Warsaw, der früher für die Öffentlichkeitsarbeit des Heiligtums der Unbefleckten Empfängnis (*National Shrine of the Immaculate Conception*) in Washington D.C. verantwortlich war. Als er den Kreuzweg auf seinem Bildschirm verfolgte, machte er plötzlich ein verblüfftes Gesicht. Einer der Pantomimen kam ihm etwas seltsam vor. Als Warsaw kurz zu einer Pause hinausging, übernahm Chris Harrington seinen Platz auf der Bank vor den Fernseh-Monitoren. Sie war entsetzt darüber, was sie da sah, und sie war sich sicher, dass Mutter Angelica ähnlich reagieren würde. Auf dem Bildschirm erschien, eingehüllt in ein weißes Gewand aus Chiffon, die attraktive Christina Brown – ein Vollblutweib – vor 70.000 Teenagern und Millionen von Fernsehhaushalten in der Rolle von Jesus Christus.

Harrington verließ den Übertragungswagen, um Mutter Angelica zu suchen. Die Nonne saß mit Bill Steltemeier und Schwester

Margaret Mary im Hotelrestaurant und starrte auf ein Dessert mit weißer Schokolade, als Harrington hereinstürmte.

„Mutter Angelica, ich muss Ihnen unbedingt etwas sagen“, stieß Harrington hervor. „Sie gehen den Kreuzweg, und Christus wird von einer Frau dargestellt!“

„Sie machen einen Witz“, sagte Mutter Angelica und legte ihre Gabel neben ihre unberührte Nachspeise. Sie stand auf und humpelte zum Sendewagen hinüber, um sich selbst zu überzeugen. „Das ist wirklich eine Frau“, rief sie empört und starrte auf die Monitore. „Das ist die Höhe! Mir reicht's jetzt!“

Mutter Angelica schickte Steltemeier zu den Büros der Bischofskonferenz, um eine Erklärung zu verlangen. Sie war gekränkt und wütend. Aus ihrer Sicht hatte man EWTN dazu benutzt, etwas zu übertragen, das die Propagierung der Frauenordination unterstützte, nach dem Motto: Wenn schon eine Frau vor Millionen von Zuschauern bei einem offiziellen Papstbesuch Jesus spielen durfte, warum sollte dann den Frauen das Recht verwehrt werden, in *persona Christi* am Altar zu stehen?

Steltemeiers Zimmer lag neben dem von Mutter Angelica. Er berichtete, dass die Äbtissin die meiste Zeit in der Nacht wach war und weinte und betete. Von qualvollen Gedanken gepeinigt, wie man auf die nach ihrer Meinung politisch belastete Darbietung reagieren sollte, spürte Mutter Angelica, dass sie Kirche und Papst verteidigen musste.

„Herr, ich bin wütend, ich bin bestürzt“, betete sie. „Ich möchte nicht sagen, was ich darüber denke. Ich will das sagen, was Du von mir erwartest.“ Sie beschloss, am folgenden Tag eine Erklärung abzugeben, hatte jedoch noch keinen Plan in Bezug auf den Inhalt.

Als Reaktion auf die unerbittlichen Nachfragen von Bill Steltemeier und zur Abwendung eines sich gerade entwickelnden Streites gab die Bischofskonferenz am 14. August eine kurz gefasste Presseerklärung heraus. „Eine Pantomime ist niemals eine historische Darstellung“, hieß es dort. „Die Veranstalter hatten nie die Absicht, die Kreuzwegstationen in einer historischen Präsentation zu zeigen. Jeder, sogar ein Kind, hätte jede der Rollen spielen können.“

Die *Denver Post*, die wohl nicht über die subtilen Interpretationsfähigkeiten der Mitarbeiter der Bischofskonferenz verfügte, sah den „Transgender"-Kreuzweg in ihrer Morgenausgabe indes anders. In dem Artikel stand, dass „Jesus von einer Frau dargestellt" wurde, „was so mancher angesichts der Tatsache, dass die katholische Kirche keine Frauen zum Priester weihen will, wohl als eine Ironie betrachtet haben mag".

Die Organisatoren räumten ein, dass die Wahl einer Frau für die Hauptrolle durchaus geplant war. Salli Lovelarkin, Geschäftsführerin der *Fountain Square Fools*, berichtete dem katholischen Nachrichtendienst am 8. September, dass Christina Brown vor allem deshalb ausgesucht wurde, weil sie „den in der Renaissance üblichen Porträts von Jesus ähnelte", und dass man jede Anstrengung unternommen habe, „die Darstellung geschlechtsneutral durchzuführen".

Diese „neutrale Darstellung" war Schwester Maureen Fiedler, einer leidenschaftlichen Verfechterin der Priesterweihe für Frauen, völlig entgangen. „Der einzige Grund, den der Vatikan angibt, weshalb Frauen angeblich keine Priester werden können, ist, dass wir nicht das Abbild von Christus sind", erklärte Fiedler einem Journalisten nach dem Kreuzweg. „Doch wenn sie hier Christus als Frau darstellen, dann gibt es da offensichtlich doch jemanden, der sich vorstellen kann, dass wir das Abbild von Christus sein können. Wenn sie für den Kreuzweg eine Frau einsetzen... dann haben sie ja praktisch eigenhändig eines ihrer Hauptargumente zunichtegemacht."

Ein hochrangiger Amtsträger aus dem Vatikan, der zugegen war, als der Papst den Kreuzweg im Fernsehen anschaute, erzählte mir in einem Interview, dass Seine Heiligkeit, „der ja selbst Schauspieler gewesen war, es durchaus in den Zusammenhang einordnen konnte. Doch er verstand sicher auch die beabsichtigte Botschaft". Die Erzdiözese von Denver ließ Nachforschungen anstellen, um herauszubekommen, wer für die Aufführung verantwortlich war. Doch die Mitarbeiter der Bischofskonferenz hielten dicht. Schwester Mary Ann Walsh, die Pressesprecherin des Weltjugendtages, sagte, dass die Truppe von *Fountain Square Fools* von der Erzdiözese Cincinnati gutgeheißen wurde – eine Behauptung, die die Erzdiözese Cincinnati später abstritt.

Als sich Mutter Angelica beim Frühstück die Reportage genau durchlas, gab sie ihren Plan für den Tag bekannt. „Ich werde sie in der Luft zerreißen. Was meinen Sie dazu?", fragte die Ordensfrau Bill Steltemeier.

„Na, dann los, Mutter Angelica."

Sie rief Schwester Raphael an und wies sie an sicherzustellen, dass die Schwestern die Mittagssendung anschauen würden.

An diesem Samstag hieß der Beitrag bei *Mother's Corner*: „Der Hintergedanke." Mutter Angelica saß auf einem Hocker vor einem Bildschirm mit dem Logo des Weltjugendtages, und man sah ihr an, dass sie von Anfang an ungehalten war. Wie ein Damm, der einen Sturzbach aufhält, presste sie das Kinn auf ihre Brust und war nun – die Augen vor Wut funkelnd – bereit loszulegen.

„Gestern habe ich einen Irrtum begangen, als ich zu Ihnen sprach. Ich lud Sie ein, sich den Heiligen Vater bei den Kreuzwegstationen anzusehen, aber er hat die Stationen gar nicht gebetet. Ich möchte mich bei Ihnen für dieses Versehen entschuldigen. Ich bin sehr froh darüber, dass er nicht dabei war. Die Stationen waren schön. Die Gebete waren schön. Aber man hatte Unseren Herrn als eine Frau dargestellt, ein Gräuel für den Ewigen Vater im Himmel!"

Wie eine Mutter, die ihr Junges verteidigt, ließ sie auf ihre Gegner etwas niedersausen, das schärfer als ein Brotmesser war. Was dann kam, war ebenso erregt wie emotional. Als sie fortfuhr, sprudelte es noch schneller aus ihr hervor:

„Es ist Blasphemie, sich zu erdreisten, Jesus als Frau darzustellen. Sie wissen, dass wir uns als Katholiken die ganzen Jahre über still verhalten haben. Das Zweite Vatikanische Konzil – mit solch wundervollen, vom Heiligen Geist inspirierten Dokumenten! ... man hat sie falsch wiedergegeben und falsch ausgelegt, und jeder Vorwand ist recht, wie etwa diese Pantomime, den vatikanischen Dokumenten die Schuld zuzuschieben... Ich habe es satt, ich habe es einfach satt, in die „Ecke" (eine Anspielung auf den Sendebeitrag *Mother's Corner*, Anm. d. Ü.) gestellt zu werden. Ich habe eure verallgemeinernde Sprache satt, die es ablehnt anzuerkennen, dass der Sohn Gottes ein Mann ist! Ich habe eure Tricks satt, eure Irreführung! Ich habe es satt, dass ihr einen Riss vortäuscht, wo ein großes Loch ist, in das wir alle hineinfallen werden. Nein, das war pure Absicht... Ihr habt eine Aussage gemacht, die nicht zufällig war." Sie holte tief Luft und schaute jetzt mit einem schneidenden Blick in die Kamera. „Ich habe dich, liberale Kirche von Amerika, so satt."

Nachdem sie eine ganze Litanei von Freveln aufgezählt hatte, darunter die Geringschätzung der Eucharistie, das (an der Zen-Meditation orientierte, Anm. d. Ü.) *Centering Prayer* („Sammlungsgebet") und den obligatorischen Sexualkundeunterricht in der Schule, explodierte Angelica schließlich. „Ihr seid krank... Ihr könnt nichts anbieten. Ihr könnt nur zerstören", sagte sie schäumend vor Wut.

„Ihr bringt keine Berufungen hervor, und es macht euch noch nicht einmal etwas aus – euer einziges Ziel ist, zu zerstören!" Mutter Angelica verschränkte ihre Arme, ihre Stimme schwoll an. „Der Heilige Vater ist ein heiliger Vater. Sein ganzes Amt besteht darin, die Wahrheit zu verkünden... und ihr zerstört sie schon, bevor sie in der Zeitung erscheint. Ihr lehnt euch dagegen auf. Ihr nennt ihn einen alten Mann... und schmuggelt uns diese Pantomime, diese Frau als Jesus unter. Ihr könnt diese großartige katholische Lehre nicht ausstehen, deshalb verderbt ihr sie, so, wie ihr vieles in den letzten dreißig Jahren ruiniert habt... Versucht es doch einmal mit Martin Luther King und stellt eine weiße Frau an seinen Platz und dann seht zu, was passiert! Versucht es mal mit Moses und Mohammed! Nein, wir sind ja die Einzigen, auf die man eindreschen kann, und wir schweigen dazu."

Sie fauchte, um den Schmerz zu unterdrücken, ihre Augen wurden feucht. Wenn sie die Person Christi und die Kirche verteidigte, dann entfachte das in ihr einen wahren Zorn. Sie kaute förmlich jede einzelne Silbe, umklammerte das Kruzifix an ihrer Brust, als ob von ihm alle Redekunst ausginge, und fuhr fort: „Sehen Sie diesen Kragen (Kollar). Wir wählten diesen kleinen modischen Kragen, damit wir bei der modernen Welt, dieser heidnischen Gesellschaft, gut ankommen konnten... Wir werden ihn austauschen. Wir werden sehr römisch aussehen, weil ich ein Zeichen setzen möchte!"

Im Kloster *Unsere Liebe Frau von den Engeln* brach Jubel aus. Zumindest die im Zimmer des hl. Josef versammelten Schwestern spendeten Mutter Angelica Beifall.

„Ihr verbergt eure Absichten hinter einer Pantomime. Meine Ziele sind dagegen nicht verborgen“, sagte sie. „Bisher habe ich jedoch noch von niemand gehört, der euch widersprochen und euch in Bedrängnis gebracht hätte oder euch entgegengetreten wäre. Dann mache ich es hiermit und spreche es offen aus... Ich nehme es euch übel, dass ihr eure antikatholischen, gottlosen Abwege den Massen in diesem Land aufdrängt... Lebt euer Leben in eurer Falschheit und euren Lügen – aber lasst uns damit in Ruhe... Verströmt euer Gift und eure Bosheit nicht über die ganze Kirche!“ Plötzlich wurde ihre Stimme ruhig. „Trotz allem, was ich eben gesagt habe, liebe ich euch und es tut mir sehr leid, dass es so weit kommen musste, aber es musste nun einmal gesagt werden.“

Mutter Angelicas öffentliche Kampfansage an den progressiven Flügel der katholischen Kirche hallte weit über den Weltjugendtag hinaus, wobei das eigentliche Pantomimenspiel, das den Anlass dazu gab, ganz in den Hintergrund geriet.

„Offenkundig fand ihre Botschaft bei einem beträchtlichen Teil unserer Zuschauer großen Anklang“, äußerte sich Michael Warsaw. „Sie drückte das aus, was so viele Menschen schon so lange insgeheim selbst gedacht und vor sich hin gemurmelt hatten. Sie sprach die Gedanken ihrer Zuschauer aus: ‚Wir sind sauer, und wir lassen uns das nicht mehr bieten!‘“

„Der Weltjugendtag war *der* Wendepunkt für den Sender und für Mutter Angelica“, meinte Chris Harrington. In dieser kurzen halben Stunde in Denver hatte Mutter Angelica einen Kreuzzug der Rechtgläubigkeit ausgerufen, und damit all jene herausgefordert, die sich durch die ununterbrochenen Veränderungen innerhalb der katholischen Kirche entrechtet und irregeleitet fühlten. Sie wollten fest im Glauben stehen und kein weiteres Terrain mehr preisgegeben.

Die offizielle Reaktion auf Mutter Angelicas Temperamentsausbruch kam prompt. Bei einem Telefonat am 15. August teilte der Vorsitzende der amerikanischen Bischofskonferenz, Erzbischof William Keeler, ihr mit, sie habe „überreagiert“. Tage später drängte er EWTN dazu, den Beitrag auf Eis zu legen und Wiederholungen vorübergehend nicht zu senden, um die Kontroverse nicht noch anzuheizen. Doch das Feuer war bereits angefacht.

In einem wütenden Leitartikel schrieb Erzbischof Rembert Weakland, dass das „sinnlose und herzlose gegenseitige Verurteilen" aufhören müsse. Sodann verurteilte er Mutter Angelicas „ätzenden" Kommentar: „Eine halbe Stunde lang schimpfte und wetterte sie über die Missbräuche seit dem Zweiten Vatikanum, wobei sie ihr persönliches Urteil – selbstverständlich – mit dem des Heiligen Vaters gleichsetzt", schrieb Weakland. „Es war eine der beschämendsten, unchristlichsten, anstößigsten und polarisierendsten Hetzreden, die ich je gehört habe."

„Aber dass eine Frau in der Rolle von Jesus anstößig ist, glaubt er wohl nicht", sagte Mutter Angelica über Weaklands Kritik. „Was mich betrifft, so kann er mir den Buckel runterrutschen."

Der *National Catholic Reporter* brandmarkte Angelica als Fundamentalistin, die bei ihrem Weltjugendtags-Auftritt „Furcht und Finsternis" verbreitet habe. Die Beziehungen zur Bischofskonferenz verschlechterten sich. „In diesem Augenblick warf sie den Fehdehandschuh für die Rechtgläubigkeit und die Gestalt der Kunst hin", sagte Bischof Robert Lynch, damals Angehöriger der Bischofskonferenz. „Von 1988 bis 1993 wahrten wir eine gewisse Distanz, nach 1993 trieb sie es dann zu weit."

Mutter Angelica hatte einer wachsenden Gemeinde traditioneller und enttäuschter Katholiken jedoch eine Stimme verliehen, und sie hatte sich als deren Sprecherin ihre Sporen verdient. In einer gemeinsamen Erklärung gratulierte eine Gruppe prominenter Katholiken, zu der der Schriftsteller und Theologe Ralph McInerny, Pater Joseph Fessio, Verleger von *Ignatius Press*, und Helen Hull Hitchcock von der Vereinigung *Women for Faith and Family* („Frauen für Glauben und Familie") gehörten, Mutter Angelica für ihre Freimütigkeit, und sie bestätigten ihre Bedenken.

„Ich war einfach nur beherzt", sagte Angelica über ihren Kommentar zum Weltjugendtag. „Für mich war das Ganze ein Sakrileg, und es zeigte mir, wie weit die liberale Kirche gegangen war, und wie sie beabsichtigte, den Glauben auf ein Nichts zu reduzieren."

Über Angelicas Kühnheit berichteten *National Public Radio*, die *Washington Post*, der *Newsday* und viele Zeitungen im ganzen Land. Die breite Öffentlichkeit, von der ein großer Teil sie in

Denver wohl zum ersten Mal gesehen hatte, war von der „zischenden“ Nonne fasziniert, und man wollte mehr von ihr sehen. Die Kabelnetzbetreiber wurden jetzt aufmerksam. In dem Jahr nach dem Weltjugendtag wurde EWTN von mehr als zweihundert weiteren Kabelnetzbetreibern übernommen, wodurch nun mindestens zwei Millionen neue Haushalte in den Vereinigten Staaten und weitere zwei Millionen Haushalte im Ausland erreicht wurden. Mutter Angelicas „*One Woman-Show*“ in Denver war also ein durchschlagender Erfolg, der dauerhafte Spuren sowohl bei der Nonne selbst als auch bei ihrer Gemeinschaft hinterlassen sollte.

Zurück in die Zukunft

Nichts kündete mehr von Mutter Angelicas neu belebter Rechtgläubigkeit als die traditionelle franziskanische Ordenstracht, die sie und ihre Schwestern wieder einführen sollten. Die Äbtissin hielt ihr Versprechen, „sehr römisch auszusehen“, und verzichtete mit ihren Schwestern von nun ab auf den verkürzten hellbraunen Schleier, den sie seit den Sechzigerjahren getragen hatten, und führte stattdessen wieder den schwarzen Schleier mit Brusttuch ein, wie sie es noch von ihrem frühen Ordensleben her kannte. Die neue Kopfbedeckung umgab das Gesicht vollständig und bedeckte Hals und Ohren. Ein dickes Stoffband verlief quer über die Stirn und hielt die Haare zurück. Oben auf dem Kopf der Nonne sprang der schwarze Schleier wie ein flacher Überhang nach vorne und fiel in einer ordentlichen Falte auf den Rücken herab. Es dauerte Monate, bis man das Schnittmuster vervollkommnet und nachgezeichnet hatte.

Obwohl Mutter Angelikas Ankündigung in Denver den Garderobenwechsel einleitete, hatte eine kleine Gruppe Nonnen, zu der Schwester Antoinette und Schwester Margaret Mary gehörten, bereits seit 1988 für eine Rückkehr zur alten Ordenstracht geworben. Als ihre Vorstellungen zur Umgestaltung der Ordenstracht von der Oberin zurückgewiesen worden waren, die meinte, dass die Zuschauer die Gemeinschaft sonst als „vorkonziliar“ einstufen würden, begann diese Gruppe von Nonnen, eine Novene zu beten. Um sich gegenseitig an ihre Gebetsintention zu erinnern, strichen sie sich wortlos mit dem Finger über ihre Stirn, während sie durch die Flure gingen. Das hohe Zeichen deutete auf die Stelle hin, an der das weiße Band der Kopfbedeckung sitzen sollte, wenn ihre Gebete Erhörung finden würden. Am Heiligen Abend 1993 ging ihr Wunsch nun in Erfüllung. Bei ihrer im Fernsehen übertragenen Mitternachtsmesse trugen alle Nonnen des Klosters die traditionelle Kopfbedeckung. Die älteren Schwestern wehrten sich mehr als die jüngeren gegen einen Wechsel der Ordenstracht. „Ich mochte sie nicht", erzählte mir Schwester Joseph in einem Interview. „Ich fand sie einfach unbequem."

Durch den eingeschränkten Blickwinkel fühlte sich eine ehemalige Nonne, als ob sie sich „in einem Kasten" befände, wenn sie diese Kopfbedeckung trug. Sogar Schwester Raphael, Mutter Angelicas Stellvertreterin, fühlte sich mit dieser Veränderung nicht wohl; doch sie und die anderen Schwestern trugen die Ordenstracht – im Gehorsam – mit Stolz.

„Etwas Gutes hat diese vollständige Ordenstracht ja an sich", sagte Mutter Angelica und scherzte mit ihrem Fernsehpublikum am 4. Januar 1994: „Das alte Gesicht ist immer noch dasselbe. Man sieht nur nicht mehr das Kinn, wie es nach unten hängt." Sie erläuterte, dass diese Veränderung der Ordenstracht ein notwendiges Zeugnis sei, ein Symbol, das eine „fortwährende und leicht verständliche Predigt des Evangeliums" darstelle.

Innerhalb der Klausur machte die Oberin ihre Absichten noch deutlicher, indem sie ihren Nonnen erklärte: „Es ist ein Risiko, das wir auf uns nehmen, weil wir nicht alle Folgen vorhersehen. Wir können Zuschauer und Wohltäter verlieren oder gewinnen, aber das spielt alles keine Rolle – die Hauptsache ist: Seinen Willen auszuführen. Wir müssen vielleicht in überspitzter Form Zeugnis ablegen. Vielleicht werden andere Schwestern Mut fassen und auch wieder anfangen, das Ordensgewand zu tragen. Wir müssen diese Extra-Meile gehen – es ist ein Zeugnis für unsere Ganzhingabe an den Herrn, unsere gegenseitige Hingabe und für unseren Gehorsam gegenüber der Kirche."

Sie blieb aber nicht bei Äußerlichkeiten stehen. Hausintern stellte Angelica Klausurpraktiken wieder her, die sie in früheren

Tagen belächelt hatte. Das öffentliche Bekennen von Vergehen, die sogenannten *Culpas* kehrten zurück, und in der Klausur wurde ein strenges Schweigen auferlegt. In der Gemeinschaft sollte es kein Zeitungslesen und kein Fernsehen mehr geben. Die Oberin selbst berichtete von nun an den Schwestern, was sie wissen mussten. Um die Schwestern auf die Verehrung des Allerheiligsten zu lenken, führte sie die vor langer Zeit über Bord geworfenen frommen Akte erneut ein. Die Nonnen sollten sich während der Konsekration bei der Messe niederwerfen, und zu Beginn ihrer persönlichen Anbetungsstunden sollte ein obligatorisches Dankgebet gesprochen werden. Mutter Angelica selbst begann damit, täglich drei Stunden mit ihrem Bräutigam in ungestörtem Gebet für die „Bekehrung der Welt" zu verbringen. Die erste Stunde betete sie vor dem Allerheiligsten morgens von 5 bis 6 Uhr, die zweite Stunde von 12.30 bis 13.30 Uhr und die letzte Stunde dann nach der Live-Sendung, bevor sie sich ins Bett zurückzog.

„An dieser Stelle traf sie eine Entscheidung: Zum Kuckuck mit der Fehlinterpretation des Zweiten Vatikanums, wir gehen zum eigentlichen Kern zurück", erzählte Pater Joseph Wolfe „Sie musste das sein, wofür sie ihre Profess abgelegt hatte: eine klausurierte Nonne. Dazu gehörte, sich gegen Kritik zu schützen und selbst integer zu bleiben."

In der Zeit nach dem Weltjugendtag entwickelten sich auch Mutter Angelicas Unterweisungen weiter. Ihre Schwestern und Brüder stellten nach diesem Ereignis eine gerechte Empörung in ihrer Vorgehensweise fest – sie war nun weniger eine erziehende, sondern eher eine zurechtweisende Mutter. Die Zeiten waren für Leichtfertigkeiten doch zu ernst und die Einsätze zu hoch. Während sie einst die göttliche Vorsehung, die Unterordnung unter den Willen Gottes und die Macht des Leidens hervorhob, flossen nun Worte über eine kommende Strafe Gottes und die düsteren Warnungen von Mystikern in ihre Rundfunkansprachen und auch in sonstige Reden mit ein.

Mutter Angelica, die Gottes Gegenwart zum ersten Mal an den Händen der stigmatisierten Rhoda Wise wahrgenommen hatte, besaß eine Schwäche für Seher und Mystiker. Sie war empfänglich, wenn sie sich nicht sogar von deren Prophezeiungen und berichteten Offenbarungen angezogen fühlte, und sie hielt jahrelangen Kontakt zu etlichen Sehern mit Privatoffenbarungen. Einige davon versicherten, Botschaften von der Jungfrau Maria zu erhalten; andere wiederum glaubten, von Christus selbst gehört zu haben. Im Allgemeinen stimmten sie darin überein, dass eine kommende Strafe, eine göttliche Läuterung für die Sünden der Menschheit, unmittelbar bevorstehe. Feuer würde vom Himmel fallen und unsagbares Leid erwartete die auf Erden Lebenden. Manche, wie die Seher von Garabandal in Spanien, behaupteten, dass der Strafe eine Warnung voranginge, eine Chance für die Menschheit, vor der Prüfung durch das Feuer ihre Sünden zu erkennen und zu bereuen. In diesen Warnungen fand Mutter Angelica Trost, und sie kündigte diese Ereignisse im Fernsehen an.

„[Die] Warnung. Es wird ein Akt der Gnade Gottes sein, wenn es geschieht. Was bedeutet es, dass, irgendwann – aus welchem Grund auch immer, niemand weiß es – wir uns alle plötzlich so erkennen, wie Gott uns sieht… Wir sind wie das Volk zu Zeiten Noahs. Wir sehen nicht die Zeichen, weil wir hundert Jahre gewartet haben." Dann machte sie das Publikum auf die Hoffnung und auf die Notwendigkeit aufmerksam, sich gegenseitig noch mehr zu lieben.

Bei einer anderen Gelegenheit nutzte Mutter Angelica jüngste Überschwemmungen als rhetorisches Sprungbrett und stellte so einen Zusammenhang zwischen Naturkatastrophen und der „satanischen Grausamkeit" der Abtreibung her. Nach einer langen Pause der Besinnung schaute sie vom Boden auf und, nachdem sie ihre Lippen benetzt hatte, sagte sie: „Diese Überschwemmungen, meine lieben Freunde, sind nichts im Vergleich zu dem, was der Herr tun wird, wenn dieses Land nicht auf die Knie gehen und bereuen wird. Tut Buße! Gute und Böse werden gemeinsam leiden müssen!" Sie erhob eine Hand und hielt bei jedem nun folgenden Wort kurz inne. „Und es gibt ein Zeichen. Verpassen Sie dieses Zeichen nicht!"

Mutter Angelica konnte diese Zeichen erkennen und sie bereitete sich entsprechend vor. Pater Mitch Pacwa erinnerte sich daran, dass er gesehen hatte, wie im Klosterkeller während des Schneesturms im März 1993 Wasser- und Lebensmittelvorräte gehortet wurden. Hinter dem Steingarten gegenüber der Klosterkapelle war eine Pumpe über einer natürlichen Quelle installiert. Wenn also Not einkehren sollte, ginge es den Schwestern nicht schlecht. Mutter Angelica nutzte den Rundfunk, um ihr Publikum geistlich darauf vorzubereiten.

„Viele von Ihnen, die mir heute zuhören, hören mir deshalb zu, weil ich direkt und ziemlich frech bin. Und Sie haben recht... aber ich möchte nicht, dass Sie mir deshalb zuhören", sagte Mutter Angelica während der Sendung vom 27. Juli und zog dabei an den Lesebändchen ihrer Bibel. „Ich möchte, dass Sie diesem Sender zuhören, weil Sie dem Herrn näherkommen möchten. Ich möchte, dass Sie diesem Sender zuhören, weil wir schwere Zeiten erleben und weil Menschen auf der ganzen Welt leiden."

Die Sendung *Mother Angelica Live* verlor 1993 ihre Leichtigkeit. Das Programm war sehr ernst geworden und wurde von seiner Gastgeberin zu ernsthaften Zwecken eingesetzt.

Die rächende Angelica

Ihrer Ansicht nach kämpfte Angelica einen öffentlichen und einen ganz persönlichen Krieg für die Zukunft der katholischen Kirche. „Der Krieg ist schon längst überfällig", teilte sie kurz nach Denver ihren Zuschauern mit. „Ich denke, wir haben den Krieg gebraucht, den wir schon vor langer Zeit begonnen haben."

„Sie war überzeugender, fast schon wie eine Aktivistin", sagte Chris Harrington, Mutter Angelicas langjährige Sendeleiterin, über die stilistische Veränderung der Nonne auf Sendung. „Sie war die rechtgläubige katholische Aktivistin."

Im Herbst 1993 konzentrierte Mutter Angelica ihren Blick auf vertraute Ziele: die verallgemeinernde Sprache, Ministrantinnen und den Zusammenbruch des katholischen Bildungswesens. Während einer Sendung mit Bischof Robert Banks von Green Bay kam die Sprache auf die Schließung einer katholischen Schule in Hartford in Connecticut. Bischofs Banks vermied es, einen Kommentar darüber abzugeben, da der Erzbischof von Hartford sein Freund und Klassenkamerad war. „Ich muss mich für meinen Freund einsetzen", sagte der Bischof zu seiner Gastgeberin.

„Und ich muss mich für diese Leute einsetzen“, konterte Angelica und zeigte dabei auf die Kamera. „Sie halten bekanntlich den Sender am Laufen... Und seit ich leider keine Freunde in der Kirchenhierarchie mehr habe, kann ich sagen, was ich denke. Und ich denke, wir müssen wirklich zu diesem wunderbaren kirchlichen Lehramt zurückkehren.“

Als gemunkelt wurde, dass Papst Johannes Paul II. kurz davor stand, Mädchen den Dienst am Altar zu erlauben, ging die Äbtissin in die Defensive. Sie beschrieb dies als ein „Vorspiel“ zur Priesterweihe von Frauen und erklärte ihrem Publikum: „Ich halte es gegenüber einem Mädchen für unfair, denn was passiert wohl, wenn es Tag für Tag, Woche für Woche bei der Messe dient, und dann denselben Einfall hat wie ein Junge: „Ich möchte gerne Priester werden!“ Und das ist eben für das Mädchen nicht möglich. Ist das dann nicht so eine Art Enttäuschung? Warum sollte man ein Mädchen einer solchen Situation aussetzen?“ Mutter Angelica ermutigte ihre Truppen, jede Woche einen Brief, der sich gegen die Einführung von Ministrantinnen richtete, an den Vatikan zu schreiben. „Wenn Sie das nicht machen, dann seien Sie still und hören Sie auf, sich zu beklagen“, sagte sie zu ihren Schäfchen. „Machen Sie es öffentlich oder schweigen Sie!“

Doch im April 1994, als der Vatikan offiziell weibliche Altardiener erlaubte, unterwarf sich Angelica der Autorität Roms und akzeptierte ihre Niederlage ironisch: „Der Vatikan hat Mädchen am Altar zugelassen... zum ersten Mal in dreißig Jahren waren alle Liberalen gehorsam.“ Nie mehr kritisierte sie in der Öffentlichkeit den Einsatz von Ministrantinnen.

Während der Ausstrahlung am 2. November 1993 informierten Mutter Angelica und Pater Joseph Fessio die Zuschauer über eine anstehende Abstimmung der Bischofskonferenz, die schwerwiegende Auswirkungen auf die Lesungen und Gebete bei der Messe haben konnte. Die Übersetzung in verallgemeinernder Sprache, welche die Bischofskonferenz erwog, drohte den geschlechtsspezifischen Wortschatz der Lesungen wie auch deren theologischen Gehalt zu verändern. Überall war die Katechismusschlacht erneut ausgebrochen.

Als kurz die Adresse von Bischof Wilton Gregory, dem Vorsitzenden der bischöflichen Liturgiekommission, eingeblendet wurde, sann Mutter Angelica laut nach: „Ich glaube, wenn diese Sendung vorüber ist, möchte ich gerne, dass Sie eine Karte oder einen Brief schreiben. Sie brauchen gar nichts weiter mitzuteilen außer: ‚Ich für meinen Teil will die verallgemeinernde Sprache nirgends und niemals.' Das ist doch gar nicht so schwer zu behalten. Ich meine, das wäre schon eine große Hilfe." Ihre Zuschauer verstanden den Aufruf.

Ungeachtet des Hohns und der bischöflichen Salven, denen sie sich ausgesetzt sah, wagte sich Mutter Angelica in Felder, wo sich selbst die Engel fürchten. „Meine Feinde wissen nichts über mich", vertraute sie mir im Jahre 2001 an. „Es macht mir nichts aus. Es ist mir gleichgültig, ob man mich liebt oder nicht liebt. Doch wenn ich meine, dass Gottes Ehre, seine Herrlichkeit und seine wunderbaren Gaben wegen anderer Absichten aufs Spiel gesetzt werden, dann ist das für mich ein Grund zum gerechten Zorn: Das ist legitim."

Mutter Angelicas „gerechter Zorn" und der anhaltende „Krieg" forderten Verluste. Auch wenn die Amtsträger es nicht schafften, bis zu Angelica – dank ihrer päpstlichen Protektion – vorzudringen, so konnten sie doch die Priester um sie herum treffen. Pater Philip Mataconis, der Obere der *Brüder des Ewigen Wortes*, wurde am 9. November 1993 von den Salesianern, denen er noch immer Gehorsam schuldete, zurückgerufen. Anderen Priestern – von Gastpriestern bis zu Moderatoren von Serienprogrammen – war es nicht länger erlaubt, bei den EWTN-Sendungen aufzutreten. Mit einer solchen Maßnahme versuchte man, dem Sender die Priester zu entziehen.

Mutter Angelica war für das Establishment zu einem Ärgernis und für einige Bischöfe zu einer Bedrohung geworden, doch ihr Einfluss war nicht zu leugnen. Tausende von Briefen und Postkarten überschwemmten die amerikanische Bischofskonferenz als Reaktion auf ihre in der Sendung ausgesprochene Bitte. Diese Briefkampagne brachte die Übersetzung der Messe in verallgemeinernder Sprache schließlich zu Fall und brachte den traditionell eingestellten Bischöfen die Unterstützung, die sie brauchten, um die Abstimmung in ihrem Sinne zu steuern.

Gegen Mutter Angelica „muss etwas unternommen werden", tobte Erzbischof Weakland nach der Abstimmung. Einige seiner

Brüder im Bischofsamt wurden schnell aktiv. In Long Island machte sich Bischof Emil Wcela dafür stark, EWTN von den lokalen Kabelnetzen zu entfernen. Der neue Bischof von Birmingham erhielt Beschwerden von einigen seiner Mitbrüder aus dem Episkopat, die Veränderungen bei der von Mutter Angelica ausgestrahlten Messe verlangten.

Doch Bischof David Foley fand keinen Gefallen an Einmischungen von außen in die Belange seiner Diözese. Als ehemaliger Weihbischof von Richmond war Foley im Mai 1994 Bischof von Birmingham geworden. Der kahlköpfige, sehr kleine Prälat mit dem Aussehen eines mittelalterlichen Hobbits (aus J. R. R. Tolkiens Romanen) und einer Stimme von Mr. Magoo (aus der Zeichentrickserie von John Hubley, Anm. d. Ü.) konnte durchaus Respekt einflößen, wenn er unter Druck stand. Trotz zunehmender Kritik verteidigte er unerschütterlich Mutter Angelicas liturgische Entscheidungen. „Ich sagte: ‚Alles, was in dieser Messe getan wird, schätze ich.' Und so konnten sie überhaupt nichts dagegen machen", verriet Bischof Foley und drehte dabei an seinem breiten Bischofsring. „Sie beschwerten sich zwar bei mir, aber ich sagte ihnen: ‚Alles, was sie tun, sind mögliche Alternativen.' Sie mochten die mit dem Latein durchsetzte Messe nicht. Doch zu jedem Bischof, der etwas dagegen hatte, sagte ich: ‚Mir macht das nichts aus. Ich finde es gut.'"

Wegen seiner Loyalität und Freundschaft machte Mutter Angelica Bischof Foley ein Angebot, das dieser gerne annahm. Bei der Veröffentlichung der englischen Ausgabe des Katechismus der katholischen Kirche im Juni 1993 brachte EWTN ein neues Live-Programm auf den Markt: *Pillars of Faith* („Säulen des Glaubens"), eine systematische Erklärung der Inhalte des Katechismus. Als Moderator dieser Sendung wurde Bischof Foley zu einem der anerkanntesten Bischöfe der Welt.

Mit ihrem bischöflichen Beschützer und den angehäuften Triumphen schien Mutter Angelica unbesiegbar zu sein. Doch sie hatte sich mehr Feinde im Episkopat gemacht, als sie es wahrhaben wollte; Feinde, die jeden Fehltritt ganz genau beobachteten und nur auf die erstbeste Gelegenheit warteten, auf dem Spielfeld für Ausgleich zu sorgen.

16. Kapitel

Der Hammer der Häretiker

Bei einer Live-Show im Januar 1995 führte Mutter Angelica alle ihre Leistungen auf die „Grundlage des Schmerzes“ zurück, die Gott in ihrem Leben gelegt hatte. „Warum? Nun, weil Gott auf diese Weise wirkt“, erklärte sie. „Schauen Sie, manchmal ist eben mehr als nur ein Gebet nötig… Es erfordert dann großes Leiden.“

In den fünfzig Jahren ihres Ordenslebens hatte Angelica gelernt, das Leiden anzunehmen, und sie glaubte inzwischen fest daran, dass „Gott in Schmerz und Unglück [zu ihr] sprach“. Im März wurde die Nonne von einem Asthmaanfall derart schwer getroffen, dass sie sich bewusst war, dass die Stimme Gottes nicht mehr weit entfernt sein konnte. Während sie noch verzweifelt nach Luft rang, durchlebte Angelica eine Erfahrung, die einen tiefen Eindruck bei ihr hinterlassen sollte. In einer Mitteilung an ihre Angestellten, die sie am 3. März um 1 Uhr morgens schrieb, erläuterte sie die Ereignisse der vergangenen Nacht:

> „… mein Kopf war nassgeschwitzt und ich rief laut nach Jesus: ‚Halte mich!‘ Ich hörte auf, nach Luft zu schnappen und war von Liebe umgeben, und langsam fing ich wieder an zu atmen.

Inmitten dieser fantastischen Erfahrung und auch noch, als sie vorüber war, sah ich Jesus am Kreuz: Er richtete Seinen Kopf mehrmals mit aller Kraft auf, doch dieser sank immer wieder auf seine Brust – Seine Augen und Sein Mund waren weit geöffnet – Sein Haar war mit Blut und Schweiß getränkt – Seine Brust hob sich bei jedem Atemzug und sank wieder in sich zusammen. Er war dem Tode nahe.

Ich begriff, dass er mich an Seinem Todeskampf teilnehmen ließ, und erinnere mich an meine Einsicht, dass Sein Herz wegen unserer Sünden der Gleichgültigkeit und wegen unserer mangelnden Liebe zu Ihm brach.

Stundenlang fühlte sich mein Körper wie eine Hülse an – leer und einsam."

Was immer auch der geistliche Gewinn der Schmerzen gewesen sein mag: Mutter Angelica sollte in ihren Prüfungen jedenfalls nicht alleine sein. Bei ihrer Stellvertreterin im Kloster *Unsere Liebe Frau von den Engeln*, Schwester Mary Raphael, wurde im Juni 1995 nach monatelangen Blutungen Gebärmutterkrebs diagnostiziert. Mutter Angelica und die anderen Schwestern waren durch diese Nachricht am Boden zerstört. Die Ärzte gingen davon aus, dass eine möglichst schnelle Entfernung der Gebärmutter den Krebs zum Stillstand bringen würde, und so willigte Raphael in die Operation ein. Doch sie lehnte eine experimentelle Nachbehandlung ab und überließ ihr Schicksal Gott.

Am 7. Juni, einige Tage nach Schwester Raphaels Diagnose, kündigte Mutter Angelica ein Satelliten-Abkommen an, das ihren handgestrickten Fernsehsender globalisieren sollte. Der Satellit *Intelsat* würde den Empfang von EWTN in zweiundvierzig Ländern in Europa, Afrika und Mittel- und Südamerika ermöglichen. Während die Bischöfe der Vereinigten Staaten dafür stimmten, ihren Sender *Catholic Telecommunications Network of America* (CTNA) aufzulösen, da sie mit diesem Projekt weit über 14 Millionen Dollar verloren hatten, nahm die zweiundsiebzigjährige Nonne die weltweite Ausstrahlung in Angriff. Schon bald sollte es ihr möglich sein, Radio- und Fernsehsendungen international zu verbreiten: Das konnte keine einzige christliche Organisation auf der ganzen Welt von sich behaupten. Mit einer gewissen Prophetengabe sagte Mutter Angelica vor dem Start: „Die Lage auf der ganzen Welt ist so ernst – es gibt Kriege, Erdbeben, Überschwemmungen –, dass wir die Menschen einfach überall erreichen müssen. In den kommenden Jahren wird ihr Glaube auf die Probe gestellt werden – sie werden Hoffnung brauchen. EWTN bietet ihnen starke Hoffnung und unterweist sie zuverlässig im Glauben."

Am 15. August konnte man das internationale Programm von EWTN weltweit in 40 Millionen Haushalten empfangen. Zwei

Tage später begann Mutter Angelica aus der gleichen Einstellung, mit der sie auch den internationalen Satellitenstart eilig vorangetrieben hatte, nach einem Grundstück zu suchen, um ein neues Kloster zu bauen. Ihre Motivation stammte zum Teil aus der Überzeugung, dass die Schwestern während der kommenden Zeit der Strafe des „Schutzes" bedurften, und aus der Besorgnis, dass der Lärm, der die Birminghamer Gründung umgab, einem kontemplativen Leben nicht gerade förderlich war. Mutter Angelica durchforstete die ländliche Gegend von Alabama nach einem geeigneten Ort. Sie beabsichtigte, das alte Kloster in ein Noviziat umzuwandeln, um dort die jüngeren Nonnen auszubilden, und die neue Stätte für Professschwestern zu reservieren. Die Grundstückssuche dauerte bis zum 12. Oktober 1995.

Mutter Angelicas Immobilienmakler fuhr mit ihr zu einer Grundstücksbesichtigung nach Hanceville in Alabama, das eine Stunde nördlich von Birmingham liegt. Sie fuhren an einem heruntergekommenen Tante-Emma-Laden, einem lachsfarbenen Haus mit einem Vorbau aus Betonsteinen und an der *Center Hill*-Baptistenkirche vorbei. Danach überquerten sie ein etwas hügeliges Land, das zu einem ausgedehnten, mit Bäumen bestandenen Tal, führte. „Ich stieg aus dem Auto aus und spürte die Gegenwart Gottes so deutlich", berichtete Mutter Angelica über diesen Tag. „Ich wusste: Das ist der Ort, wo Gott uns haben wollte."

Das 81 Hektar große Stück Land lag in einer Schleife des Mulberry Fork, einem Nebenfluss des Black Warrior River. Am Ende des Grundstücks erhob sich an der Biegung des Flusses ein natürliches Plateau: ein idealer Standort für ein neues Kloster. Wie mit Aquarellfarben gemalt, zeigte sich in der Ferne eine traumhafte Kulisse mit blauen Bergspitzen. Am 5. Oktober machte Mutter Angelica dem Makler ein Angebot für dieses Gelände.

Sie war fest entschlossen, noch weitere angrenzende Gebiete zu erwerben, um Hotels und Gaststätten von ihrem Kloster fernzuhalten. Schließlich sollte sie 163 Hektar aufkaufen. Mutter Angelica konnte jetzt nicht nur ihre Sendungen weiter als der Papst ausstrahlen; sondern sie besaß auch ein Grundstück, das annähernd hundertzwanzig Hektar größer war als die Vatikanstadt.

„Die Oberin wollte ein Kloster nach dem Muster, wie die Klöster im dreizehnten Jahrhundert gebaut worden waren, und das tollste Ding, das es je gegeben hat", sagte Walter Anderton, der baptistische Architekt des neuen Klosters, über dessen Ausgestaltung. „Vom ersten Tag an wusste sie genau, was sie wollte. Sie wollte alle ihre Lebensmittel selbst anpflanzen, Vieh halten und sogar eine angrenzende Schlachterei bauen." Um keine unerwünschte Aufmerksamkeit auf sich zu ziehen, bezeichnete Mutter Angelica das Projekt im kleinen Kreis als eine „Farm" mit einer angeschlossenen „kleinen Hofkapelle". Abgesehen von der Maßgabe, dass diese wie die St. Franziskus-Basilika in Assisi aussehen und im Stil des dreizehnten Jahrhunderts erbaut werden sollte, machte Mutter Angelica dem Architekten keine weiteren Vorgaben. Er sollte mehrere Monate lang nach Europa reisen und dort die großen Kathedralen der Welt studieren und entsprechend einen Entwurf für den Bauplan anfertigen. Dem Vorbild des Mittelalters getreu, mangelte es jedoch an Geldern für dieses Projekt. Außer der Festlegung der Größe gab es dann auch keine endgültigen Pläne für den Innenbereich.

Und ein Kind wird sie führen

Um für EWTN international zu werben, reiste Mutter Angelica Anfang 1996 nach Südamerika. Danach folgte im Mai eine äußerst strapaziöse Tour nach Europa, die mit einem Besuch im Vatikan begann.

Der Privatsekretär des Papstes platzierte Mutter Angelica, Schwester Margaret Mary und Chris Wegemer, die Verantwortliche für die Marketingabteilung, am 1. Mai ans Ende der Warteschlange für den Empfang. Nachdem der Papst, wie gewohnt, vor jedem Pilger ein Kreuzzeichen in der Luft machte und einen Rosenkranz als Andenken zurückließ, blieb er gebeugt vor der Nonne kurz stehen, die auf ihren Aluminiumkrücken wankte.

„Mutter Angelica, eine starke Frau, eine tapfere Frau, eine charismatische Frau", sagte der Papst so laut, dass es alle hörten. Zum ersten Mal konnte man sehen, wie Angelica rot wurde und ihren Blick vom Papst abwandte. Wie ein kleines Mädchen, das ihrem Vater ein selbstgemachtes Geschenk präsentierte, übergab sie ihm eine Aktenmappe, in der die internationale Expansion ihres Senders ausführlich beschrieben wurde.

„Eure Heiligkeit, dies ist die Abbildung des Empfangsbereiches der Satelliten. Sie zeigt die Teile der Welt, in die wir unsere Sendungen ausstrahlen werden", sagte Mutter Angelica. „Wir sind in Südamerika, und bald werden wir nach Europa kommen…"

„Und dann?", fragte der Papst.

„Dann gehen wir nach Russland."

„Und danach?"

„Danach gehen wir nach China."

„Und dann?" – Der Papst lächelte, weil er merkte, dass Mutter Angelica die Länder, die sie noch erobern wollte, bereits durchgegangen war. Lachend nahm er die Aktenmappe an sich und steuerte auf seine Privatgemächer zu. Am Eingang drehte er sich noch einmal zu einem letzten Blick um. Als er die Krücken, die Stützapparate und die erkennbare Schwäche seiner rundlichen Tochter bemerkte, ging er zu ihr zurück. Während er eine Hand auf ihren Schleier legte, zeichnete er ihr mit der anderen Hand ein Kreuz auf die Stirn.

„Mutter Angelica: körperlich schwach, aber stark im Geist", sagte er. „Sie sind eine charismatische Frau, eine wirklich charismatische Frau."

Chris Wegemer war sichtlich erschüttert, als der Heilige Vater langsam und mit sichtlicher Mühe wegging. Mutter Angelica hatte ein Gefühl, als könnte sie „es mit der ganzen Welt aufnehmen", und ihr Gesicht leuchtete in einem hellen Pink. Für eine Frau, die von ihrem leiblichen Vater abgelehnt worden war, wurde diese Wertschätzung der bedeutendsten Vaterfigur ihres Lebens zu einem wichtigen Meilenstein. Sein Segen sollte in den kommenden Tagen der Versuchung eine Quelle der Erquickung sein.

Bei ihrer Rückkehr nach Birmingham fand Mutter Angelica einen Scheck über eine Million Dollar vor. Diese Summe war für den Bau ihres neuen Klosters zweckgebunden. In ihrer Sendung hatte sie das Projekt nicht erwähnt, doch teilte sie ihre Pläne einem Ehepaar mit, das anrief und fragte, ob die Nonnen Geld benötigten. Im März hatten sie gelobt, ihr eine Million Dollar zu schicken, wenn sie ihr Geschäft veräußern könnten. Im Mai wurde das Geschäft dann verkauft, und Mutter Angelica erhielt die Erste von vielen Millionen Dollar, die für den Bau ihres Klosters erforderlich sein würden.

Am 20. Juni 1996 machte sich Mutter Angelica auf nach Kolumbien, Peru, Ekuador und Bolivien, um ihren neuen spanischen Kanal bekannt zu machen. Tausende von Menschen strömten auf die Straßen und in die Kirchen, um einen Blick auf die Nonne zu werfen, die den Fernsehsender betrieb.

In Bogotá, der Hauptstadt von Kolumbien, brachte Mutter Angelicas Gastgeber, Pfarrer Juan Pablo Rodriguez, die Nonne und ihre Begleiter in Windeseile zu seiner Pfarrei. Er hielt es für besonders wichtig, dass sie einen kleinen Schrein betrachtete, der dem *Divino Niño*, dem Göttlichen Kind, geweiht war.

Dieser Schrein mit der ein Meter großen Statue des Jesuskindes, das rosafarben gekleidet war und die Arme ausstreckte, wurde im Jahr 1935 von Pater John Rizzo, einem italienischen Salesianer-Missionar, eingerichtet. Ursprünglich war die Statue an einem Kreuz angeheftet gewesen, doch Pater Rizzo missfiel der Eindruck, der mit einem ans Holz angenagelten Jesuskind verbunden war, sodass er die Figur entfernen ließ. Seit 1935 hatten Tausende den Schrein besucht, da der Statue des Göttlichen Kindes wunderbare Kräfte zugeschrieben wurden.

Als Mutter Angelica die Kapelle betrat, entdeckte sie eine Bronzetafel, die Pater John Rizzos Namen trug. Sie dachte dabei an ihren Vater und scherzte: „Na, hier gibt es einen guten John Rizzo!"

Einheimische blockierten in der Kirche den Platz, an dem der Schrein aufgestellt war, und versperrten Angelica somit den Blick auf den *Divino Niño*. Um das Objekt der Verehrung doch noch zu Gesicht zu bekommen, stellte sie sich links neben den erhöhten Glaskasten, der die Statue bedeckte. Ihre Hände reckten sich gen Himmel, und sie begann zu beten. Plötzlich benetzten Tränen ihre Wangen. Mutter Angelica verriet erst später, was geschehen war. Als sie nämlich vor dem *Divino Niño* stand, so sagte sie, hatte sich die Statue offenbar bewegt.

„Ganz plötzlich wandte sich das Jesuskind mir zu", erzählte Angelica noch einmal, „und sagte zu mir ‚Bau mir einen Tempel, und ich werde denen helfen, die dir helfen.' Das war alles. Sonst sagte das Jesuskind nichts." Sie versicherte, dass die Stimme hörbar und die eines Kindes war.

Die Schwestern nahmen außer den Tränen, die über das Gesicht ihrer Oberin liefen, nichts weiter wahr. Sie eilten herbei und fragten sie, ob ihr etwas fehle. „Es fehlt mir nichts", erwiderte Mutter Angelica. Sie brauchte Zeit, um die Bedeutung dieser Botschaft zu erkennen.

„Ich wusste nicht, was ein Tempel war. Ich hatte bisher nur von jüdischen und Freimaurertempeln gehört. Und mir gefiel auch nicht die Vorstellung, dass Er Menschen helfen würde, die mir halfen. Der Einzige, an den ich dabei denken konnte, war Jim Bakker, der sagte: ‚Wenn Sie mir hundert Dollar geben, wird Gott Ihnen tausend Dollar geben'. Diesen Teil der Anweisung habe ich einige Jahre lang nie erwähnt", erzählte mir Mutter Angelica. „Ich fand die ganze Botschaft fragwürdig."

Monate später las Mutter Angelica am Ausgang des Petersdoms in Rom eine in Stein gehauene Inschrift, die mit den Worten begann: „Dieser Tempel…". Nun endlich fiel der Groschen. Das Jesuskind wollte also ein aufwendiges Heiligtum, begriff Mutter Angelica. Es gab also tatsächlich so etwas wie einen katholischen Tempel, und ihr Herr wünschte sich einen solchen.

Im Gegensatz zu den Informationen im Buch *Come and See* („Komm und sieh!"), das vom Kloster *Unsere Liebe Frau von den Engeln* veröffentlicht wurde, gab die Eingebung des *Divino Niño* nicht den ersten Anstoß zu dem Klosterprojekt. Die Ausschachtungsarbeiten auf dem Grundstück in Hanceville waren vor dem Abstecher nach Bogotá bereits seit fast sechs Monaten im Gange. Was die Begegnung mit dem Jesuskind allerdings bewirkte, war die Klarheit, die Mutter Angelica über ihre Vision für das Kloster in Hanceville bekam, wobei sich ihre ursprünglichen Pläne radikal veränderten. Infolge des göttlichen Befehles, wie er von ihr verstanden wurde, sollte die „einfache Hofkapelle" alles andere als einfach werden!

Die zweite Gründung

Die internationalen Transponder-Verträge lagen volle vierundzwanzig Stunden lang auf dem Altar der Kapelle des Klosters *Unsere Liebe Frau von den Engeln*, bevor Mutter Angelica sie unterzeichnete. Mit einem einzigen Federstrich wurde ihr Programm am 14.Juni 1996 auf den populärsten Satelliten in Lateinamerika, *PanAmSat*, katapultiert. Der spanische Vierundzwanzig-Stunden-Kanal sollte der erste eines ganzen Trommelfeuers von Initiativen sein, die EWTN an die Spitze der christlichen Kommunikationssysteme platzierten.

Im Jahr 1996 erschien EWTN im *World Wide Web* mit einer beeindruckenden Internetpräsenz mit Nachrichten, kirchlichen Dokumenten, apologetischen Schriften, einer Programmvorschau und vielem anderem mehr. Der Sender startete im Internet mit umfangreichen Direktübertragungen der TV-Sendungen, einer Radio-Satelliten-Übertragung für Kurz- und Mittelwelle und einem Internetshop für religiöse Artikel (*Religious Catalogue*) nach Art des Teleshoppingsenders QVC (steht für *Quality, Value, Convenience*, Anm. d. Ü.). Gegen Ende des Jahres begann EWTN mit der Ausstrahlung in Länder rund um den Pazifischen Ozean, wodurch Australien, Neuseeland, China, Japan und die Philippinen erreicht wurden. Nun konnten fünfzig Millionen Haushalte Mutter Angelica sehen, und zum ersten Mal in der Geschichte des Christentums konnte der ganze Planet gleichzeitig an den großen Ereignissen der Weltkirche teilnehmen. Rückblickend war dieses Jahr für Mutter Angelica „wie eine zweite Gründung von EWTN".

In Hanceville wuchs die Kloster-„Farm" exponentiell an. „Es ist wie bei einer Frau, die aus Flicken eine Steppdecke herstellt", sagte Mutter Angelica über ihre Methode zu bauen. Es erweitert sich jeweils nach Bedarf, denn jedes Mal, wenn ich dorthin kam, mochte ich dieses oder mochten wir jenes nicht."

Schwester Margaret Mary und Mutter Angelica nahmen jeden einzelnen Bauabschnitt selbst ab, und wenn irgendetwas nicht ihren Erwartungen entsprach – egal wie hoch die Kosten oder wie weit der Bau vorangeschritten war – bestanden sie auf einer Umgestaltung oder einer neuen Ausrichtung. Ihren Perfektionismus rechtfertigte Mutter Angelica in einem Interview mit einer örtlichen Zeitung: „[Gott] nahm es mit dem Tempel in Jerusalem sehr genau. Ich bin mir nicht sicher, ob Gott wirklich diese Fertigelemente gefallen, die wir einfach nur zusammenfügen. Ich glaube nicht, dass dies nüchtern, sondern vielmehr glaube ich, dass es einfach dumm ist. … Wenn man in einer Kirche Gottesdienst feiert, die einer Garage gleicht, dann kommt man da wieder heraus und fühlt sich, als sei man in einer Garage gewesen. Wir müssen etwas *Schönes* sehen, oder wir erkennen nicht mehr, was Schönheit überhaupt ist. Oder haben Sie sich schon jemals von einem Lagerhaus inspirieren lassen?"

Nach Schätzung von Mutter Angelica sollte das Kloster drei Millionen Dollar kosten, doch entsprechend ihrer Angewohnheit gab es auch hierfür keinen Finanzplan. Ihre Spender waren unvorstellbar verständnisvoll. Obwohl sie in ihren Sendungen nie um Spenden für dieses Kloster warb, meldeten sich fünf verschiedene Familien und eine Stiftung, die für das Projekt über 48,6 Millionen Dollar spendeten. Sie übernahmen sämtliche Posten, wobei sie keine Kosten scheuten; eine Familie zahlte die Krypta und die Sakristei, eine weitere die Kirche und die Einrichtung, eine dritte die Klausur, eine vierte den Glockenturm und so weiter. In einigen Fällen regten die Familien, die darauf bestanden, anonym zu bleiben, Mutter Angelica dazu an, Materialien und Kunstwerke einzukaufen, die weit außerhalb ihrer eigenen finanziellen Vorstellung lagen. Als dann die Rechnungen eintrafen, leitete sie diese an ihre Wohltäter weiter, die sie bezahlten, ohne weiter nachzufragen.

Bischof David Foley von Birmingham hatte jedoch Fragen – nicht unbedingt hinsichtlich der Finanzierung des Projektes, sondern vielmehr in Bezug auf den Wirkungsbereich des Klosters. Im April 1997 inspizierte er den Standort persönlich, wobei Mutter Angelica als Gästeführerin fungierte. Kurze Zeit später erbat Foley eine „Visitation" des Klosters – eine Gelegenheit, sich persönlich mit jeder einzelnen Schwester zu treffen, die hl. Messe gemeinsam zu feiern, und die Nonnen über ihre Ordensstatuten zu unterrichten. Nach Mutter Angelicas Rückzug von der von ihr als liberal betrachteten Vereinigung der Klarissen-Klöster mag der

Bischof gedacht haben, dass sich der päpstliche Status der Gemeinschaft verändert habe.

Mutter Angelica lehnte seine Visitationsanfrage ab und ließ dem Bischof über Bill Steltemeier mitteilen, dass dies ihr Ansehen schädigen und den Eindruck hervorrufen könne, es gäbe interne Probleme, die die Intervention des Ortsbischofs erforderten. Ohne Einladung der Äbtissin konnte Bischof Foley die unter päpstlichem Recht stehende Klausur nicht betreten. Obwohl er davon überzeugt war, dass er eine Aufsichtspflicht habe, ließ er sein Vorhaben vorübergehend fallen.

Durch die unerwünschte Aufmerksamkeit des Bischofs alarmiert, machten sich Mutter Angelica und Bill Steltemeier Sorgen über die Autonomie des Senders und seines Grundbesitzes, wenn die Nonnen erst einmal in ihr neues Heim umgezogen wären. Das Armutsgelübde der Schwestern dürfte ihnen wohl nicht den gleichzeitigen Besitz des Geländes in Birmingham, des Vandiver Berggipfels sowie der Hanceville-Farm erlaubt haben. Um die Dinge zu vereinfachen – so dachte Mutter Angelica zumindest – stimmten die Nonnen des Klosters *Unsere Liebe Frau von den Engeln* am 20. Mai 1997 dafür, einen Großteil ihres Eigentums (im Wert von großzügig geschätzten 14.683.259 Dollar) in den drei Landkreisen von Alabama EWTN als Schenkung zu überlassen. Als der Bischof Bill Steltemeier mitteilte, dass jegliche Veräußerung von Kircheneigentum in Höhe von mehr als drei Millionen Dollar die Zustimmung des Vatikans erfordere, gab Steltemeier Teile der Grundstücke an das Kloster zurück und taxierte das gesamte Paket auf einen niedrigeren neuen Wert. Doch der Bischof registrierte alles genau und machte sich Aufzeichnungen.

In der Hoffnung, bei den internationalen und auch bei den einheimischen Zuschauern einen größeren Anklang zu finden, gestaltete EWTN seine Angebote in der zweiten Hälfte des Jahres 1997 abwechslungsreicher. Man bot eine Reihe neuer Originalprogamme an, die auf das unterschiedliche katholische Publikum abgestimmt waren: *The World Over* („Weltweit"), ein internationales Nachrichtenmagazin; *Life on the Rock* („Leben auf dem Felsen"), ein Programm für Jugendliche und junge Erwachsene; *The Journey Home* („Heimreise"), eine Talkshow mit Menschen, die zum katholischen Glauben konvertiert sind; und später dann, *Nuestro Fe en Vivo* („Unser lebendiger Glaube"), eine spanischsprachige Live-Show. EWTN war der erste Sender weltweit, der einen hochmodernen Hewlett-Packard Videodatei-Server einsetzte und so mit einer maßgeschneiderten Programmgestaltung auf die internationalen Märkte abzielen konnte. Diese Technologie erlaubte EWTN, sieben verschiedene Programme gleichzeitig und unabhängig voneinander zu übertragen und für ein unterschiedliches Publikum rund um den Globus auszustrahlen.

Im April 1997 stellte EWTN bei den für das Kabelfernsehen zuständigen Behörden in Kanada einen Antrag auf eine Sendelizenz in diesem Land. Und obwohl diese Lizenz abgelehnt wurde (sie wurde stattdessen dem *Playboy Channel* erteilt), gingen zahlreiche Unterstützerbriefe von Mitgliedern der Kirchenhierarchie ein, darunter von Kardinal Anthony Bevilacqua, Erzbischof von Philadelphia, von Kardinal John O'Connor von New York und von Roger Mahony, dem Kardinal und Erzbischof von Los Angeles. Ein Jahr später sollte Mahony immer noch Briefe über EWTN schreiben, allerdings mit einem merklich anderen Charakter.

Die Mahony-Affäre

Gegen Ende ihrer Live-Show am 12. November 1997 rasselte Mutter Angelica eine altbekannte Klagelitanei herunter: [Dem Durchschnittslaien werde immer erzählt], „er brauche keine Beichte, er brauche keine Taufe, [unter den eucharistischen Gestalten] seien nicht wirklich Blut, Leib, Seele und Gottheit [Jesu Christi] gegenwärtig", sagte sie zu ihrem Gast, dem *Opus Dei*-Priester C. John McCloskey. Als sie dann ein Fazit ziehen wollte, ließ sie eine unbedachte Bemerkung fallen und überschritt dabei unbewusst eine kirchenrechtliche Grenze. Es war nur wenig mehr als eine Randbemerkung, ein Teil einer sich entfaltenden Frage, ein kleiner Einwurf, der weniger als siebzehn Sekunden dauerte – Sekunden, die Mutter Angelica noch teuer zu stehen kommen sollten.

Sie richtete sich in ihrem Sessel auf, wedelte mit der rechten Hand in der Luft herum, um ihrer Aussage Nachdruck zu verleihen, und sagte: „Der Kardinal von Kalifornien lehrt tatsächlich, dass es sich sowohl vor als auch nach der Eucharistie nur um Brot und Wein handle. Ich fürchte, dass mein Gehorsam in dieser Diözese absolut gleich null wäre.“ Sie bildete mit ihrem Zeigefinger und ihrem Daumen eine „0“ und lieferte dann die entscheidende Steilvorlage: „Und ich hoffe, dass auch bei jedem anderen in dieser Diözese der Gehorsam gleich null ist. Aber ich meine natürlich, dass Sie sich diese Frage irgendwie selbst stellen müssen...“ Und dann fuhr sie fort, als ob nichts Außergewöhnliches passiert wäre. Doch es war etwas passiert.

Im Franziskanerkloster des *Ordens des Ewigen Wortes* in Birmingham hörte an diesem Abend Pater Nevin Hammon, ein Kirchenrechtler, der den Brüdern dort Kurse gab, Mutter Angelicas Sendung im Radio. Er hatte sich gerade hingelegt, als er ihre Rede über den „Null“-Gehorsam hörte. Der Priester erzählte mir: „Ich sprang sofort aus dem Bett und sagte zu meinem Radio – und normalerweise spreche ich nicht mit Rundfunkgeräten – ‚Oh Mutter Angelica, das hätten Sie lieber nicht sagen sollen! Da werden Sie aber ganz schön in Schwierigkeiten geraten!‘“

Am nordamerikanischen Kolleg in Rom trudelten auf Kardinal Roger Mahonys Laptop kurz darauf drei E-Mails ein, die ihn auf Mutter Angelicas Kommentare aufmerksam machten. Er nahm gerade an einer Sondersynode der Bischöfe Nord- und Südamerikas teil. Mahony, der einzige Kardinal Kaliforniens, schäumte vor Wut, als er die Mutter Angelica zugeschriebenen Zitate las.

Bischöfe und andere Personen, die sich damals im nordamerikanischen Kolleg aufhielten, können sich noch daran erinnern, dass der Kardinal absolut nur noch mit der Nonne beschäftigt war. Kaltlächelnd leitete er die „Angelica“-E-Mails sämtlichen Bischöfen weiter, die er erreichen konnte, und versuchte, auf diese Weise Verbündete zu gewinnen. Einer dieser Bischöfe zitierte Mahony wie folgt: „Haben Sie gesehen, was sie mit mir gemacht hat? Meinen Sie nicht, dass sie das hätte nicht machen sollen?“

Doch Mahonys Zielgruppe waren nicht besonders empfänglich für seine Botschaft. „Er war getrieben, als Rächer aufzutreten, und er wollte mich dazu auf seine Seite ziehen“, berichtete mir ein anderer Bischof, der ebenfalls an der Synode teilnahm. „Ich verstehe gar nicht, weshalb er so viel Zorn in die ganze Sache investierte."

Und wiederum ein anderer Synodenteilnehmer erinnerte sich an ein „Gespräch, in dem Mahony ziemlich aufgebracht war. Der Grund schien zu sein, dass Mutter Angelica die Gläubigen der Gehorsamspflicht gegenüber Mahony entband". Kardinal Mahony rief aus Rom wiederholt Bischof Foley in Birmingham an und forderte von ihm, etwas wegen der freimütigen Äbtissin zu unternehmen.

Mutter Angelica hätte höchstwahrscheinlich gar nichts von Mahonys Hirtenbrief über die Liturgie erfahren, wenn nicht eine ihrer Nonnen ihr vor der Live-Show am 12. November ein Exemplar des Dokuments überreicht hätte. Beim Abendessen blätterte die Oberin dann beiläufig in dem Hirtenbrief „*Gather Faithfully Together: A Guide for Sunday Mass*" („Versammelt Euch gläubig: ein Wegweiser für die Sonntagsmesse"), der im vorausgegangenen September in Los Angeles veröffentlicht worden war. Im Gegensatz zu ihrer Abendmahlzeit war dieses Pastoralschreiben allerdings nur schwer verdaulich. Was sie darin als ein Weichspülen der Lehre der Transsubstantiation betrachtete – nämlich der Lehre, dass Brot und Wein durch die Konsekration auf dem Altar wirklich in Leib und Blut Christi umgewandelt werden –, machte Angelica wütend. Dabei übertrug sie ihren Groll über diesen Hirtenbrief in die Live-Show an jenem Abend. Während sie eine ganze Litanei von Freveln durchging, kam ihr plötzlich Mahonys Hirtenbrief in den Sinn, und so sprudelte dieser Kommentar aus ihrem Mund. Es war schon undiplomatisch, den Eindruck zu erwecken, dass der Kardinal Häresien verbreiten würde, doch der ganz offenkundige Aufruf zu „Null-Gehorsam" in der Diözese verstieß gegen das Kirchenrecht. Nachdem Kardinal Mahony sich über seine Optionen erkundigt hatte, faxte er am 14. November einen Brief an Mutter Angelica.

„Dass Sie öffentlich im Fernsehen erklären, dass ich nicht an die Realpräsenz glaube, ist befremdlich und verwerflich und verlangt eine sofortige Klarstellung und Entschuldigung Ihrerseits", schrieb Mahony empört. „Dass Sie meinen persönlichen Glauben an die Realpräsenz infrage stellen, ist schon beispiellos. Noch schlimmer aber ist Ihr Aufruf, die Menschen in meiner Diözese sollten ihrem Hirten null Gehorsam leisten. Dies ist unerhört und empörend."

Michael Warsaw, der damalige Hauptverantwortliche für die Produktion, bestand darauf, dass Mutter Angelicas Äußerungen nicht „vorsätzlich" waren. „Ich glaube, sie nahm Anstoß an der nach ihrer Ansicht schwachen Glaubenslehre, und da es um die Eucharistie ging, war es, denke ich, etwas sehr Persönliches für sie", sagte Warsaw. „Hätte Kardinal Mahony nicht soviel Aufhebens darüber gemacht, dann hätte sie vermutlich auch seinen Hirtenbrief nicht derartig kritisiert und sich auch niemals direkt dazu geäußert. Doch als sie sich von ihm herausgefordert fühlte, glaubte sie – meiner Ansicht nach – dass sie die Pflicht hatte, sich zu melden und die Lehre der Kirche zu verteidigen. Ich weiß noch, wie sie damals bemerkte: ‚Ich muss das von mir geben, was ich glaube. In diesem Fall kann ich nicht nachgeben. Was kann mir denn schlimmstenfalls passieren – dass man mich in mein Kloster zurückschickt?'"

Am 18. November, als sie in ihrer Live-Show saß und starr in die Kamera blickte, versuchte Angelica, der Aufforderung zur „Klarstellung und Entschuldigung" des Kardinals gerecht zu werden.

Sie las ein Übertragungsprotokoll ihrer Show vom 12. November vor und zitierte dann ausführlich aus Kardinal Mahonys Brief: „Ich muss darauf bestehen, dass Sie Ihre Äußerung öffentlich widerrufen und dass Sie Ihren Zuschauer zusichern, dass der Kardinal und Erzbischof von Los Angeles tatsächlich vollkommen an die Realpräsenz glaubt und die Verehrung dieses großen Mysteriums unseres Glaubens fördert."

„Daher möchte ich mich hiermit bei dem Kardinal für meine Bemerkung entschuldigen, die sicherlich überzogen war. Aber er hat mich auch um eine Klarstellung gebeten. Und genau das möchte ich heute Abend machen. Dies ist meine Meinung dazu, und so habe ich es verstanden, als ich den Hirtenbrief gelesen habe."

Für den Rest der Stunde ging Mutter Angelica das Hirtenschreiben nun Punkt für Punkt kritisch durch: „Ich fasste es so auf, dass der Schwerpunkt des Briefes eher auf der Zusammenkunft lag, dass der Versammlung der Menschen in der Kirche mehr Aufmerksamkeit zuteilwurde als der Eucharistie. Daher meinte ich, dass dieser Brief unklar wäre in Bezug auf die von der Kirche gelehrte Realpräsenz: Leib, Blut, Seele und Gottheit Jesu…“, sagte Angelica.

Die einzige deutliche Erklärung der Transsubstantiation fand sich in „einer äußerst kleinen Fußnote“, behauptete sie. „Ich weiß ja nicht, wie Sie das machen, ich jedenfalls lese leider keine Fußnoten. Ich lese nur Großgedrucktes“, zog sich Mutter Angelica aus der Affäre. „Da habe ich wohl die Fußnote übersehen… und wenn ich sie übersehen habe, dann kann ich mir vorstellen, dass viele andere Leute sie auch übersehen haben.“

Mutter Angelica beharrte weiterhin auf ihrem Standpunkt und hinterfragte Mahonys „verwirrende“ Lehre, die lautete, dass Jesus „in den einfachen Gaben von Brot und Wein“ gegenwärtig sei, wie er geschrieben hatte. „Ich gehöre zu den einfachen Menschen; ich bin eine einfache Frau, und ich verstehe das nicht“, gestand sie ihrem Publikum. „Bedeutet das nun, dass Christus vor der Konsekration in Brot und Wein gegenwärtig ist…? Oder heißt es, dass Er nach der Konsekration gegenwärtig ist? … Flitzt Er irgendwie in das Brot und in den Wein hinein, aber sie bleiben immer noch Brot und Wein? Oder werden sie zu Seinem Leib und Blut? … Wenn es aber immer noch Brot und Wein ist, warum sollte ich Ihn dann anbeten? Warum sollte ich mich vor Brot und Wein hinknien und niederwerfen?“

„In der letzten Woche sagte ich, dass ich nicht gehorchen würde, wenn mich jemand so etwas lehrte. Na gut, das Kirchenrecht lehrt, dass ich dies nicht sagen darf. Es ist nicht erlaubt, jemanden aufzufordern, er solle seinem Bischof oder Kardinal nicht gehorchen. Dafür entschuldige ich mich.“ Sie rückte sich auf ihrem Sitz zurecht und seufzte tief. „Es ist sehr irritierend für die Menschen, wenn Kirchenführer die wahren Probleme in der Kirche, die angesprochen werden müssen, angeblich nicht kennen, und wenn sie liturgische Unschärfen und Praktiken zu tolerieren und fördern scheinen, die in meinen Augen nicht die Heiligkeit des Messopfers sichtbar werden lassen.“

„Seine Eminenz bat um eine öffentliche Klarstellung. Und ich möchte ihm mitteilen, dass ich nicht vorhabe, ihm irgendwelche Probleme zu bereiten. Es ist nicht meine Absicht, die Kirche zu verleugnen oder etwas zu provozieren. Ich bin einfach nur irritiert, weil ich das nicht verstehe." Mutter Angelica sprach wohl überlegt und vorsichtig. „Ich bin nicht hier, um jemand zu maßregeln… Ich bin auch nicht hier, um anstelle eines anderen zu lehren. Ich kenne meinen Platz, und ich versuche, ihn auszufüllen. Aber weil der Herr mir aufgetragen hat, die Menschen aufzuklären, ist es meine Pflicht, ihnen nicht meine eigenen Ideen und Vorstellungen darzulegen, sondern ihnen einfach zu sagen: Das lehrt die Kirche… Ich hoffe, dass ich damit der Bitte des Kardinals nachgekommen bin. Ich werde für ihn beten und hoffe, dass er für mich betet." Sie war fast am Ende ihrer Ausführungen angelangt. „Falls ich also, Eminenz, Ihren Hirtenbrief missverstanden habe, dann tut es mir sehr leid, aber ich finde ihn immer noch sehr verwirrend…"

Die Äbtissin schnürte ein Päckchen mit der Aufzeichnung ihrer Live-Show und einem Begleitbrief, in dem sie mitteilte, dass sie die Bitte des Kardinals erfüllt hatte, und sandte beides nach Los Angeles. Sie meinte, die Kontroverse damit hinter sich gebracht zu haben.

Sowohl progressive als auch rechtgläubige Katholiken fingen nun jedoch an, Partei für die jeweilige Seite zu ergreifen. *Adoremus*, die „Gesellschaft zur Erneuerung der Heiligen Liturgie", verurteilte den Hirtenbrief Mahonys als eine „auffallend verkürzte Theologie der Eucharistie", wohingegen der *National Catholic Reporter* Mahonys „pastorale Menschenführung" und sein Brechen „kirchlicher Tabus" begrüßte.

Mit dem Tod von Kardinal Joseph Bernardin von Chicago im Jahre 1996 hatte Kardinal Mahony die Führungsrolle für die katholische Linke übernommen. Tatsächlich saß Mahony während der letzten Tage Bernardins am Bett des älteren Kardinals, fasziniert vom heroischen Kampf des sterbenden Mannes. Dass Bernardin Kardinal Mahony zum Hauptzelebranten für seine Totenmesse erkoren hatte, wurde von den Progressiven weithin als eine Weitergabe der Fackel interpretiert. Im Lauf der Zeit sollte sich Mahonys Wert aufzeigen.

Der jährlich stattfindende, von der Erzdiözese finanzierte Los Angeles *Religious Education Congress* („Kongress für Religionspädagogik") zeichnete sich durch die Teilnahme einer regelrechten Phalanx von Dissidenten und Anti-Vatikan-Agitatoren aus. Verfechter der Priesterweihe für Frauen, Kritiker des Papsttums, in Verruf geratene Theologen und viele andere mehr fanden bei dieser Zusammenkunft einen sicheren Zufluchtsort. Unter Berücksichtigung der Liste der eingeladenen Referenten war die Milde des Kardinals gegenüber Abweichlertum und Kritik an kirchlichen Amtsträgern wirklich beachtlich – was seine Reaktion auf Mutter Angelica umso seltsamer erscheinen ließ. Als Laien die vom kirchlichen Lehramt abweichenden Stimmen, die 1997 auf dem *Religious Education Congress* zu Wort kamen, infrage stellten, gab Kardinal Mahony nicht nach, sondern erklärte sein „lebhaftes Engagement" für diese Veranstaltung. Während seiner Kontroverse mit Mutter Angelica zeigten Progressive indes ihr lebhaftes Engagement für Kardinal Mahony.

In einem Brief vom 19. November prangerte Bischof Robert Lynch von St. Petersburg in Florida Mutter Angelicas Live-Vorstellung als „das jüngste Beispiel einer vollständigen Missachtung an, die Sie den Bischöfen der Vereinigten Staaten, mit einigen wenigen Ausnahmen, entgegenbringe". Er fuhr fort: „Ich bete dafür, dass Sie diese persönlichen und boshaften Angriffe auf diejenigen einstellen, die der Nachfolger Petri dazu erwählt hat, die Kirche in diesem Land gegenwärtig zu leiten... Sie und Ihr Sender helfen mir nicht in meinem Amt als Hirte, Seelsorger und Leiter einer Diözese."

Unterdessen saß Kardinal Mahony bei einer eingeladenen Gruppe von Bischöfen in Rom, um Mutter Angelicas „Entschuldigung und offizielle Klarstellung" sorgfältig zu prüfen. Als er die Aufzeichnung anschaute, verstärkte sich noch seine Empörung.

Nach den Worten eines Geistlichen bekam Mahony beim Abendessen im Roten Zimmer des nordamerikanischen Kollegs „einen Wutanfall". „Er war besessen von diesem Thema", erinnerte sich der Kleriker, „sodass er mit jedem darüber sprach. Er thematisierte, was es hieß, katholisch zu sein, und dass Mutter Angelica dies absolut ohne Billigung oder Genehmigung machte."

Mahony vereinbarte Termine mit Mutter Angelicas Vorgesetzten im Vatikan in der Absicht, seine Beschwerde aktenkundig zu machen.

„In jenen Tagen war es Stadtgespräch in Rom, dass jedes Dikasterium eine Nachricht von Mahony erhalten hatte, worin er sie zum Handeln aufforderte", berichtete mir einer der Synodenteilnehmer. „Er bombardierte die Kongregationen förmlich."

Der Kardinal besuchte den Päpstlichen Rat für die sozialen Kommunikationsmittel, die Kongregation für die Glaubenslehre sowie irgendwann vor dem 27. November auch die Kongregation für die Institute geweihten Lebens und für die Gesellschaften apostolischen Lebens (CIVCSVA), die die unmittelbare Aufsicht über Mutter Angelica sowie alle Ordensleute ausübte.

Als ein bejahrter Kurienkardinal von der Sache erfuhr, gab er folgenden Kommentar dazu ab: „Mutter Angelica besitzt den Schneid, ihm das zu sagen, was wir ihm eigentlich sagen sollten und uns nicht trauen."

„Ich muss bei allem Respekt feststellen, dass Ihre Sendung vom 18. November nicht als öffentliche Klarstellung und Entschuldigung bezeichnet werden kann", schrieb Kardinal Mahony am 1. Dezember 1997 an Mutter Angelica. „Wenn Sie einfach nur die beiden Teile vorgelesen hätten, in denen Sie sich entschuldigten und sich dann anderen Themen zugewandt hätten, wäre ich durchaus zufrieden gewesen."

„So aber war Ihre Entschuldigung nach meinem Dafürhalten durch Ihren nachfolgenden Kommentar derart abgeschwächt, dass jeder normale Zuschauer meinen Hirtenbrief bestenfalls für verwirrend und schlimmstenfalls für ein glaubensgefährdendes Lehrdokument halten muss. Sie selbst benutzten ja in diesem Beitrag mindestens dreißig Mal die Wörter ‚irritiert' oder ‚verwirrend' und ließen keinen Zweifel daran, dass Sie mein Pastoralschreiben missbilligen."

Danach wurde das Kirchenrecht bemüht. Mit dem Hinweis auf Kanon 753 schrieb Mahony, dass ausschließlich der Papst und der Heilige Stuhl ein Recht hätten „die Lehre eines Diözesanbischofs" zu korrigieren. Da er sich in seinen Rechten verletzt fühlte, informierte er Mutter Angelica über die gegen sie bei der Kongregation für die Ordensleute eingereichte Klage und stellte eine letzte Forderung: Sie sollte in ihrer Live-Sendung vor Weihnachten eine neue Entschuldigung verlesen. Diese Stellungnahme sollte den Glauben des Kardinals an die Eucharistie bekräftigen,

Mutter Angelicas fehlerhafte Auffassung des Pastoralschreibens eingestehen und den Zuschauern mitteilen, dass sie nicht die Autorität habe, Bischöfe zu kritisieren. Mahony empfahl, dass Bischof Foley das *Mea Culpa* verfassen und dass es bei vier separaten Anlässen öffentlich vorgetragen werden sollte – ohne den Beigeschmack zusätzlicher Kritik. Anderenfalls würde er einen Prozess in Rom anstrengen.

„Ich habe ihm die Entschuldigung und die Klarstellung gegeben. Das ist Erpressung! Warum kann jeder den Hirtenbrief kritisieren außer mir?", fragte Mutter Angelica Bischof Foley während eines Telefongesprächs am 3. Dezember. Sie befand sich zu dieser Zeit in Europa, um sich über die Fortschritte bei der Herstellung der Monstranz, der Kirchenfenster und weiterer Ausstattungen für ihr Kloster einen Überblick zu verschaffen.

Angelica entschuldigte sich beim Bischof für alle Unannehmlichkeiten, die sie möglicherweise verursacht hatte, sagte jedoch, sie sähe keinerlei Anlass, ihre Aussage zurückzuziehen oder eine Zustimmung zum Hirtenbrief des Kardinals zu veröffentlichen. „Ich habe mein Leben der Eucharistie geweiht, und ich kann Jesus nicht verleugnen", sagte sie zu Foley. „Ich bin bereit, meine Stellung im Sender und die Live-Show aufzugeben und mein kontemplatives Leben zu leben, aber ich kann nicht Jesus verleugnen." Foley unterstützte ihre Haltung, doch er musste gleichzeitig versuchen, den gekränkten Kardinal zu besänftigen. Er bat Mutter Angelica, für ihn zu beten.

Foley und ein Theologe, der auf Besuch war, der Priester Don Deitz, arbeiteten an einer Widerrufserklärung, die zwar die Bedingungen des Kardinals erfüllte, aber auch nuanciert genug war, um von Mutter Angelica akzeptiert zu werden. Dieser Entwurf scheint in Gruppenarbeit entstanden zu sein. Ein vom Autor erworbener Entwurf trägt als Faxabsender das Kürzel für die amerikanische Bischofskonferenz „USCC" (*United States Catholic Conference*), was darauf hindeutet, dass Einzelpersonen der Bischofskonferenz den Wortlaut schönten.

Fest entschlossen, sein Ziel zu erreichen, ließ Kardinal Mahony Mutter Angelica von allen Seiten verfolgen. Auf sein Betreiben drängte der Großritter der Kolumbusritter, Virgil Dechant, in einem Brief vom 10. Dezember Mutter Angelica, die Forderungen des Kardinals zu erfüllen und einen Widerruf auszufertigen. Am selben Tag schrieben die Weihbischöfe von Los Angeles an die Kongregation für die Institute geweihten Lebens und für die Gesellschaften apostolischen Lebens und baten dringend darum, Mutter Angelica zur Rücknahme ihrer Aussagen zu zwingen. Unterdessen reichten Bischof Donald Trautman von Erie in Pennsylvania und Bischof Lynch von St. Petersburg, zwei Bischöfe, die Mahony nahestanden, bei der Ordenskongregation Beschwerde gegen die Äbtissin ein. Jetzt sollte Mutter Angelica also die Rache zu spüren bekommen.

Bischof Foley hatte die wenig beneidenswerte Aufgabe erhalten, Mutter Angelica am 15. Dezember in ihrem Kloster die von Mahony gebilligte Widerrufserklärung zu überbringen. Sie vertiefte sich darin eine Weile, blickte dann zu dem Bischof auf und lehnte es entschieden ab, diese Stellungnahme in ihrer Sendung vorzulesen. Der Bischof versuchte, sie mit einigen Argumenten zu überreden. „Nein“, verkündete Mutter Angelica wohlüberlegt, „ich bin nun vierundsiebzig Jahre alt, und ich habe wahrlich nicht die Absicht, Unseren Herrn zu verleugnen, wenn ich so nahe daran bin, Ihm im persönlichen Gericht gegenüberzutreten.“

Für Mutter Angelica war dies weder ein Machtkampf noch eine Angelegenheit der Höflichkeit, sondern es ging hierbei um den Glauben an die Eucharistie. „Bei all dem Stress und allem anderen wollte ich aufrecht in der Gnade Gottes stehen. Und ich wusste, dass Unser Herr mir die Kraft dazu geben würde, weil ich nur das wiedergab, was Er selbst gesagt hatte. Ich vertrat ja nicht meine persönliche Meinung“, überlegte Mutter Angelica. „Ich fühlte mich deshalb auch nicht starrköpfig oder ungehorsam. Ich meinte einfach, dass dies die Lehre der Kirche sei.“

Bischof Foley kehrte nach Hause zurück und fand dort eine Reihe von Faxen und Telefonnachrichten von Kardinal Mahony vor, der zweifellos Mutter Angelicas Reaktion auf die Erklärung erfahren wollte. „Ich rief also Mahony zurück“, erinnerte sich Foley. „Ich sagte ihm, ‚Ich glaube nicht, dass sie das machen wird.‘ – ‚Und was werden Sie dann als ihr Ortsbischof unternehmen?‘, fragte er. – ‚Ich werde in dieser Sache gar nichts unternehmen‘, sagte ich. Er war dann einige Zeit böse auf mich, aber er kam darüber hinweg. In den weltlichen Medien schlachtete man das Gefecht publizistisch als ‚die Nonne gegen den Kardinal' aus. ‚Mutter Angelica liebt ja Kämpfe', und nun befand sie sich mittendrin.“

Zu wiederholten Anlässen versuchte ich Kardinal Mahony zu interviewen, sowohl schriftlich als auch persönlich, um seine Sicht der Kontroverse besser zu verstehen. Doch all meine Anfragen wurden abgelehnt.

Meinen letzten Versuch unternahm ich bei der Tagung der Bischofskonferenz in Washington im November 2003. Nachdem ich mehrere Interviewanfragen auf sein Zimmer übermitteln ließ, erspähte ich Kardinal Mahony in der Hotellobby. Ich holte ihn bei den Fahrstühlen ein und fragte ihn nach Mutter Angelica und ihren Meinungsverschiedenheiten. Ohne mir in die Augen zu schauen, eilte er an mir vorbei und sagte: „Das ist alles Schnee von gestern.“

Doch Ende Dezember 1997 schien Mutter Angelicas unbeugsame Haltung Kardinal Mahony gänzlich zu verzehren – und er reagierte ungehalten. Da er nichts von der Nonne hörte, feuerte er am 23. Dezember einen Brief ab, in dem er die Erfüllung seiner Forderung verlangte, und die Frist auf Januar ausweitete. Fünf Tage später antwortete Mutter Angelica.

Ein Widerruf würde auf „eine Verleugnung“ ihres „Glaubens an die Lehre der Transsubstantiation hinauslaufen“, schrieb sie an Mahony. Mutter Angelica weigerte sich, ihm entgegenzukommen. „Ich entschuldige mich noch einmal für jeden Schmerz und jeden Kummer, den Sie wegen meiner Äußerung empfunden haben. Aber auch ich empfinde großen Kummer und Schmerz über die vielen verleumderischen Artikel über mich und über EWTN in den Bistumszeitungen. Ich hoffe und bete dafür, dass diese Frage jetzt geklärt ist.“

Aber sie sollte es nicht sein.

Mahony verlangte nach Satisfaktion und wollte sich nicht von einer populistischen Nonne aus Birmingham in Alabama ausmanövrieren lassen. Durch die öffentlich ausgetragene Schlacht und die Einbindung Roms stand jetzt zu viel auf dem Spiel, sodass an einen Rückzug nicht mehr zu denken war. Im Januar

1998 erweiterte der Kardinal daher seinen Angriffsplan. In Diskussionen mit Vatikanbeamten äußerte er nun Bedenken in Bezug auf EWTN als Sender – seine Programmgestaltung, seine Unternehmensführung und sein Management. Berichten zufolge beriet er sich mit Kirchenrechtlern, um herauszufinden, welche Stricke man von kirchlicher Seite um Mutter Angelica und ihren Sender wickeln könnte. Er erhoffte sich, dadurch einen positiven Ausgang der Angelegenheit sicherzustellen.

„Der Kardinal will, dass der Heilige Stuhl etwas gegen Mutter Angelicas Einstellung unternimmt, entsprechend der sie sich nicht gegenüber der amerikanischen Bischofskonferenz oder einzelnen Ortsbischöfen rechtfertigen müsse, teilte der Kapuzinerpater Gregory Coiro, Direktor für Medienarbeit bei der Erzdiözese von Los Angeles, dem *National Catholic Reporter* mit. „Es geht um weit mehr als nur ihre Kritik am Kardinal – es geht darum, wie der Sender agiert und wem er rechenschaftspflichtig ist."

Der Sender sollte nach Kardinal Mahonys Einschätzung „neu ausgerichtet" werden, und sein Sprecher gab ein mögliches Instrument bekannt, mit dem dies sichergestellt werden konnte. Pater Coiro erwähnte Kanon 1373, ein Gesetz, das es Einzelpersonen untersagte, zum Ungehorsam gegen Papst oder die Bischöfe anzustiften. Zu den „angemessenen Strafen", die in diesem Kanon aufgeführt wurden, zählte das „Interdikt". Diese harte Bestrafung schließt, ähnlich wie die Exkommunikation, die betreffende Person oder Gemeinschaft von den Sakramenten aus und wird von der Kirche bei „schweren Verbrechen" verhängt.

„Erwartet Mahony, dass Rom EWTN mit einem Interdikt belegt, das unter diesen Umständen eigentlich gerechtfertigt wäre?", sinnierte Pater Coiro in einem Interview. „Vermutlich nicht, obwohl ich das nicht ausschließen würde."

Diese Drohung wurde bei EWTN als ein verzweifelter Versuch, Mutter Angelica aus ihrem Schweigen herauszulocken, angesehen. Verpflichtungen beim Sender und das langsam anwachsende Kloster in Hanceville nahmen Angelicas ganze Aufmerksamkeit in Anspruch, sodass es ihr leichtfiel, das hartnäckige Gerede in Los Angeles einfach nicht wahrzunehmen. Doch irgendetwas an dieser Androhung des Interdikts veranlasste sie dennoch zu pausieren. Könnte sie etwa dieses Sakramentes beraubt werden, für das sie lebte, um es zu schützen und zu verteidigen? Könnte die Kirche sie dazu zwingen, die Leitung des Senders Personen, oder sogar Autoritäten zu überlassen, die ihn dazu benutzen könnten, das Ansehen des Papstes und die katholische Lehre zu unterminieren? Für den Augenblick waren diese Gedanken nur flüchtige Phantome; doch in den beiden folgenden Jahren sollte sie immer wieder zu ihnen zurückkehren.

17. Kapitel

Wunder und Züchtigungen

Als sich Mutter Angelica, in einem wachsenden Metallrahmengestell eingesperrt und durch schwere Asthmaanfälle geschwächt, ihrem fünfundsiebzigsten Geburtstag näherte und per Anwalt mit dem „Kardinal in Kalifornien" stritt, gab sie sich dennoch Mühe, ihrer Aufgabe weiterhin gerecht zu werden. Sie steckte viel Zeit in den Sender, hielt lange Besprechungen mit den leitenden Angestellten ab, veranlasste teure Live-Fernsehübertragungen über den denkwürdigen Papstbesuch Ende Januar 1998 in Kuba (ohne Unterstützung durch Spenden) und schaffte es irgendwie, ihre zweimal wöchentlichen Live-Shows und die Aufzeichnungen für *Religious Catalogue* durchzustehen. Doch in ihrem Inneren begann es zu bröckeln. Ihre Mitarbeiter empfanden sie als gereizt und unaufmerksam und meinten, sie sei „nicht sie selbst".

Die Bauverzögerungen am neuen Kloster wurden für Angelica, die häufig einen Streifzug nach Hanceville unternahm, um die Baustelle zu inspizieren, zu einer Quelle der Frustration. Im Kloster in Birmingham gab sie ihren Nonnen auch weiterhin Unterricht, behielt die Mönche im Auge und versäumte niemals ihre persönlichen Zeiten der Anbetung. Aber keine noch so große Geschäftigkeit konnte ihr helfen, dem schwelenden Konflikt mit Mahony zu entfliehen.

Ein am 2. Januar 1998 von Kardinal Mahony geschriebener Brief entzündete den Zwist von Neuem. Er konnte die Angelegenheit einfach nicht auf sich beruhen lassen und forderte noch einmal eine Entschuldigung im Fernsehen, vorzugsweise jene, die von Bischof Foley entworfen worden war.

Mutter Angelica antwortete aus gutem Grund nicht. Der Klosterchronik und mehreren vom Autor interviewten Bischöfen zufolge unterstützten einige Vatikanbeamte im persönlichen Gespräch Mutter Angelicas Position und rieten ihr zu schweigen. Wahrscheinlich teilten sie ihre Bedenken hinsichtlich Mahonys Lehren, konnten es sich jedoch nicht leisten, einem Kardinal in aller Öffentlichkeit entgegenzutreten. Mutter Angelica setzte ihren direkten Vorgesetzten, Kardinal Eduardo Martinez Somalo, Präfekt bei der Kongregation für die Institute geweihten Lebens und für die Gesellschaften apostolischen Lebens, über Mahonys Brief in Kenntnis und kehrte wieder nach Hause zurück, um die Übertragung des Papstbesuches nach Kuba vorzubereiten.

Die Heilung

Im Zweiten Brief des Apostels Paulus an die Korinther (12,9) steht: „Meine Gnade genügt dir; denn sie erweist ihre Kraft in der Schwachheit. Viel lieber also will ich mich meiner Schwachheit rühmen, damit die Kraft Christi auf mich herabkommt." Für Mutter Angelica war das nicht eine bloße Unterweisung, sondern ein täglich gelebter und vor Augen geführter Glaubenssatz. In ihrer persönlichen Theologie waren ihr aufgeblähtes Herz, ihr Diabetes und ihre stumpfähnlichen Beine Mysterien der Vorsehung, Gaben, die sie bereitwillig annahm – und keine Übel, die man abschütteln oder von denen man erlöst werden wollte. Deshalb bat sie Gott auch niemals darum, ihr die Behinderungen zu nehmen, und sie war auch deswegen nicht verbittert. Sie waren – bis in die späten Neunzigerjahre – ein Teil von Mutter Angelica und dienten dazu, ihr „Vertrauen auf Gott" zu vertiefen.

Am Abend des 28. Januar 1998 schleppte sich Mutter Angelica ins Studio, wie sie es Hunderte Male zuvor getan hatte, durch die Gänge, die das Kloster mit dem Sender verbanden. Der Rosenkranz, der ihr von der Taille baumelte, klapperte gegen die Aluminium-Krücken und schlug dumpf gegen die Beinschienen unter ihrer Ordenstracht, als sie sich vorwärtsbewegte. Schon diese kurze Strecke von der Klausur zur Kulisse der Live-Show war eine Herausforderung für die Nonne, die ja durch einen Nervenschaden ein verkümmertes rechtes Bein hatte, was laut Dr. David Patton, ihrem Hausarzt, die Folge eines Muskelschwundes war.

Mutter Angelicas Weg endete an der erhöhten Bühne der Live-Show. Sie setzte ihre Krücken auf der Bühne auf, dann packte sie der Sicherheitsbeamte an ihrer Taille und hievte sie über den Absatz auf die Bühne hinauf. Alleine dort hochzugelangen, war völlig unmöglich. Vorsichtig schritt sie auf ihren gepolsterten Sitzplatz zu, übergab ihre Krücken und ließ sich in den Sessel fallen, um mit ihrer Show zu beginnen. In der nun folgenden Stunde führten Mutter Angelica und Pfarrer John Corapi ein energiegeladenes, wenn auch flüchtiges Gespräch über die Macht des Rosenkranzes. Unter normalen Umständen hätte sie am Ende der Show ganzen Busladungen von Pilgern, die sie verehrten, unter dem Studiopublikum zugewinkt und wäre dann in die Klausur zurückgekehrt. Doch in dieser Nacht musste sie in ihrem Büro noch eine Verabredung einhalten.

Paola Albertini, eine kleine mollige Italienerin mit einem Pagenkopf und einem seltsamen Gesichtsausdruck, hatte Mutter Angelica schon seit Tagen um ein Gespräch gebeten. Die ehemalige Musiklehrerin empfing angeblich seit 1986 Visionen der Jungfrau Maria. Diese mystischen Erscheinungen traten nach Albertinis Angaben immer dann auf, wenn sie den Rosenkranz betete – und, wie es hieß, im Allgemeinen während des Aufsagens des vierten Gesätzes. In der Hoffnung, Mutter Angelica davon überzeugen zu können, die ihr anvertrauten Geheimnisse weiterzuverbreiten, waren Albertini, ein Übersetzer und zwei Schüler Ende Januar nach Birmingham gereist. Mit „einer ganz besonderen Botschaft von Unserer Lieben Frau“ versuchte Albertini, sich Zugang zu der angesehenen Äbtissin zu verschaffen – jedoch mit wenig Erfolg.

„Wir haben viele solcher Mystiker, und Mutter Angelica hat sich gegen sie gesträubt“, berichtete mir Schwester Agnes. Da sie den Behauptungen misstraute und einfach viel zu beschäftigt war, hatte sie für die Mystikerin keine Zeit. Doch dann, am 27. Januar, war sie mit einem kurzen Zusammentreffen in ihrem Sprechzimmer einverstanden. Auf Italienisch sagte Albertini, dass die Jungfrau Maria sie aufgefordert habe zu kommen, und sie bestand darauf, dass die Äbtissin am folgenden Tag mit ihr zusammen den Rosenkranz beten solle. Nur ungern willigte Mutter Angelica ein, sich der Mystikerin am nächsten Abend um 20 Uhr nach ihrer Live-Show im Gebet anzuschließen.

Mutter Angelica humpelte an der applaudierenden Menschenmenge vorbei und lenkte ihre Schritte nach Abschluss der Sendung in ihr Büro. Dort wartete schon Paola Albertini, auch ihr Rosenkranz lag bereits da. Ohne gemeinsame Sprache sagte Albertini die „glorreichen Geheimnisse" auf Italienisch auf, während Mutter Angelica sie auf Latein betete. Zu Beginn des vierten Gesätzes, der Himmelfahrt Mariens, hob Albertini ihren Kopf und starrte auf ein Porträt, das über Mutter Angelicas Schreibtisch hing. Schwester Mary Clare, eine der Nonnen im Büro, sagte, dass ein „helles Leuchten" das Bildnis des hl. Franziskus umgab, das bis zum gekreuzigten Christus hinaufreichte. „Unsere Liebe Frau ist hier", kündigte Albertini an. Anschließend verkündete sie noch eine Botschaft, die die Jungfrau anscheinend Mutter Angelica mitteilen wollte:

„Welche Freude schenkst du dem Herzen Jesu, deinem geliebten Bräutigam... Verteidige die heilige Eucharistie selbst mit deinem eigenen Leben! Ja, auch heute noch wird Jesus verhöhnt und dem Spott preisgegeben... Ich segne diese Stätte, ich segne dich, meine Tochter, und mit so viel Liebe sage ich dir: Höre nicht auf! Geh um der Liebe Jesu willen unbeirrt diesen Weg weiter, den Jesus für dich vom Mutterleib an vorgezeichnet hat..."

An derselben Stelle während des vierten Rosenkranzgesätzes hatte Mutter Angelica „ein Gefühl", dass Gott sie heilen wolle. „Herr, all diese Jahre hast Du mich als Trost und Beispiel für all die Behinderten und Verkrüppelten gebraucht", dachte sie. „Wenn Du das ändern möchtest, dann ist das für mich in Ordnung."

Einige Augenblicke später fragte Albertini, ob sie für Mutter Angelica beten dürfe. Als Angelica zustimmte, fiel die Mystikerin auf die Knie und murmelte ein Gebet auf Italienisch. Nach einigen Minuten bat Albertini die Oberin, sich die Beinschienen abzunehmen. Sie kam der Aufforderung nach, beugte sich nach vorne, um die Metallstäbe, die längs ihrer Beine verliefen, zu lösen, dann gab sie Schwester Agnes ein Zeichen, dass diese ihr die abgetragenen Schuhe ausziehen solle. Agnes tat es, fürchtete jedoch, dass Mutter Angelica ohne ihre Stützen hinfallen würde. „Ich hatte schon einmal gesehen, wie sie versucht hatte zu gehen. Der Fuß war einfach schlaff; er würde hinterherschleifen", sagte Schwester Agnes.

Die zwergenhafte Mystikerin nahm Mutter Angelica bei der Hand und führte sie wie ein Kleinkind, das gerade seine ersten Schritte macht, durch das Zimmer. Die Nonnen standen ganz nervös zu beiden Seiten ihrer Oberin für den Fall, dass sie das Gleichgewicht verlieren würde. Dann geriet Angelica ins Wanken. Leblos stapften ihre beiden Füße voran.

„Kommen Sie. Sie brauchen keine Angst zu haben", befahl Albertini.

„Ich ging bis zur Tür", erinnerte sich Mutter Angelica, „und hatte große Schwierigkeiten, mich umzudrehen, weil beide Beine in verschiedene Richtungen wollten. Die torkelnde Nonne bewegte sich auf die Mystikerin zu, flankiert von ihren Schwestern.

„Lassen Sie sie gehen", rief Albertini und versuchte die Nonnen wegzuscheuchen.

„Mutter Angelica, tun Sie das nicht", flehte Schwester Agnes.

„Agnes, ich spüre diese Wärme in meinen Knöcheln", sagte Mutter Angelica und bewegte sich weiter auf Albertini zu. „Haben Sie keine Angst."

Ohne dass sie es merkte, wurden ihre Beine fester, als sie den Raum durchquerte. Langsam richteten sich die Füße aus und begradigten sich. Als sie eine kurze Pause machte, drückte Albertini ihr ein Kruzifix an Rücken und Beine.

„Laufen wir weiter", befahl die kleine Frau. „Und jetzt heben Sie Ihre Beine." Angelica hob die ehemals schlaffen Gliedmaßen an. Das Gleichgewicht kehrte wieder zurück, und das Schwanken verschwand. Sie hüpfte wie ein Kind, das einen neuen Tanzschritt vorführt.

Mutter Angelica warf die Bürotür weit auf und rief den Wachleuten zu: „Schauen Sie, keine Krücken und keine Beinschienen."

„Na, so was! Dank sei Gott!", platzte es aus Johnny Laurence, einem der Wachmänner, heraus, als ob er soeben einen Geist gesehen hätte, der durch die Tür schwebte. In freudiger Erregung ergriff Mutter Angelica die Hände eines Gastes, der gerade zufällig vorbeiging, und tanzte mit ihm durch die Küche neben dem Studio.

Um ihre Beine zu testen, die sie ja nun seit zweiundvierzig Jahren nicht mehr unter Kontrolle hatte, durchquerte Angelica das ganze Studio. Dann hüpfte sie auf die Live-Show-Bühne, die sie noch eine Stunde zuvor nicht ohne fremde Hilfe erklimmen konnte. Im Kloster waren die Nonnen beim Anblick ihrer Äbtissin geradezu verzückt. Als ob ein neuer Feiertag soeben ausgerufen worden wäre, tanzte Mutter Angelica mit den jüngeren Schwestern den ganzen Abend und schwatzte mit ihnen bis in die frühen Morgenstunden.

Am nächsten Tag versammelte sich ein wahrer Menschenauflauf vor dem Gitter des Autoabstellplatzes, um einen Blick auf Mutter Angelicas Wunderheilung zu werfen. Sie tat der Menge den Gefallen und trat aus der Klausur heraus – und begegnete einer Flut von Lachen und Freudentränen. Bevor Mutter Angelica die Heilung an diesem Abend im EWTN-Jugendprogramm *Life on the Rock* verkündete, traf sie sich noch einmal mit Paola Albertini, und sie beteten gemeinsam. Diesmal sagte Albertini der Nonne, sie solle ihr Rückenkorsett ablegen, was sie auch tat. Später legte sie es aber wieder an. „Da muss ich ehrlich sein; der Rücken war nicht geheilt“, erzählte mir Mutter Angelica. „Ich kann zwar ein paar Stunden ohne das Korsett laufen, aber das ist schwierig. Warum sollte ich anderen etwas vortäuschen?“

Drei Ärzte, die Mutter Angelica nach Paola Albertinis Besuch unabhängig voneinander untersucht hatten, bestätigten, dass die Heilung ihrer Beine alles andere als ein Schwindel sei. Dr. Stan Faulkner, Angelicas Orthopäde, schilderte die körperliche Veränderung als „ziemlich übernatürlich“. Und er glaubte, dass die Heilung auch noch über die Beine hinausgehe. „Mutter Angelica litt an einer Verengung des Rückenmarkkanals, wodurch die Nerven an dieser Stelle eingeklemmt waren [was zu der Lähmung führte]“, sagte Faulkner. „Ich dachte tatsächlich, dass sie operiert werden müsse. Doch es ging wirklich weg und hat sich normalisiert. Es heilte sogar besser, als es je durch einen chirurgischen Eingriff hätte verbessert werden können. Heutzutage sieht man ja nicht viele Wunder, aber ich gehe hier schon von einem aus.“

Auch Dr. David Patton, Chefarzt des *Health South*-Gesundheitszentrums in Birmingham und Mutter Angelicas Hausarzt, untersuchte ihre Beine. „Ich bin ja von Natur aus skeptisch. Als sie mir von der Heilung berichtete, sah ich mir das erst einmal an“, sagte Dr. Patton grinsend. „So etwas hatte ich noch nie gesehen. Äußerlich stellte ich fest, dass sich der Zustand des verkümmerten Beines sichtbar gebessert hatte. Wenn sich die Muskeln über einen langen Zeitraum zurückgebildet haben, ist das normalerweise irreversibel.“

Dr. Richard May, Internist in Birmingham, untersuchte Angelicas Beine heimlich, nachdem er über seine Kollegen von der Geschichte erfahren hatte. Während eines von Mutter Angelicas Krankenhausaufenthalten stahl er sich in ihr Zimmer und warf selbst einen Blick auf ihre Beine. „Was ich da sah, waren muskulöse Beine mit runden Waden und nicht die Beine, die man eigentlich erwartet hätte“, bemerkte Dr. May. „Ihre Beine waren in einem besseren Zustand, als es ihr Alter und ihre begrenzten körperlichen Aktivitäten erwarten ließen. Es waren die Beine von jemandem, der viel gelaufen war.“ Um ihren Berichten Glaubwürdigkeit zu verleihen, beschrieb May sich selbst und Dr. Patton als „griesgrämige Zyniker“. Der eine von beiden war Methodist, der andere ein Mitglied der Episkopalkirche, denen nichts daran lag, Wundern hinterherzulaufen“.

Der Zweck dieser Heilung bestand darin, den Glauben der Zuschauer und Angestellten des Senders zu stärken, wie Mutter Angelica dem Moderator von *Life on the Rock*, Jeff Cavins, in der Live-Sendung vom 29. Januar mitteilte. Obwohl Angelica durch die Heilung freudig erregt war, konnte sie nicht widerstehen, eine subtile Anspielung auf ihren Streit in Sachen der Lehre mit Kardinal Mahony fallen zu lassen: „Noch nie hat es in der Weltgeschichte so viel Blasphemie, Unglauben, Irrtum, Spaltung und Grausamkeit gegenüber dem Leib und dem Blut Jesu gegeben. Der Vater wird das wieder gutmachen, und Unsere Liebe Frau wird das auf eine ganz neue Art wieder gutmachen.“

Der Sprecher der Erzdiözese von Los Angeles, Pater Gregory Coiro, sagte dem *National Catholic Reporter*, dass er über das

Wunder im Internet gelesen habe, wo „Leute behaupteten, Mutter Angelica sei deshalb geheilt worden, weil sie sich mit Kardinal Mahony angelegt hatte“. Coiro sagte daraufhin: „Ich habe diesen Leuten zum Spaß geantwortet, dass die Heilung meinetwegen geschehen sei, damit man mir nicht mehr vorwerfen könne, ich würde eine gelähmte Nonne kritisieren.“

Ohne die Heilung auch nur zu erwähnen, schrieb Kardinal Mahony am 5. Februar einen Brief an Mutter Angelica, in dem er sich darüber beklagte, dass sie auf seine wiederholten Angebote nicht geantwortet habe. Er teilte mit, dass er mit Beamten der Kongregation für die Institute geweihten Lebens und für die Gesellschaften apostolischen Lebens zusammentreffen würde, um eine bessere Programmgestaltung bei EWTN zu erreichen, obwohl er ja noch immer hoffe, zu einer Lösung ihres Konflikts in gegenseitigem Einvernehmen zu gelangen.

Mutter Angelica reagierte nicht sofort und wies zweimal einen Telefonanruf von Mahony ab. Doch ließ ihr kurz angebundenes Fax vom 26. Februar an den Kardinal nur wenig Zweifel daran, wo sie stand: „Eine Diskussion würde uns in dieser Angelegenheit nicht weiterbringen, da der Fall auf dogmatischer Ebene liegt“, schrieb sie ihm.

Mutter Angelicas ständige Verweise auf die Lehre der Kirche und ihre Weigerung, ihre Fernsehkommentare zurückzunehmen, erzürnten den Kardinal. In einem Brief vom 28. Februar gab er Details über sein Zusammentreffen mit der Ordenskongregation bekannt. Die Beamten dort empfahlen ihm, neue nationale Regeln und Richtlinien für die Medien festzulegen – interne Ausführungsbestimmungen der nationalen Bischofskonferenz – die Mutter Angelica akzeptieren müsse und an die sie dann zwangsläufig auch gebunden sei. In diesem Fall könnte die Gesamtheit der Bischöfe die Äbtissin zu all dem verpflichten, was einem einzelnen Bischof eben nicht möglich sei. Der Kardinal sicherte zu, dass ein Antrag auf solche Regelungen bereits zur Bischofskonferenz unterwegs sei. Am Ende seines Briefes lud er Mutter Angelica für den 21. März zu einem persönlichen Gespräch nach Orlando in Florida ein, wo sie ihre Meinungsverschiedenheiten beilegen und eine Lösung ausarbeiten könnten.

Erzbischof Oscar Libscomb von Mobile und Kardinal Martinez drängten die Oberin in gesonderten Schreiben, diese Einladung anzunehmen und sich mit Mahony zu treffen.

„Meine Waffe ist Schweigen", sagte Mutter Angelica über ihre Strategie. „Ich glaube, dass Schweigen ganz oft in Ordnung ist, wenn man weiß, dass es Menschen auf einen abgesehen haben, und ganz gleich, was man macht oder sagt, es nicht akzeptiert und dadurch alles nur noch schlimmer wird. Man gießt dann nur noch Öl ins Feuer. Wenn ich an diesem Punkt angelangt bin, mache ich nichts mehr: Ich sage nichts mehr, ich schreibe nicht mehr, ich mache überhaupt nichts mehr." Und genau das setzte sie auch bei dieser Gelegenheit um, als sie Kardinal Martinez schriftlich mitteilte, dass „es höchst unangebracht" sei, sich mit Kardinal Mahony zu treffen, da sie ja bereits einen Antrag bei der vatikanischen Glaubensbehörde gestellt habe, worin sie um einen offiziellen Schiedsspruch über die in Mahonys Hirtenbrief geäußerten Lehren bat. Die Kraftprobe trat jetzt also in ihre kritische Endphase.

In ihrer Eingabe an die Kongregation für die Glaubenslehre wies Mutter Angelica auf die theologischen Mängel des Dokuments hin und bat dann Kardinal Joseph Ratzinger, „die durch den Hirtenbrief Kardinal Mahonys gestiftete Verwirrung hinsichtlich der Lehre der Transsubstantiation zu beseitigen. Andernfalls wird die Kirche in Amerika untergehen".

Nun hatten also beide Seiten unterschiedliche römische Kongregationen um Rechtshilfe gebeten. Bevor der Vatikan ein Urteil erließ, unternahm er einen letzten Versuch zu einer inoffiziellen Lösung. Sie bestimmten am 13. März Kardinal John O'Connor von New York, einen Delegierten der Ordenskongregation, und sandten ihn nach Birmingham. Er wurde mit der schwierigen Aufgabe betraut, einen Friedensplan auszuhandeln, um den Disput zwischen Mahony und Mutter Angelica zu beenden.

So stieg am 21. März 1998 ein von Fieber geplagter Kardinal O'Connor, der gerade gegen eine bakterielle Infektion ankämpfte, vor dem Kloster *Unsere Liebe Frau von den Engeln* aus dem Auto. „Ich kann es nicht fassen!", sagte er, als er einen ersten Blick auf die von ihren Krücken befreite Äbtissin warf. Die beiden umarmten sich herzlich und zogen sich zu einer eineinhalbstündigen Unterredung in das Zimmer des hl. Franziskus zurück. Mutter Angelica, Kardinal O'Connor und Bill Steltemeier waren die einzigen Gesprächsteilnehmer.

O'Connor fing behutsam an, versicherte Mutter Angelica der Unterstützung des Heiligen Vaters, obwohl er zugeben musste, dass selbst der Papst sich nicht sicher sei, wie man Mutter Angelica aus ihrer derzeitigen Schlinge befreien könne. Er unterstrich die kritische Zuspitzung der Lage und beklagte den Skandal, den der Streit verursacht hatte. O'Connor schlug Mutter Angelica vor, eine ganze Sendereihe über die Eucharistie unter Mitwirkung führender Persönlichkeiten der Kurie zu konzipieren. Dies würde ihre Verehrung des Allerheiligsten Altarsakramentes demonstrieren und ihre Zuschauer gegen die mit Fehlern behafteten Lehren, die sie so sehr fürchtete, immun machen.

Sie solle diese Fernsehserie produzieren, riet O'Connor, und irgendeine einfühlsame kurze Stellungnahme abgeben, die nicht gegen ihr Gewissen verstoße, aber doch einräume, dass Kardinal Mahony die Lehre der Kirche über die Eucharistie akzeptiere. Außerdem müsse sie sich entschuldigen. Als Anreiz – und jetzt nahm Kardinal O'Connor alle Möglichkeiten in Anspruch – könnte Angelica ihre Position behalten: Der Heilige Stuhl könnte sie aber auch vom Fernsehsender abziehen; Mahony könnte ein Interdikt einfordern, das sie vom Empfang der Sakramente ausschließen würde, oder er könnte die Bischöfe gehörig gegen sie aufbringen und sich selbst an den Sender heranmachen.

Mutter Angelica war also wieder am Nullpunkt angelangt. Der Kardinal Erzbischof der größten Erzdiözese im Land strebte noch immer nach *ihrem* Imprimatur.

Doch die Oberin lehnte höflich ab. „Ich könnte nicht mehr in diese Kapelle gehen und vor den Herrn hintreten, wenn ich einfach nur aufgeben würde, weil er Kardinal ist", sagte sie. „Das kann ich nicht."

„Sie müssen aber", forderte O'Connor und klopfte auf die Tischplatte.

Sie blickte den Kardinal starr an: „Ich werde es nicht tun."

O'Connor sagte ihr, er habe die Reise aus eigenem Antrieb unternommen und sei gekommen, um ihr zu helfen. Seine Stimme schwoll an, aber Mutter Angelica blieb standhaft. Nach einem Rundgang durch den Sender umarmte sie der Kardinal und sagte: „Ich liebe Sie" und eilte zum Flughafen.

Mit einer Reihe von Faxen machte Kardinal O'Connor Mutter Angelica modifizierte Vorschläge für Stellungnahmen, die sie in ihrer Sendung verlesen sollte; einer davon enthielt lediglich Passagen aus ihrer ersten „Entschuldigungssendung". Doch Mutter Angelica konnte sich noch immer nicht überwinden, in der Öffentlichkeit ein weiteres Wort über Kardinal Mahony oder seinen Hirtenbrief zu verlieren. Da sie ihr Stillschweigen versprochen hatte, teilte sie Kardinal Mahony in einem Fax vom 7. April mit: „Ich halte es für extrem unter der Würde eines Kirchenfürsten, dieses Thema wegen einer 15-Sekunden-Bemerkung fortgesetzt vor die Öffentlichkeit zu bringen, sowohl hier als auch im Ausland. Wie kann es sein, dass eine solch kurze Bemerkung derart nachhaltige Auswirkungen haben soll? Ich begreife jetzt, dass die Forderungen Seiner Eminenz kein Ende nehmen werden." Zum Schluss ihres Faxes schrieb sie: „Ich will nicht zum Bauernopfer oder Spielball in den Händen der amerikanischen Liberalen gemacht werden, die so vielen Menschen so viel Leid angetan haben."

Wenn sie dieses Mal aufgeben würde, wo sollte das enden?, fragte sich Mutter Angelica. Würde dann jede ihrer in den siebzehn Jahren auf Sendung geäußerten Aussagen wieder hervorgekramt und hinterfragt werden? Was müsste sie dann noch alles öffentlich widerrufen, wenn sie diese Äußerung jetzt dementierte?

Schließlich bat ein enttäuschter Kardinal O'Connor – wie sich aus seiner Korrespondenz entnehmen lässt – Mutter Angelica, ihm den Ausschnitt der Sendung mit der Entschuldigung vom 18. November zuzusenden. Darin solle sie jene Stellen kenntlich machen, mit denen sie Mahonys Forderungen erfüllt habe. Dies solle dann ihre Stellungnahme darstellen. Ende April fügte O'Connor dieses Material einem Bericht an den Heiligen Stuhl bei, den er mit einigen persönlichen Vorschlägen versah.

Am 23. April, drei Tage nach ihrem fünfundsiebzigsten Geburtstag, kehrte Mutter Angelicas Asthma wieder zurück und machte einen Krankenhausaufenthalt notwendig. Seit Mitte der Neunzigerjahre hatte die Oberin jährlich mehrere Aufenthalte im Krankenhaus verbracht, um die Asthmaanfälle in den Griff zu bekommen – Anfälle, von denen Dr. Patton sagte, dass sie heftiger und „überdurchschnittlich stark" waren. Damit ihre Lungen nicht angegriffen wurden, injizierte Patton hohe Dosen an Steroiden. Und obwohl diese Injektionen der Nonne das Atmen erleichterten, erschwerten unbeabsichtigte Nebenwirkungen dieser Steroide ihr Leben auf andere Weise. Die regelmäßige Einnahme dieser Medikamente führte zu Diabetes und schwächte ihre Knochen. Doch die Asthmaattacken waren derart beängstigend für Mutter Angelica und ihre Gemeinschaft, dass sie diese Nebenwirkungen der Medikamente gerne in Kauf nahmen. Denn aufs Atmen kann man nun einmal nicht verzichten.

Doch Ende Juni raubte ihr ein Brief der Kongregation für die Institute geweihten Lebens und für die Gesellschaften apostolischen Lebens trotzdem den Atem. Die Ordenskongregation, die auf Empfehlung von Kardinal O'Connor tätig wurde, schrieb, sie habe beschlossen, in der Sache „Mahony" nichts zu unternehmen. Der Brief vom 27. Juni forderte lediglich die Formulierung eines Leitbildes von EWTN an, sodass die Verbindung zwischen dem Kloster und dem Sender untersucht werden konnte.

Mutter Angelica war wegen ihrer Fernsehkritik an dem Pastoralschreiben Mahonys offenkundig einer Kirchenstrafe entgangen. Dennoch lag in der Anfrage der Kongregation der Keim verborgen, der ihre Gemeinschaft, den Sender, den sie gegründet hatte, und sie selbst, erschüttern sollte. Denn in den Köpfen des Episkopats schwirrten nun neue Fragen herum: Wem gehörte eigentlich EWTN? Wer kontrollierte EWTN? Und was würde passieren, wenn Mutter Angelica nicht mehr wäre?

In einem Antwortschreiben vom 17. Juli teilte Mutter Angelica Kardinal Martinez Somalo mit, dass das „*Eternal Word Television Network* weder im Besitz des Klosters *Unsere Liebe Frau von Engeln* sei, noch von ihm betrieben wird. EWTN ist ein privatrechtliches Unternehmen nach den Statuten des Staates Alabama". Bill Steltemeier, der damalige Präsident von EWTN, äußerte sich in seinem Brief an die Ordenskongregation sogar noch unverblümter: „Die eigentliche Frage, um die es in Ihrem Brief geht, ist die zukünftige Überwachung von EWTN und seiner Programmgestaltung, entweder direkt oder indirekt. Doch dies ist eine Frage, die ausschließlich von der Vorstandschaft von EWTN entschieden werden kann." Eine Ausfertigung des Leitbildes war dem Schreiben beigelegt.

Trotz der Entscheidung der Kongregation verbrachte Kardinal Mahony einen Teil seines *Ad-limina*-Besuchs in Rom im September erneut damit, mit Kardinal Martinez Somalo über Mutter Angelica zu diskutieren. Journalisten gegenüber jammerte er über „Sendungen, die Bischöfe attackieren", und auf den folgenden Tagungen der Bischofskonferenz unternahm er einen Vorstoß, um katholische Medienkanäle zu reglementieren. Erst im November 2003 gab Mahony Ruhe: Er korrigierte ein Dokument der Bischöfe über Volksandachten, um sicherzustellen, dass jegliche Passagen, die im Rundfunk ausgestrahlt oder ins Internet gesetzt werden, den „theologischen und ökumenischen Entwicklungen der heutigen" Kirche entsprechen.

Als der Vorhang über die Mahony-Krise fiel, widmete sich Mutter Angelica ganz dem Schicksal ihres Kurzwellenradiosenders. Seit 1996 hatte EWTN sein Kurzwellenprogramm jeder katholischen Radiostation in den Vereinigten Staaten gebührenfrei angeboten. Damals existierten im Land lediglich vierzehn katholische Frequenzen. Im Jahr 1998 versuchte Mutter Angelica, die katholischen Laien dafür zu begeistern, weitere katholische Kurz- und Mittelwellenstationen in ihren eigenen Gemeinden zu errichten. Normalerweise begann sie ihre Werbung dann mit den Worten: „So mancher von euch katholischen Laien ist doch ziemlich belastet – mit Geld, meine ich." In der Live-Show vom 2. September 1998 erzählte sie dann den Zuschauern, dass Radiostationen gebraucht würden, um den „Durchschnittsbürger im Lärm der Städte" erreichen zu können, und sie forderte Generaldirektoren und Geschäftsführer von Großkonzernen auf: „Ich habe hier eine ganze Liste mit ihren Namen, und Sie sind nicht gerade besonders großzügig", sagte sie. „Wir sind nicht sehr missionarisch, und ich glaube, der Grund liegt darin, dass wir Gott nicht genug lieben. Bitte, wenn Sie also mehr haben, als Sie jemals benötigen werden... dann sollten Sie etwas für Jesus tun. Sie könnten zehn Radiostationen kaufen." Ein Millionär aus Buffalo hörte diesen Aufruf und nahm am nächsten Morgen Kontakt mit EWTN auf. Man brachte ihn mit Jim Wright in Verbindung, einem ortsansässigen Geschäftsmann, der versucht hatte, eine katholische Radiostation im Hinterland des Bundesstaates New York einzurichten. Im Jahr 1999 erwarben Wright und sein Wohltäter WLOF einen Kurzwellensender in Buffalo, der auch heute noch in Betrieb ist. Zum Zeitpunkt der Abfassung dieses Buches gibt es mehr als achtzig unabhängige katholische Kurz- und Mittelwellenradiosender, die an EWTN angeschlossen sind. Die meisten davon sind existenzfähig dank der durch Mutter Angelicas Sender angebotenen freien Programme.

Der Aufbau des Tempels

Die meiste Zeit des Jahres 1998 schenkte Mutter Angelica ihre Aufmerksamkeit großzügig dem Bau des Klosters in Hanceville. „Sie wechselte die Wände aus, wie die meisten Frauen Tapeten wechseln", bemerkte Schwester Agnes über den Baufortschritt. Die Äbtissin widmete sich jedem Detail – überwachte drei verschiedene Ausführungen der Kirchendecke, vergrößerte die Kirche noch um zwölf Meter, nachdem das Fundament bereits betoniert war, und überquerte den Erdball, um die besten Handwerker und Materialien zu finden, die man mit Geld kaufen konnte.

„Es ist ein großes Gebäude, und diese Kirche war auch nicht billig", sagte Mutter Angelica im Rückblick. „Es war kein Sonderangebot von *Kmart* (bekannter Billigmarkt in den USA, Anm. d. Ü.), wenn Sie verstehen, was ich damit meine."

Es sollte eine „Hofkapelle" wie keine andere sein. Die beim Bau verwendeten Rohmaterialien sollten denen von König Salomos Tempel entsprechen: roter Jaspis für den Fußboden, seltenes Zedernholz für die Beichtstühle sowie Gold für die beeindruckende zweieinhalb Meter hohe Monstranz. Die Gustav van Treeck-Werkstatt in München gestaltete fünfunddreißig bunte Kirchenfenster mit Darstellungen von Jesus, der Jungfrau Maria, verschiedenen Heiligen und den neun Engelchören. Schwester Margaret Mary und Schwester Agnes übten einen großen Einfluss auf die Gestaltung der Fenster aus und verbrachten Monate damit, geeignete Bilder ausfindig zu machen, die sich auf Glas replizieren ließen. Spanische Handwerker von *Talleres de Arte Granda* in Madrid montierten das vierzehn Meter lange Kommunionbankgeländer aus Messing, das Goldblatt-Retabel, die Monstranz und die anderen Einrichtungen der Kapelle.

Um die Anlage hervorzuheben, legte Mutter Angelica vor der Kapelle noch einen Platz an, umgeben von einem Säulengang. Als Glanzpunkt wählte sie eine schneeweiße Marmorstatue des Jesuskindes aus, das den Besuchern sein rotes Jaspisherz entgegenstreckt. Diese Statue wurde in der Mitte des Platzes aufgestellt. „Ich spürte im Herzen, dass Frauen, die eine Abtreibung in Betracht ziehen, dadurch angesprochen würden", bemerkte Angelica über diese Skulptur. „Vielleicht regt es sie ja an, es sich noch einmal zu überlegen."

Obwohl sich die Schwestern ihre eigenen Arbeitsbereiche innerhalb des Klosters selbst gestaltet hatten und auch die Pracht des Gebäudes bestaunten, gab es doch ein gewisses Zögern vor dem Umzug in das neue Domizil. Manche hatten sich an die behagliche Enge des Klosters in Birmingham gewöhnt und befürchteten nun, dass allein schon die Größe der neuen Klausur die familiären Bande der Gemeinschaft lockern könnte. Die Äbtissin griff diese Besorgnisse auf und beruhigte ihre Nonnen: „Das neue Kloster wird unser kontemplatives Leben fördern. Die Stille wird fantastisch sein... Man kann nicht mit einem Fuß in der Welt und mit dem anderen in der Klausur leben. Es gibt nur das eine oder das andere, entscheidet euch also." Dann schloss sie mit einer prophetischen Bemerkung. „Schwestern, wenn ihr wüsstet, was auf uns zukommt – ihr würdet euch über kein Opfer beklagen. Bereitet eure Seelen für das Kommende vor."

Bei der EWTN-Vorstandssitzung am 17. Oktober erschien nur einer der drei Bischöfe, die zum Vorstand gehörten: Bischof David Foley. Sowohl Bischof Thomas Daily von Brooklyn als auch Erzbischof Charles Chaput von Denver konnten wegen vordringlicher Verpflichtungen nicht teilnehmen. Aus dem Sitzungsprotokoll geht hervor, dass Bischof Foley eine Frage in verschiedenen Abwandlungen immer wieder stellte: „Wem gehört EWTN?“, forschte der Bischof freundlich nach. Schwester Raphael, Stellvertreterin der Gemeinschaft und Mitglied des Vorstandes, bemerkte, dass Foley auf dieses Thema „fixiert“ war. Er meinte, dass Mutter Angelica und die Schwestern „den Sender besitzen“ sollten. Bill Steltemeier wandte ein, dass EWTN kein Kircheneigentum sei, und er erinnerte den Bischof an die Unabhängigkeit des Vorstands. Doch Foley ließ sich nicht überzeugen, und es entstand eine angespannte Atmosphäre. Es stand eine Menge auf dem Spiel.

Unterlagen der Bundessteuerbehörde der Vereinigten Staaten brachten zutage, dass EWTN mehr als 49 Millionen Dollar Vermögenswerte besaß und 1998 mehr als neunzehn Millionen Dollar Spenden pro Jahr einnahm. Unter Berücksichtigung der Reichweite des Senders und seiner Marktdurchdringung hat sich EWTN zu einem Imperium mit einem geschätzten Wert von einigen Milliarden Dollar entwickelt, zu groß, um ignoriert zu werden und zu wertvoll, um es einfach aus der Hand zu geben.

18. Kapitel

Die letzten Dinge

Bischof David Foley war unter seinen Bischofskollegen gut bekannt, und sie machten sich gerne über ihn lustig. Bei der jährlichen Bischofskonferenz in Washington neckten ihn alte Freunde, wenn sie ihn jemandem vorstellten: „Das ist David Foley. Er kommt aus Mutter Angelicas Diözese." Er wurde damit spielend fertig und lachte darüber. Über Mutter Angelica sprach er immer gut und verteidigte sie gelegentlich sogar.

Doch tief in seinem Innersten musste ihm die unterschwellige Botschaft dieses vertrauten Ausdrucks „Mutter Angelicas Diözese" einen Stich versetzt haben. Denn es entstand der Eindruck, dass die gesetzmäßig eingesetzte Autorität in Birmingham – ein Nachfolger der Apostel – von der gewitzten Nonne zum Narren gehalten wurde. Die gängige Meinung war nämlich, dass Mutter Angelica in Birmingham das Sagen hatte, und dass kein Bischof, noch nicht einmal ihr eigener, ihrer Herr werden konnte.

Doch Foley wusste es besser. Er wusste, wie schwach Mutter Angelicas Position war. Er stellte sich den wütenden Anrufen und Briefen seiner Bischofskollegen. Da er ungewollt in jede Kontroverse der Nonne hineingezogen wurde, war er dazu verpflichtet, die Rolle des Friedenswächters zu übernehmen. Sie standen sich so nahe, dass Mutter Angelica sich Foley anvertraute, ihm ihr Misstrauen bestimmten Bischöfen gegenüber sowie ihre ganz besondere Abneigung gegen Intrigen der Bischofskonferenz mitteilte. Trotz alldem konnte er sie nicht dazu bringen, ihm das Recht einzuräumen, ihr Kloster offiziell zu visitieren. Niemand sagte, das Hirtenamt in „Mutter Angelicas Diözese" wäre besonders einfach.

Daher konnte durchaus damit gerechnet werden, dass Bischof Foley früher oder später seine kirchlichen Muskeln spielen lassen würde, um seine Autorität zu demonstrieren, seine Unabhängigkeit öffentlich zur Schau zu stellen und eben auch um Mutter Angelica zu zeigen, wer hier eigentlich der Boss in Birmingham war. Die Liturgie sollte das Instrument für seine Emanzipation werden.

Seit der Gründung des Klosters *Unsere Liebe Frau von den Engeln* im Jahre 1962 hatte der Priester die Konventmesse stets mit Blick zu den Nonnen hin, das heißt mit dem Rücken zur übrigen Kirchengemeinde, zelebriert. Diese Stellung des Priesters, die man offiziell *versus Deum* („Gott zugewandt") bezeichnet, war die seit Jahrhunderten bewährte und gültige Form im katholischen Gottesdienst. Nach dem Zweiten Vatikanischen Konzil wandten sich die meisten Priester bei der Feier der Messe den Gläubigen zu und wurden damit zum Blickpunkt des „Gemeinschaftsmahls". Doch noch immer gaben die Konzilsdokumente und das römische Messbuch der Zelebration *versus Deum* den Vorzug. Im Jahr 1991 wurde die erste Messe aus dem Kloster *Unsere Liebe Frau von den Engeln* durch das Fernsehen übertragen. Dabei wurde an dem Vorzug der Konzilsdokumente festgehalten, und der Priester zelebrierte mit dem Rücken zum Volk.

In der Hoffnung, diese liturgische Gepflogenheit auch nach dem Umzug nach Hanceville weiterhin beibehalten zu können, teilte Bill Steltemeier bei einem Treffen am 20. Mai 1999 Bischof Foley den Plan mit, die Fernsehmesse aus Birmingham unverändert zu übernehmen – bis hin zu der *versus Deum*-Stellung des Priesters am Altar.

In einer schriftlichen Antwort vom 3. Juni 1999 erwähnte Bischof Foley die Zelebration der Messe nicht. Stattdessen war er an einer klaren Definition der Zuständigkeiten der folgenden vier Rechtspersonen interessiert: Mutter Angelica, das Kloster, EWTN und er selbst. Abgesehen davon, dass er nach dem Weggang der Schwestern seine Amtsbefugnis über die Kapelle von Birmingham erklärte, enthielt der Brief nicht viel mehr.

In der Öffentlichkeit setzten der Bischof und Mutter Angelica ihr herzliches Verhältnis zueinander fort. Am 6. August stand er der zweistündigen Einsegnung des nahezu fertiggestellten Klosters in Hanceville vor, gab den Anstoß zu einer Reihe von Tagen der offenen Tür und speziellen Klosterführungen für Mitarbeiter, Priester, Wohltäter und für die Allgemeinheit. Ein einzelner Tag der offenen Tür zog bestimmt dreißigtausend Menschen an. Die vielen protestantischen Besucher kamen aus dem Staunen nicht mehr heraus, als sie in Augenschein nahmen, was da in ihrem Hinterland in die Höhe gezogen worden war. Mutter Angelica stand mit einem Lächeln stundenlang am Seiteneingang und begrüßte jeden einzelnen Gast persönlich. Nur Schwester Raphael brachte ihre Stimmung zum Umschwung.

Seit Wochen schon hatte die einundsiebzigjährige Nonne immer, wenn sie aß, stechende Magenschmerzen. Eine Computertomografie ergab eine Verdickung genau unter Raphaels Bauch. Durch anschließende Tumorbiopsien wurde festgestellt, dass es sich um einen bösartigen Krebs handle, höchstwahrscheinlich um ein Wiederauftreten des Tumors, gegen den sie 1995 bereits angekämpft hatte. Angelica weinte, als sie diese Nachricht der Gemeinschaft überbrachte. Die stets treu ergebene Schwester Raphael war anwesend und tröstete sie.

Mutter Angelica wusste, dass sie nur wenig tun konnte, um das Unvermeidbare aufzuhalten. Sie stellte sicher, dass ihrer Freundin ständige Aufmerksamkeit zuteilwurde, und opferte Gebete für ihre Genesung auf. Dennoch musste sich Angelica auch noch auf andere Dinge konzentrieren. Europäische Schiffsladungen mit Inneneinrichtungen für die Kirche waren unterwegs hängen geblieben, wodurch eine Verschiebung der lange geplanten Weihezeremonie drohte, die für den 21. November angesetzt war. Doch Transportverzögerungen sollten angenehme Ablenkungen im Vergleich zu den Herausforderungen sein, die die Äbtissin noch erwarteten.

Versus Deum

Der Zeremonienmeister der Birminghamer Diözese traf sich im August 1999 mit Pater Joseph Wolfe, um das Protokoll für die Weihe der Kirche endgültig festzulegen. Pater Joseph wurde mitgeteilt, dass der Bischof sämtlichen Aspekten der Zeremonie zugestimmt habe, doch dem Wunsch, die Messe *versus Deum* zu feiern, würde er nicht stattgeben. Obwohl er persönlich seit dem Jahr 1994 die Messe in Mutter Angelicas Kloster vor laufender Kamera mit dem Rücken zum Volk zelebriert hatte, machte Bischof Foley nun seine Autorität geltend und mied diese Stellung. Für Bischof Foley gab es keinen Grund mehr für ein „Abwenden" des Priesters von der Gemeinschaft der Gläubigen. Im alten Kloster musste der Zelebrant der Gemeinde noch den Rücken zukehren, um den Nonnen gegenüberzustehen, die hinter dem Retabel saßen. Doch im neuen Kloster spielte die Richtung, in die der Priester zelebrierte, nur insofern eine untergeordnete Rolle, als sich die Schwestern nicht mehr hinter dem Altar, sondern im Chor rechts neben dem Altar befanden.

Mutter Angelica war empört darüber, dass der Bischof die Weihe ihrer Kirche zum Anlass nehmen wollte, um ein Exempel zu statuieren. Sie erfuhr am 24. August von seiner Entscheidung, am selben Tag, als sich Schwester Raphael gegen eine Chemotherapie entschied. Da die Nonne meinte, dass ihr Leben dadurch nicht wesentlich verlängert würde, sagte sie auch einige ihrer Arztbesuche ab. Sie konnte ihr Hinscheiden bereits spüren, und die Schwestern konnten es sehen.

Die Ausbreitung des Krebses auf die Lymphknoten ließ Raphaels einst rosige Gesichtsfarbe verblassen und ermüdete die Stellvertreterin, sodass sie sich mittags oft hinlegen musste. Medikamente konnte sie nur noch schwer hinunterschlucken, und obwohl sich Schwester Michael mit weich zubereiteten Lebensmitteln wie Kartoffelbrei und gedünsteten Hühnchen die größte Mühe gab, konnte Raphael nichts davon bei sich behalten.

Der Verfall ihrer Stellvertreterin stellte Mutter Angelica vor allem vor Augen, wie kurz das Leben war, und lenkte ihre Gedanken auf die letzten Dinge. Ganz bezeichnend für ihre geistige Verfassung war in diesem Zusammenhang, dass sie die erste Hälfte des Jahres 1999 damit zubrachte, sich auf das gefürchtete „Jahr-2000-Problem" vorzubereiten: der erwartete Computerausfall, um den viel Wirbel gemacht wurde, der am 1. Januar 2000 die Stromversorgung und vieles andere, das computergestützt betrieben wurde, zum Absturz zu bringen drohte. Die Oberin installierte am Kloster in Hanceville Windräder, um Wasser zu pumpen, sie besorgte zwei Tonnen getrocknete Fertigmahlzeiten, bestellte Holzöfen und sorgte dafür, dass ihre Schwestern warme Kleidung hatten für den Fall, dass die Heizung ausfallen würde.

Im Vergleich zu den Vorsorgeaktionen anderer katholischer und protestantischer Vorsteher im ganzen Land war Mutter Angelicas Handeln noch einigermaßen zurückhaltend. Dieses erwartete Schreckensszenario zur Jahrhundertwende erschreckte einige namhafte Persönlichkeiten, die in Rückzugsgebiete in der Wildnis investierten, wo sie sich von der Landwirtschaft ernähren wollten. Andere wollten die Armbrust für die Jagd wieder verwenden (wegen der wiederverwendbaren Munition) oder schrieben fromme Handbücher über die Feinheiten der Entsorgung menschlichen Abfalls und der Reinigung verschmutzten Wassers. Schwimmbäder wurden in private Wasserspeicher umgewandelt, während in den Garagen der „Erleuchteten“ wahre Berge von Suppendosen und tonnenweise Maisgrütze auftauchten.

In Hanceville kam die Klosteranlage nur langsam voran. Der Bauunternehmer hatte die Treppe, die zur Unterkirche führen sollte, bereits in zwei Ausführungen gebaut und dann wieder abgerissen. Er war gerade bei seinem dritten Versuch, als Mutter Angelica einen Krisenstab einberief. Im September bat sie den Bautrupp, seine Arbeit zu beenden. Die Zeit drängte, sagte sie den Leuten vom Bau, und das Kloster musste vor dem „Jahr-2000-Problem“ fertiggestellt sein. Was auch immer auf sie zukommen würde, die Schwestern jedenfalls sollten bereit sein und bereits im neuen Kloster wohnen.

In einem Brief, den Mutter Angelica am 13. September schrieb, protestierte sie gegen Bischof Foleys Entscheidung, dem Volk während der Konsekration ins Gesicht zu sehen. Sie beharrte darauf, dass eine solche Ausrichtung des am Altar stehenden Priesters gegen die architektonische Gestaltung der Kirche verstoße und mit einer 145 Jahre alten Tradition ihres Ordens breche. Der Brief endete daher: „Ich schätze und achte Ihre Autorität als Bischof dieser Diözese. Ich bitte Sie demütig, auch meine Autorität als Äbtissin dieses Klosters und unsere besonderen und rechtmäßigen Gebräuche und Traditionen zu achten.“

Nach Rücksprache mit dem Liturgiebüro der nationalen Bischofskonferenz schrieb Foley Mutter Angelica am 29. September zurück. Er bekräftigte mit Nachdruck seine Amtsbefugnis über die Messe – selbst in Mutter Angelicas Kloster – und verbot die Feier der Messe *versus Deum*, indem er erklärte, dass diese nicht der Norm des Papstes, der Bischöfe oder der Priester von Birmingham entspreche.

Damit war Mutter Angelica nicht einverstanden. Sie teilte dem Bischof mit, dass er „von seinen beratenden Kirchenrechtlern falsch informiert" worden sei. In ihrem Brief vom 10. Oktober führte sie an, dass das allgemeine Kirchenrecht dem Priester erlaube, die Messe zu feiern, indem er sich den Gläubigen zuwende oder *versus Deum*, keine der beiden Ausrichtungen sei jedoch verbindlich vorgeschrieben. Überdies stellte sie fest, dass der Papst die Messe in seiner Privatkapelle „sehr wohl *versus Deum* zelebriert", was sie selbst bezeugen könne.

Doch für Foley war die ganze Sache eine „Frage des Gehorsams", eine Ehrensache sozusagen, die sein Amt und seine Macht definierte. „Ich betrachte es als eine offene Missachtung meiner Autorität – oder auch jeder bischöflichen Autorität", sagte er in Bezug auf Mutter Angelicas Anfechtung seiner Entscheidung. „Ich bin der Chefliturgiker dieser Diözese. Mutter Angelica ist es nicht. Ich bin es!"

Der Bischof musste eine Wahl treffen: Entweder musste er einlenken und zugeben, dass er das Kirchenrecht mit seiner Forderung überdehnt hatte, oder noch weiter vorwärtsdrängen, indem er sein Amt nutzte und noch eins draufgab. Angefeuert von seinem Kirchenrechtler Gregory Bittner, prüfte Foley seine legalen Möglichkeiten und konsultierte – öffentlichen Stellungnahmen Bittners zufolge – erneut Kirchenrechtler „außerhalb Birminghams". Diese Kommentare deuten darauf hin, dass der Bischof sich abermals an die nationale Bischofskonferenz um Hilfe gewandt hatte.

Die Belastung durch die Einmischung des Bischofs, die Bauverzögerungen sowie die Verschlechterung des Zustandes von Schwester Raphael mögen zu Mutter Angelicas Asthma-Attacke vom 6. Oktober beigetragen haben. Eine doppelte Dosis an Steroiden erleichterte ihre Atmung, doch die häufigen Injektionen fingen jetzt an, ihren Tribut zu fordern. Mutter Angelicas Gesicht erschien während der Sendungen aufgedunsen und rot, und ihr Temperament war verändert.

„Sie nahm eine Menge Steroide ein, und diese Steroide machten sie zuweilen sehr unnachgiebig, sehr aggressiv", sagte Schwester Mary Catherine. „Sie konnte nichts dagegen tun, aber sie wurde dann sehr wütend." Mary Catherine hielt kurz inne und fügte entschuldigend hinzu: „Es war nicht Mutter Angelica."

In den Sendungen kamen dann regelmäßig ihre scharfen Kanten zum Vorschein, besonders dann, wenn das Gespräch auf die kommende Strafe oder auf die zu erwartenden Auswirkungen des „Jahr-2000-Problems" kam. Als ein Tornado eines Abends durch Oklahoma fegte und Menschenleben forderte und Häuser zerstörte, betrachtete Mutter Angelica dies als ein Zeichen.

„Ich glaube, meine Freunde, dass wir noch mehr Tragödien erleben werden, weil sogar die Erde wegen des ganzen Bösen auf ihr erschüttert ist. Erschüttert!", warnte Mutter Angelica in ihrer Sendung am 4. Mai 1999. „Wir verdienen, was wir bekommen, ob wir nun schuldig sind oder nicht... Wenn also eine Nation Abtreibungen billigt, Abtreibungen in anderen Ländern fördert, Mord auf schlimmste Art und Weise erlaubt – ist das etwa nicht fürchterlich? ... Wenn die Abtreibungen in diesem Land aufhören, wird sich das Wetter vielleicht bessern. Ich weiß es nicht, vielleicht ja auch nicht. Doch wenn Sie wegen dieses Tornados wütend sind – da werden noch ganz andere Dinge auf uns zukommen. Da bin ich mir ganz sicher. Doch in allem müssen wir Gott loben."

Einige Zuschauer störte Mutter Angelicas neue Denkweise. „Nie hatte ich bis dahin Zuschauer erlebt, die von Mutter Angelica abgerückt wären – bis sie dann mit diesem ganzen Gerede vom Weltuntergang anfing", erzählte mir ihre Sendeleiterin, Chris Harrington. „Da bekam ich dann auch Anrufe, bei denen es hieß: ‚Sie ist zu hart.'"

„Wegen all des Leids verlor sie einiges an Hoffnung, und deswegen konnten sich diese Vorstellungen über die kommende Strafe bei ihr derart in den Vordergrund schieben", bemerkte Pater

Mitch Pacwa, der als ständiger Moderator bei EWTN arbeitete. „Bei all dem Kummer verlor sie auch einen Teil ihres Humors."

Was Mutter Angelica anging, so hatte sie ja eigentlich nur den Auftrag erfüllt, den Gott ihr in diesem gegenwärtigen Moment erteilt hatte. „Ich glaube, dass ich dafür sorgen soll, dass der kleine Überrest (Offb 12,17) in der Kirche mehr werden soll. Damit die Kirche in der Kirche bleibt... Die Menschen müssen sich vorbereiten und ihren Lebensstil ändern zu einer tieferen Spiritualität hin – sie müssen sich selbst für die nächste Welt rüsten und nicht nur für diese Welt leben", betonte sie mir gegenüber damals.

In einem Schachzug, der dem Abfeuern einer Neutronenbombe gleichkam, um eine Mücke zu töten, gab Bischof Foley am 18. Oktober 1999 für die Diözese Birmingham ein besonderes Gesetz heraus, das die Zelebration der Messe *versus Deum* nicht erlaubte. In einem Begleitbrief an seine Priester bezeichnete Foley diese Ausrichtung als „ein politisches Manifest..., das die Gläubigen spaltet". Er behauptete, dass der örtliche Brauch das allgemeine Gesetz, das diese Zelebrationsrichtung des Priesters erlaubt, in gewisser Weise außer Kraft setze. Um die Gläubigen von Birmingham nun vor „unerlaubten Neuerungen oder Sakrilegien" eines Priesters zu bewahren, der ihnen seinen Rücken zukehrt, verfügte Foley, dass alle Messen fortan an einem freistehenden Altar zu zelebrieren seien, wobei sich der Priester – in Übereinstimmung mit der örtlichen Tradition – dem Volk zuwenden sollte. Geistliche, die diesen Erlass infrage stellten, riskierten „Suspendierung oder Entfernung aus ihrem Amt". Das Gesetz sollte drei Tage vor der Konsekration von Mutter Angelicas Kirche in Kraft treten.

Bei ihrer Live-Show am 19. Oktober schlug Mutter Angelica die Bibel auf und klärte ihre Zuschauer über die Heuchelei der Pharisäer auf, indem sie die sieben Wehrufe (Mt 23) wiederholte, mit denen Jesus ihnen Leid angedroht hatte. Jedem, der den Hintergrund kannte, leuchtete dieser Kommentar ein. Fünf Tage später schickte Mutter Angelica Bill Steltemeier und Michael Warsaw nach Rom, um dort persönlich Briefe zu überreichen, in denen sie um eine Intervention der Vatikan-Kongregationen für den Gottesdienst und die Sakramentenordnung sowie für die Glaubenslehre bat.

Mutter Angelica wusste ja, dass sie in Kardinal Joseph Ratzinger (dem zukünftigen Papst Benedikt XVI.), der die vatikanische Autorität in Fragen der Lehre repräsentierte und nach dem Papst der mächtigste Mann in Rom war, einen Verbündeten hatte. Kardinal Ratzinger unterstützte schon seit Langem die Vorzüge der *versus Deum*-Zelebration des Priesters, wobei er vor allem deren theologische Aussage begrüßte – im Wesentlichen die einheitliche Ausrichtung des Priesters und der Gläubigen bei der Darbringung des Opfers zu Gott hin – statt der Ausrichtung zueinander.

Angelicas Briefe und ihr mächtiger Anwalt lösten eine geradezu prompte Reaktion aus. Ein Fax von der Kongregation für den Gottesdienst und die Sakramentenordnung vom 8. November an Bischof Foley erklärte dessen Dekret für ungültig und ordnete an:

1. Kein mutmaßlicher oder sonstiger Brauch kann in die Freiheit des Zelebranten eingreifen, die heilige Liturgie in Einklang mit den Rubriken des *Missale Romanum* zu feiern.
2. … Nach Anhörung der Auffassung der Kongregation für die Glaubenslehre, die dieser Kongregation gegenüber ihre eigenen ernstlichen Bedenken geäußert hat, ist dieses Dikasterium zu dem Schluss gelangt, dass einzelne Diözesanbischöfe die Zelebration der heiligen Liturgie der Apsis zugewandt (*versus Deum*) nicht verbieten dürfen, und daher muss Seine Exzellenz ehrerbietig ersucht werden, dieses Dekret zurückzuziehen, weil es dem *Jus commune* hinsichtlich liturgischer Fragen widerspricht.

Doch Mutter Angelica wusste nichts von dem vatikanischen Schiedsspruch, und Bischof Foley behielt ihn für sich. Die einzige Kommunikation zwischen dem Vatikan und Mutter Angelica erfolgte durch Kardinal Martinez Somalo, zuständig für die Kongregation für die Institute geweihten Lebens und für die Gemeinschaften apostolischen Lebens. Dessen Brief vom 12. November wies Mutter Angelica an: „Als Äbtissin eines Klosters innerhalb [Foleys] Diözese, haben Sie sich an die Erlasse besagter Diözese zu halten."

Unterdessen bat die Kongregation für den Gottesdienst und die Sakramentenordnung Erzbischof Oscar Libscomb von Mobile,

Foleys Metropolitanbischof, den Birminghamer Hirten zu einer Kursänderung zu bewegen. Die Kongregation machte Foley in einem Brief sogar darauf aufmerksam, dass der vatikanische Schiedsspruch sein Dekret außer Kraft setze und dass man seine Aufhebung verlange.

Da Bischof Foley nun keinen Handlungsspielraum mehr hatte, versuchte er die Bischöfe der Vereinigten Staaten als Druckmittel gegen den Vatikan einzusetzen. Wieder einmal fand er Trost und Hilfe in den Armen der amerikanischen Bischofskonferenz.

Foley und sein Liturgiker, Dompfarrer Richard E. Donohoe, trafen sich am Rande der Herbsttagung der Bischofskonferenz mit Liturgieexperten, um in persönlichen Gesprächen zu einer Lösung in dieser Pattsituation zu kommen.

Bischof Foley teilte die Inhalte dieser Beratungen mit. Er sagte: „Ich erklärte dem Vorsitzenden der Konferenz, Joe Fiorenza, den Sachverhalt, und er erkannte das Problem. Ich sagte zu ihm: ‚Ich möchte nicht gegen Mutter Angelica sprechen, aber sie verfügt über ein Werkzeug, das mächtiger ist als alles andere auf der Welt – das Fernsehen. Das Fernsehen ist das Problem, nicht Mutter Angelica.‘ Ich sagte also: ‚Ich brauche diese *versus Deum*-Messe nicht, um sie im Fernsehen zu zeigen.‘ Und Joe Fiorenza meinte daraufhin, dass ich die nationale Bischofskonferenz repräsentiere, und dass der Streit darin begründet liege, dass eine Ausstrahlung dieser Messe in den USA Verwirrung stiften würde.“

Damit wurde Bischof Foley zum offiziellen Repräsentanten der nationalen Bischofskonferenz, der jetzt seinen Standpunkt in Rom direkt vertreten konnte, und zwar nicht mehr nur als Bischof von Birmingham, sondern als die Stimme der Bischöfe der Vereinigten Staaten. Der Verwaltungsapparat der Bischofskonferenz schloss sich diesen Bemühungen voll und ganz an.

Informanten, mit denen ich sprach, erinnerten sich an Entwurfsvorlagen von Foleys Briefen, die auf der Tagung im November 1999 unter Bischöfen und Mitarbeitern der amerikanischen Bischofskonferenz kursierten. Foleys Kirchenrechtler Bittner räumte ein: „Es folgten viele Sitzungen und Diskussionen mit Mitgliedern des Sekretariats für Liturgie der nationalen Bischofskonferenz sowie auch mit anderen Liturgikern und Kirchenrechtlern.“ Dies waren landesweite Bemühungen und vielleicht auch die letzte Chance, um eine gewisse kirchliche Kontrolle über Mutter Angelica auszuüben.

Um ihre Mönche vor der „Suspendierung oder Entfernung aus ihrem Amt“ zu schützen oder einer möglichen Falle aus dem Wege zu gehen, forderte Mutter Angelica die Priester auf, dem bischöflichen Dekret zu entsprechen und die Messe dem Volk zugewandt zu feiern. Die Nonnen wies sie an, den Platz hinter der Retabelabtrennung, die während der Messe geschlossen war, zu verlassen, sodass die Menschen ihre Teilnahme an der Liturgie nicht sehen konnten. Die Nonnen sollten während ihrer letzten Tage in Birmingham nicht mehr laut singen oder beten.

Ohne Wissen Mutter Angelicas schrieb Bischof Foley am 14. Dezember einen Brief an den Vatikan, in dem er versprach, seine Verordnung zurückzuziehen, wenn ein neues „geeignetes Dekret promulgiert“ und ein persönliches Treffen mit Kardinal Medina Estevez von der Gottesdienstkongregation vereinbart werden würde.

„In meiner bäuerlichen Art, aber schlau wie ein Fuchs, gab ich Rom zu verstehen, dass ich meinen Erlass nicht eher zurückziehen würde, bis ich zufriedengestellt wäre. Meine Absicht war also, Rom zur Erfüllung meiner Forderungen zu bringen“, sagte Bischof Foley später.

Die Frage blieb bestehen: warum eigentlich? Warum sollte sich ein Bischof wegen einer Verordnung auf ein Tauziehen mit Rom einlassen, von der er wusste, dass sie unhaltbar war? Die Motive dafür sind schwer auszumachen. Beobachter in Rom und den Vereinigten Staaten vermuteten, dass Foley unter den Einfluss von Kardinal Mahony geraten war, der angeblich versuchte, eine noch nicht allzu alte offene Rechnung zu begleichen. Foley wies ein solches Szenario natürlich zurück und sagte mir, dass er und Mahony „seit den Faxen mit seinem Hirtenbrief“ keinen Kontakt mehr miteinander hatten.

Was also trieb Bischof Foley dazu, eine öffentliche Debatte über eine erlaubte Form der Messe zu provozieren? Und warum fuhr er fort – obwohl er doch wusste, dass er damit auf Kollisionskurs mit dem Vatikan geriet – Priestern derart drakonische Strafen anzudrohen?

„Die Androhung der Suspendierung sollte die Aufmerksamkeit Roms erregen“, erklärte mir Bischof Foley.

Offenbar sollte der Vatikan dazu gebracht werden, sein Augenmerk auf die Zelebration *versus Deum* zu richten, und Bischof Foley wollte diesbezüglich eine definitive Aussage erzwingen. Vielleicht aber hatte diese Kontroverse ja auch einen nutzbringenden Nebeneffekt: Nur ein Jahr nach dem Zusammenprall mit Mahony war Mutter Angelica wieder im Rampenlicht der Öffentlichkeit und kreuzte die Klingen mit einem anderen Bischof. Diesem Image Angelicas wurde damals große Bedeutung beigemessen.

Seit 1997 hatte Bischof Foley sein Verhältnis zu Mutter Angelica, zum Kloster und zum Sender unerbittlich infrage gestellt. Der Dreh- und Angelpunkt seiner Anfragen lag anscheinend in der Frage begründet, wie viel Kontrolle der Ortsbischof über das Kloster und damit verbunden auch über EWTN ausüben konnte. Da er mit den erhaltenen Antworten unzufrieden war, und da ihm das Recht versagt wurde, das Kloster zu visitieren, ersuchte er irgendwann zwischen 1997 und 1999 Rom um Rechtshilfe. Er wollte, dass der Vatikan eine Apostolische Visitation von Mutter Angelicas Kloster genehmige, um in einer Untersuchung den Stand der Dinge festzustellen. Das war in etwa so, als riefe man das FBI, um bei einem Ehekrach Ermittlungen anzustellen.

Da die Äbtissin durch den Konflikt mit Kardinal Mahony bereits in das Blickfeld Roms geraten war, mag das neuerliche Duell mit Bischof Foley die Amtsträger im Vatikan vielleicht doch davon überzeugt haben, dass das Kloster *Unsere Liebe Frau von den Engeln* und seine Äbtissin ein näheres Hinsehen rechtfertigten. Ob nun geplant oder unbeabsichtigt, jedenfalls hatte Bischof Foley Roms Aufmerksamkeit errungen.

Am 4. Dezember, einen Tag nachdem Mutter Angelica und ihre Schwestern nach Hanceville fuhren und nun für immer das Kloster in Birmingham verließen, informierte Kardinal Martinez Somalo die Äbtissin schriftlich, dass von der Kongregation für die Institute geweihten Lebens und für die Gesellschaften apostolischen Lebens ein Apostolischer Visitator ernannt worden sei. In Kürze sollte eine umfassende kirchliche Untersuchung des Lebens und der Vorgänge im Kloster *Unsere Liebe Frau von den Engeln* stattfinden.

Nach Hause kommen

Nachdem Mutter Angelica über 50 Millionen Dollar für den Klosterbau ausgegeben und zahllose Stunden darauf verwendet hatte, alle Details des Tempels zu planen und zu genehmigen, sah sie sich – wie Millionen andere Zuschauer auf der ganzen Welt – die Weihe der Kirche im Fernsehen an.

Die Weihe des *Shrine of the Most Blessed Sacrament* („Wallfahrtskirche zum Allerheiligsten Altarsakrament") musste wegen der Verzögerungen beim Versand der Kirchenausstattung aus Deutschland und Spanien auf den 19. Dezember 1999 verschoben werden. Daher mussten viele, die gehofft hatten, daran teilnehmen zu können, wieder absagen. Bischof Foley gehörte nicht zu ihnen. Als Hauptzelebrant salbte er den Altar und streckte sich, um die riesige Marmorfläche mit dem Öl zu erreichen; er zeichnete Öl-Kreuze auf jede einzelne Säule, die das Deckengewölbe stützte; er beräucherte den Innenraum der Kirche mit wohlriechendem Weihrauch – und zelebrierte die Messe, dem Volk zugewandt.

In stillem Protest traten Mutter Angelica und die in Klausur lebenden Nonnen während der Zeremonie nicht auf der Publikumsseite der Kirche in Erscheinung. Sie sahen sich die gesamte Weihe auf zwei Großbildschirmen hinter dem goldenen Retabel an. Sogar Schwester Raphael, die in ihrem Rollstuhl grau und kraftlos aussah, starrte voller Staunen, als sich das aufwendige Ereignis entfaltete.

Für die Öffentlichkeit war es ein erster flüchtiger Blick auf den romanisch-gotischen Tempel, von dem Mutter Angelica schon seit Jahren geschwärmt hatte. Ihr Vorhaben, „jeden zu überwältigen, der es vergessen sollte, dass hier Gott wirklich gegenwärtig – dass dies Gottes Haus – ist", war mehr als geglückt.

Die Kameras richteten sich auf das 24-Karat-Blattgold-Retabel, das sich im Altarraum der Kirche wie eine Festung erhob. Hinter dem Altar der Tabernakel: eine prächtige Kathedrale mit funkelnden Turmspitzen aus handbearbeitetem Gold, die das Auge gefangen nahm. Mutter Angelica hatte angeordnet, dass die innere Rückwand des Tabernakels – die Heimstatt des kostbarsten Gutes des Klosters, der Eucharistie – mit Diamanten besetzt werden sollte, die nur für seinen Bewohner erkennbar waren. Jesus verdiente nur das Allerkostbarste. Als Angelica die Abbildung ihrer Arbeit auf dem großen Bildschirm betrachtete, muss sie mit innerer Befriedigung wieder an ihr 1956 gegebenes Versprechen zurückgedacht haben, nämlich „Gott im Süden ein Kloster zu bauen".

Gegen Ende der Zeremonie gab es einen unbehaglichen Augenblick. Ursprünglich hatte Mutter Angelica geplant, ein paar Worte an die versammelte Gemeinde zu richten, bevor sie und die Schwestern in einer Prozession in die Klausur zurückgehen würden. Der Bischof sollte sodann die Klausurpforte segnen und die Nonnen einschließen. Doch da sie wegen der *versus Deum*-Frage immer noch haderte und auch Bischof Foley keinerlei Anzeichen eines Nachgebens erkennen ließ, fasste Mutter Angelica einen Entschluss: „Ich wollte nicht, dass er diese Pforte segnet, ich wollte auch nicht, dass er überhaupt etwas macht. Wenn er mich als Frevlerin bezeichnet..."

Nicht nur, dass die Prozession geplatzt war, Mutter Angelica würde auch keine Ansprache vor der Gemeinde halten – sodass ein fehlinformierter Bischof Foley Mutter Angelica zum Ambo rief und um ihre Ansprache bat. Beifall brandete auf, gefolgt von einem langen, betretenen Schweigen. Hinter dem Retabel starrte Mutter Angelica bewegungslos auf den Bildschirm.

Schwester Antoinette berührte den Arm der Äbtissin. „Ehrwürdige Mutter, ich glaube, man wartet darauf, dass Sie herauskommen und ein paar Worte sagen."

„Ich werde nicht hinausgehen", flüsterte Mutter Angelica und blickte starr auf den Bildschirm, beide Beine fest auf dem Boden postiert.

Nachdem er mehrere Minuten gewartet hatte, ergriff ein sichtlich nervöser Bischof Foley mit zuckenden Augenlidern das Wort: „Ich vermute, dass Mutter Angelica wohl doch keine paar Worte sagen wird." Er lobte Angelicas Treue zur Eucharistie, erklomm dann die Spitze des Retabels und schloss unter den gewaltigen

Klängen von Händels „Halleluja“ die Hostie in die zweieinhalb Meter hohe Monstranz ein.

In ihrem weitläufigen Kloster stellten sich die einunddreißig Nonnen auf ihr neues Leben in ländlicher Abgeschiedenheit ein. Sie backten schweigend ihr Brot in der Bäckerei, weckten Früchte in der Einmachkammer ein und sortierten Körbe mit der EWTN-Korrespondenz in dem großen Postzimmer. Es war eine Rückbesinnung auf ihr eigentliches, vollkommen in sich abgeschlossenes, kontemplatives Leben.

Eine Stunde vom EWTN-Sender entfernt zu leben, festigte Mutter Angelicas persönlichen Entschluss, sich vom Sender zurückzuziehen. Mit der Erlaubnis des Heiligen Stuhls und mit Bischof Foleys Segen fuhren sie und eine der Schwestern auch weiterhin dienstags und mittwochs zur Live-Show von EWTN und zu anderen Erledigungen. Mutter Angelica konzentrierte sich nun darauf, Vorsorge für die Zukunft zu treffen. Sie schulte ihre leitenden Angestellten in ihrer einmaligen Art, Entscheidungen zu treffen, und sie beriet sie, wie sie ohne sie vorgehen sollten. Es muss eine recht schwierige Aufgabe gewesen sein. Managementtechniken und Maßnahmen zur Kostensenkung waren ja noch relativ leicht zu vermitteln, doch wie sollte man ihnen eine radikale Empfänglichkeit für Gottes Eingebungen und einen unerschütterlichen Glauben an die göttliche Vorsehung beibringen? Glücklicherweise hatten die leitenden Angestellten Mutter Angelica seit Jahren im Einsatz erlebt, sodass keine Zeit damit verschwendet werden musste, um irgendjemand von der Zulässigkeit ihrer Methoden zu überzeugen.

Am 22. Dezember verkrampfte sich Schwester Raphaels Magensystem. Sie wurde sofort in die Notaufnahme des Cullman-Bezirkskrankenhauses gebracht, wo die Ärzte auf Anhieb einen großen Tumor als Ursache ihrer Probleme identifizierten. Untersuchungen bestätigten dann auch, dass der Krebs bereits „überall“ war. Raphael lehnte erneut eine Operation oder auch nur eine sanfte Form der Chemotherapie ab. Damit es ihr ein wenig besser ging, wurde ihr eine transnasale Magensonde gelegt. Morphiumtropfen halfen, die Schmerzen zu dämpfen. „Ich weiß, dass ich sterbe“, sagte sie heiter zu den Ärzten.

Das große Jubiläum des Jahres 2000, das von Papst Johannes Paul II. ausgerufen wurde, um den Jahrestag der Menschwerdung Christi mit der ganzen Kirche feierlich zu begehen, trat im Kloster *Unsere Liebe Frau von den Engeln* ohne jeden Zwischenfall ein. Das Jubiläumsjahr begann ohne Stromausfall oder das vorausgesagte Chaos, als die Nonnen gerade an der Messe in der Kirche teilnahmen. Einige Tage später meinte Mutter Angelica zu den Schwestern: „Sagt nicht, nur weil der erste Januar und das Jahr-2000-Problem vorüber sind, dass uns nun nichts mehr passieren könne. Ich kann euch versichern, Schwestern, dass irgendetwas geschehen wird." Und in gewisser Hinsicht hatte sie damit auch recht.

Wenn Mutter Angelica glaubte, dass irgendeine Drangsal auf die Menschheit zukäme, dann kann man ihr das wohl verzeihen. Fast zwei Jahre lang hatte eine unaufhörliche Drangsal ihre Gemeinschaft heimgesucht, und die Zukunft sah auch nicht allzu rosig aus. Die noch ausstehende Apostolische Visitation, die Verwicklungen mit Foley, zudem die sich immer weiter abwärts bewegende Spirale von Schwester Raphael, all das belastete Mutter Angelica sichtlich. Ihr Blutdruck erreichte einen Höchststand, und sie konnte ihre Emotionen nicht mehr unter Kontrolle halten. Jedes Mal, wenn sie einen Versuch unternahm, die Trauerfeierlichkeiten vorzubereiten oder die Wahl zu planen, um Schwester Raphael als Stellvertreterin zu ersetzen, flossen Tränen. Sie verbarg ihr Gesicht hinter einem Taschentuch, um ihren eigenen Kummer vor den anderen zu verstecken. „Der Tod von Schwester Raphael, meiner Stellvertreterin, wird sehr schwer für mich sein", vertraute sie den Nonnen an. „All die Jahre über war sie mir eine treue Freundin."

Am 5. Januar kehrte Angelicas Vertraute und Stütze, die sie seit fast neunundvierzig Jahren war, (vom Krankenhaus) heim um zu sterben. Sie war ausgemergelt und schnappte nach Luft. In diesem Zustand fiel sie in der Krankenstube unter der Aufsicht einer Hospizpflegerin in einen Halbschlaf. Als Mutter Angelica am Zimmer vorbeikam, brach sie weinend zusammen. Irgendwo war hinter dieser verwelkten grauen Frau, deren Mundwinkel vom Morphium schlaff herunterhingen, noch die zartfühlende Novizin aus Canton gegenwärtig, die Angelica vor so langer Zeit von ihren Sorgen befreit hatte. Ihre wichtigste Trösterin wurde nun selber zur Quelle ihres Kummers.

Am 6. Januar stellte sich eine leichte Besserung ein, als Schwester Raphael zu sprechen begann. Sie lächelte, zeigte ihre langen Zähne und sang fröhlich zusammen mit den Schwestern das Ave Maria. Dann überkam sie ein Panikanfall. Voller Tränen flehte sie Mutter Angelica an: „Verlass mich nicht. Ich möchte in deinen Armen sterben."

„Ich werde immer bei dir sein", sagte Angelica besänftigend.

An Raphaels unterem Rücken ragte ein Tumor hervor, der ihre Schmerzen noch verstärkte. Während der Wochen, die ihrem Krankenhausaufenthalt vorangingen, ließ sie mehrfach Kommentare über das bucklige Polster ihres Lehnstuhls fallen, ohne zu bemerken, dass der Buckel an ihrem eigenen Körper saß.

„Sie akzeptierte das alles; niemals beklagte sie sich", erinnerte sich Schwester Michael. „Wir wussten, dass sie viel zu leiden hatte, aber sie sagte kein einziges Wort, beklagte sich nie."

Vom 7. Januar bis zum 9. Januar behauptete Raphael, Schwester Mary David, die Heiligen und Jesus gesehen zu haben. In diesen letzten Tagen war sie von einem strahlenden Glanz umgeben. Mal mit, mal ohne Bewusstsein, unterhielt sie sich mit Christus: „Oh ja, mein Lieber, oh ja", rief sie, als ihr Blut durch die transnasale Magensonde abwärts in einen dazugehörigen Auffangbehälter floss.

Oft glaubten die Schwestern, wenn Raphael mit geschlossenen Augen sagte: „Jesus kommt", dass sie sie verlieren würden. Augenblicke später öffneten sich dann ihre Augen wieder. Nach einigen falschen Alarmsignalen dieser Art scherzte Mutter Angelica: „Er kommt, aber er lässt sich Zeit."

Am Nachmittag des 9. Januar umschlossen Mutter Angelicas Arme ihre Freundin. Fast zwei Stunden lang verharrte sie in dieser Stellung und umarmte Raphael, als schließlich der Tod sie umfing. Die Schwestern versammelten sich um das Bett und beteten leise. Als sie einen flüchtigen Blick aus dem Fenster warf, konnte Mutter Angelica Gabriel, den EWTN-Übertragungswagen, erkennen, der sich für die Ausstrahlung von Schwester Raphaels Totenmesse einparkte.

„Ich liebe dich, ich liebe dich“, röchelte Raphael Mutter Angelica zu.

„Ich liebe dich auch“, sagte Angelica und streichelte dabei zärtlich über den Kopf von Raphael. „Geh jetzt zu Jesus.“ Mutter Angelica drückte ihre Stirn fest gegen die der Nonne, um nicht in Tränen auszubrechen, und verabschiedete sich stumm von ihr. Um 16.43 Uhr ging Schwester Mary Raphael, von Mutter Angelica in den Armen gehalten und mit dem Profess-Kruzifix in ihren Händen, heim zu Gott.

„Wenn es jemals zwei Menschen gab, die wie ein einziger waren, dann waren es diese beiden. Es war fast wie in einer Ehe, in der es einen Mann und eine Frau gibt. Sie waren stets eins in Geist, Seele und Sinn“, sagte Schwester Regina. „Schwester Raphael hätte Mutter Angelica bis zum Verrücktwerden gegen jede andere Schwester verteidigt. Sie hätte uns regelrecht fertiggemacht.“

Schwester Raphaels rapider Verfall und Tod ließ Mutter Angelica niedergeschlagen und betroffen zurück. „Es war eine Vorwarnung, dass die Dinge nicht gut liefen, und so kam es ja auch“, sagte Angelica.

Die im Fernsehen übertragene Frühmesse aus der *Wallfahrtskirche zum Allerheiligsten Altarsakrament* löste bei einem Großteil der Zuschauer von EWTN negative Reaktionen aus. Der Sender wurde von Beschwerdebriefen geradezu überschwemmt. Die Zuschauer vermissten die Nonnen und meinten, man habe sie aus dem Gottesdienst entfernt. Manche äußerten ihre Bestürzung über die prunkvolle Kirche und warfen Mutter Angelica vor, sie habe dafür das Geld ihrer Zuschauer ausgegeben. Nachdem Mutter Angelica einen Monat lang der Live-Show ferngeblieben war, kehrte sie am 18. Januar 2000 zu einer Richtigstellung zurück.

Ganz behutsam fing sie an, als sie von den „Stapeln böser Briefe“ sprach, die sie erhalten hatte. „Manche Leute üben Kritik am Gold, am Silber, am Marmor.“ Sie war eher enttäuscht als wütend. „Wissen Sie, was ich glaube? Sie haben etwas Wesentliches nicht verstanden. Denn Sie haben ja nichts gegen prächtige Häuser für Könige und Königinnen. Sie haben auch nichts gegen das Weiße Haus einzuwenden, das für zwei Personen viel zu groß ist. Aber manchmal sind da ja auch mehr als nur zwei Personen, die allerdings nicht dort sein sollten“, sagte sie in Anspielung auf den Clinton-Skandal. „Mich stört, dass wir uns für Gott mit dem Geringsten zufriedengeben, während für uns selbst nur das Beste infrage kommt.“

Sie fuhr fort und hob dabei schützend ihren Unterarm vor ihren Körper, als ob sie einen Angreifer mit geöffneter Handfläche abwehren wollte: „Nicht ein Penny von Ihnen wurde in den Bau dieser Kirche gesteckt. Fünf Personen – eins, zwei, drei, vier, fünf –, falls Sie nicht zählen können, ganze fünf Personen haben diese Kirche und das gesamte Kloster erbaut...“

Schwer atmend ließ sie ihr italienisches Temperament aufflackern. „Für einige von Ihnen bin ich eine Mutter, für andere eine Großmutter, für manche bin ich aber auch ein Vater. Also heute Abend bin ich ein Vater! Meine bescheidene Antwort auf Ihre Fragen ist daher: Erfreut euch an der schönen Kirche und haltet den Mund!“ Sie warf ihren Schleier zurück, um das soeben Gesagte zu betonen und wandte ihren Blick von der Kamera ab. Als sie dann auf den Tod von Schwester Raphael zu sprechen kam, wurden ihre Augen feucht. Sie presste ihre Finger an die Augen, um die Tränen zurückzuhalten, aber es war schon zu spät. Sie konnte nicht weitersprechen. Die Zeichen des Schmerzes und Zornes spiegelten sich in ihrem Gesicht. Sie rang um Fassung und war verärgert, dass sie stecken geblieben war, beendete dann aber die Live-Sendung und sagte den Zuschauern, sie habe sich das einmal „von der Seele reden“ müssen.

Von Mitleid erfüllt, trafen aufgrund dieser Sendung Briefe und Anrufe aus der ganzen Welt ein – und ebenso Spenden.

Am 4. Februar traf der Vertreter der amerikanischen Bischofskonferenz, Seine Exzellenz Bischof David E. Foley, mit seinem Gefolge zum verabredeten Termin bei der Kongregation für den Gottesdienst und die Sakramentenordnung in Rom ein. Gegenüber Kardinal Medina bezeichnete Foley die Zelebrationsrichtung *versus Deum* in den Vereinigten Staaten als ein „Problem“ und als ein Zeichen der „Uneinigkeit“. Kardinal Medina hörte geduldig zu, unterstellte aber dann, dass der wahre Stein des Anstoßes für Foley wohl eher die Fernseh-Übertragung der *versus Deum*-Messe sei. Dem stimmte Foley zu. Die Kongregation wies den Bischof an, Normen für die Ausrichtung der im Fernsehen übertragenen Messen auszuarbeiten, bestand jedoch abermals darauf, dass er sein Dekret außer Kraft setzen solle.

Wie aus dem Apostolischen Palast verlautete, waren Mitglieder des päpstlichen Hauses über Bischof Foleys Erlass und seine feindselige Haltung gegenüber der Nonne befremdet, die sie die „Wunderfrau" nannten. Ein Beamter der Kurie, der Zugang zum Papst hatte, bezeichnete Foley damals in Gegenwart des Autors als *el obispo loco* – „den verrückten Bischof" – und ließ damit keinen Zweifel daran, wie die Lage in den oberen Etagen des Vatikans wahrgenommen wurde.

Am Valentinstag landete im EWTN-Postzimmer eine große weiße Samtschachtel, die die päpstlichen Insignien trug. Es gab keinen weiteren Vermerk, nur die Schachtel mit einer Briefmarke aus dem Vatikan. Ein Telefonanruf informierte Mutter Angelica später darüber, dass die Schachtel ein Geschenk des Heiligen Vaters enthalte, „in Anerkennung der Arbeit, die durch EWTN überall auf der Welt geleistet wird" sowie für die Hingabe der Schwestern an die heilige Eucharistie.

Am folgenden Abend standen Mutter Angelica und die leitenden Angestellten von EWTN in ihrer Live-Show um diese geheimnisvolle Schachtel herum, als ob es die Bundeslade wäre. „Ich weiß, dass der Heilige Vater Präsente verschenkt, aber ich habe noch nie ein so großes gesehen", sagte Mutter Angelica. Kurz vor Ende der Sendung, brach sie das Siegel der Schachtel auf, und es kam eine Monstranz zum Vorschein, die Seiner Heiligkeit von den Bewohnern von Nowa Huta während seiner Pilgerreise nach Polen im Jahre 1999 überreicht worden war. Eine fröhliche Mutter Angelica dankte dem Papst und ihren leitenden Angestellten für ihre harte Arbeit. „Irgendwo muss jemand sagen ‚Sie leisten gute Arbeit. Machen Sie weiter so!' Und ich denke, das gilt uns allen", verkündete sie. Die Bischofskonferenz bat später darum, dass diese Sendung nicht mehr als Wiederholung ausgestrahlt würde.

Die Geste des Papstes sprach Bände. Ein hochrangiger Erzbischof aus dem Vatikan, der es wohl wissen musste, erzählte mir, das Geschenk sei „ein Zeichen der Solidarität des Papstes mit Mutter Angelica" gewesen.

„Es gab den Mitarbeitern hier großen Auftrieb", sagte Michael Warsaw, der Präsident des Senders. „Am wichtigsten aber war, dass es Mutter Angelicas Gemüt aufhellte." Der Augenblick der päpstlichen Ermunterung hätte nicht günstiger gewählt werden können: Bis zur Apostolischen Visitation waren es nur noch wenige Tage, und am 22. Februar gab Bischof Foley seine „Richtlinien für Fernsehübertragungen von Messen in der Diözese von Birmingham in Alabama" bekannt.

Bei Herausgabe dieser Richtlinien zog Foley sein Dekret vom 18. Oktober 1999 „in seiner Gesamtheit" einschließlich der schweren Sanktionen zurück. In einem Brief vom 8. Februar von Kardinal Medina hieß es dann eindeutig: Ganz gleich, ob nun der Priester während der Messe den Gläubigen gegenüberstehe oder ihnen seinen Rücken zuwende – „keine der beiden Optionen trägt ein theologisches oder disziplinarisches Stigma". Da es Bischof Foley also nicht gelang, die *versus Deum*-Messe zu ächten, verbot er einfach ihre Fernsehausstrahlung. „Alle im Fernsehen übertragenen Messen werden so zelebriert, dass der am Altar stehende Priester den Gläubigen zugewandt ist", schrieb Foley. In einer Zeit des fortgesetzten liturgischen Missbrauchs und der ständigen Neuerungen wurde die kirchenrechtlich völlig legitime *versus Deum*-Zelebration in Birmingham aus dem Äther verbannt – vermutlich, damit sie niemand nachahmen konnte.

Unter Verweis auf „technische Probleme" in der Kirche von Hanceville stellte EWTN die Übertragung der Messe der Schwestern am 12. März ein und kehrte wieder zur Aufnahme in Birmingham zurück, wo die bischöflichen Richtlinien vollständig eingehalten wurden. Seit diesem Schreiben wird die Messe im Kloster *Unsere Liebe Frau von den Engeln* jeden Morgen kontinuierlich *versus Deum* gefeiert – allerdings ohne Kameras.

Die Visitation

Der offizielle vatikanische Visitator, Erzbischof Roberto Gonzalez von San Juan in Puerto Rico, hatte vor seiner Ankunft am 29. Februar in Birmingham die Finanzberichte des Senders EWTN, des

Klosters *Unsere Liebe Frau von den Engeln*, der franziskanischen Missionare des *Ordens des Ewigen Wortes* und des EWTN-Geschäftes für religiöse Artikel *Religious Catalogue* sowie aller mit ihnen verbundenen Unternehmen genau studiert. Seine Aufgabe würde nun eine umfassende und gründliche Untersuchung sein.

Die vatikanische Ermittlung sollte sich vor allem auf das Leben im Kloster konzentrieren: die Liturgie und Gebetspraxis, das Aufrechterhalten der Klausur, die Verwaltung sowie das Verhältnis zum Ortsbischof. Jegliche Untersuchung innerhalb des Senders oder seiner Abwicklungen sollte nur begrenzt stattfinden. In ihren Richtlinien legte die Ordenskongregation für den Visitator eindeutig fest, dass EWTN für die Visitation nicht „im Mittelpunkt" steht, dass es jedoch „notwendig erscheint zu prüfen, in welchem Ausmaß – wenn überhaupt – der Sender einen Einfluss auf das kontemplative Leben des Klosters *Unsere Liebe Frau von den Engeln* hat, und ob seine Leitung und Finanzverwaltung deutlich von denen des Ordens abgegrenzt sind".

Es gab also gleich mehrere Fragen zu klären, doch für Gonzalez waren drei von überragender Bedeutung: Erstens, wem gehörte EWTN? Zweitens, war das Kloster *Unsere Liebe Frau von den Engeln* überhaupt dazu berechtigt, als es Grundstücke und Immobilien an EWTN urkundlich übertrug? Und schließlich: War Mutter Angelica, die seit neununddreißig Jahren Oberin gewesen war, ohne jemals in dieses Amt gewählt worden zu sein, wirklich Äbtissin?

Erzbischof Gonzalez, ein gepflegter Mann mit olivenfarbenem Teint, großen schwarzen Augen und von schüchternem Wesen, jettete nach Birmingham in Begleitung eines Kirchenrechtlers, eines Juristen, eines Wirtschaftsprüfers und einer Ordensschwester. Mit neunundvierzig Jahren war Gonzalez ein aufstrebender Stern unter den Bischöfen und der jüngste Erzbischof im Land. Kardinal O'Connor hatte sich den Franziskanerpater in den Achtzigerjahren aus einer Pfarrei in der Bronx geholt und ihn Kardinal Bernard Law empfohlen. Law hatte nach jemandem gesucht, den er zum Weihbischof für Boston ernennen konnte, der für die hispanische Bevölkerung zuständig sein sollte, und Gonzalez entsprach den Anforderungen. Er wurde im Jahr 1988 zum Bischof geweiht und war 1995 in einer turbulenten Zeit als Koadjutorbischof von *Corpus Christi* in Texas eingesetzt worden. Innerhalb eines Jahres nach seiner Ankunft strengte der Generalstaatsanwalt von Texas eine Klage gegen den Bischof von *Corpus Christi*, Rene Gracida, an, um ihn als Präsidenten der *Kenedy Foundation*, einer gemeinnützigen Stiftung, abzulösen, nachdem er ihm Fehlverhalten vorgeworfen hatte. In diesem Fall, der gespenstisch an Mutter Angelicas Erfahrung erinnert, wird berichtet, dass Bischöfe von abseits gelegenen Diözesen das Strafverfahren gegen ihren Mitbruder angezettelt hätten, in der Hoffnung, Dollars aus der *Kenedy*-Stiftung in ihre eigenen Projekte umlenken zu können. Am Ende wurde Gracida aber wieder rehabilitiert. Die endgültige Regelung dehnte die Kontrolle der Laien auf den Vorstand der *Kenedy*-Stiftung aus, wodurch der Einfluss der künftigen mitbestimmenden Bischöfe an den Rand gedrängt wurde.

Roberto Gonzalez hatte also einen hässlichen bischöflichen Übernahmeversuch mit hohen Einsätzen direkt aus nächster Nähe miterlebt. Als er Mutter Angelicas Geschäfte untersuchte, waren Jahresbilanzen und die Anforderungen des Kirchenrechts für den jungen Erzbischof ein durchaus vertrautes Gebiet.

Mutter Angelica umgab sich für die Visitation mit einem einfachen Glauben. Am Montag, dem 28. Februar, einen Tag, bevor die Untersuchung beginnen sollte, bekam sie eine italienische Statue mit dem Jesuskind, das auf einem Stuhl saß, geschenkt. Als sie sich vor den Schwestern ihrer Lieblingsandacht hingab, wiederholte sie Pater John Rizzos Spruch an das *Divino Niño*: „Du wirst das doch in Ordnung bringen, oder? Wenn nicht, dann werden sie mich töten und Dich zerstören."

Die erste Station für die Visitatoren war ein Zusammentreffen mit so vielen EWTN-Vorstandsmitgliedern, wie kurzfristig versammelt werden konnten. Die Ermittler hinterfragten Angelicas Status als Äbtissin, womit sie eine unmittelbare Reaktion bei Bill Steltemeier und einigen Vorstandsmitgliedern hervorriefen. Dann gab es noch nebensächliche Diskussionen über die Programmpolitik von EWTN und den Gebrauch des Wortes „katholisch" in der Bezeichnung des Senders. Außerdem untersuchte Gonzalez die Finanzbeziehungen zwischen EWTN und dem Kloster.

„Sie waren auf Fischfang, um an Informationen zu gelangen, die jemandem nutzen sollten", sagte Michael Warsaw, damals noch einer der leitenden Angestellten bei EWTN. „Man hatte nie den Eindruck, dass dies unterstützend oder hilfreich für EWTN sein sollte."

„Es schien mir, dass die Art der Fragestellungen darauf abzielte herauszufinden, ob EWTN dem Orden gehört. Und wenn ja, dann hätten sie den Sender einfach übernehmen können", erinnerte sich Helen Hull Hitchcock, ein Vorstandsmitglied. Dennoch glaubte Hitchcock, dass Erzbischof Gonzalez fair vorging. „Ich dachte, er musste eben die Fragen stellen und hart sein, aber er war uns gegenüber wohlwollend. Mutter Angelicas Peinigern brachte Gonzalez jedenfalls keine Sympathie entgegen."

Ein zentrales Anliegen war dem Visitator das Ausmaß der Kontrolle, die Mutter Angelica über den Sender ausübte. Der Satzung von EWTN zufolge waren die Äbtissin des Klosters *Unsere Liebe Frau von den Engeln* und ihre Stellvertreterin berechtigt, *ex officio* als ständige Mitglieder des Vorstands zu fungieren. Durch ein nachfolgendes Statut in der Satzung wurde die Äbtissin zur Vorstandsvorsitzenden auf Dauer – mit einem Vetorecht bei jeder Wahl – ernannt. Selbst wenn der gesamte Vorstand sich für eine bestimmte Maßnahme aussprechen sollte, konnte sie ohne Zustimmung der Äbtissin nicht verabschiedet werden. Das bedeutete, dass die Frau, die das Kloster führte, auch den Sender leitete.

Dass Mutter Angelicas Status als Äbtissin hinterfragt wurde, bereitete Steltemeier Sorgen. Falls der Visitator zu dem Schluss käme, dass sie nicht die Äbtissin des Klosters wäre, könnten die Leitung des Senders und seine Vermögenswerte doch noch anderweitig vergeben werden. Falls aber der Visitator Steltemeiers Aussage verwerfen würde, dass EWTN ein privatrechtliches Unternehmen sei – im Gegensatz zu Bischof Foleys Behauptung, der Sender sei das Apostolat des Klosters – hätte dies einen Grund dafür liefern können, dass das gesamte Unternehmen Kircheneigentum sei und somit dem Bischof und dem Heiligen Stuhl unterliege. Bill Steltemeier war zutiefst beunruhigt.

Am Abend des 2. März 2000 hatte Erzbischof Gonzalez ein persönliches Gespräch mit Mutter Angelica im Sprechzimmer des

Klosters. Sie unterhielten sich mehrere Stunden lang. Die Besprechung wurde lediglich durch das Abendessen unterbrochen.

„Wir wollen, dass Sie weiterhin so arbeiten, wie sie das immer gemacht haben“, sagte er ihr.

„Wir möchten einfach nur sichergehen, dass es den Schwestern gut geht, dass sie ausreichend Platz haben und von der Arbeit des Senders nicht beeinträchtigt werden.“

Mutter Angelica mochte ihn. Sie mochte die Art, wie er zuhörte, und sie respektierte die Festigkeit seiner Positionen, auch dann, wenn sie nicht damit einverstanden war. Und es gab durchaus Meinungsverschiedenheiten. Bemerkenswert war Gonzalez' Feststellung, dass alles, was Angelica machte, aufgrund ihres Versäumnisses, die erforderlichen Genehmigungen einzuholen, ungültig war.

„Wollen Sie damit sagen, dass ich, als ich diese Eingebung bekommen hatte, mit zweihundert Dollar und ohne Vorkenntnisse ein Fernsehstudio zu bauen, erst einmal hätte nach Rom schreiben sollen, und dass man dann dort zugestimmt hätte?“, fragte Mutter Angelica ungläubig nach.

„Nein, das hätte man natürlich nicht“, gab der Erzbischof zurück. „Aber Sie haben es eben nicht gemacht.“

„Na gut, es tut mir leid“, erwiderte Mutter Angelica.

„Und dieser Tempel hier?“, fragte der Erzbischof. „Dieses Kloster? Wer hat ihnen die Erlaubnis gegeben, es zu bauen?“

„Der Herr. Er bat mich, Ihm einen Tempel zu errichten. Und ich dachte nicht, dass ich noch eine andere Erlaubnis brauchen würde.“

„Der Heilige Stuhl wird Ihnen all das, was Sie getan haben, verzeihen müssen.“

„Lassen Sie mir noch ein bisschen Spielraum, denn ich werde wahrscheinlich das Gleiche wieder machen “, sagte die Oberin.

Besonders ärgerlich für Angelica war die Unterstellung, sie habe Geld aus dem Sender abgeschöpft, um damit das Kloster zu bezahlen.

„Immer schauten sie nur auf das Geld“, sagte Mutter Angelica zu mir. „Es ist einfach so schwer, den Menschen begreiflich zu machen, dass dieser Ort hier die Frucht der Vorsehung Gottes ist.“ Sie lehnte sich zurück, um zu einer typischen Mutter Angelica-Erklärung auszuholen: „Wenn ich sage, dass der Herr zu mir gesprochen hat und Er wollte, dass ich dieses Gebäude hier baue, und wenn dann nichts weiter passiert wäre und eine Baracke dabei herausgekommen wäre – dann war es offensichtlich nicht der Herr. Ich meine, es geht nicht darum, mir zu glauben. Es geht um den Nachweis, dass es tatsächlich *geschehen* ist! Und wie ist es geschehen? Ich bin nie nach draußen gegangen; ich habe nie eine Spendenaktion für diese Stätte hier durchgeführt.“

Die Nonnen machten Kopien von den Spendenschecks, manche davon in Millionenhöhe, um Mutter Angelicas Darstellung zu belegen. Dieser Beweis zerstörte endgültig die Vorwürfe eines rechtswidrigen Verhaltens in Bezug auf die Finanzierung des Klosterbaus.

Vor seiner Abfahrt empfahl Erzbischof Gonzalez der Äbtissin nachdrücklich, dass sie nicht daran denken sollte, ihre Position als Geschäftsführerin und Vorstandsvorsitzende bei EWTN aufzugeben. Den Sender in die Hände von Laien zu geben, war viel zu riskant, und das Vetorecht war viel zu kostbar, um es einzubüßen, vertraute er ihr an.

Am Morgen des 3. März inspizierten die Visitatoren die Klausur und trafen mit Mutter Angelica und vier ihrer Nonnen zusammen. Erzbischof Gonzalez teilte ihnen mit, er werde der Ordenskongregation empfehlen, den Fehler, für die Bauprojekte, Ausgaben und die Schenkung von Immobilien an EWTN keine Erlaubnis eingeholt zu haben, zu „sanktionieren“ (was soviel bedeutet wie „von der Wurzel her heilen“ oder nachträglich vergeben). Nochmals warnte der Erzbischof die Äbtissin davor, ihre Funktionen beim Sender niederzulegen, da dies eine weitere Übereignung von Immobilien und entsprechende weitere Schwierigkeiten zur Folge haben könnte. Ohne Erlaubnis des Ortsbischofs und des Heiligen Stuhls wäre eine solche Trennung des Apostolats vom Kloster ungültig, sagte er. Mutter Angelica hörte besorgt zu.

Schwester Catherine war bei der Besprechung ebenfalls anwesend. „Zu diesem Zeitpunkt sah es fast so aus, als versuchten sie, EWTN zu übernehmen“, sagte sie mir. „Sie wollten damit sagen, dass der Sender unser Apostolat sei, wir hingegen versuchten zu beweisen, dass er das nicht ist. Wir öffneten nur die Post. Wir waren nicht aktiv am Sender beteiligt. Mutter Angelica war die einzig aktiv Beteiligte.“

Die am 4. März mit den einzelnen Nonnen geführten Gespräche waren für die Visitatoren ein Schock. Vermutlich hatten sie flüsternde und zurückhaltende Zeuginnen erwartet, doch stattdessen trafen sie auf Feuer und Courage bei Mutter Angelicas Töchtern. „Die Novizinnen folgen dem Beispiel der älteren Schwestern.“

Gerüchte, dass Erzbischof Gonzalez Angelicas legitimen Status als Äbtissin anzweifelte, hatten bereits die Klostermauern durchdrungen. Natürlich nahmen ihre Töchter Anstoß daran.

„Die Ermittlungen, wie ich sie nenne“, sagte Schwester Joseph, „waren persönliche Nachforschungen über Mutter Angelica und den Sender, insbesondere über die Finanzen“.

„Wir hatten schon eine Visitation in Canton, aber das war nichts im Vergleich hierzu“, sagte Schwester Michael zustimmend. „Das hier hatte mehr mit einer Überprüfung des Senders als mit einer Visitation des Klosters zu tun.“

Sogar die sonst so zurückhaltende Schwester Bernadette gab ihre Meinung dazu ab: „Erzbischof Gonzalez war zwar nett, berücksichtige jedoch nicht den Hauptgrund. Ich sagte zu ihm: ‚Sie versuchen etwas zu bekämpfen, bei dem Gott seine Hände im Spiel hat.‘ Und da schaute er mich einfach nur an.“

Am 4. März, nach ihrem letzten Nachmittagsgespräch mit Erzbischof Gonzalez, fiel es Mutter Angelica wie Schuppen von den Augen, und ihr wurde der nächste notwendige Schritt klar. Angelica berichtete mir, dass sie Gonzalez gefragt hatte, weshalb bestimmte Bischöfe so versessen darauf seien, den Sender zu kontrollieren. „Sie wollen Sie nicht kontrollieren, Mutter Angelica. Sie wollen Sie vernichten“, soll der Erzbischof gesagt haben. Andere Informanten, die Gonzalez nahestehen, bestreiten diesen Kommentar. Dennoch wurde er für Mutter Angelica zum Evangelium – zur letzten Bestätigung, dass sie das Undenkbare machen musste. Der Erzbischof spendete den apostolischen Segen und beendete an diesem Abend um 19.30 Uhr offiziell die Visitation. Später am Abend fuhr Bischof Foley von Birmingham ins Gästehaus, um sich mit den Ermittlungsbeamten zu besprechen.

Noch vor Mitternacht beauftragte Mutter Angelica Bill Steltemeier, Entwürfe für Beschlüsse zu formulieren, um die Satzung und die Statuten von EWTN zu korrigieren.

Die Brücken abbrechen

Mutter Angelica blieb ihrem Stil treu, sich mit den anderen abzustimmen. Sie teilte ihren Plan Bill Steltemeier, den Schwestern und Michael Warsaw mit, bevor sie ihn am 6. März allen leitenden Angestellten des Senders präsentierte.

„Ich hatte noch nie gesehen, dass sie etwas so offensichtlich belastete. Sie sah müde, nachdenklich und zerstreut aus", erinnerte sich Michael Warsaw. „Sie sagte mir, was sie zu tun gedachte. Ich weiß noch, wie ich anfangs einwarf, dass es bestimmt noch eine andere Möglichkeit geben müsste, dass wir jemanden in Rom finden könnten, um dem Einhalt zu gebieten."

Bei dem Gespräch mit ihren leitenden Angestellten in ihrem Büro legte Mutter Angelica eine Zusammenfassung der jüngsten Ereignisse vor, die sie mit ihren eigenen subjektiven Wahrnehmungen ergänzte. Anschließend debattierte man gemeinsam über das Für und Wider ihres Lösungsvorschlags. Es war Doug Keck, der Verantwortliche für die Produktion, der eine ungewöhnliche Ansicht äußerte, die sich als entscheidend erwies. Keck hatte seit zwanzig Jahren den Betrieb bei *Rainbow* geleitet, jenem Großkonzern, der für eine Unzahl von Kabelsendern zuständig war, zu denen *Bravo*, *American Movie Classics* („Amerikanische Spielfilmklassiker") und der *Playboy*-Kanal zählten. Die Wiederentdeckung seines Glaubens hatte Keck zu EWTN geführt, wo er maßgeblich daran mitwirkte, das äußere Erscheinungsbild und das Programm des Senders umzugestalten. Der große, schlanke leitende Angestellte mit den hängenden Schultern und einem blonden Bürstenhaarschopf überließ üblicherweise anderen die Führung, doch bei dieser Gelegenheit fühlte er sich genötigt, seine Meinung zu äußern.

„Ich war über mich selbst überrascht, aber etwas leitete mich zu sagen: ‚Mutter Angelica, ich denke, Sie haben recht. Ich glaube, Sie müssen wirklich zurücktreten, um den Sender zu schützen.‘ Und sie stellte diese Idee zur Diskussion“, sagte Keck. „Im Allgemeinen glaube ich ja nicht an Verschwörungen, aber irgendwas war hier tatsächlich im Gange.“

Seit dem Konflikt mit Kardinal Mahony hatten die leitenden Angestellten einen Putsch der Bischöfe gegen Mutter Angelica befürchtet. Dieses Bewusstsein einer drohenden Gefahr wurde durch die Visitation nur noch weiter verstärkt. Die bei der Untersuchung gesammelten Informationen konnten dazu benutzt werden, um so manche zukünftige Maßnahme zu rechtfertigen. Sie glaubten, dass die Kongregation oder Bischof Foley Mutter Angelica zwingen könnten, beim Sender Veränderungen in die Wege zu leiten, den Vorstand neu zu besetzen oder –schlimmstenfalls – einen progressiven Nachfolger zu ernennen, der mit dem Vetorecht ausgerüstet wäre. Vielleicht müsste sich Angelica dann zwischen ihrem Gehorsam gegenüber Rom und ihrer Verantwortung für EWTN und seinen Zuschauern entscheiden. Am 6. März stimmten die leitenden Angestellten Mutter Angelica zu: Ihre fortdauernde Führungsrolle bei EWTN bedeutete für den Sender und für ihre Ordensgemeinschaft ein großes Risiko.

Verrückterweise gefährdete gerade die Tatsache, die den Sender in der Vergangenheit vor so vielen Angriffen geschützt hatte – nämlich Mutter Angelicas Position als Äbtissin eines päpstlichen Ordens – nun seine Zukunft. Sie selbst war zur Brücke geworden, die von den Kirchenführern benutzt werden konnte, um in den Sender einzudringen und seine Botschaft zu entstellen. Unter Missachtung ihrer persönlichen Risiken und mit der entschiedenen Überzeugung, dass der Sender ein autonomes, von Laien betriebenes privatrechtliches Unternehmen bleiben sollte, beschloss Angelica, den Notausgang zu benutzen, bevor irgendwelche Forderungen an sie herangetragen werden konnten. Ein Mann wäre vielleicht geblieben und hätte gekämpft. Eine Mutter aber würde fast alles unternehmen, um ihre Nachkommenschaft zu beschützen.

Mutter Angelica unterzeichnete bei dieser Besprechung ein Rücktrittsgesuch, und Bill Steltemeier nahm es an. Der zweite Absatz dieses Schreibens erklärte, „dass das einzige Apostolat der *Klarissen von der Ewigen Anbetung* in Hanceville in Alabama die

Anbetung des Allerheiligsten Altarsakramentes und das Gebet um die Erlösung der Seelen ist. Das Kloster hatte noch nie ein anderes Apostolat als dieses". Mutter Angelicas Rücktritt trat erst am 17. März 2000 nach einer Krisensitzung des Vorstands in Kraft, die für diesen Tag angesetzt wurde. Die Mitglieder der Vorstandschaft wurden über diese Krisentelefonkonferenz schriftlich benachrichtigt. Es wurde ihnen mitgeteilt, dass die Beendigung Mutter Angelicas Vorstandsmitgliedschaft *ex officio* und die Aufhebung ihres Vetorechts erwogen werde. Ihr Rücktritt wurde mit keinem Wort erwähnt.

Bei einer ihrer letzten Handlungen als Vorstandsvorsitzende übergab Mutter Angelica während einer Videokonferenz den Sender symbolisch an die leitenden Angestellten: „Übernehmen Sie diesen Sender", sagte sie zu ihnen. „Behandeln Sie ihn, als sei er Ihr einziges Kind." Marynell Ford, die Verantwortliche für Marketing, wandte sich zu einem anderen leitenden Angestellten um und fing laut zu schluchzen an.

Durch ein Vorstandsmitglied informiert, rief einer der Apostolischen Visitatoren Mutter Angelica am 13. März an. Er protestierte gegen die Eile, die Statuten so schnell abzuändern und setzte die Oberin davon in Kenntnis, dass die Visitation noch nicht abgeschlossen sei. Er meinte, es würden noch weitere Informationen benötigt, und Erzbischof Gonzalez käme samt Begleitung in der ersten Aprilwoche nach Hanceville zurück.

Am nächsten Abend wurden Mutter Angelicas Pläne noch weiter erschwert durch festsitzenden Schleim in ihrer Brust. Sie hielt es zunächst für eine Erkältung. Tatsächlich aber war es eine Lungenentzündung, wegen der sie neun Tage lang im Krankenhaus bleiben musste. Unbeirrt verfolgte Mutter Angelica ihr Rücktrittsgesuch von ihrem Krankenhausbett aus.

Am 16. März, einen Tag vor der Vorstandssitzung, tauchte Erzbischof Gonzalez im Kloster *Unsere Liebe Frau von den Engeln* auf und verlangte, Mutter Angelica zu sehen. Sein persönliches Ziel war es, die Krisensitzung zu sprengen und Mutter Angelica davon abzubringen, ihre feste Verankerung im Vorstand des Senders sowie ihr Vetorecht aufzugeben. Die Nonnen sagten Gonzalez, die Äbtissin sei verhindert. Später räumte Bill Steltemeier ein, dass sie im Krankenhaus sei, obgleich er sich weigerte, das Krankenhaus zu benennen. Da dem Erzbischof nun keine andere Wahl mehr blieb, verfasste er eine Mitteilung für Mutter Angelica, in der er sie darum bat, die Abstimmung im Vorstand solange aufzuschieben, bis er seinen Bericht eingereicht hätte und Rom die Möglichkeit bekäme, die Inhalte zu prüfen.

Im Krankenhemd und mit einem Schlauch für die Sauerstoffversorgung, der aus ihrer Nase herunterhing, saß Mutter Angelica auf dem Rand ihres Krankenhausbettes und bereitete sich darauf vor, das Medien-Imperium zu verlassen, das sie annähernd zwanzig Jahre lang aufgebaut und geführt hatte. Ihr Schwanengesang sollte so kontrovers, dramatisch und komisch verlaufen, wie alles in ihrem Leben gewesen war. Bill Steltemeier, einige Schwestern und ein Rechtsanwalt scharten sich um ihr Bett. Die Vorstandsmitglieder wurden elektronisch über eine Freisprecheinrichtung ins Zimmer geholt.

Wie der Direktor in einem widerspenstigen Zirkus, so war auch Steltemeier bemüht, die Aufmerksamkeit auf die Beschlüsse zu lenken, die im Zentrum der Manege gefasst werden sollten, doch die Nebenhandlungen sorgten für ihre eigenen Ablenkungen. Beinahe sofort erhoben die drei bischöflichen Vorstandsmitglieder – Erzbischof Charles Chaput von Denver, Bischof Thomas Daily von Brooklyn und Bischof David Foley von Birmingham – Einspruch gegen die Sitzung sowie gegen die zur Diskussion stehenden Tagesordnungspunkte. Erzbischof Chaput sprach sich aus Rücksicht auf den Apostolischen Visitator, mit dem er am Abend zuvor gesprochen hatte, für eine Vertagung aus. Bill Steltemeier erteilte ihm jedoch eine Abfuhr mit der Begründung, dass eine religiöse Angelegenheit auf die Vorstandssitzung eines privatrechtlichen Unternehmens keinerlei Einfluss habe. Und er beeilte sich, zur Tagesordnung überzugehen. Bischof Foley warf ein, dass das Kloster und EWTN in den Augen der Kirche untrennbar miteinander verbunden seien. Steltemeier entzog ihm das Wort.

Als Bischof Daily erkannte, in welche Richtung sich die Dinge entwickelten, entschuldigte er sich von der Sitzung und legte auf. Das Gezänk hörte gerade noch rechtzeitig auf, bevor Mutter Angelica, deren Stimme belegt und heiser war, das Wort ergriffen konnte. Noch einmal ließ sie Revue passieren, wie es durch die göttliche Vorsehung zur Gründung des Senders gekommen war, und gab dem Vorstand einen historischen Rückblick. Sie erinnerte an Bischof Vath, der ihr 1981 nahegelegt hatte, die Ordenstracht abzulegen, um sich ganz dem Fernsehen zu widmen; an die umstrittene Beziehung zu CTNA; an die Freude ihrer wiederholten Besuche beim Heiligen Vater; an die Eingebung, die *Wallfahrtskirche zum Allerheiligsten Altarsakrament* zu bauen sowie an die Demütigung, die sie während des gesamten Visitationsprozesses empfunden hatte. Doch dann ließ sie die Bombe platzen, als sie ihre Rücktrittserklärung vorlas, die sie entsprechend kommentierte:

> „Ich bin eine gehorsame Tochter der Kirche. Ich habe um sie geweint, für sie gelitten, gelacht und sie auf der ganzen Welt verbreitet. Und nun stehe ich unter Verdacht. Nun werden unser Ordensleben, der Orden und die Berufung meiner Schwestern infrage gestellt. Wir sind kontemplative Schwestern, und wir werden auch kontemplative Schwestern bleiben… Ich verstehe diesen Machtkampf innerhalb der Kirche um den Sender nicht. Niemand hat sich um ihn gekümmert, als wir um ihn kämpften. Niemand hat sich um ihn gekümmert, außer wenn es darum ging, ihn zu kritisieren und zu kontrollieren und immer weiter zu kontrollieren… Doch Gott hat diesen Sender aufrechterhalten. Er gehört nicht mir. Es spielt keine Rolle, ob ich nun hier bin oder nicht: Sie haben es mit Ihm zu tun. Sie haben es nicht mit mir zu tun. Sie haben es mit Gott zu tun… Vielleicht brauche ich ja wirklich Vergebung für das, was wir getan haben. Darüber würde ich mich freuen. Und dann lasst mich in Ruhe! Darüber würde ich mich wirklich freuen. Aber dann lasst mich endlich in Ruhe und lasst uns das machen, was der Herr von uns will. Ich verstehe diese Verdächtigungen nicht. Es tut mir leid. Aber ich glaube, dass ich mich nicht dafür entschuldigen muss, dass ich Gottes Werk ausführe! ‚Unter einem Gesetz.' Die Pharisäer sagten so etwas – die Pharisäer, die eigentlich überall sind: ‚Oh nein, du darfst nicht am Sonntag heilen!' Du darfst keinen Sender für 800 Millionen Dollar aufbauen! Du darfst keine 50-Millionen-Dollar-Kirche bauen, die von fünf Familien be-

zahlt wurde! Du stehst nicht unter dem Gesetz! Du hältst dich nicht an die Norm! Nun, ich habe es nicht vorsätzlich getan."

Steltemeier schluchzte und war am Ende von Mutter Angelicas Monolog buchstäblich in Tränen aufgelöst. Nachdem er beim Beten kurz verschnaufte, klagte er: „Ich bin einundzwanzig Jahre lang mit Mutter Angelica zusammen gewesen! Sie ist mit dem Kopf nach unten gekreuzigt worden! ... All dieses Hinterhältige und Kompromittierende macht mich krank!"

Zwei Stunden schon erhitzten sich die Gemüter, wechselten dramatische Szenen und Drohungen einander ab. Die Bischöfe versuchten, laut Steltemeier, die Verhandlungen „zu verschleppen", so beispielsweise, als Chaput sich darüber beklagte, dass seine Rechte verletzt worden seien. Er zeigte sich besorgt, dass Klosterbesitz ohne angemessene Entschädigung an EWTN übertragen worden war. Foley bat um endlose Klarstellungen. Zwischendurch versuchte Steltemeier immer wieder, seine Rechtsgrundlagen einzubeziehen, während Mutter Angelica zur Abstimmung drängte.

„Der Herr hat es mir anvertraut, um es aufzubauen. Und ich habe es gemacht", sagte sie. „Bald bin ich siebenundsiebzig. Mein Asthma ist schlimm. Ich kann diesen Sender nicht in der Luft hängend verlassen, damit jemand ihn an sich reißen kann."

„Wir müssen jetzt weiterkommen", rief Steltemeier. „Wir hatten diese ganzen Diskussionen schon; es hat keinen Sinn, weitere Tricks anzuwenden." Steltemeier stellte die Vertrauensfrage. Kurz vor der Abstimmung unterbrach Bischof Foley noch einmal den Ablauf und forderte eine erneute Diskussion. „Wir haben jetzt eine Stunde und fünfzig Minuten lang darüber gesprochen", schnaufte ein zur Verzweiflung gebrachter Steltemeier.

„Exzellenz", sagte Mutter Angelica und wandte sich dem Lautsprecher neben ihrem Bett zu, „ich werde meine Meinung nicht ändern und ich glaube, wir müssen jetzt weitermachen".

Gegen die Einwände Erzbischof Chaputs, der sich durch den ganzen Ablauf „überfahren" fühlte, und Bischof Foleys, der sich darum sorgte, dass das Vetorecht und die *ex officio*-Positionen wohl nicht mehr so „einfach zurückzubekommen“ seien, konnten sich Mutter Angelica und Steltemeier jedoch behaupten. Der Vorstand stimmte einer Änderung der Statuten zu und nahm Mutter Angelicas Rücktritt an. Nur die beiden Bischöfe meldeten ihre Gegenstimme an.

Am 17. März 2000 um 17 Uhr ruhte sich Mutter Angelica behaglich in ihrem Krankenzimmer aus und war jetzt offiziell von dem Sender getrennt, mit dem man sie für alle Zeiten identifizieren würde. Sie hatte in aller Stille sämtliche Brücken hinter sich abgebrochen. Kein Ordensmann, kein Geistlicher, kein Bischof konnte jemals mehr eine totale Kontrolle über EWTN ausüben. Im Vertrauen auf die göttliche Vorsehung war sie zuversichtlich, dass der Vorstand und die leitenden Angestellten ihre Vision fortsetzten und den Sender in unerschütterlicher Treue zum kirchlichen Lehramt in Rom bewahrten. Der Sender gehörte jetzt den Laien und Gott. Der Putsch war abgewehrt und umgeleitet worden.

Oberflächlich betrachtet schien ein organisiertes Komplott für eine feindliche Übernahme von EWTN an den Haaren herbeigezogen. Es kann aber kein Zweifel darüber bestehen, dass Mutter Angelicas Autorität über den Sender einige Bischöfe stark beschäftigte, sie von diesem Gedanken sogar besessen waren und deshalb Jagd auf jeden kleinen Fehltritt machten. Aber gab es eine Gesamtstrategie, um Besitz von dem Sender zu ergreifen? Jeder Bischof, den ich interviewte und der mit dem Fall vertraut war, verwarf eine solche Vorstellung. Der Autor selbst war davon ebenfalls nicht überzeugt.

Doch dann gab Bischof Foleys Kirchenrechtler Gregory Bittner im Oktober 2003 am Ende einer langen Rede bei der *Canon Law Society of America* („Gesellschaft für Kirchenrecht der USA“) sein eigenes endgültiges Lösungskonzept für EWTN preis. Als Reaktion auf die Annahme von Mutter Angelicas Rücktritt durch den Vorstand postulierte er in einer Ansprache, dass „der Heilige Stuhl… einen Zivilprozess gegen das Direktorium von EWTN, Inc. [als amtlich eingetragene Gesellschaft] hätte anstrengen können“, um dessen Akte als „ungültig und illegal deklarieren“ zu lassen. Darüber hinaus behauptete Bittner, dass der Heilige Stuhl eine weitere Zivilklage hätte einreichen können, und zwar „zur Liquidation des Unternehmens und seiner anschließenden Neugründung und Wiedereingliederung in der Rolle einer Förderinstitution, um die Aufgabe der römisch-katholischen Kirche auf dem Gebiet der Kommunikationsmedien zu gewährleisten. Vertragsparteien wären die drei Bischöfe, die gleichzeitig Mitglieder im Direktorium des Senders sind bzw. waren.“ Mit anderen Worten: Bringt das privatrechtliche Unternehmen vor Gericht, nehmt den Vorstand auseinander und baut das Ganze wieder neu mit den Bischöfen auf, die dann den Ton angeben.

Außer einer boshaften Gesinnung beweisen Bittners Vorschläge eigentlich nicht besonders viel. Aber dafür lassen sie doch Angelicas Annahme glaubwürdig erscheinen, dass man Listen vorbereitet und Pläne entworfen hatte, um ihren Sender zu kapern. Da diese Bemerkungen vom kirchenrechtlichen Berater von Bischof Foley kamen, ist es nur schwer vorstellbar, dass dem Bischof selbst solche Überlegungen nicht wenigstens teilweise vertraut gewesen sein sollten.

Ein Jahr nach ihrem Rücktritt bedauerte Mutter Angelica ihren Entschluss keineswegs. „Ich musste mich einfach zurückziehen, weil es die einzige Möglichkeit war, den Sender zu retten, und ich musste beweisen, dass er auch für sich allein weiterbestehen konnte“, sagte sie.

Erzbischof Gonzalez kehrte am 5. April ins Kloster zurück, um noch zusätzliche Finanzunterlagen zu prüfen und einige letzte Fragen zu klären. Die Ordenskongregation in Rom sollte länger als ein Jahr benötigen, um auf die Untersuchungsergebnisse des Gonzalez-Berichts zu reagieren. In einem Brief vom 26. Juni 2001 legalisierte Kardinal Somalo die Schenkungen von Klostergrundbesitz an den Sender sowie Mutter Angelicas lange Amtszeit als „nicht gewählte“ Äbtissin. Er gewährte ihr die Erlaubnis, weiterhin die Live-Show in Birmingham zu moderieren, bat sie um einen Versuch, die zerrüttete Beziehung mit Bischof Foley wieder zu kitten, und entschied ganz nebenbei, dass der Sender keine negativen Auswirkungen auf das Leben der Nonnen habe.

In einem gesonderten Brief an Bischof Foley wusch sich die Kongregation insofern die Hände in Unschuld, als sie angab, mit dem Sender nichts zu tun zu haben, da er „außerhalb unserer

Kompetenz“ lag. Allerdings verteidigte sie das Recht des EWTN-Vorstandes, Ämter abzuschaffen, Rechte außer Kraft zu setzen und neue geeignete Vorstandsmitglieder zu ernennen. Rom war Mutter Angelica also diskret entgegengekommen.

Bischof Foley wurde aus dem EWTN-Direktorium abgezogen, und seine Live-Show *Pillars of Faith* („Säulen des Glaubens“) abgesetzt. Die Ankündigung hierzu stand in einem Brief des neu gewählten Vorstandsvorsitzenden Bill Steltemeier vom 16. Juni 2000.

Da die Kämpfe nun hinter ihr lagen, lebte sich Mutter Angelica ins Gemeinschaftsleben ein und genoss die Zeit, die sie nun nicht mehr im Sender verbringen musste. Sie verbrachte Tage mit dem Studium der Heiligen Schrift auf ihrer Terrasse hinter dem Haus, plante den Bau eines burgähnlichen Geschenkladens und Pilgerzentrums neben dem Kloster und fand Ruhe im Gebet vor dem Allerheiligsten.

Am Morgen des 3. Juli 2000 fand sie beinahe schon ihre ewige Ruhe. Als die Äbtissin nach der Messe ihr Brevier in einen Chorstuhl zurücklegte, spürte sie beginnende Kopfschmerzen. Sie suchte in ihrem Ordensgewand nach einer Tylenol-Tablette. Dabei verbreitete sich ein Taubheitsgefühl von ihrer Kopfspitze nach unten. Die Pillenschachtel fiel ihr aus der Hand, was die Aufmerksamkeit der Schwestern auf sich zog. Plötzlich schwankte Mutter Angelica und klammerte sich an den Stuhl, um wieder festen Halt zu bekommen. Eine Nonne fasste die Äbtissin an der Taille und manövrierte sie mit Unterstützung in einen Rollstuhl. „Jesus, hilf mir. Jesus, hilf mir“, sagte Mutter Angelica. Im nächsten Moment war sie schon nicht mehr ansprechbar.

„Sie lief blau an. Ihre Lippen waren erstarrt“, sagte Schwester Antoinette. „Es sah so aus, als würde sie sterben.“

Da sie das Schlimmste befürchteten, wählten die Nonnen die amerikanische Notfallrufnummer 911, und ein junger Ordenspriester spendete die Krankensalbung. Als die Rettungsmannschaft Mutter Angelica wegbrachte, flüsterte Antoinette noch in ihr Ohr: „Ehrwürdige Mutter, Sie dürfen jetzt noch nicht sterben – wir sind noch nicht bereit.“ Doch Angelica konnte nichts hören.

„Oh Gott“, sagte Dr. James Hoover, Mutter Angelicas Arzt, als man sie in die Notaufnahme des Cullman-Bezirkskrankenhauses rollte. „Als sie im Krankenhaus eintraf, zeigte sie keinerlei Reaktionen. Es war so, als würde sie in einem tiefen Koma liegen“, erinnerte sich Hoover. Sie war so schwach, dass die Krankenschwestern ihr Ordensgewand aufschneiden mussten, um sie für die Untersuchungen vorzubereiten. Die Computertomografie, das EKG und die Labortests zeigten nach den Aussagen Dr. Hoovers alle ein unauffälliges Ergebnis.

„Nach einer relativ kurzen Zeit erwachte sie jedoch, und es ging ihr wieder gut“, sagte Hoover. „Medizinisch gesehen war es ein außergewöhnlicher Vorgang. Es gab jedenfalls keinen Hinweis auf einen Schlaganfall oder Ähnliches. Diese dramatische Wende von einem Zustand der Nichtansprechbarkeit hin zu einem Wachzustand war etwas, was ich so noch nie bei einem Patienten erlebt hatte.“

Kurz nach dem Aufwachen berichtete Mutter Angelica ihrer neuen Stellvertreterin Schwester Mary Catherine von der seltsamen Erfahrung, die sie während ihrer tiefen Bewusstlosigkeit durchlebt hatte.

„Ich befand mich in einem dunklen Raum. An der rechten Seite konnte ich die Gegenwart Unseres Herrn spüren. Ich dachte mir, na gut, jetzt sterbe ich. Ich sage jetzt lieber mein Stoßgebet für die Armen Seelen: ‚Jesus und Maria, ich liebe euch, rettet Seelen!‘“, erzählte Mutter Angelica. Da sie merkte, dass die Zeit kurz war, sagte sie: „Herr, ich meine zwar nicht, dass ich jetzt schon bereit bin, aber es ist in Ordnung.“ Sie sagte mir: „In diesem Moment sah ich, wie meine Seele meinen Körper verließ. Sie fuhr aus und kam dreimal wieder zurück.“

Ein paar Tage später kehrte Mutter Angelica wieder ins Kloster zurück und versuchte, sich einen Reim auf diesen Vorfall zu machen: „In meinem Herzen hatte ich wirklich das Gefühl, dass ich starb und wieder zurückkam“, erzählte sie den Nonnen am 7. Juli. „Ich habe keine Angst mehr vor dem Tod, keine Angst mehr vor Bischöfen oder was auch immer passieren mag… nichts zählt, außer Gott, und wie wir diese Liebe der Welt gegenüber zum Ausdruck bringen.“

Eine erneuerte Mutter Angelica teilte ihre Nahtod-Erfahrung ihren Zuschauern in ihrer Live-Sendung am 11. Juli mit. Den unheilbar Kranken und älteren Mitgliedern ihrer EWTN-Familie versicherte sie, dass sie nichts zu befürchten hätten. „Ich weiß nicht, wie lang Unser Lieber Herr mich noch hierbehalten will", sagte sie. „Ich hoffe, noch eine lange Zeit. Aber ich weiß jetzt ganz sicher, dass ich keine Angst mehr haben werde. Es gibt gar keinen Grund, sich zu fürchten, wenn man von einem erhabenen, liebenden, mitfühlenden und gnädigen Vater gerufen wird. Es gibt keinen Grund, sich zu fürchten."

Bei einer Interviewsitzung Ende 2000 beteten wir gemeinsam ein Gebet, das sie seit ihrer Nahtod-Erfahrung Gott darbrachte: „Herr, ich möchte, dass du mich auf jede Art und Weise in Anspruch nimmst, wie es Dir gefällt. Es ist mir gleich, was es ist. Lass mich einfach nicht mehr die Früchte sehen."

Im Jahre 2001 sollte Gott ihr Angebot annehmen.

19. Kapitel

Läuterung

Am Abend des 12. Dezember 2000 bekam die Welt eine Vorstellung davon, wie Rita Rizzo wohl als Tambourmajorette gewesen sein muss. Das Fest der Jungfrau von Guadalupe feierte Mutter Angelica – indem sie schlurfte und Walzer tanzte und plapperte und kicherte – in Anwesenheit einer Mariachi-Band. Ein ahnungsloser Zuschauer hätte EWTN an jenem Abend für *Univision* (führender spanischsprachiger Fernsehsender in den USA, Anm. d. Ü.), halten können. Seit Jahren war ihre Live-Show nicht mehr so lebendig gewesen. Für ihre alten Freunde, die ganz vorne saßen, wie Jean Morris, Tom Swatek und Gene McLane sollte es ein letztes Hurra sein – eine letzte Chance, sich noch einmal an der Mutter Angelica aus der guten, alten Zeit zu ergötzen: Sie gab sich unbeschwert, spontan und ausgesprochen unberechenbar. Als sie sich einen mexikanischen Sombrero über ihren Schleier setzte, imitierte sie spanische Schlager und schunkelte zusammen mit den Mariachis bei einer ausgelassenen Darbietung, die so manchen an ihre charismatischen Tage erinnerten. Aber es war nur von kurzer Dauer.

Aus Pflichtgefühl gegenüber ihren Zuschauern moderierte Mutter Angelica auch weiterhin die Live-Show, wozu sie jede Woche die Pilgerfahrt von Hanceville nach Birmingham auf sich nahm. Doch die Reise wurde zu einer „körperlichen Belastung", was sich dann auch im Äther bemerkbar machte. In der ersten Hälfte des Jahres 2001 erschien Mutter Angelicas Dienstagabend-*Teaching Show* beliebiger zu sein, und sie wiederholte sich auch oftmals. Obwohl ihre geistlichen Einsichten und ihre Ratschläge für die Leidenden unvermindert gut wie zuvor waren, sagte Chris Harrington doch über sie: „Ihre Vortragsweise war zusammenhanglos. Man erkannte keinen roten Faden mehr, und die alten Geschichten tauchten immer und immer wieder auf."

Laien als Gastmoderatoren übernahmen die inhaltliche Gestaltung des Mittwochabend-Interview-Programms. Somit war Mutter Angelica von der Last befreit, und sie konnte nach Belieben Kommentare abgeben, ohne die Verantwortung alleine zu tragen. Meistens gefiel ihr dieses Wechselspiel, und das Publikum schätzte es sehr, dass sie anwesend war.

Als sie am 15. August 2001 vor dem dichtgedrängten Studiopublikum saß, sah sie verwirrt, müde und seltsam gleichgültig angesichts des zwanzigsten Jahrestages ihres Senders aus. Um diesen Anlass und auch ihr siebenundfünfzigstes Jahr im Ordensleben zu feiern, strahlte EWTN einen Tag lang ein besonderes Programm aus, darunter – trotz der Normen der Bischofskonferenz – eine *versus Deum*-Liturgie aus Hanceville. Den Abschluss des Tages bildete eine direkt übertragene Feier mit der Gründerin vor dem leuchtenden Symbol von EWTN.

Mutter Angelica hatte ihren Spaß an den ununterbrochen dargebrachten Ständchen, erzählte wieder die alten Geschichten über den Aufbau des Senders, ließ ein paar Witze vom Stapel und beantwortete geduldig die Fragen internationaler Gratulanten. Doch ihrem Erinnerungsvermögen ließ sich nur wenig entlocken, und das alte Feuer war verschwunden. Bisweilen starrte Mutter Angelica sogar völlig teilnahmslos in die Kamera. Im Laufe der Sendung hatte sie Schwierigkeiten, ihre Gedanken zu Ende zu führen. Sie veränderte ihre Sitzposition im Sessel und wandte sich gelegentlich an das Publikum nach Worten oder Fakten, die ihr entfallen waren.

Fünf Tage später tat ihr der ganze Körper weh. Nach der Messe am 20. August, als sie gerade ihr Brevier betete, war es ihr unmöglich, den Sinn der Worte auf der aufgeschlagenen Seite zu erfassen. Als ihr starker Schweiß ausbrach, rief sie um Hilfe. Doch so sehr sie sich auch zu erinnern versuchte, der Name von Schwester Margaret Mary fiel ihr nicht mehr ein.

Es war nicht das erste Mal, dass Mutter Angelica Probleme mit dem Lesen hatte. Als sie mit Schwester Agnes nach Birmingham zur Live-Show fuhr, hatte sie schon einmal Ähnliches erlebt. Doch da sie einen Schlaganfall befürchtete und keinen Alarm auslösen wollte, behielt sie den Vorfall für sich. Aber dieses Mal wusste Schwester Margaret Mary Bescheid, und so wurde eine Krankenschwester ins Kloster gerufen.

Mutter Angelica fröstelte in ihrem Schlafzimmer und versuchte, ihre Lesefähigkeit zu überprüfen. Schwester Faustina nahm ein beliebiges Buch aus dem Regal – es war das Johannes-Evangelium – und überreichte es der Äbtissin. Angelica schlug das Buch auf und las den ersten Vers, auf den sie zufällig stieß, laut vor: Es war Johannes 11,4: „Diese Krankheit wird nicht zum Tod führen, sondern dient der Verherrlichung Gottes: Durch sie soll der Sohn Gottes verherrlicht werden."

Ein Bluttest ergab später, dass sie an einer Nierenentzündung litt. Der Arzt verschrieb ihr Antibiotika und eine Ruhepause. Doch einige Tage später fühlte sie sich immer noch schwach und lethargisch. Mutter Angelica sagte aus, dass sie in einem Lichtblick während ihrer Genesungszeit das Jesuskind gesehen habe, wie es durch die Gänge des Klosters rannte. Dies war durchaus kein Einzelfall. Immer wieder werden in der Klosterchronik Fälle erwähnt, bei denen das Göttliche Kind Mutter Angelica nicht nur erschienen war, sondern auch mit der „Stimme eines Kindes" zu ihr gesprochen hatte. Obwohl die Schwestern selbst nichts bemerkt hatten, glaubten sie doch sehr wohl, was Mutter Angelica darüber berichtete. Wie es so schön heißt: Wer glaubt, braucht keine Beweise – dem, der nicht glaubt, werden auch keine Beweise genügen.

Der Seelenräuber

Wie stark auch immer ihre mystischen Erlebnisse waren, Mutter Angelica erkannte zu Beginn ihrer Live-Show am 4. September 2001 ganz klar, dass die EWTN-Familie „für jene beten" sollte, „die unerwartete Tragödien erleben".

Sie sprach über die Wunder des Himmels, die Realität der Hölle und über Satan. Die externen Nonnen, die sich das Programm zu Hause anschauten, glaubten, sie hätten beobachtet, dass Mutter Angelicas Augenlider ungleichmäßig flatterten, waren sich aber nicht ganz sicher.

Am nächsten Morgen frühstückte Mutter Angelica zusammen mit Schwester Margaret Mary. Sie lachte über einen Witz, aber ihre Gesichtszüge konnte sie nicht entsprechend bewegen. Die linke Seite ihres Mundes hing nach unten, als ob sie von einer unsichtbaren Hand hinuntergezogen wurde. Ihr linkes Auge, dessen Lid sich nicht mehr rührte, gefror zu einer makabren Starre ein. Schwester Margaret Mary drängte, die Klinik aufzusuchen.

„Warum?", lallte Mutter Angelica. „Ich merke gar nichts."

Eine Kernspintomografie ergab, dass die Gesichtslähmung das Resultat von „periodisch auftretenden Schlaganfällen in beiden Gehirnhälften" war, entsprechend der Aussage von Dr. David Patton. Die kleinen Schlaganfälle hatten der Äbtissin offensichtlich schon seit einiger Zeit zugesetzt. Um gegen künftige Attacken vorzubeugen, verschrieb der Arzt ein Blutverdünnungsmittel.

Am Morgen des 11. September rief mich Mutter Angelica aus dem Krankenhaus an. „Ich hatte einen leichten Schlaganfall", sagte sie, und es klang so, als hätte sie den Mund voller Nudeln. „Alles funktioniert, bis auf die eine Hälfte meines Gesichts. Sie sagen, dass ich eigentlich auf der einen Seite völlig gelähmt sein müsste. Aber ich fühle mich richtig gut – ich sehe eben nur aus wie Apple Annie." Während wir miteinander sprachen, flog im staatlichen Fernsehen gerade das zweite Flugzeug in das *World Trade Center* hinein. Der Teufel, von ihr erst eine Woche zuvor öffentlich angeprangert, hatte sein Gesicht gezeigt, und eine von vielen „unerwarteten Tragödien" war über die Nation hereingebrochen.

Um Mutter Angelicas linkes Auge zu erhalten, musste zum Schutz vor Entzündungen in regelmäßigen Abständen Salbe aufgetragen und ein Verband angelegt werden. Warum hatte Gott dies zugelassen?, fragte sich Mutter Angelica. Sie ging in sich und suchte nach Antworten, dachte über die Fehler nach, von denen sie glaubte, dass sie ihren Weg blockiert hatten: ihr Jähzorn und ihre Ungeduld. „Bitte lass nicht zu, dass ich deine Pläne wegen meiner eigenen Schwächen und Unvollkommenheiten zunichtemache", bat sie Gott im Gebet. Letzten Endes erkannte Mutter Angelica hinter dem Schmerz einen Zweck.

„In meinem ganzen Leben war mir noch nie derart bewusst geworden, dass Gott mich auserwählt hatte, um den Menschen zu helfen", sagte sie nach dem Schlaganfall. „Damit sich die Menschen mit einer neuen Realität auseinandersetzen: dass Gott Leiden zulässt, um uns heilig zu machen. Das ist mir jetzt vollkommen klar." Mutter Angelica fühlte sich veranlasst, zum Sender zurückzukehren.

„Anfangs hielt ich das für keine gute Sache", sagte Michael Warsaw über Angelicas TV-Rückkehr. „Ich befürchtete, dass die Menschen sie in ihrem geschwächten Zustand sehen und ihre Feinde versuchen würden, dies auszunutzen, und dass ihr Publikum dann meinte, Mutter Angelica oder der Sender wären im Niedergang begriffen. Ich glaube, sie hatte ein Gespür dafür, dass ihr nicht mehr viel Zeit zur Verfügung stehen würde."

Am 25. September 2001 ertönte in den Wohnzimmern überall auf dem Erdball die vertraute Titelmelodie der Sendung *Mother Angelica Live*, doch das Bild, das folgte, war alles andere als vertraut. Mutter Angelicas Mund hatte sich schrecklich verzogen, und hinter dem einen Brillenglas trug sie eine schwarze Augenklappe. Mutter Angelica kehrte zu ihrer EWTN-Familie zurück und sah dabei wie ein Bildnis des erlösenden Leidens aus. „Hallo, keine Angst. Ich bin's", zwitscherte sie und brach damit das Eis. „So lange wie Gott will, muss ich mit all diesen kleinen Behinderungen einfach bei euch sein."

Der Inhalt des Programms wurde sehr schnell ernst. Mutter Angelica machte nach den Angriffen des 11. September scharfzüngige Bemerkungen über die Jagd nach Terroristen, während die Vereinigten Staaten weiterhin die „sozialen Terroristen", wie sie sie nannte, in ihrem eigenen Land verhätschelten. Sie kam auf diese Übeltäter zu sprechen, die Drogenhändler, Pornografen und ganz besonders die Menschen, die die Abtreibungen durchführten – „das sind die Schlimmsten", nach den Worten Mutter Angelicas, „weil sie Unschuldige vernichten und Leben und Völker zerstören". Besorgt darüber, dass die terroristischen Angriffe einen allgemeinen Hass auf Muslime hervorrufen könnten, bat Mutter Angelica um Toleranz, und sie erinnerte sich an den islamischen Arzt, der sie vor mehr als fünfzig Jahren am Rücken operiert hatte.

Selbst in ihrem körperlichen Gebrechen hatte sie nichts von ihrem Biss oder ihrer Anziehungskraft verloren.

Fünfundsechzigtausend Briefsendungen trafen als Reaktion auf die Sendung ein. Die meisten Menschen sprachen ihre Besorgnis über Mutter Angelicas Gesichtszüge aus. Zu einer Zeit, als der Kult der Perfektion den Äther dominierte, als Jugend und Schönheit zu den meistverehrten Werten des Fernsehens gehörten, zeigte sich hier auf dem Bildschirm eine markante gegenkulturelle Darstellung: Eine entstellte alte Frau verkündete schamlos und ohne Eitelkeit die Wahrheit, wie sie sie erkannte.

Schlaganfallpatienten und missgestaltete Menschen, die im Schatten der Scham lebten, schrieben ihr, um ihren Dank zum Ausdruck zu bringen. Mutter Angelica hatte ihnen gestattet, aus ihrem Schlupfwinkel hervorzutreten und sie dazu angeregt, wieder ins Leben zurückzukehren. „Eine Frau sagte zu mir: ‚Ich höre Ihnen zu, Mutter Angelica, ich sehe mir alle Ihre Programme an, und ich liebe Sie, aber jetzt sind Sie eine von uns'", erzählte mir Angelica. „Ich brauchte eine Weile, um diese Aussage zu verstehen. Und ich hoffe, ich habe sie verstanden."

Im November verlor Mutter Angelica die Muskelspannung in ihrem Gesicht. Trotz dieses Rückschlags setzte sie ihre Fernseharbeit fort. Und obwohl nach ihrer Einschätzung kein Kreuz in ihrem Leben „so gut wie dieses" gewesen war, konnte Mutter Angelica die Endlichkeit der Zeit verspüren. Als sie eines Abends im November nach der Live-Show auf dem schräg abfallenden Parkplatz des Senders auf ihre Heimfahrt nach Hanceville wartete, bemerkte sie nüchtern zu Michael Warsaw: „In meinem Leben hat es bei all dem, was ich für Gott tun sollte, immer einen ganz bestimmten Anfangs- und einen ganz bestimmten Schlusspunkt gegeben. Mir ist so, als sei ich jetzt an das Ende meiner Zeit im Sender gekommen."

Am 5. Dezember stellte Mutter Angelica Pater Mitch Pacwa, einen Jesuiten und Bibelwissenschaftler, als Moderator für die Sendungen ein. Er war seit 1984 häufig zu Gast bei EWTN und vertrat sie, als es ihr unmöglich erschien, im Live-Programm aufzutreten. Seine Oberen sollten dieses Arrangement später akzeptieren, obwohl Mutter Angelica damals keine Anzeichen erkennen ließ, alles etwas langsamer anzugehen.

Morgens nahm sie ein *Catalogue*-Programm auf, nachmittags besuchte sie eine Sitzung der Vorstandschaft, drehte noch eine

Sondersendung für Weihnachten und traf sich dann abends mit mir zu ihrer Live-Sendung. In einem seltenen Augenblick der Besinnung stellte ich ihr, bevor sie ins Studio ging, noch eine schwerwiegende Frage. Ich wollte wissen, wie es ihrer Meinung nach wohl mit dem Sender in Anbetracht ihres langsamen Rückzuges und der prekären Lage im Weltgeschehen weitergehen würde. Da nahm sie meine beiden Hände, starrte mich angestrengt mit ihrem unter der Brille geröteten rechten Auge an und sagte: „Nichts währt ewig, Schätzchen. Denken Sie daran. Nichts währt ewig. Haha.“ Bis Ende des Jahres 2001 hatte sich Mutter Angelica vollständig von EWTN gelöst.

Am nächsten Dienstag, dem 11. Dezember, ging sie vor ihrer Live-Show zusammen mit Schwester Margaret Mary, Schwester Michael und ihrem Fahrer in Birmingham chinesisch essen. Beim Aufbrechen der Glückskekse wurde beschlossen, auf dem Weg zum Studio beim Buchgeschäft *Books-A-Million* kurz haltzumachen, um ein von einer der Nonnen bestelltes Kochbuch abzuholen.

Der Fahrer ging in den Laden, um das Buch mitzunehmen, doch es war nicht zu finden. Um ein ähnliches passendes Buch zu suchen, gingen Schwester Margaret Mary und der Fahrer noch einmal zusammen in die Buchhandlung und ließen Mutter Angelica und Schwester Michael im Wagen zurück. Die Zeit verging. Mutter Angelica fragte sich, warum es wohl so lange dauerte und hatte Angst, sie könnte zu spät zu ihrer Live-Show kommen. Sie war etwas verärgert über die Verzögerung, öffnete die Wagentür und sagte zu Schwester Michael: „Gehen wir hinein.“

Im Buchgeschäft trennten sich Mutter Angelica und Schwester Michael, um nach Schwester Margaret Mary Ausschau zu halten. Die einäugige Äbtissin entdeckte ihre umherschlendernde Tochter auf der anderen Seite des Ladens und bewegte sich in ihre Richtung. Da sie nicht auf das Stufenpodest achtete, das ihr den Weg versperrte, stürzte sie kopfüber, wobei ihr Gesicht auf dem Boden aufschlug und ihr linker Arm oberhalb des Ellbogens brach.

Im Krankenhaus bestätigte eine Röntgenaufnahme, dass der Arm gebrochen war, aber ihr Blut war wegen der Einnahme des blutverdünnenden Medikamentes so dünn, dass die Operation verschoben werden musste. Am 12. Dezember wurde Mutter Angelica gefrorenes Plasma injiziert, um ihr Blut für die Operation zu verdicken. Alles ging gut, bis sie in den Warteraum außerhalb des Operationssaals gebracht wurde. Plötzlich fing sie zu zittern an, „ihr Gesicht sah wie ein Basketball aus, die Lippen liefen violett an“. Die heftige Reaktion stellte die Ärzte, die sich um die Äbtissin drängten und sie zu stabilisieren versuchten, vor ein Rätsel.

Einige Zeit später, als sich Schwester Margaret Mary gerade die Zähne in Mutter Angelicas Krankenzimmer putzte, fand sie einen leeren Plasmabeutel mit der Aufschrift „0-positiv“ auf dem Ständer neben dem Waschbecken. Aber Mutter Angelicas Blutgruppe war 0-negativ! Die in Panik geratene Nonne alarmierte Angelicas Ärzte. Bis heute glaubt Schwester Margaret Mary, dass die irrtümliche Transfusion von zwei Blutkonserven der Blutgruppe 0-positiv Mutter Angelica hätte umbringen können und bestimmt ihren lebensgefährlichen Zustand verursacht hatte. In einem Interview sagte Dr. Patton, dass das gefrorene Plasma vielleicht ein Faktor war, dass die Ursache für Mutter Angelicas Trauma aber „nie völlig klar“ war.

Um Mutter Angelicas Armbruch zu fixieren, wurden am 14. Dezember ein Stift und zwei Schrauben eingesetzt. Dr. Richard May erinnert sich noch lebhaft daran, wie er zwei Tage nach der Operation während der Visite die Intensivstation betrat, um nach Mutter Angelica zu sehen. Die Äbtissin lag Grimassen schneidend in ihrem Bett, das rechte Auge fest geschlossen, während Schwester Margaret Mary und Schwester Michael ihr nicht von der Seite wichen.

„Dr. May, Sie müssen ihr helfen“, flehte Schwester Margaret Mary. „Sie sagt, der Teufel sei hinter ihr her, und er zeige ihr die gepeinigten Seelen in der Hölle. Sie möchte nicht mehr hier bleiben.“

Da er für eine solche Krankheit kein Rezept parat hatte, bot er am Krankenbett Trostworte nach „Art der Presbyterianer“ an und schrieb dann seine Verordnungen auf. Später sagte Dr. May: „Im Zimmer herrschte eine beklemmende Atmosphäre.“ Als er wieder einen Blick auf Mutter Angelica warf, sah er, dass sie noch immer „das Auge fest zugedrückt hatte und aussah, als ob sie kämpfte“. Da er schon von der katholischen Andacht zum Heiligen Erzengel Michael gehört hatte und sich erinnerte, dass er angerufen wird, um das Böse abzuwehren, sprach der Arzt ein stilles „Gebet im Geiste". Dies hatte er bis jetzt noch nie bei einem Patienten getan. „Herr, wenn der Teufel dieser Frau wirklich nachstellt, kann ich ihr nicht helfen. Bitte sende ihr den Erzengel Michael", betete er. Von diesem stillen Gebet erzählte er niemandem etwas und setzte seine Schreibarbeit fort.

Einige Minuten später erhellte sich Mutter Angelicas Gesicht. „Es ist jetzt alles wieder in Ordnung", sagte sie.

„Was ist denn los?", fragte Schwester Margaret Mary nervös.

„Alles ist jetzt bestens. Michael ist da."

„Schwester Michael?"

„Oh nein, der Erzengel Michael ist da." Angelica drehte sich um und schlief ein.

„Ich wurde blass, aber es war jetzt eine fühlbar andere Atmosphäre in diesem Zimmer", erinnerte sich Dr. May, und seine Augen wurden feucht. „Etwas war geschehen."

Was immer es auch gewesen war, das sie gesehen haben mochte, es sollte Mutter Angelicas Geheimnis bleiben. Hinterher erzählte sie den Nonnen lediglich: „Wir müssen leiden... um die Seelen davor zu bewahren, in die Hölle zu kommen. Die Menschen begreifen nicht, was es bedeutet, in die Hölle zu kommen."

Eine in Mitleidenschaft gezogene Mutter Angelica kehrte nach ihrem Krankenhausaufenthalt in einem Rollstuhl, mit einem blauen Armgips und einer Augenklappe, um ihr starrendes rechtes Auge zu verdecken, nach Hause zurück. Trotz all ihres Leids freute sie sich auf Weihnachten: ihren liebsten Tag im Jahr. Am 20. Dezember, zwei Tage nach ihrer Rückkehr aus dem Krankenhaus, gab sie den Nonnen beim Frühstück einige „Dinge zum Nachdenken" zur Vorbereitung auf den Geburtstag Jesu. Mutter Angelica saß vorne im Refektorium unter der hohen geschnitzten Holzdecke hinter einem einzelnen Tisch und erzählte ihnen Folgendes: „An diesem Weihnachtsfest wird es viele Überraschungen geben." Mutter Angelica sprach dann ein Gebet, das sie Gott dargebracht hatte: „Herr, hier bin ich – ich bin nicht sehr intelligent – ich bin ein Wrack. Nimm alles, was ich habe, und mache es schön für Gott." Sie hoffte, dass die Nonnen dieses Gebet zu ihrem eigenen machen würden. „Macht euch bereit für alles, was Er gibt", verkündete sie.

Die Weihnachtsüberraschung

Am Morgen des Heiligen Abend überließ Mutter Angelica ihren Körper abermals dem Willen ihres Eucharistischen Herrn. Als sie in der Kirche vor Ihm in ihrem Rollstuhl saß, erlitt sie einen Kreislaufkollaps. Als die Schwestern sie ohne Reaktion und unbeweglich vorfanden, gingen sie nach der nun bereits bekannten Notfall-Methode vor und beeilten sich, Sauerstoff, Orangensaft und Schwester Margaret Mary zu holen.

Bei ihrer Ankunft im Cullman-Bezirkskrankenhaus konnte Mutter Angelica sich nicht mehr äußern. Die Lähmung ihrer rechten Körperhälfte deutete auf ein „Hirnereignis", so Dr. Hoover. Durch eine Computertomografie wurde diese Diagnose bestätigt. Die linke Seite von Mutter Angelicas achtundsiebzigjährigem Gehirn war durch einen zum Tode führenden Schlaganfall, begleitet von einer Hirnblutung, traumatisiert worden. „Nachdem ich das gesehen hatte, dachte ich wirklich, dass sie wahrscheinlich an dieser Blutung sterben würde", sagte Hoover.

Mutter Angelicas einzige Überlebenschance, so meinte der Arzt, läge darin, sich einer sofortigen Hirnoperation zu unterziehen. Doch angesichts der Computertomografie-Aufnahmen und Mutter Angelicas Alter würde sie wohl kein Krankenhaus für eine solche Operation aufnehmen. Doch dann stimmte Dr. J. Finley McRae einer Operation zu unter der Voraussetzung, sie überlebte den stundenlangen Transport in sein Krankenhaus. McRae war Neurochirurg am St. Vincent-Krankenhaus in Birmingham und in Mutter Angelicas frühen Live-Sendungen einmal aufgetreten. Die Nonnen pressten sich im Krankenwagen zusammen und fuhren mit ihrer Ordensgründerin in rasender Eile nach Birmingham, wobei manche befürchteten, dass es ihr letzter gemeinsamer Ausflug sein würde.

Mutter Angelica befand sich bereits in einem katatonischen Zustand. Im Krankenwagen traten noch weitere Probleme auf. Sie fing an, den Orangensaft zu aspirieren, den die Schwestern ihr morgens zu trinken gegeben hatten, um den – so meinten sie – abgefallenen Blutzucker auszugleichen. Das Notfallpersonal bemühte sich, Mutter Angelica am Leben zu erhalten. Schwester Margaret Mary saß damals vorne im Krankenwagen. Sie erinnerte sich: „Der Mann, der mit Mutter Angelica beschäftigt war, schaute durch das Guckloch nach vorne und sagte: ‚Hat Ihnen eigentlich noch nie jemand gesagt, wie schlimm so etwas ist? Sie spuckt alles aus und saugt es dann wieder ein.' Die Säure müsste eigentlich ihre Lungen schon zerstört haben."

Mutter Angelica erreichte das St. Vincent-Krankenhaus irgendwann nach zwei Uhr. Dr. David Patton, der am Eingang wartete, untersuchte sofort ihren Zustand. „Er war trostlos", berichtete er später. „Statistisch betrachtet wusste ich, dass die Chancen sehr schlecht standen. Mir wurde klar, dass es in Gottes Hand lag."

Sogar der Chirurg blieb skeptisch hinsichtlich der Erfolgsaussichten der Operation. „Es war eine riskante Situation angesichts der blutverdünnenden Medikamente und ihres fortgeschrittenen Alters", erinnerte sich Dr. McRae. „Wir mussten ihr ein Gegenmedikament geben, damit das Blut wieder gerinnen konnte. Bei ihren vielfältigen medizinischen Problemen gab es nur eine fünfzigprozentige Chance, dass sie überleben würde. Es musste sofort etwas unternommen werden oder überhaupt nichts mehr. Mit diesem Hirndruck konnte sie jedenfalls nicht weiterleben."

Im Operationssaal stellte der Chirurg Mutter Angelicas Kopf ruhig, machte einen sichelförmigen Einschnitt von der Stirn zum linken Ohr und meißelte anschließend mit einer Knochensäge mehrere Öffnungen in ihren Schädel. Durch Absaugen und mithilfe einer Pinzette zog McRae das Blutgerinnsel heraus, sodass das Blut in ihrer linken Gehirnhälfte wieder frei zirkulieren konnte. Doch die Blutung hatte bereits schwere Schäden verursacht: Der Teil des Gehirns, der für das Sprechen und Verstehen verantwortlich war, hatte zu wenig Sauerstoff erhalten.

In den folgenden Tagen, unmittelbar nach der Operation, waren Mutter Angelicas elegante Hände, auf denen sich die Adern schlängelten, ihre einzigen gut erkennbaren Merkmale. Die

Schwellungen veränderten ihr physisches Äußeres. Abgesehen von ihren Händen, hätte sie jede Beliebige sein können. Mutter Angelica lag unruhig auf der Intensivstation mit einem angeschwollenen Kopf, der von einer Operationshaube bedeckt war; das Gesicht war rot und aufgedunsen. Wenn man sie dort in ihrem Bett liegen sah, hätte man sie nach den vergilbten Fotografien für ihre geistliche Mutter, Rhoda Wise, halten können – wie sie in Canton an den Freitagen die Passion Christi durchlitt.

Gelegentlich gab sie Geräusche von sich und verzog etwas das Gesicht. Ihre grauen Augen streiften leer über die Decke, und ihre Beine bewegten sich willkürlich hin und her. Die Ärzte schrieben diese Bewegungen unwillkürlichen Reflexen zu. Sie waren sich sicher, dass sie gelähmt sein würde, wenn sie überhaupt überlebte.

Als ich mich der Prozession der Schwestern, der Brüder und der alten Freunde anschloss, die sich durch das Zimmer bewegten, sagte man mir, ich solle mich von Mutter Angelica verabschieden. Am 29. Dezember meinte eine Krankenschwester auf dem Flur zu mir, Mutter Angelica würde „nur noch vor sich hinvegetieren" und würde wohl „die Woche nicht überstehen". Diese Krankenschwester kannte Mutter Angelica oder ihre Heerscharen geistlicher Kinder nicht.

Auf der Internetseite von EWTN versprachen Hunderttausende, für ihre Genesung Messen aufzuopfern und zu beten. Die Nonnen beteten für die vollständige Heilung ihrer Oberin. Mutter Angelica war mit einer Reliquie des seligen Franz Xaver Seelos von New Orleans sowie mit dem Kruzifix, das einst Rhoda Wise gehört hatte, versehen und erlebte eine erstaunliche Genesung.

Ende des Jahres 2001, also eine Woche nach der Operation, konnte Mutter Angelica beide Beine bewegen. Die Lähmungen, die ihren Mund und ihr linkes Auge seit September geprägt hatten, waren verschwunden. Außerdem schien ihr Begriffsvermögen wieder zurückgekehrt zu sein.

Als sich Bischof David Foley am 29. Dezember zu einem Besuch auf die Intensivstation schlich, piepsten und blinkten die Alarmsignale auf den Monitoren. Mutter Angelicas lebenswichtige Organe spielten verrückt, da ihr Blutdruck fürchterlich stieg. Durch diese raue Reaktion auf den Besucher schöpften die Nonnen Hoffnung. Mutter Angelicas Erinnerungsvermögen funktionierte also noch, und der prophezeite vegetative Zustand war noch nicht eingetreten. Der Bischof ließ sich durch diese Begrüßung nicht beirren. Er kehrte später noch einmal zurück, um mit Mutter Angelica zu beten und liebevoll mit den Schwestern über sie zu sprechen. In der Ausgabe der Bistumszeitung vom 4. Januar schrieb er: „Mutter Angelica ist ein Stern für unsere Zeit gewesen, der uns nach Bethlehem geführt hat, damit wir dort wundersame Dinge sehen und in unserem Leben erneut Jesus Christus, den Sohn Gottes, entdecken. Die Erscheinung Jesu Christi unter den Menschen setzt sich fort. Möge Mutter Angelica auch weiterhin der Stern für uns alle sein."

Am 7. Januar fragte eine Nonne Mutter Angelica, ob sie sich selbst als Opferseele aufgeopfert habe, um für das Wohl anderer zu leiden. Da rundete sie ihre Lippen und sagte ganz deutlich: „No", und rollte dabei mit den Augen.

Als man ihr am 25. Januar mitteilte, dass sie nach Hause zurückkehren könnte, warf Mutter Angelica freudig ihre Beine über die Bettkante und fing an, ihren rechten Arm zu bewegen, den alle für gelähmt gehalten hatten. An diesem Tag kehrte sie wieder in das Kloster zurück. Die Nonnen gingen mit ihrer Äbtissin in einer Prozession in die Kirche, wo das Christkind für Mutter Angelica gekommen war, und sangen das *Adoremus in aeternum*.

Mutter Angelica lag an diesem Tag auf einer Krankenbahre unterhalb der Monstranz, die ihren Bräutigam umschloss, und sang leise mit. So kehrte sie zu ihrem ersten Gelübde – ihrer ersten Berufung – zurück. Nach so vielen Jahren, in denen sie viele unterschiedliche Aufgaben bewältigt hatte, sollte sie nun wieder eine abgeschieden in der Klausur lebende Nonne werden, die nur für Gott erreichbar war.

Der einsame Ort

Der Bildband *Come and See* („Komm und sieh"), in dem die Kunst und Architektur der *Wallfahrtskirche zum Allerheiligsten Altarsakrament* abgebildet ist, wird mit einem Zitat aus dem Markus-Evangelium eingeleitet: „Kommt mit an einen einsamen Ort, wo wir allein sind, und ruht ein wenig aus“, heißt es dort. Für Mutter Angelica hätten diese Zeilen der Werbespruch für ihr neues Leben sein können.

Fortan nahmen das Gebetsleben und die Sakramente Mutter Angelicas Tage in der Klausur in Anspruch. Sie gab sich redlich Mühe, an den Gemeinschaftsaktivitäten teilzunehmen, sogar Musik zu machen, wovon sie sich früher selbst ausgenommen hatte. Der Klosteralltag wurde lediglich durch halbstündige Behandlungen bei ihren Sprach-, Ergo- und Physiotherapeuten unterbrochen. Die Erfolge waren frappierend. Im Februar konnte Mutter Angelica wieder laut lesen und im Kloster mit der Hilfe eines Rollators selbst gehen.

„Ich kann mich an niemanden erinnern, der sich so gut wie Mutter Angelica erholt hat“, sagte Dr. Patton kopfschüttelnd. „Für mich ist dies einfach unglaublich und unglaubhaft.“

Obwohl eine solche Besserung erstaunlich war, sehnte sich Mutter Angelica nach einer Unabhängigkeit, die über ihre Fähigkeiten hinausging. Zum großen Ärger der Äbtissin begleitete stets ein ganzer Tross von Schwestern – aus Angst, dass sie fallen könnte – ihre Schritte, wenn sie sich durch die Gänge bewegte. Eines Tages tauchte sie, um ihren achtsamen Aufseherinnen zu entkommen – in Schwester Mary Catherines Büro auf und schlug die Tür hinter sich zu. „Ich wollte diese um mich herumschleichenden Personen loswerden“, sagte sie und zeigte mit dem Finger auf die Tür.

Den Therapeuten erging es nicht besser. Während einer therapeutischen Behandlung sollte Mutter Angelica sich ins Bett legen und anschließend demonstrieren, wie sie üblicherweise aufstand. „Das ist nicht nötig“, gab die alte Nonne zurück. „Das habe ich doch heute schon gemacht.“ Im März reduzierte sie ihre Physiotherapiestunden und strich den Sprachtrainer völlig, wobei sie Unzufriedenheit mit den Behandlungen anführte.

Ihre Unfähigkeit, bestimmte Aufgaben durchzuführen, und ihre medikamentöse Behandlung führten bei ihr zu Tränen und Depressionen. Jeder Toilettengang, jedes Vollbad oder das einfache Zurechtfinden im Kloster waren nunmehr keine eigenständigen Tätigkeiten mehr. Für eine unabhängige Frau wie Mutter Angelica war eine solche Anpassung schwierig, doch langsam konnte sie sich mit der Situation abfinden und leistete keinen Widerstand mehr.

„Mutter Angelica ist eine Frau, die für den Augenblick lebt, und nun stand sie plötzlich ganz alleine da – aber sie versuchte nicht, uns fortzustoßen, wie es andere getan hätten“, sagte Schwester Margaret Mary, ihre hauptsächliche Betreuerin. „Ich hatte nie das Gefühl, dass sie sich schwer mit uns tat, überhaupt nicht.“

In den Jahren 2002 und 2003 erlitt Mutter Angelica Krampfanfälle in unterschiedlicher Stärke. Obwohl sie nicht tödlich verliefen, raubten diese beängstigenden Vorfälle ihr die Energie und fesselten sie auf weite Strecken ans Bett.

„Das ist höllisch für sie gewesen“, vertraute mir Schwester Mary Agnes an. „Es ist so schlimm, sie leiden zu sehen. Und wenn sie dann etwas sagen möchte und es nicht herausbekommt, ist es eine einzige Qual.“

Mutter Angelica litt nach dem Schlaganfall, abgesehen von manchen Feuerwerken von witzigen Bemerkungen, an Kommunikationsschwierigkeiten. Eines Abends machten die Nonnen beim Essen viel Wirbel um die Mahlzeit ihrer Äbtissin, indem sie einige durchgebratene und medium-gebratene Steaks vor sie hinstellten. Als Mutter Angelica diese Tellerschau bemerkte, ging sie in ihr Zimmer und verkündete erbittert: „Warum essen wir nicht auswärts?“ Treffendere Ausdrücke waren ihr entfallen.

Sitzungen im Sprechzimmer, bei denen sie einst das Gespräch dominiert hatte, wurden für die Äbtissin zu ambivalenten Übungen.

„Normalerweise war sie es, die immer redete. Jetzt musste ich ständig sprechen“, sagte Pater Joseph Wolfe.

Durch Veränderung ihres Gesichtsausdrucks konnte Mutter Angelica auf das Geplauder eines Besuchers reagieren, doch ihre verbale Kunstfertigkeit – ihre große Gabe – war dahin. Sie fing in guter Form an, verhakte sich an einem Wort, stürzte in peinliches Schweigen ab und blickte schließlich finster drein, da sie ihre Gedanken zwar fassen, jedoch nicht mitteilen konnte. Mit einem bedauernden Achselzucken erwartete sie dann von ihrem Gesprächspartner, dass er weitermachte.

Der Verlust der Kommunikationsfähigkeit und ihrer Unabhängigkeit verwandelte Mutter Angelica, wie Pater Wolfe glaubte:

„Sie ist jetzt wie ihr altes lebenslustiges Ich, so wie in den frühen Tagen, als ich zu ihr kam. Sie scheint sehr glücklich zu sein. So habe ich sie auch noch in Erinnerung – niemand war durch ihre Anwesenheit eingeschüchtert."

Der Schlaganfall und der Genesungsprozess machten aus Mutter Angelica eine völlig andere Frau. Der Kampfgeist, der einst so offenkundig in ihrer Persönlichkeit verankert war, löste sich in einer gelassenen Akzeptanz der Umstände auf. Die knallharte, unwillige, zuweilen zornige Schärfe, die ihre Anhänger faszinierte und ihren Gegnern das Fürchten lehrte, gab es nicht mehr. Jetzt war es eher eine herzige, fast schon kindliche Ausstrahlung, die von der Äbtissin ausging.

Bei der ersten Gelegenheit wollte ich Mutter Angelica um eine Einschätzung ihrer letzten Prüfung bitten. Am 13. Februar 2002 fand ich sie in einem Lehnstuhl im Krankenzimmer des Klosters. Sie trug einen dünnen pastellfarbenen Morgenrock, ihr geschorenes Haupt war mit einem Halstuch bedeckt. Die braune Narbe der Hirnoperation war noch immer schwach sichtbar.

„Gibt es einen Grund für den Schlaganfall, einen Grund für Ihr eingeschränktes Sprechen?", fragte ich sie.

„Läuterung. Meine Läuterung", antwortete sie ohne Zögern.

Es erinnerte mich an etwas, das sie in den Siebzigerjahren geschrieben hatte: „[Gott] hat einen ganz bestimmten Plan im Sinn, ihm schwebt eine Läuterung vor – eine Läuterung, die unumgänglich ist, wenn wir mit Ihm in Seinem Reich leben sollen."

Ich ging zu einer anderen Frage über.

Nahm sie von ihrer Umwelt etwas wahr, nachdem sie den Schlaganfall erlitten hatte, bis sie dann schließlich bewusstlos wurde?, fragte ich sie. Sie holte tief Luft, ließ den Atemzug durch ihre Lippen wieder entweichen und erwiderte dann: „Ja, ich habe etwas bemerkt, ich habe bemerkt – wie Jesus zu mir kam und mich aufrief, wie er mich zum Zeugnis aufrief, weshalb ich viel leiden müsse, ungeheuer viel leiden müsse." Sie murmelte etwas und suchte nach dem nächsten Wort. „Um Jesu willen Qualen leiden..." Ihr Gedanke verlor sich in einem Durcheinander von Wörtern, das sie nicht entwirren konnte.

Bevor ich an diesem Tag von ihr fortging, fragte Schwester Margaret Mary Mutter Angelica, ob sie plane, zum Fernsehsender zurückzukehren. Ohne mit der Wimper zu zucken, antwortete sie: „Das bezweifle ich."

Doch im Oktober 2002 stand Mutter Angelica wieder vor der Kamera. An einem einzigen Morgen nahm EWTN die Oberin auf, wie sie das Rosenkranzgebet in der Klosterkapelle leitete. Obwohl das Endergebnis makellos war, fiel es Mutter Angelica sehr schwer, alle Geheimnisse bis zum Ende zu bewältigen: Manche Wörter waren ihr entfallen, andere wiederholte sie, wieder andere gingen zeitweise leise unter. Eine starke Bearbeitung sowie eine Wiederholungsschleife der besten Filmeinstellungen retteten die Aufnahme und ließen damit ein Andachtserlebnis entstehen, das ihre EWTN-Familie immer wieder von Neuem auskosten konnte. Seit März 2003 beten die Fernsehzuschauer jeden Abend diesen neuen Rosenkranz mit ihr.

Angelicas nächster Fernsehversuch offenbarte ihre schwindenden kommunikativen Fähigkeiten. Im Dezember 2002 trat sie in einem zuvor aufgezeichneten Beitrag eines Live-Programms auf. „Fröhliche Weihnachten und ein glückliches Neues Jahr", verkündete sie mit der gewohnten Gelassenheit. Doch als die Sendeleiterin, Chris Harrington, vorschlug, noch den Slogan „Denken Sie daran, uns zwischen Ihrer Gas- und Ihrer Stromrechnung aufzubewahren!" anzufügen, stockte Mutter Angelica. Sie bemühte sich, es richtig zu machen, und versuchte es mit der Zeile „Fröhliche Weihnachten, und denken Sie daran..." – einfach auf gut Glück. Den Slogan brachte sie nicht heraus, dafür flossen reichlich Tränen. In Kummer aufgelöst, starrte sie in die Kamera und schluchzte stockend „Glückliches Neues Jahr", was sich alles andere als besonders glücklich anhörte. Um das Publikum mit ihrem Gesundheitszustand vertraut zu machen, sendete EWTN während des Feiertagstrubels den stümperhaften Versuch in seiner Gesamtlänge.

Von all den Drangsalen, die Angelica in ihrem achtzigjährigen Leben erlitten hatte, mag der Verlust der Sprache vielleicht das schwerste Kreuz für sie und ihre Gemeinschaft gewesen sein. Der Entzug des Sprechvermögens, die Unfähigkeit, Gedanken zu äußern, die ihren noch immer aktiven Geist durchquerten, wurden zum größten Fegefeuer für sie überhaupt. Als daher Christina Akl, eine Angestellte bei *Swissair* und Vorstandsmitglied bei

EWTN, ihren Traum äußerte, Mutter Angelica mit nach Lourdes zu nehmen – eine der wenigen Wallfahrtsstätten, die die Nonne noch nicht besucht hatte –, war sie mehr als empfänglich dafür. Als Leiterin der VIP-Betreuung bei *Swissair* versprach Akl, die Reise zu gegebener Zeit zu organisieren. Im August 2003 glaubte Akl, dass der richtige Zeitpunkt hierfür erst viel später angesetzt werden sollte, nämlich dann, wenn Mutter Angelica wieder mehr zu Kräften gekommen wäre.

„Wann fahren wir?“, forderte sie Akl heraus, indem sie die Einladung sofort akzeptierte.

Angesichts dieser Begeisterung der Äbtissin wurden sofort Pläne geschmiedet, nach Lourdes in Frankreich zu reisen, bevor das Jahr zu Ende ging.

Heilung in Lourdes

Mutter Angelica dürstete es nach einem weiteren Wunder.

Am Vorabend der größten Krise in der Geschichte der katholischen Kirche der Vereinigten Staaten war ihr die Sprache genommen worden – sie wurde gerade dann zum Verstummen gebracht, als die Gläubigen sie am meisten gebraucht hätten. Gegen Ende des Jahres 2001 hatte sie mir erzählt: „Ich glaube, das nächste Jahr wird eines unserer schlimmsten werden. Der Teufel will seine eigenen Leute ergreifen.“

Der Kleriker-Skandal um den sexuellen Missbrauch war Anfang 2002 wie ein Dammbruch, bei dem fahrlässige Bischöfe, fehlgeleitete Priester und der Glaube so vieler in der Kirche der Vereinigten Staaten untergingen. In der Folgezeit war die Glaubwürdigkeit des katholischen Klerus, besonders aber der Bischöfe, auf einem Tiefststand angelangt. Das Volk sehnte sich nach einer geistlichen Führung.

Bis 2003 spürte Mutter Angelica wahrscheinlich noch diesen missionarischen Schub. Wenn sie nur ihre Stimme wiedererlangen könnte, dann könnte sie all die Gläubigen zurückrufen, deren Leiden an der Kirche anerkennen und sie zu dem leidenden Christus führen, den sie besser als die meisten kannte.

Vielleicht konnte Lourdes ihre Mission zu neuem Leben erwecken. Vielleicht konnte Rita Rizzo eine allerletzte Heilung in der wunderbaren Quelle erwarten, wie es 1858 dem einfachen Mädchen Bernadette Soubirous versprochen wurde.

Am 12. Oktober 2003 bestiegen Mutter Angelica, vier Schwestern, Lisa Gould (eine leitende Angestellte bei EWTN), das Ehepaar Akl, ein Arzt und der Autor dieses Buches ein G-5-Reiseflugzeug zu einer geheimen sechstägigen Pilgerfahrt nach Lourdes.

Das Geheimnis währte so lange, bis wir das Hotel erreicht hatten. Eine Busladung amerikanischer Touristen entdeckte Mutter Angelica in der Empfangshalle und, so wie eine Flamme von einer Kerze zur anderen auf dem Platz vor der Basilika in Lourdes überspringt, verbreitete sich die Nachricht von der Anwesenheit Mutter Angelicas bald über die ganze Stadt.

Am Nachmittag des 14. Oktober wurde sie in ihrem Rollstuhl, von einem Sicherheitsdienst geschützt, zu den berühmten Bädern von Lourdes gefahren. Vor ihr waren bereits Millionen anderer Kranker und Leidender hierhergekommen und dem Ruf der Jungfrau Maria an Bernadette gefolgt: „Trinken Sie aus der Quelle und waschen Sie sich darin." Angelica würde das Gleiche tun; sie würde sich als letzten Ausweg den Menschen hier anschließen und die Jungfrau Maria um Fürsprache für ein Wunder bitten.

Sie geleiteten Mutter Angelica in das Bad Nummer neun. Wegen ihrer Behinderung machte der Betreuer ein Zugeständnis und sagte, dass es nicht erforderlich sei, in der Badewanne ganz unterzutauchen, sondern dass ein Waschen des Gesichts ausreiche. „Ich möchte gerne im Wasser laufen", sagte Mutter Angelica und erhob sich aus ihrem Rollstuhl.

Als sie nach dem Wiederholen der vorgeschriebenen Gebete wieder aus dem eisigen Becken herauskam, sprudelte sie vor Freude. Vielleicht war es ja dieses Leuchten, oder vielleicht auch das Ordensgewand, das die Aufmerksamkeit der Massen auf sich zog, als sie das Bad verließ. Afrikanische Priester, die von großen hellgelben Schals fast erdrückt wurden, eine Gruppe von Sängerinnen aus den Philippinen, gebeugte Italienerinnen, die ihre Rosenkränze fest umklammerten, ein bärtiger Spanier mit einem zerknitterten

Foto seines toten Sohnes und eine Reisegruppe aus Chicago, drängten sich heran, um Mutter Angelica berühren zu können. Sie kamen von allen Seiten, sodass ein Vorwärtskommen des Rollstuhls abgebremst wurde, bis er schließlich zum Stillstand kam, und warfen sich auf dem Betonboden zu ihren Füßen nieder. Sie zerrten an ihren gebrechlichen Armen, sangen ihr zu Ehren religiöse Lieder, küssten das braune Ordensgewand und weinten hemmungslos. Da Mutter Angelica fast zwei Jahre lang nicht mehr in der Öffentlichkeit aufgetreten war, genoss sie jeden Augenblick.

Sie missachtete den Rat der Schwestern und streckte den vielen Menschen die Hände entgegen, nahm ihre Gebetsanliegen auf und berührte jede Perle und jedes Andachtsbildchen. Wir anderen versuchten mit den Armen, das Gedränge von ihr abzuhalten, damit sie nicht zerquetscht würde. Doch Mutter Angelica ließ das unbekümmert. Sie war wieder bei ihrer Familie.

Als sie sich so durch die überschäumende Begeisterung der Menschen hindurchbewegte, schien Mutter Angelica eine Ehrenrunde zu drehen. Zuschauer aus Großbritannien, Frankreich, Spanien, den Vereinigten Staaten, Afrika, Asien und aus anderen Ländern drängten sich nach vorne, um ihr für die geistliche Ermutigung zu danken, die Führung, die Liebe und die Hoffnung, die sie ihnen jahrelang gegeben hatte. Ohne auf ihre eigenen Belastungen zu achten, hatte das ungewollte Mädchen aus Canton viele Menschen berührt und vieles erreicht.

Für die Kirche hatte sie eine blühende Gemeinschaft der *Armen Klarissen der Ewigen Anbetung* gegründet und ihr zwei religiöse Orden geschenkt: die franziskanischen Missionare des *Ordens des Ewigen Wortes* und die *Dienerinnen des Ewigen Wortes.* Und obwohl die Dienerinnen ihren eigenen Weg gegangen waren, um in Birmingham ein unabhängiges geistliches Zentrum zu betreiben, ist doch der Geist ihrer abwesenden Mutter niemals weit entfernt gewesen. Es ist doch schließlich ihr Sender, der die meisten Exerzitienmeister und Gäste anlockt und somit das Ganze am Laufen hält. Der Weggang der *Dienerinnen des Ewigen Wortes* und deren Unvermögen, ihre Gründungsidee in die Tat umzusetzen, stellte sich als eine der großen Enttäuschungen im Ordensleben Mutter Angelicas heraus.

Ihre Brüder verwirklichten jedoch die Vision, die Mutter Angelica für sie hatte, in der vorgesehenen Zeit. Nach Jahren voller Rückschläge nehmen sich die franziskanischen Missionare des *Ordens des Ewigen Wortes* nunmehr der spirituellen Bedürfnisse der Besucher des Senders an und sind mehr als jemals zuvor an der Arbeit des Senders EWTN aktiv beteiligt. Neben dem Beichthören und der Zelebration der Messe moderieren sie Sendungen, drehen, bearbeiten und produzieren Sendungen und repräsentieren heute neben den Laien einen Teil der Belegschaft, wie Mutter Angelica es sich schon lange erhofft hatte. Einige der achtzehn Brüder haben sich auf dem Grundstück des Klosters *Unsere Liebe Frau von den Engeln* in Hanceville niedergelassen, wo sie ihren kontemplativen Schwestern und Mutter Angelica regelmäßig die Sakramente spenden.

In der ländlichen Umgebung Alabamas leben die über vierzig Armen Klarissen des Klosters *Unsere Liebe Frau von den Engeln* abgeschieden in ihrer verborgenen Existenz im Geiste ihrer Gründerin. Bei all ihrer erstaunlichen Vielfalt trägt doch jede Einzelne von Mutter Angelicas Töchtern ein Stück der Äbtissin in sich: ihre Courage, ihre Freude, ihre ansteckende Rechtgläubigkeit und ihre uneingeschränkte Liebe zu Christus im Allerheiligsten Sakrament. Einige Gemeinschaftsmitglieder sind vor Kurzem nach Portsmouth in Ohio umgezogen, um eine dort ansässige Stiftung zu retten, die Schwierigkeiten bei der Gewinnung neuer Berufungen hatte. Mutter Angelicas Gruppe hatte solche Probleme noch nie. Die Leiterin des Noviziats sagt, dass sie durchschnittlich sieben Anfragen pro Woche von jungen Frauen bekäme, die ein Ordensleben in Betracht zögen. Um ihre neuen Mitglieder unterzubringen, wurde an das Kloster in Hanceville unlängst ein Flügel mit Schlafzimmern angebaut. Zum Zeitpunkt der Niederschrift dieses Textes planen die Schwestern, eine neue Stiftung in Phoenix in Arizona zu gründen.

Den Laien auf der ganzen Welt, den Katholiken wie Nicht-Katholiken, wird Mutter Angelica am meisten wegen der von Gott inspirierten Werke in Erinnerung bleiben, die sie aufbaute: die *Wallfahrtskirche zum Allerheiligsten Altarsakrament* und das Medienimperium, das nunmehr weltweit fest etabliert ist. Im Jahre 2003 bezeichnete man Mutter Angelica als eine Pionierin des Kabelfernsehens, und im Grunde genommen war sie das auch. Als das Kabelfernsehen noch in seinen Kinderschuhen steckte, baute sie den weltweit ersten katholischen Satellitensender auf und betrieb ihn mehr als zwanzig Jahre lang. Zur selben Zeit errichtete sie den größten im Privatbesitz befindlichen Kurzwellensender der Welt, einen Kurzwellen- und Mittelwellensender, der über Satellit ausgestrahlt wird. Außerdem richtete sie die erste Internetpräsenz des Katholizismus ein. In der Kirche konnte man über ihre Errungenschaften nur staunen.

„Ihre Bedeutung ist vergleichbar mit der Einführung der flächendeckenden Konfessionsschulen. Sie errichtete einen katholischen Sender, um die Lehre zu verbreiten", meinte Bischof David Foley. „Wer begründete die Neuevangelisierung in den Vereinigten Staaten? Es war Mutter Angelica."

Bischof Macram Gassis aus dem Sudan stimmte ihm zu. „Ihr Beitrag für die Kirche ist international betrachtet unglaublich – ich sehe ihre Sendungen in Deutschland! Dieser Sender ist lebendig, weil er die Kirche zu ihrem Fundament, zu ihren Wurzeln zurückführt."

Doch EWTN und all seine Sprösslinge waren lediglich Mittel zum Zweck für Mutter Angelica.

„Was mich an ihr am meisten beeindruckt, ist ihre Liebe zu den Seelen", offenbarte Schwester Mary Catherine, ihre Stellvertreterin. „Sie sagte, wenn dieser ganze Sender mit all dem Geld, das er gekostet hat – Millionen und Abermillionen – auch nur eine einzige Seele gerettet hat, dann hat es sich gelohnt. Ihr Hauptinteresse galt der Rettung der Seelen, egal ob es sich dabei nun um eine einzige oder um eine Million Seelen handelte."

Wenn sie in ihrem gepolsterten Stuhl saß und mit den Händen über den gehäkelten *Wort Gottes*-Einband ihrer Bibel glitt, erreichte Mutter Angelica schließlich Millionen Seelen. Ihre Spiritualität, die auf den Durchschnittsbürger ausgerichtet war, erregte die Aufmerksamkeit der Fernsehzuschauer und auch der Leidenden. Während das Publikum mit offenem Mund lachte, fütterte Mutter Angelica es mit leicht verständlichen Teilen der Kirchenlehre, die begriffen und gelebt werden sollten. In den Wirren der

Zeit nach dem Zweiten Vatikanum wurde Angelicas Sender zu einem unverrückbaren Felsen der Sicherheit, der beim Papst in Rom verankert ist.

Der Schriftsteller und Religionsexperte Pfarrer Richard John Neuhaus sagte: „Das Größte, das Johannes Paul II. vollbrachte, war die Erstellung und die Umsetzung der verbindlichen Interpretation des Zweiten Vatikanums. Und obwohl wir uns noch immer in einem Zustand der Verwirrung und der ungeheuren Schäden befinden, so glaube ich, sagen zu können, dass sich das Blatt inzwischen gewendet hat und Mutter Angelica dabei eine entscheidende Rolle spielte."

„Sie repräsentierte die einfachen Katholiken, aus denen die Kirche zu neunzig Prozent besteht", wie Kardinal J. Francis Stafford, Kardinalgroßpönitentiar der Apostolischen Pönitentiarie in Rom, bemerkte. „Ohne sie wären die einfachen Katholiken auch weiterhin verwirrt gewesen, doch durch sie hatten sie eine deutliche Vorstellung von der Schönheit, der Herrlichkeit und der Wahrheit der Kirche bekommen."

Doch Mutter Angelica hielt ihnen nicht nur Predigten, sie lehrte ihre Herde vielmehr, sich aktiv zu betätigen. Sie nutzte das Fernsehen, um ihren Zuschauern die in der Moderne verloren geglaubten frommen Andachtsformen beizubringen. Man kann mit Sicherheit sagen, dass kein anderer in Amerika oder vielleicht auf der ganzen Welt, mehr als Mutter Angelica unternommen hat, um das Interesse für das Rosenkranzgebet und die Eucharistische Anbetung, das Latein in der Liturgie, den Rosenkranz zur Göttlichen Barmherzigkeit, die Litaneien und andere traditionelle Gebete zu wecken und aufrechtzuerhalten. Sie wob einen Faden der Andacht in die Herzen der jungen Menschen hinein, der sich nicht leicht auflösen wird und aus dessen Samen eine neue Generation hervorgegangen ist, die von der Schriftstellerin Colleen Carroll als die „Neuen Gläubigen" bezeichnet wird.

Unter den jungen Katholiken in den Zwanzigern und Dreißigern ist Mutter Angelicas Einfluss einfach gewaltig. Der Fernsehkonsum dieser Generation liegt höher als je zuvor. Für die spirituellen Sucher dieser Generation bot Mutter Angelica eine Alternative zu *Beverly Hills 90210* und *Melrose Place* (amerikanische

Fernsehserien, Anm. d. Ü.): Es ist ihr durch die Zeit hindurch bezeugter Glaube. Sehen Sie sich die neuen Seminaristen, die jungen Priester, die Ordensleute und die Familien an, die in den Kirchenbänken sitzen und sich mit ihren kleinen Kindern abmühen. Sie sind informiert, mutig und traditionell in ihrer Glaubenspraxis und können sehr direkt werden, wenn man sie reizt. Mutter Angelicas Einfluss ist kaum zu übersehen.

„Wir hätten diese neue Generation guter und treuer Katholiken nicht, wenn nicht der Heilige Geist durch Mutter Angelica am Werke gewesen wäre", sagte mir Beverly Sottile-Malona, eine ehemalige Diözesanangestellte aus Buffalo. „Sie rettete unsere Kinder und ihre Hippie-Mütter."

Trotz ihrer Abwesenheit vom Live-Fernsehen bleibt Mutter Angelica doch für unzählige Menschen eine lebendige und geliebte Persönlichkeit.

Hören Sie, was eine Frau in einem Café in New Orleans dazu meint: „Seitdem sie nicht mehr in dieser Sendung auftritt, frage ich mich oft, was würde Mutter Angelica wohl zu diesem oder jenem, das in der Welt so geschieht, sagen?"

Ein Baptistenpastor aus dem Süden, der nicht wusste, dass er sich Wiederholungen der Sendungen ansah, schickte eine E-Mail an Mutter Angelica, in der er ihr für die außergewöhnliche spirituelle Erkenntnis dankte, die sie ihm vergangenen Dienstag vermittelte. Ein Ältester der Methodisten bestellte Bandaufnahmen der Sendung *Mother Angelica Live* für seine Gemeinde und schrieb, dass er keine ihrer Sendungen verpasse.

Im Rom verfolgte mich ein Priester bis zum Borgo Pio in der Nähe des Vatikans und rief: „Ich bin ein Sohn von Mutter Angelica! Sie ist der Grund für meine Berufung."

Ein Geschäftsmann mittleren Alters mit gebeugten Schultern und trüben Augen spazierte in einem New Yorker Restaurant zu mir herüber, um mir über seine Begegnung mit Mutter Angelica zu erzählen: „Sie sagte eines Abends etwas, das mein Leben von Grund auf änderte." Er neigte sich vor und erzählte nun mit gedämpfter Stimme: „Seit acht Jahren habe ich keinen Alkohol und keine Drogen mehr angerührt. Sie gab mir meine Familie zurück. Sagen Sie ihr, dass ich sie liebe."

Selbst im Kerzenschein zog sie noch die Zuneigung ihrer Zuschauer auf sich. Als ich Mutter Angelica in jene Reihen des sanften Elends schob, die man in Lourdes die „Krankenprozession" bezeichnet, wurde sie von allen beobachtet. Die am Rande stehenden Zuschauer winkten, wagten jedoch nicht, die Feierlichkeit des Geschehens durch einen Aufschrei zu stören. Wie alle anderen hielt Mutter Angelica eine brennende Kerze in den Händen, die von einem Papierschirmchen umgeben war.

Vor uns auf den Stufen der Basilika standen die Bischöfe und Priester und wechselten sich am Mikrofon mit dem Beten der verschiedenen Gesätzchen des Rosenkranzes in den unterschiedlichen Sprachen ab. Als die Prozession zu Ende ging, begaben wir uns in den vorderen, den Rollstuhlfahrern vorbehaltenen Bereich. Es war traurig, Mutter Angelica unter diesen so furchtbar kranken Menschen zu sehen. Vor uns litt eine Frau mit verfilztem Haar unter krampfartigen Zuckungen, ihre Arme bewegten sich wie die gebrochenen Flügel eines Sperlings. Einige Reihen weiter vor uns lagen leblose Babys auf Tragbahren, die an Geräte angeschlossen waren, während ihre Eltern zielgerichtet Gebete mit den Lippen formten. Fünf Rollstühle von uns entfernt bürstete ein acht oder neun Jahre alter Junge wie wild das krause Haar einer Plastikpuppe, wobei er seine Zunge ständig hinein- und herausstreckte, als ob er ein Tröstungsritual wiederholte, das er offenbar schon tausende Male vollzogen hatte. Und zwischen jedem *Ave Maria* erhoben sich während der vorübergehenden Stille ein kehliges Gestöhne und unkontrollierte Schreie aus der geplagten Menschenmenge.

Mutter Angelica verstand sie alle, da sie jede einzelne Seele um sie herum anschaute. Sie ließ ihren Kopf hängen und betete, während sie die Kerze emporhielt. Sie betete nicht für sich selbst, sondern für die anderen. Sie war ohne die Tröstung durch ein Wunder vollständig in deren Leiden eingetreten. Sie war jetzt wirklich eine von ihnen.

Zehn Jahre zuvor hatte Mutter Angelica gegenüber einer Anruferin in ihrer Live-Show geäußert: „Ich bin froh, dass Sie nach Lourdes fahren. Sie werden in Lourdes etwas erhalten. Ob es eine körperliche Heilung ist, das weiß ich nicht – aber Sie werden etwas sehr Spirituelles in Lourdes erfahren, und Sie werden verstehen, was Sie jetzt noch nicht verstehen."

Als Mutter Angelica am späten Nachmittag des 17. Oktober – ihrem letzten Tag in Lourdes – nach einem kurzen Nickerchen erwachte, hatte sie einen matten düsteren Blick in ihren Augen. „Ich bin enttäuscht", sagte sie zu Schwester Catherine und Schwester Gabriel. „Ich wollte ein Wunder. Ich habe die Hoffnung aufgegeben." Sie kniff ihre alten Augen, von Gefühlen überwältigt, zusammen. Die Nonnen versuchten sie aufzuheitern, doch nach einer so langen Reise und einem Leben voller übernatürlicher Eingriffe hatte sie vielleicht ein Wunder erwartet. Doch dann bekam sie eines.

Wir befanden uns im Fahrstuhl auf dem Weg zum Abendessen und hörten noch schwach den gellenden Schrei eines Babys vom Erdgeschoss her. Als sich die Metalltüren öffneten, erkannten wir die Ursache des Gezeters: Es war ein kleines italienisches Kind, vielleicht ein Jahr alt, mit gelblich geschwollenen Augen, das sich in den Armen seines Vaters wand. Die Eltern aus Neapel sahen weitaus älter aus, als sie in Wirklichkeit waren. Sie näherten sich Mutter Angelicas Rollstuhl und erklärten ihr ihre Notlage auf Italienisch. Ihre Augen waren mit Sorgenfalten und Augenringen gezeichnet. Das Baby schrie, wie sie sagten, ohne Unterlass; und als ob die Behinderung des Down-Syndroms noch nicht genug wäre, weigerte sich das Kind auch noch zu schlafen oder bei jemand anderem zu bleiben. Da brach plötzlich, wie ein Kommentar, ein lauter Schrei aus dem Kleinkind heraus. Lourdes war die letzte Hoffnung seiner Eltern. Sie baten Mutter Angelica um ihr Gebet.

Als das kleine Kind der deprimierten Äbtissin heruntergereicht wurde, flimmerten die schielenden Augen des zurückgebliebenen Kindes vor lauter Angst. Mutter Angelica streifte leicht mit ihren Fingern über die schiefe Stirn, und das Kind fing an, sich zu beruhigen. „Segen, Segen", flüsterte Mutter Angelica wie ein Gebet. Mit geschlossenen Augen betete sie über dem Mädchen, öffnete dann ihre Arme und bot dem Baby an, auf ihren Schoß zu kommen.

Das Kind gab keinen Ton von sich. Es lag friedlich in Mutter Angelicas Armen und griff in das fleischige Gesicht, das von dem

Schleier der Nonne fest umgeben war. Als ob Angelicas Wange aus Schlagsahne gewesen wäre, gab sie dem Druck der winzigen Hand nach. Mutter Angelica kicherte bei der Berührung, und in ihre Augen kehrte wieder das Leuchten zurück. „Oh“, sagte sie und streichelte das kleine Mädchen.

Das ging nun einige Minuten so weiter. Sie tauschten Liebkosungen aus, bei denen einer dem anderen eine bestimmte Art der Heilung vermittelte. In jenem Augenblick fand Mutter Angelica zu ihrer Mission zurück und erhielt ein winziges Wunder im Gegenzug.

Lourdes hatte das Wesentliche von Mutter Angelicas Mission aufgezeigt: durch ihr persönliches Leiden den Vergessenen Hoffnung zu bringen. Sie entdeckte, dass sie noch immer gebraucht wurde, noch immer erwünscht war, und dass sie viel Gutes tun konnte, sogar im Stillen. Sie hatte verstanden, was sie vorher nicht begriffen hatte.

Zum Zeitpunkt der Abfassung dieses Buches setzt Mutter Angelica ihr Werk fort: Sie lebt im gegenwärtigen Augenblick, legt Fürsprache für andere ein und hört im Schweigen auf ihren Herrn.

Um ihren Mittagsschlaf am 2. Februar 2004 ein wenig aufzuschieben, findet Mutter Angelica Zuflucht in ihrem Büro im Kloster. Sie sitzt an dem riesigen leeren Schreibtisch aus Kirschholz und starrt sehnsuchtsvoll aus dem Fenster in eine unbestimmte Ferne. Sie ist mit ihren Gedanken ganz weit weg. „Was schauen Sie sich denn gerade an, Mutter Angelica?“, fragt eine ihrer Nonnen und versucht damit, den Bann zu brechen.

Die Äbtissin, die immer noch starr aus dem Fenster blickte, befeuchtet ihre welken Lippen. „Den Himmel“, sagt sie fast zu sich selbst. Sie deutet auf die leuchtende weiße Tünche im Klosterhof und sagt abermals: „Himmel. Himmel. Himmel.“

Später in ihrer Zelle, umgeben von einer ganzen Menge von Statuen des Jesuskindes und Bildern des Erlösers, ist sie erneut fasziniert vom Himmel außerhalb des Fensters. Die Nonnen reden ihr zu, sich auszuruhen. Doch sie lehnt ab, da sie in ihrer Vision völlig versunken ist. Die Nonnen gehen lautlos zur Seite in der Hoffnung, sie könnte es sich anders überlegen. Eine erwar-